Michelle HAINTZ

ALLEINGEBORENER ZWILLING

Hochsensibilität im neuen Licht
Selbstheilung in Liebe
dank der Sternenkinder jenseits der Regenbogenbrücke

Überraschungsbonus für SIE:

In der eBook-Ausgabe bekommen Sie als Käufer noch ein paar Bonusbeigaben kostenfrei zum Downloaden. Als Käufer des Buches möchte ich Ihnen diese Zugaben ebenfalls schenken.

Tragen Sie auf der Seite:

https://alleingeborener-zwilling.com/azbuch-bonus

Ihre E-Mail ein, damit ich Ihnen nach Bestätigung der Mail sofort den Link und das Passwort zur Bonusseite schicken kann. Dann können Sie sich Ihre Meditation und die Checklisten gleich downloaden.

Bibliographische Information der Deutschen Nationalbibliothek
Die Deutsche Nationalbibliothek verzeichnet diese Publikation in der deutschen Nationalbibliographie; detaillierte bibliographische Daten sind im Internet über http://dnb.d-nb.de abrufbar.

© 2017 Alle Rechte vorbehalten

Rechtliche Hinweise

Die Verwertung der Texte und Bilder, auch auszugsweise, ist ohne Zustimmung des Angelina Schulze Verlags urheberrechtswidrig und strafbar. Dies gilt auch für Übersetzungen, Vervielfältigungen, Mikroverfilmung und für jegliche Art von Verarbeitung mit elektronischen Systemen.

Als Leserin und Leser dieses Buches möchten wir Sie ausdrücklich darauf hinweisen, dass keine Erfolgsgarantie für die Verwendung der Texte gewährt werden kann. Die Inhalte in diesem Buch spiegeln die Erfahrungen von Michelle Haintz wider. Der Verlag und die Autorin übernehmen auch keinerlei Verantwortung für jegliche Art von Folgen z. B. unerwünschte Reaktionen, Verluste, Risiken, falsch verstandene Texte oder Anwendungen.

Diese Veröffentlichung wurde nach bestem Wissen erstellt. Sollten Inhalte dieses Buches gegen geltende Rechtsvorschriften verstoßen, dann bitten wir Sie um eine Benachrichtigung, um die betreffenden Inhalte schnellst möglichst zu bearbeiten bzw. zu entfernen.

Umschlaggestaltung: © Angelina SCHULZE und Michelle HAINTZ

Umschlagbild: © Melpomene Fotolia 94986769

Autor des Buches: © Michelle HAINTZ

Layout und Satz des Buches: Michelle HAINTZ

Verlag:

Angelina Schulze Verlag
Am Mühlenkamp 15
38268 Lengede

Schulze-Verlag@gmx.de

www.angelina-schulze.com

Druck und Verarbeitung: Angelina Schulze Druckerei, Deutschland

2. Auflage März 2017

ISBN: 978-3-943729-69-6

Inhaltsverzeichnis

Danksagung 6
Vorwort zur 2. Auflage 7
Vorwort von Lena Erlmann 8
Vorwort 10
Einführung 13
Theoretische Hintergründe 24
Einige embryologische Fakten: 29
Trauma (griechisch Wunde, Verletzung) 31
Indizien / Symptome / Zeichen in der Übersicht 33
Indizien / Symptome / Zeichen im Detail 41
HSP – hochsensible / hochsensitive Persönlichkeit .. 41
Schuldgefühle 44
Perfektionismus / Leistungsdruck 48
Unzufriedenheit – vor allem mit uns selbst 52
Mangelndes Selbstwertgefühl 57
Selbstzweifel / Versagensangst 60
Enttäuschung 65
Einsamkeit 75
Verlassenheit / Verlust 79
Kontrolle / Angst vor dem Erschrecken 84
Angst vor der Dunkelheit 88
Schlaf 91
Weitere Ängste 95
Stress 98
Körper-Fremdheit 101
Depression und Sehnsucht nach dem Tod / Sterben ... 103
Halbzwillinge im Beruf 113
Harmoniewunsch, Abneigung gegen Konkurrenz ... 113

Berufliche Vielseitigkeit – mehrere Berufe parallel 115

Selbstsabotage – Erfolgsverhinderung 118

Kreativität 129

Helfersyndrom 131

Tränen in der Kindheit 133

Alleingeborene in Beziehungen 138

Verlustangst / Eifersucht 142

Spezialfall: Dritteldrillinge 146

Harmonie-Sucht in Beziehungen 149

Ungleichgewicht zwischen Geben und Nehmen 150

Sexualität 152

Lebenslange Suche / ewiges Warten 154

Co-Abhängigkeit 166

Bedingungslosigkeit 175

Spezialfall: Fluchtzwillinge 179

Körperliche Symptome 183

Große Geschenke aus dieser Anlage! 195

Wege in die Heilung 200

Alleingeborenen-Meditation 203

`Liebesbrücke´ 206

`Dialog der Hände´ 208

`The Work´ 213

`Ho´oponopono´ 225

Energetische Schutz-Hülle 227

`Abheben und darüber Stehen´ 229

Emotionales Gedächtnis 230

Abheben 234

... und darüber Stehen 236

Spiel mit `Affragen´ 238

Hirnphysiologie erklärt die Funktionsweise der `Affragen´! 238

`Affragen´ und Herz-Intelligenz 244

`Emotional Freedom Technique´ – `EFT´ 249

Spiel mit der Quantenwelle – 2-Punkte-Methode 261

Verlangsamung der Atmung 265

Liebevolle Herzöffnung 266

Praktische Umsetzung der Quantenwelle 268

Frieden mit dem Körper schließen 269

Vergangenheit heilen 271

Dankes-Ritual an meinen verlorenen Mehrling 276

Lösung eventueller Gelübde 280

Der Heilungsweg 281

Nach der Heilung 289

Kleiner Exkurs in meine Lebens-Philosophie 291

Geheilte Beziehungen 293

Frühe Hinweise 303

Dialoge mit Jascha 330

Kontakt zur Autorin 346

Weitere Produkte der Autorin: 347

Danksagung

DANKE dir, meiner großartigen Tochter,
die du auch von diesem Phänomen betroffen bist,
für deine Begleitung auch durch die Geburt dieses Wortkindes!
Danke für dein Verständnis und deine Geduld
im immer wieder von neuem Lektorieren!
Wie bei all meinen bisherigen Büchern
hast du auch diesmal
in deiner unermüdlich anregenden,
sinnvoll kritischen, aber stets erfrischend humorvollen
und dabei ungemein effizienten und klugen Art und Weise
einen enormen Beitrag zur Entstehung
auch dieses Buches geleistet – DANKE!

DANKE auch dir, liebe Angelina,
für deine Bereitschaft, dieses Buch,
dessen Thema mir so unter den Fingernägeln gebrannt hat,
mit einem solchen Einsatz und in so kurzer Zeit
mit mir in die Manifestation zu bringen!

DANKE euch, meinen nur scheinbar
verlorenen Brüdern Jascha und Ramon,
die ihr mich in Wahrheit mein ganzes Leben begleitet
und mir die wesentlichen Informationen geschenkt habt,
aus denen ich dieses Buch gestaltet habe;
das möglichst vielen von diesem Phänomen Betroffenen
Hilfe zur nachhaltigen Selbsthilfe bieten möge!

Und DANKE natürlich auch dir,
unserem innig geliebten Vater,
dass du auch dieses Buch
auf seinem Weg in die Hände jener Menschen begleitest,
die es offenen HERZENS lesen
und möglichst viel daraus profitieren werden!

Vorwort zur 2. Auflage

Neben all meinen Büchern hat dieses Buch einen besonderen Stellenwert! Aufgrund eigener Betroffenheit, und weil mein eigener Heilungsprozess sich recht intensiv gestaltet, ist es mir ein besonderes Herzensanliegen! Dennoch hätte ich nicht zu hoffen gewagt, dass „Alleingeborener Zwilling" innerhalb relativ kurzer Zeit so viele Menschen erreicht – und berührt!

Als wir es vor neun Monaten erstmals herausgebracht haben, war das Thema der verlorenen Zwillinge noch ein Geheimtipp. Mittlerweile wird es immer bekannter, weil mehr und mehr Alleingeborene ihre Offenbarung mit anderen teilen und so einen wunderschönen Dominoeffekt in Gang setzen...

Das macht mich unendlich dankbar.

Und legt nahe, dieses Buch nun in einer aktualisierten und leserfreundlicheren Version neu aufzulegen.

Mögen meine Anregungen Sie hilfreich in der Heilung Ihres Ur-Traumas begleiten und Ihnen auf Ihrem Selbstbefreiungsweg wertvolle Dienste erweisen.

Das wünsche ich Ihnen von HERZEN!

Michelle Haintz, im Februar 2017

Vorwort von Lena Erlmann

Alle guten Dinge sind 3 oder Doppelt hält besser.

Für einen alleingeborener Zwilling/Drilling enthalten solche Wortspiele sehr viel Tiefe und Wahrheit und auch etwas Tragisches.

Denn wie kann etwas „besser halten", wenn da das Zweite fehlt?

Wie kann etwas richtig gut sein, wenn die Dinge eben nicht 3 sondern nur 1 sind?

Auch ich habe zeitlebens und oft unbewusst Ausschau gehalten nach dem Doppelten, damit das Leben besser hält und wurde immer wieder damit konfrontiert, dass ich es im Außen nicht finden kann.

Bis zu dem Tag, als das Thema meines „verlorenen" Zwillings, wieder in mein Leben und mein Bewusstsein kam und nahezu zeitgleich dieses wunderbare Buch von Dr. Michelle Haintz!

Welch Erleichterung, Erkenntnis, Verstehen und Lösung mich damit überkam!

Und nein, ich war nicht gerade unerfahren mit Prozessen die in die Tiefe gehen und diversen Wegen die zurück zur eigenen Urquelle und zum Seelenheil führen.

Und dennoch hat sich mit dem Wiederfinden meines Zwillings und der Erkenntnis, welche Auswirkungen dies auf mein (Lebens)Gefühl hatte, ein sehr wichtiges Puzzleteil erschlossen.

Durch den Hochsensibilitätskongress kamen wir in Kontakt mit unglaublich vielen Menschen, die die Zwillingsthematik betrifft. Gerade dort: von Geburt an mit allen Sinnen auf der Suche, um den Zwilling wieder zu finden, besonders offen und empfänglich um ja kein Zeichen zu verpassen – und damit schnell überfordert und überlastet – auch, weil man nicht so ganz bei sich ist.

Doch für alles gibt es eine Lösung oder vielleicht sogar auch so: alles ist eine Lösung. Und somit sind auch die vielen Alleingeborenen eine Lösung für die Welt; und dieser Verlust eine Lösung für den Weg aus der Ein-samkeit hin zu sich selbst und in die Ein-heit.

Wer sich von der verlorenen Zwillingsthematik angesprochen fühlt, ein Alleingeborener ist, dem kann ich wärmstens diesen Goldschatz an Buch empfehlen!

In meinem Zwillingsprozess hat es mir in so vielerlei Hinsicht geholfen:

Erstmals in Kontakt zu kommen, mit dieser tief abgelegten Wunde, mit dem liebevollen Verständnis für mich und die Situationen in meinem Leben und mit den Möglichkeiten, Dinge, die da noch blockieren und schmerzen, zu verwandeln.

Dieses Buch ist gefüllt mit Aha-Momenten, mit persönlichen Erfahrungsberichten, die berühren, mit Übungen und Lösungswegen die nicht nur den Verstand, sondern vor allem auch die Zellbewusstseins- sowie die Gefühlsebene erreichen; es ist ein Segen!

Hinter jedem Schmerz liegt ein Geschenk verborgen, welches nur darauf wartet, entdeckt zu werden.

Michelle Haintz und dieses Buch haben beim Auspacken und Entdecken sehr geholfen!

Vielen Dank für dieses Geschenk an die Welt!

Mögen viele Herzen heilen.

Lena Erlmann
hat gemeinsam mit Camilo Franco
den Online-Hochsensibilitäts-Kongress 2016 veranstaltet!

Vorwort

Geschätzte Leserin, geschätzter Leser!

Wenn Sie dieses Buch in Händen halten, ist anzunehmen, dass auch Sie ein alleingeborener Zwilling sind; das, was ich auch als `Halbzwilling´ bezeichne. Dann sind Sie von dem Phänomen betroffen, das im englischen Sprachraum als `Lost Twin´ oder `Vanished Twin´ oder `Womb Twin Survivor´ bezeichnet wird. Sie haben also in einem sehr frühen Stadium Ihrer Entwicklung ein Geschwister verloren; oder auch mehrere. Dann mag dieses Buch Sie auf Ihrem Weg in die Selbstheilung begleiten.

Aber vielleicht sind Sie ja indirekt betroffen und haben einen alleingeborenen Zwilling in Ihrem näheren Umfeld. Dann können Sie mithilfe all dessen, was ich Ihnen hier an Wissen, Erfahrungen, Erkenntnissen, Einsichten und Wahrnehmungen präsentieren werde, diese Person auf ihrem Weg in die Heilung begleiten.

Dieses Phänomen ist weit häufiger als allgemein angenommen und gilt derzeit noch als Geheimtipp – leider auch unter Therapeuten der verschiedenen Bereiche! Mancher Gynäkologe, den ich darauf angesprochen habe, hat die Augen gerollt.

In den meisten Ländern wird die erste Ultraschall-Untersuchung erst ab dem 3. Monat der Schwangerschaft gemacht; zu diesem Zeitpunkt sind viele Embryonen bereits verloren gegangen. In Dänemark werden diese Untersuchungen meist viel früher und mit feineren Geräten gemacht, sodass dort mehr Gynäkologen um diese Möglichkeit wissen; und die betroffenen Frauen meist auch davon informieren. Daher gibt es dort wohl auch korrektere Zahlen zu diesem Thema.

Bekannter ist es derzeit unter der immer größer werdenden Zahl jener, die Familien-Aufstellungen in ihre Beratung mit einbeziehen und diesen, das ganze Leben stark prägenden, speziellen Start ins Leben leichter und daher häufiger erkennen. Dennoch wird es wohl noch eine Weile dauern, bis ein solcher allgemein bekannt und anerkannt wird. Nicht zuletzt weil für viele Menschen Familien-Aufstellungen immer noch als Hokuspokus gelten; obwohl kaum jemand, der eine solche unter guter Leitung erlebt hat, deren Relevanz anzweifeln wird.

Was jedoch nicht unbedingt heißen muss, dass der verlorene Zwilling (oder Drilling/e) bei einer solchen Aufstellung auch tatsächlich diagnostiziert wird. Sie kennen sicher das Phänomen der `selektiven Wahrnehmung´: wir sehen vor allem dort etwas, wo wir hinschauen.

Das bedeutet, dass vor allem jene Ihnen bei der Heilung Ihres Traumas helfen können, die sich bereits mit diesem Thema befasst haben – und am besten auch selbst davon betroffen sind! Einfach weil diese Menschen Sie besser verstehen und Ihnen daraus folgend mehr Verständnis entgegenbringen werden.

Weil mir dies so wichtig erscheint, möchte ich es hier noch einmal wiederholen: Es mag durchaus sein, dass Sie ein alleingeborener Zwilling (oder Drilling) sind, sich dessen aber noch nicht bewusst sind, obwohl Sie bereits eine Aufstellung (oder einige) gemacht haben. Wie so vieles, was ich hier berichte, weiß ich das aus eigener Erfahrung!

Leider tummeln sich in der Szene der Aufsteller neben wahren Meisterinnen und Meistern (hoch intuitiven, verantwortungsvollen, fürsorglichen, empathischen und sehr kompetenten Menschen! Und aus meiner Sicht meist Alleingeborene!) auch solche, die sich diese Kunst – und das sind gut geleitete Aufstellungen aus meiner Sicht tatsächlich! – an einem Wochenende `angeeignet´ haben.

Wenn Sie daher die Einsicht in Ihre Anlage als Halbzwilling oder Dritteldrilling, die Sie mithilfe dieses Buches oder auf andere Weise gewonnen haben, in einer Aufstellung verifizieren wollen, achten Sie bitte darauf, jemand zu finden, der oder die das auch wirklich kann! Wenn diese Person schon nicht direkt betroffen ist, sollte sie zumindest über dieses Phänomen Bescheid wissen. Ansonsten laufen Sie Gefahr, mit der entsprechenden Einsicht alleine gelassen zu werden, was Ihre tief sitzende Wunde noch weiter vertiefen mag.

Ähnlich in den Kinderschuhen scheint mir das Wissen um die Tatsache zu sein, dass Embryonen und später (ab dem 3. Monat) Föten die Fähigkeit zur Erinnerung haben. Eine andere Art der Erinnerung natürlich als ein erwachsener Mensch; aber eine, die in der Regressions-Therapie bewusst gemacht werden kann. Auch diese Form der Hilfe ist noch nicht allgemein anerkannt; das heißt, wir bewegen uns hier an der `Leading Edge´, wie das im Englischen so schön heißt.

Ja, es braucht Pioniergeist und geistige Offenheit, um sich solchem noch recht jungen Wissen zu öffnen! Und ich freue mich, dass Sie diese offenbar mitbringen – wie wäre sonst dieses Buch in Ihre Hände gelangt?

Und ich bin meinem Bruder Jascha unendlich dankbar dafür, dass er mich in die Lage versetzt hat, Sie auf Ihrem Weg der Heilung zu begleiten! Er hat dieses Buch (vorwiegend über meine linke Hand) durch mich geschrieben; er ist also meine Quelle!

Dennoch war ich als doch recht kritischer – vor allem selbstkritischer; immerhin bin ich eine alleingeborene HSP ☺ – Mensch sehr froh, vieles von dem, was er mir von jenseits der Regenbogenbrücke diktiert hat, in den vielen Videos von Beverly Banov Brown (die Sie übrigens im Netz finden können!) und den beiden Büchern der Austermanns bestätigt zu finden!

Vor allem die Häufigkeit, die mein Bruder mit 80% angegeben hat, konnte ich anfangs nicht recht glauben und dachte, ich hätte ihn bei dieser Zahl falsch verstanden. So war ich sehr froh, auch dafür Bestätigung zu finden; wobei ich leider nicht mehr genau weiß, wo das war. Allerdings ist mir persönlich die Zahl gar nicht so wichtig. Mich hat die Bestätigung dieser Zahl vor allem in meinem Vertrauen bestärkt – und zwar sowohl in meinem Vertrauen meinem Bruder Jascha gegenüber; als auch dem mir selbst und meiner medialen Klarheit gegenüber.

Was ich allerdings bei anderen, die sich mit diesem Thema auseinandersetzen, nicht gefunden habe, ist der Sinn dahinter: dieses `Geschwister mit Liebe in die Inkarnation Begleiten´ gibt dem ganzen Phänomen aus meiner Sicht erst Sinn!

Es liegt mir fern, Sie zu bevormunden, aber ich möchte Ihnen empfehlen, einmal in Ruhe das ganze Buch durchzulesen, damit Sie einen Überblick gewinnen – auch über die Spiele, die ich Ihnen erst in späteren Kapiteln vorstelle. Und dann gehen Sie es noch einmal durch – entweder chronologisch oder auch entsprechend Ihrer aktuellen Schwerpunkte!

Ich wünsche Ihnen von Herzen eine möglichst freudvolle und leichtfüßige Reise in die Heilung!

Einführung

Dieses Buch erhebt keineswegs den Anspruch auf Wissenschaftlichkeit! Es möchte Ihnen aus der Perspektive einer Betroffenen Hilfe zur Selbsthilfe anbieten und Sie auf Ihrem Weg in die Heilung begleiten – der Heilung einer uralten und Ihnen wahrscheinlich die längste Zeit nicht bewussten Wunde. Der Wunde, die aus dem Verlust Ihres Zwillings entstanden ist. Oder – und das gilt generell in diesem Buch – eines oder mehrerer Geschwister bei Mehrlingen. Einer Wunde, die sicher weit mehr Folgen auf Ihr Leben hatte und hat, als Ihnen bisher klar ist.

Diese Heilung läuft meiner Erfahrung nach in mehreren Phasen ab. Sie beginnt mit dem Hinschauen:

Was hat dieses Trauma alles in meinem Leben bewirkt?
Was von all dem, was ich erlebt und erlitten – aber auch nicht erlebt, sondern versäumt – habe, ist auf meine frühen Verlust zurückzuführen?

Dann gilt es, die Verbindung mit Ihrem verloren geglaubten Zwilling wieder aufzunehmen und zu erkennen, dass Sie auf Seelen-Ebene nach wie vor mit ihm, ihr oder ihnen (wenn es mehrere sind) verbunden sind; obwohl es eine körperliche Trennung gegeben hat.

Daraufhin wird Ihr verlorenes Geschwister Ihnen gerne helfen, all die Blockaden zu lösen, mit denen Sie vor allem sich selbst im Weg stehen und Ihre erwünschten Erfolge sabotieren; oder auch anderen erlauben, Sie in Ihrer Entfaltung zu behindern.

Vor allem gilt es, die gelübdeartige Bindung an Ihre zweite Hälfte in eine geistige Verbindung umzuwandeln, damit Sie frei werden für die auf allen Ebenen erfüllende und erfüllte Liebesbeziehung im Hier und Jetzt; die Sie sich bewusst oder unbewusst wünschen.

Die Unterscheidung von Bindung und Verbindung beruht natürlich auf meiner sehr persönlichen Terminologie – und ich hoffe, Sie fühlen sich davon nicht irritiert. Für mich besteht tatsächlich ein Unterschied, ob ich mich `an jemanden gebunden´ oder `mit jemandem verbunden´ fühle. Ich weiß nicht, ob dies auch Ihrer Wortwahl entspricht; wichtig scheint mir dabei vor allem das damit verbundene Gefühl zu sein!

Und dann gilt es, die neuen Einsichten und Aha-Erlebnisse nach und nach in das eigene Leben zu integrieren. Dafür sollten Sie sich alle Zeit der Welt nehmen, viel Geduld mit sich selbst haben und vor allem Ihr inneres Kind mit all Ihrer Liebe in diesem Heilungsprozess unterstützen!

Das Trauma des verlorenen Zwillings braucht also mehrere Phasen der Heilung; und ich habe hier für jede einzelne Einsichten, Erfahrungen, Erkenntnisse ebenso wie diverse Empfehlungen, Impulse und Anregungen für Sie zusammengestellt. Somit können Sie diesen Heilungsweg durchaus auch alleine beschreiten. Dies möglichst im regen Austausch mit anderen Alleingeborenen, denn geteilte Klarheit ist für mich mehr als doppelte Klarheit.

Wenn Sie jedoch den Eindruck haben, professionelle Hilfe würde Ihnen wohl tun, dann empfehle ich Ihnen, dafür eine Person zu suchen, die mit diesem Phänomen vertraut ist. Nur eine solche wird Ihnen das nötige Verständnis entgegenbringen.

Am wichtigsten bei all dem ist jedoch Ihre Selbstliebe! Ich glaube, dass Liebe in all ihren Facetten das Allheilmittel vor allem für seelische Wunden ist. Also schenken Sie sich die verschiedenen Facetten Ihrer Selbstliebe wie Selbstanerkennung, Selbstfürsorge, Selbstaufrichtung, Selbstverwöhnung, Selbstbelohnung, Selbstbestärkung, Selbstwertschätzung, Selbstermächtigung, Selbstlob, Selbstbewunderung, Selbstbestätigung, Selbstermutigung und Selbstachtung – all das also, womit Sie sich bei anderen höchst wahrscheinlich um vieles leichter tun.

Und erlauben Sie mir, es hier noch einmal zu wiederholen, weil es mir so eminent wichtig erscheint: Haben Sie bitte viel Geduld mit sich selbst! Ich weiß, das ist ein hoher Anspruch angesichts des großen Schmerzes, der da vermutlich zutage treten wird. Aber Geduld mit sich selbst ist auch eine Facette der Selbstliebe und als solche ungemein wichtig!

Dieses Buch wäre wohl kaum entstanden, wäre ich nicht selbst so stark von diesem Thema betroffen, dass ich all das hier Geschilderte für meine tief greifende Heilung gebraucht und tatsächlich auch erfolgreich eingesetzt habe.

Das heißt, ich weise Ihnen hier als eine Alleingeborene, die mit Ihnen im gleichen Boot sitzt, einen Weg in die Bewusstwerdung – und damit in die Selbstheilung. All das, was Ihnen im Lesen und hoffentlich auch Anwenden all dessen noch bevorsteht, habe ich selbst erlebt, ja durchgemacht! Und ich glaube, das ist gerade bei dieser so sensiblen Thematik wichtig und wertvoll.

Ja, ich weiß genau, wie es sich anfühlt, wenn wir erstmals von diesem Thema hören; vielleicht sogar mit einem Hinweis auf unsere mögliche oder wahrscheinliche Betroffenheit – anfangs fühlt sich das eher schwammig an ...

Ja, ich weiß genau, wie es sich anfühlt, diesen Hinweis gleich wieder ad acta zu legen – weil die „Na und?"-Reaktion unseres inneren Saboteurs stärker ist als die Neugier. Dieser Teil unserer Persönlichkeit tut ja alles, um den Status Quo beizubehalten ...

Ja, ich weiß genau, wie es sich anfühlt, wenn dieses Thema dann aber immer wieder auf uns zukommt; wie es uns geradezu penetrant immer wieder einholt, auch wenn wir noch so sehr davonlaufen wollen ...

Ja, ich weiß genau, wie es sich anfühlt, wenn wir dann gar nicht mehr anders können, als hinzusehen – einfach weil eine Reihe von Verlusten uns `weich geklopft´ hat, weil wir mürbe sind ...

Ja, ich weiß genau, wie es sich anfühlt, uns dann mehr oder weniger mutig all dem zu stellen, was damit auf uns zukommt. Von außen als immer wieder neue Bestätigungen von verschiedenen, oft auch völlig unerwarteten Seiten – meist jedoch von anderen Halbzwillingen oder Dritteldrillingen. Und von innen als ein Schwall von hoch brandenden Emotionen; oder als eine Kette von Aha-Erlebnissen, von Klärungen, ja gar Momenten der Erleuchtung...

Ja, ich weiß genau, wie es sich anfühlt, wenn uns der viele Jahre bis Jahrzehnte verdrängte und nun hochkommende Schmerz fast zu überwältigen droht und wir am liebsten all das wieder vergessen würden – mit dem Argument: „Schlimm genug, dass ich all das erlebt habe! Muss ich mich wirklich noch einmal damit auseinander setzen?"

Aber ich weiß auch, wie es sich anfühlt, wenn uns dann langsam, ganz langsam Heilung zukommt!

Und dieses Wissen, diese Gewissheit ist es, die mich nun dazu bewegt, dem Impuls meines Verlages zu folgen und dieses Buch, das mein Bruder durch mich geschrieben hat, nun auch herauszugeben – für Sie!

Mit diesem `Sie´ meine ich einerseits Sie alle, die sich vom `Syndrom des verlorenen Zwillings (oder Drillings)´ angesprochen fühlen; die tief in sich Resonanz spüren und nun bereit sind, sich mit diesem uralten Trauma zu konfrontieren. Die bereit sind, es hier und jetzt anzugehen – in welchem Alter auch immer dies bei Ihnen stattfindet.

Aber ich spreche damit auch jene unter Ihnen an, die zwar der Ansicht sind, sie selbst seien nicht davon betroffen (... aber wer weiß?), hätten jedoch einen Menschen in ihrem Umfeld, auf den all die Indizien, die hier gesammelt sind, zutreffen – sei dies nun Ihre Partnerin oder Ihr Partner, Ihr Kind, ein Elternteil, eines Ihrer Geschwister, ein Freund oder eine Freundin, jemand aus Ihrer Kollegenschaft.

Auch Sie werden davon profitieren, sich mit den Inhalten dieses Buches zu befassen, weil Sie damit diese alleingeborenen Zwillinge (oft sind es tatsächlich mehrere, weil dieses Phänomen viel weiter verbreitet ist, als allgemein bekannt ist; und weil es meist familiär gehäuft auftritt!) in Ihrem Umfeld besser verstehen können; und daraus folgend ein neues Verständnis für sie aufbringen können.

Denn Verstehen und Verständnis sind für mich nicht dasselbe!

Und wer weiß, vielleicht erkennen Sie im Laufe der Lektüre dieses Buches ja doch noch Ihr eigenes Betroffensein ☺?

Für mich kam die Einsicht in meinen besonderen Start ins Leben erst recht spät – was natürlich relativ ist. Meinem Empfinden nach war es spät; aber glücklicherweise nicht zu spät, um meinem bis dahin vor Blockaden nur so strotzenden Leben eine neue Wendung zu geben.

Natürlich hätte ich mir gewünscht, mein Ur-Trauma früher zu erkennen und zu heilen, weil ich mir damit manch Schmerzhaftes erspart hätte. Aber scheinbar war all das wichtig für meine Entwicklung. So bin ich jetzt im Frieden sowohl mit dem Zeitpunkt der Offenbarung als auch mit dem nicht immer ganz einfachen Heilungsprozess selbst.

Und genau das wünsche ich auch Ihnen!

Freuen Sie sich über die Tatsache, dass Ihr verloren gegangener Zwilling (oder dritter Drilling, wenn Sie als Dritteldrilling zu zweit auf die Welt gekommen sind; oder auch beide früh verlorenen Drillinge) sich jetzt `meldet´ (oder nach und nach melden), um Sie anzuregen, die alte Wunde zu heilen und Ihnen anbietet, Sie auf Ihrem Heilungsweg zu begleiten.

Und erkennen Sie vor allem auch all die Schätze, die Ihnen dieser spezielle Lebensbeginn neben all den Herausforderungen geschenkt hat! Diese Tatsache scheint mir besonders wesentlich zu sein, daher werde ich ihr ein eigenes Kapitel widmen.

Ich wünsche Ihnen viel Freude an all dem, was jetzt – ausgelöst durch Ihre Bereitschaft, sich mit diesem Thema zu konfrontieren – in Ihr Leben kommt an Aha-Erlebnissen, an Synchronizitäten, an Erfahrungen, an Begegnungen, an Einsichten, an Bestätigungen... und an Heilung vor allem!

Wenn auch Sie das Gefühl des: „Warum erst jetzt?" haben und sich so wie ich oft älter fühlen, als Sie tatsächlich sind (und von anderen wahrgenommen werden), könnte das daran liegen, dass wir im steten Versuch, das nicht *gelebte Leben* unserer verlorenen Geschwister *für sie mit zu leben*, unser *Leben* um vieles intensiver *leben* als die meisten anderen Menschen.

Ja, in diesem Satz kommt viel `LEBEN´ vor, und das ist hier sehr bewusst so gesetzt! Wir Alleingeborenen fühlen uns, wenn wir bewusst leben, wie die Kerze, die an beiden Enden brennt – oft gar an mehreren Enden. Da wir praktisch alle auch noch hochsensibel und hochsensitiv, nicht selten auch noch hoch oder viel begabt sind, ist bei uns alles Erleben wie hochgefahren in eine Intensität, die zuweilen fast schmerzhaft ist. Auch dieses Thema werde ich in diesem Buch aufgreifen und ausführlicher behandeln.

Aber seien Sie ehrlich: Möchten Sie diese Lebensdichte missen?

Ich liebe mein Leben in all seinen Phasen und Facetten, auch wenn es sich zuweilen wie die Fahrt auf einer Hochschaubahn bei wildem Gewittersturm während eines Erdbebens der Stärke 8 auf der Richterskala angefühlt hat ☺.

Kommt Ihnen dieses Gefühl bekannt vor?

In diesem Buch möchte ich Ihnen all mein Wissen, meine Erfahrungen und Einsichten zu diesem Thema möglichst behutsam `servieren´, sodass Sie gerne davon `naschen´ und all das `gut verdauen´ können. Aber ich vermute, dass ein großer Teil von Ihnen all das hier lieber `fressen´ möchte. „Aus der großen Betroffenheit", so hat eine Frau, die das Manuskript zu diesem Buch gelesen hat, gemeint.

Wie auch immer Sie sich davon bedienen, mir ist daran gelegen, all die Aha-Erlebnisse während meines Heilungsprozesses und meine neuen Klarheiten in möglichst `bekömmlicher´ Form mit Ihnen zu teilen. Und ich werde Ihnen Techniken, Werkzeuge und Spiele ans Herz legen, mit denen es Ihnen möglichst rasch und leicht, vor allem aber nachhaltig gelingen mag, Ihre Selbstsabotage aufzugeben, Ihre Blockaden zu lösen und Ihr bisher brach liegendes Potenzial aus dem Dornröschenschlaf zu wecken.

Was ich Ihnen jedoch nicht geben kann – was in meinen Augen jedoch am allerwichtigsten ist – ist Ihre Selbstliebe. Aber ich hoffe sehr, dass es mir gelingt, Sie wenigstens dazu zu motivieren!

Da Sie dieses Buch gefunden haben – oder hat es Sie gefunden? –, bin ich überzeugt, dass es für Sie JETZT an der Zeit ist, sich dieser tief greifenden und unendlich befreienden (wenn auch nicht immer nur angenehmen) Heilung zu öffnen.

Auch bei Ihnen mag so manche Träne fließen – und aus meiner Sicht ist das gut so! Weinen bedeutet für mich meist einen wertvollen Klärungsprozess, dem wir uns hingeben sollten. Meinetwegen im stillen Kämmerlein, wenn es Ihnen peinlich ist und Sie sich vor anderen für Ihre Tränen schämen. Denn auch das ist in Ordnung! Wahrscheinlich haben Sie sich im Laufe Ihres Lebens den freien Ausdruck Ihrer Emotionen abgewöhnt. Oder er wurde Ihnen abtrainiert.

Erlauben Sie Ihren Tränen, all den Schmerz, die Trauer, den Groll und die Ängste aus Ihrem System zu lösen! All das scheint mir berechtigt zu sein angesichts dessen, was Sie so früh in Ihrem Leben meistern mussten.

Die gute Nachricht ist jedoch, dass Heilung möglich ist!

Diese Erfahrung habe ich nicht nur selbst gemacht, sondern auch bei vielen anderen miterlebt, die ich durch diesen Klärungs- und Läuterungsprozess begleiten durfte. Und diese Heilung wird umso eher stattfinden, je eher Sie bereit sind, ehrlich hinzuschauen und noch einmal tapfer all den in Ihrem Zellgedächtnis gespeicherten

Schmerz wahrzunehmen – nur noch kurz, ein einziges Mal! Dann darf er endlich gehen und wohltuender Befreiung Platz machen.

Nehmen Sie sich bitte Zeit für dieses Buch! Lesen Sie es nicht bloß zwischendurch in der U-Bahn oder im Wartezimmer eines Arztes oder bei einem Amt. Es kann durchaus sein, dass alleine schon das Lesen all der Symptome als Trigger wirkt, der Ihr Körpergedächtnis aktiviert. So wird Ihnen vielleicht schwindlig, Sie beginnen zu zittern, haben unwillkürliche Zuckungen, bekommen Nasenbluten, Sie müssen ständig husten oder hüsteln, aus heiterem Himmel niesen oder auch immer wieder gähnen. Es kann auch sein, dass plötzlich tiefe Trauer oder scheinbar aus dem Nichts Wut, Groll und Ärger aufkommen. All das darf sein! Erlauben Sie es sich und erkennen Sie es als Zeichen Ihres Betroffenseins – dann wird es ganz von selbst wieder verschwinden, so wie Wolken im Wind vorüberziehen.

Eine Schlange, die sich häutet, zieht sich in eine Höhle zurück, weil die neue, noch junge Haut, die unter der abgeschilferten alten zutage kommt, noch sehr verletzlich ist. Und erst wenn die junge Hülle stark genug ist, bewegt sich dieses Tier wieder hinaus in die freie Wildbahn.

Genauso lege ich Ihnen ans Herz, sich für all die Prozesse, die das Lesen dieses Buches in Ihnen vermutlich in Gang setzen wird, nicht nur Zeit zu gönnen, sondern auch eine sichere Umgebung, ein emotionales Refugium, eine Atmosphäre liebevoller Fürsorge. Beschützen Sie in dieser Zeit vor allem Ihr inneres Kind vor Angriffen von außen und von innen!

Ich erwähne das sehr bewusst, weil ich immer wieder die Erfahrung gemacht habe, dass wir in der Aufarbeitung dieser uralten Wunde leider für weitere Verwundungen resonant sind. Gleiches zieht bekanntlich Gleiches an. Wenn wir uns mit alten Schmerzen befassen, können neue hinzukommen; wenn wir nicht sehr achtsam auf uns aufpassen. Das muss nicht sein, aber es kann sein. Und ich persönlich bin lieber auf das vorbereitet, was möglicherweise auf mich zukommt; weil ich mich dann besser darauf einstellen kann.

Ich spreche übrigens lieber von 'Bespielen', anstatt hier das Wort 'Bearbeiten' zu verwenden. An sich habe ich nichts gegen diesen Begriff, weil ich in der glücklichen Lage bin, meine Arbeit in all ihren Ausdrucksformen zu lieben. Aber Ihr inneres Kind wird lieber mitspielen als mitarbeiten. Und dieser Persönlichkeitsanteil ist besonders wesentlich – generell und ganz besonders in diesem Heilungsprozess. Auch wenn sich dieser für einige von Ihnen durchaus wie harte Arbeit anfühlen mag (ehrlich gesagt war das auch bei mir oft der Fall!), empfehle ich Ihnen, ihn lieber als Spiel zu bezeichnen – Worte sind mächtige Gefühlsauslöser!

Am besten ist, Sie nehmen sich für Ihre Heilung eine kleine Auszeit. So ähnlich, wie Sie vielleicht auf Kur fahren, um Ihren Körper zu regenerieren. Der Gewinn wird so groß und wertvoll sein, dass er Sie für den Einsatz von Zeit und Energie mehrfach entschädigt.

All das hier Beschriebene ist ehrlich, authentisch und von der Hoffnung getragen, Ihnen den Weg durch diese `dunkle Nacht der Seele´ (so hat es sich tatsächlich in manchen Augenblicken für mich angefühlt!) möglichst leicht zu machen. Stellen Sie sich vor, Sie nehmen Ihr inneres Kind an der Hand und begleiten es über all die Hürden und Klippen hinweg und durch all die Schluchten hindurch, die sich vielleicht vor Ihnen auftun. Aber dahinter erwartet Sie – das kann ich Ihnen wohl versprechen! – ein klarer Silberstreifen am Horizont! Am Ende des Tunnels belohnt Sie hell strahlendes Leuchten und eine nie geahnte Glückseligkeit, die Sie hundertfach entschädigen wird.

Vielleicht gestaltet sich Ihr Heilungsprozess ja um vieles einfacher und leichter als meiner. Aber mir persönlich ist es immer lieber, wenn jemand, der Bescheid weiß über das, was auf mich zukommt (weil er es selbst erlebt hat), mich ehrlich darauf vorbereitet. Nicht weil ich Angst als so wertvoll empfinde, sondern weil ich keine bösen Überraschungen mag – typisch für eine Alleingeborene übrigens! Wenn es dann doch nicht so schlimm ist, wie ich als möglich ins Auge gefasst habe, dann bin ich glücklich, erleichtert und dankbar! Wenn die Worst Case-Schilderungen jedoch so oder so ähnlich auch auf mich zutreffen, dann bin ich wenigstens gewappnet.

Wenn Ihr Weg der Heilung sich eher wie ein Spaziergang anfühlt, dann seien Sie bitte dankbar dafür und wissen Sie es zu schätzen! Meiner Erfahrung nach ist das bei diesem Thema alles andere als selbstverständlich. Das Ziehen eines über Jahre hin eitrigen Zahnes gestaltet sich meist auch nicht besonders genüsslich.

Und wenn Sie Heilung erfahren haben, gehen Sie bitte mit offenen Augen, Ohren und Herzen durch die Welt und identifizieren Sie all die Mitbetroffenen in Ihrer Umgebung. Es gibt verschiedene Statistiken, bei wie vielen Befruchtungen es Mehrlinge gibt – meinem Wissen nach schwanken die Angaben zwischen 10% und 80%, wovon nur 3% bis 5% tatsächlich zu mehrt geboren werden.

Ich bin jedenfalls überzeugt, dass dieses Phänomen weit häufiger ist, als allgemein angenommen wird – und die Statistiken dänischer Gynäkologen geben mir Recht. Und es wird an Häufigkeit zunehmen – nicht zuletzt wegen der mehr und mehr eingesetzten Hormonbehandlungen wie der Antibabypille oder der Vorbereitung auf künstliche Befruchtungen und des steigenden Alters werdender Mütter. Und angeblich fördert auch die zunehmende Verschmutzung unserer Umwelt Mehrlings-Schwangerschaften.

Aber laut meinem früh heimgekehrten Bruder Jascha gibt es dafür noch einen weiteren, viel wesentlicheren Grund, den ich am Ende dieses Buches näher erläutern werde.

Letztlich scheint mir die Häufigkeit aber gar nicht relevant zu sein. Ob ich eine unter wenigen bin oder eine unter vielen, ändert nicht allzu viel an meinem Zustand. Wohltuend ist allerdings, wenn unser Wunsch nach Ähnlichkeit und Harmonie innerhalb einer größeren Zahl von ähnlich gestimmten Menschen Befriedigung erfährt. Und Sie werden sehen, dass Ihnen in Ihrer neuen Bewusstheit weit mehr Halbzwillinge und Dritteldrillinge auffallen werden – einfach weil Ihre selektive Wahrnehmung Sie aufmerksamer auf die Indizien achten lässt.

So wie es von der neuen Automarke, für die Sie sich entschieden haben, plötzlich weit mehr zu geben scheint als noch vor kurzer Zeit. Wenn Ihnen also eine Person auffällt, die Ihrem Gefühl nach viele der hier geschilderten Indizien in sich vereint, dann machen Sie diese behutsam darauf aufmerksam. Mein früh heimgekehrter Bruder hat mir empfohlen, dies einmal zu machen und dann diese Person eventuell noch ein zweites Mal darauf hinzuweisen. Wenn sie dann immer noch nicht reagiert, dann ist es für sie vielleicht noch nicht an der Zeit – dann sollten wir das akzeptieren!

Ich habe immer wieder auf Granit gebissen, wenn ich in meiner eigenen Begeisterung für dieses große Aha-Erlebnis Menschen, die in meiner selektiven Wahrnehmung auf dieses Phänomen eindeutig davon betroffen waren, ´missionieren´ wollte. Und es hat eine ganze Weile gedauert, ehe ich Verständnis für diese Reaktion gewinnen konnte. Immerhin habe ich selbst ja auch mehrere Hinweise über Jahre hin gebraucht, ehe ich endlich bereit war, mich für meine Heilung zu öffnen!

Menschen sind Gewohnheitstiere und haben oft die Tendenz, lieber an Schmerzhaftem, das sie schon kennen, festzuhalten, als sich für unbekanntes Neues zu öffnen – auch wenn es noch so viel versprechend ist.

Ich erwähne das hier, weil es durchaus sein kann, dass Sie genau wie ich so glücklich sind über diese Offenbarung, dass sie überzeugt sind, andere müssten das auch sein – dem ist nicht immer so. Dennoch mag der vielleicht zweimalige Hinweis wichtig und wertvoll sein, weil er quasi das Terrain vorbereitet. Eines Tages werden sich vielleicht auch jene Menschen für ihre Heilung öffnen, die Ihre gut gemeinten Hinweise momentan noch abwehren. Oder auch nicht.

Für manche Alleingeborene kommt der Augenblick der Offenbarung auch erst im Übergang über die Regenbogenbrücke, wenn ihr früh verlorenes Geschwister sie `drüben´ empfängt.

Aber es wird durchaus auch Menschen geben, die Ihnen dankbar sind für Ihre Hinweise – genau wie ich es war, als ich den entscheidenden Impuls bekam, der mich tatsächlich für dieses Thema geöffnet hat.

Und vielleicht sind ja auch Sie dankbar für dieses Buch?
Vielleicht finden Sie hier Antworten auf viele Fragen, die Sie seit Jahren schon beschäftigen?
Vielleicht entdecken Sie hier genau jene Lösungen, die Sie seit ewigen Zeiten gesucht haben?

Und noch eine Empfehlung meines Bruders Jascha darf ich hier an Sie weitergeben: Hören Sie sich selbst gut zu, wenn Sie anderen Empfehlungen geben, wie sie am besten mit diesem Thema umgehen, um möglichst rasch heil zu werden.

Mir fällt immer wieder auf, wie wertvoll es ist, mir selbst in meinen Beratungen zuzuhören; denn sehr oft ist das, was ich meinen Klientinnen und Klienten erkläre und empfehle, nicht zuletzt auch für mich bestimmt. Daher ist die intensive Auseinandersetzung mit anderen Alleingeborenen ja auch so wertvoll, weil wir einander so wunderbar spiegeln und in der Reflexion unsere eigenen blinden Flecken leichter erkennen.

Allerdings wirkt dieser Spiegel zuweilen auch wie eine Art Bilanz. So wird es auch Ihnen immer wieder passieren, dass eine Person, bei der Sie dieses Phänomen identifizieren und der Sie vielleicht die eine oder andere Empfehlung geben, Ihnen Ihre eigene Entwicklung spiegelt – allerdings nicht Ihren aktuellen Stand.

Achten Sie daher darauf, ob die jeweilige Spiegelung Ihnen tatsächlich Ihre Reaktionen im Hier und Jetzt reflektiert; oder aber bloß noch einmal Ihr früheres Verhalten rekapituliert.

Und dann zögern Sie bitte nicht, zufrieden zu sein mit sich selbst, wenn Ihre Bilanz Ihnen dazu Anlass gibt; weil Ihr Heilungsprozess bereits Fortschritte gemacht hat. Die Unfähigkeit zu Zufriedenheit ist ein absolutes Stressthema bei uns Alleingeborenen, daher werde ich auch darauf noch näher eingehen.

Für manche von Ihnen mag all das, was angesichts dieses Buches aus Ihrer Tiefe hoch drängt, so überwältigend sein, dass professionelle Unterstützung wertvoll, ja unter Umständen sogar notwendig ist. Dann sollten Sie nicht zögern, diese auch tatsächlich in Anspruch zu nehmen! Jedoch möchte ich hier noch einmal betonen: wenden Sie sich bitte an eine Therapeutin / einen Therapeuten, die / der mit diesem Thema vertraut ist.

Wie anfangs bereits erwähnt, ist dieses Syndrom leider noch eine Art Geheimtipp und vor allem in der Fachwelt noch viel zu wenig bekannt! Ich bin jedenfalls überzeugt, dass Sie am besten bei einer Person aufgehoben sind, die selbst betroffen ist und ihr eigenes Trauma weitgehend geheilt hat. Nur eine solche wird Sie wirklich verstehen und daraus resultierend das nötige Verständnis aufbringen.

In diesem Sinne erlauben Sie mir, Sie auf Ihrer heilsamen Reise in die Heilung zu begleiten.

Theoretische Hintergründe

Ehe ich Sie auf all die Indizien, Symptome und Zeichen hinweise, in denen Sie sich teilweise und auch ganz und gar wieder finden – über die Sie sich also als alleingeborenen Halbzwilling oder Dritteldrilling identifizieren können –, möchte ich hier ein paar Erklärungen vorausschicken.

Was ist das Syndrom der verlorenen Zwillinge, Drillinge oder Mehrlinge?

Was versteht man unter dem ʾLost Twin (oder Triplet) Syndromeʾ oder ʾVanished Twin (oder Triplet) Syndromeʾ oder ʾWomb Twin (oder Triplet) Survivor Syndromeʾ?

Wie häufig ist es tatsächlich?

Was es mit uns macht, werden wir uns im nächsten Kapitel ansehen – aber wie kommt es überhaupt dazu?

Als ich Ende der siebziger Jahre Medizin studiert habe, lernte ich, dass nur etwa 40% der befruchteten Eizellen sich in der mütterlichen Gebärmutter einnisten, während die anderen 60% verloren gehen; meist ohne dass diese Frau es überhaupt bemerkt.

Ich erinnere mich, dass diese Tatsache mich damals ziemlich beeindruckt hat; wiewohl ich zu jener Zeit noch keine Ahnung hatte, dass dies eines Tages ein ganz wichtiges Thema für mich selbst werden sollte! Denn diese verlorenen 60% sind ja nicht nur Einlinge, sondern – und das ist mir erst heute klar – auch viele Zwillinge oder Drillinge. Heute geht die Medizin davon aus, dass die Einnistung überhaupt nur zu etwa 25% gelingt.

Die Eizellen in den beiden Eierstöcken werden bereits während der Schwangerschaft erzeugt und erreichen im 5. Fetalmonat einige Millionen, werden dann aber wieder abgebaut. Wenn ein Mädchen geboren wird, hat es rund 40.000 Eizellen, deren nur etwa 20.000 bis zur Pubertät übrig bleiben. Davon reifen im Leben jeder Frau jedoch nur insgesamt etwa 400 heran – üblicherweise kommt eine Eizelle pro Monat zur vollen Reife.

Es sei denn, die Frau nimmt orale Kontrazeptiva, die einen Zustand der Schwangerschaft vortäuschen, wodurch keine weitere Eizelle heranreifen kann. Nach einer solchen Hormon-Therapie gibt es jedoch eine verstärkte Tendenz zur gleichzeitigen Reifung mehrerer Eizellen – entweder im selben Eierstock oder in beiden.

Die gereiften Eizellen werden dann aus dem platzenden Follikel in die freie Bauchhöhle entlassen; idealerweise hat sich das glockenartige Ende des Eileiters über diese Stelle gelegt. So gelangen die eventuell zur Verfügung stehenden Samenzellen (in ihrer aktiven Bewegung über Gebärmutter und Eileiter) zur freigesetzten Eizelle (oder den Eizellen) und können diese so lange umringen, bis üblicherweise ein Spermium die Zellmembran durchdringt und die Befruchtung stattfindet.

Dann wird die befruchtete Eizelle in passiver Bewegung mit dem Flüssigkeitsstrom (ähnlich einem Laufband) durch den Eileiter in Richtung Gebärmutter transportiert. Während dieser etwas mehr als eine Woche dauernden Reise beginnt die befruchtete Zelle sich schon zu teilen und gelangt im so genannten `Blastozysten´-Stadium (mit rund 32 Zellen) in die Gebärmutter, wo sie sich idealerweise an einer passenden Stelle in der dafür vorbereiteten Schleimhaut einnistet.

Drei Wochen nach der Befruchtung (also bereits eine Woche nach Ausbleiben der Regel) kann ein Embryo bereits erkannt werden – da misst er etwa einen Millimeter. Der Fotograf Lennart Nilsson hat in seinem faszinierenden Buch „Ein Kind entsteht" diese Reifung fotografisch festgehalten.

In diesem Prozess gibt es nun mehrere Variablen:

Statt einer einzigen Eizelle können – wie erwähnt – auch zwei (seltener mehrere) parallel zur Reifung gelangen und etwa gleichzeitig oder mit leichter Zeitverschiebung springen (wenn der Follikel platzt, sprechen wir vom Eisprung). So entstehen zweieiige Zwillinge, die entweder gleichen oder verschieden Geschlechts sind. Das betrifft rund 2/3 der Zwillinge.

Wenn diese beiden Eisprünge zeitlich verschoben stattfinden, kann es durchaus auch sein, dass zwei verschiedene Väter mitgespielt haben!

Bei eineiigen Zwillingen (nur etwa 1/3) ist das natürlich nicht möglich. Diese Variante beruht auf der frühen Teilung einer befruchteten Eizelle in zwei (oder selten mehr) genetisch identische Tochterzellen, die daher immer dasselbe Geschlecht haben.

Beide Varianten sind durch die verbreitete Hormonbehandlung der Frauen heute viel häufiger als früher. Sie haben sicher schon gehört, dass Frauen, die über lange Zeit die Anti-Baby-Pille nehmen und nach einer kurzen Einnahmepause schwanger werden, eher Mehrlinge zu erwarten haben, als Frauen, die bis dahin anders verhütet haben.

Als ich Anfang der achtziger Jahre meine Tochter bekam, lag ich in einem Zimmer mit sechs Betten, davon waren drei mit Frauen belegt, die Zwillinge bekommen hatten; was natürlich nicht statistisch relevant war – ich sehe es heute eher als frühen Hinweis auf meine eigene Alleingeburt! Sowie den Verlust der Geschwister meiner Tochter!

Darüber hinaus werden bei künstlichen Befruchtungen – neben der meist intensiven Hormonbehandlung – auch meist mehrere in Vitro befruchtete Zellen eingepflanzt. Deren manche nach einer diagnostischen Fruchtwasseruntersuchung im Sinne vorgeburtlicher Auslese wieder entfernt werden. Dennoch bleiben bei dieser Variante viel häufiger Mehrlings-Schwangerschaften bestehen als auf natürlichem Weg.

Abgesehen davon werden Frauen heute statistisch älter zum ersten Mal Mutter. Das erhöht die Häufigkeit von Zwillingen noch weiter, weil bei über dreißigjährigen Erstgebärenden Mehrlinge häufiger vorkommen als bei jüngeren.

Hinzu kommt noch die stärkere Umweltbelastung, die – wie bereits erwähnt – offenbar auch die Häufigkeit von Zwillingen erhöht. Und nicht zuletzt nehmen wir alle – auch ohne orale Einnahme von Hormonen – mit dem Trinkwasser Hormone (die über den Harn ausgeschieden wurden und so wieder ins Trinkwasser gelangt sind) zu uns; es sei denn, wir filtern unser Wasser durch eine Osmoseanlage.

All diese Faktoren erhöhen heute die Häufigkeit von Mehrlingen.

Auch der Verlust einer Frucht kann verschiedene Ursachen haben. Ein Grund dafür kann die Einnistung an unpassender Stelle sein. Das kann bereits in der Bauchhöhle sein (woraus eine gefährliche Bauchhöhlen-Schwangerschaft resultiert) oder in einem der beiden Eileiter (daraus resultiert eine ebenso gefährliche Eileiter-

Schwangerschaft). Diese beiden Varianten können für die Mutter lebensgefährlich werden, weil weder die Bauchhöhle noch die Eileiter für die Austragung eines Kindes geeignet sind. So kommt es meist bald schon zu inneren Blutungen, die eine sofortige Operation erfordern, um das Leben der Mutter zu retten. Die Frucht kann dabei generell nicht erhalten bleiben.

Es gibt auch Fälle, in denen eine befruchtete Eizelle die Gebärmutter erreicht, eine zweite (oder vielleicht sogar zwei weitere) in der Bauchhöhle verloren gehen oder im Eileiter stecken bleiben. So habe ich einen Mann kennen gelernt, dessen Zwillings-Schwester als Eileiter-Schwangerschaft operativ entfernt werden musste; während er bereits in der Gebärmutter eingenistet war. Wie traumatisch ein solches Erlebnis ist, kann sich wohl jeder leicht vorstellen!

Aber auch innerhalb der Gebärmutter gibt es neben den für die Einnistung geeigneten Stellen auch unpassende, nämlich im unteren Bereich dieses muskulären Hohlorgans nahe dem Muttermund. In diesen Bereichen kann die Schleimhaut nicht so aufgebaut werden wie im oberen Teil. Abgesehen davon entsteht dann meist eine 'Plazenta Praevia', das heißt, der Mutterkuchen kann den Ausgang der Gebärmutter verschließen, was neben der nicht idealen Versorgung des Embryos dann auch noch einen Kaiserschnitt notwendig macht, weil der Geburtskanal verschlossen ist.

Bei zwei gleichzeitig oder zeitlich verschoben befruchteten Eizellen besteht die Möglichkeit, dass beide sich an passender Stelle der Gebärmutter einnisten; aber wahrscheinlicher ist es, dass eine sich gut einnisten kann, die andere jedoch keinen geeigneten Platz findet und früher oder später verloren geht.

In einem solchen Fall ist es auch möglich, dass eine der beiden eingenisteten Eizellen sich zum Zwilling entwickelt, während die andere zum Einling wird – das ergibt eine Möglichkeit für eine gemischte Drillings-Schwangerschaft. Davon kann nun der Einling verloren gehen oder aber auch einer der eineiigen Zwillinge (oder beide) – was jeweils eine völlig andere psychologische Dynamik zur Folge hat.

Abgesehen davon kann natürlich auch ein bereits seit einer Weile eingenisteter Embryo verloren gehen. Entweder weil sein Erbgut geschädigt ist, er also von sich aus nicht überlebensfähig ist; oder wenn die Versorgung über die Gebärmutter nicht ausreichend ist.

Auch dafür kann es verschiedene Gründe geben wie Krankheit oder eine extrem ungesunde Lebensweise (Rauchen, Drogen, Alkohol, Stress ...) der Mutter, die zu einer Malnutrition (Fehlernährung) des Kindes führt. Dies kann bei bereits eingenisteten Zwillingen dazu führen, dass nur einer verloren geht, weil die Versorgung nur für eine Frucht reicht. Seltener auch zum Verlust zweier eineiiger Drillinge.

Ein weiterer Grund für den Verlust eines oder mehrerer Mehrlinge sind Abtreibungen. Früher wurden diese nicht selten von der schwangeren Frau selbst oder von `Engelmacherinnen´ unter zum Teil sehr bedenklichen hygienischen Umständen durchgeführt. Bei solchen Eingriffen blieb nicht selten eine Frucht (seltener auch zwei) erhalten – was natürlich deren massive Traumatisierung zur Folge hatte! Heute sorgen medizinische Eingriffe (Curettage) für gefahrlosere Abgänge, bei denen fast immer alle Früchte entfernt werden.

Sie sehen, es gibt zahlreiche Ursachen für den Verlust eines Zwillings (beziehungsweise eines oder mehrerer Mehrlinge), nicht zuletzt weil Mehrlinge heute weit häufiger sind als noch Mitte des letzten Jahrhunderts. Parallel dazu haben auch die spontanen Abgänge zugenommen, sodass das Phänomen der Alleingeborenen heute alles andere als eine Seltenheit ist.

Wie erwähnt kann ein Zwilling nicht nur den spontanen Verlust (etwa durch schwere Traumatisierung der Mutter wie beispielsweise einen Unfall oder eine Vergewaltigung) seiner zweiten Hälfte oder zweier Drillinge überleben, sondern auch deren gezielte Austreibung (durch bewusstes Herum- oder Herunterspringen der Mutter aus großer Höhe oder die Einnahme einen den Abgang fördernden Substanz wie Chinin oder sehr heiße Sitzbäder) oder eine unprofessionelle Abtreibung!

Diese sind in Ländern, in denen die `Fristenlösung´ gilt, heute selten geworden; kommen in Ländern, in denen Abtreibungen heute noch strafbar sind, aber durchaus noch vor. Es gibt erschütternde Schilderungen von Menschen, die so einen Eingriff überlebt haben und in Hypnose dieses Trauma noch einmal durchleben und es sogar schildern können.

Da (wie bereits erwähnt) der erste Ultraschall bei uns meist erst nach dem Verlust einer oder mehrerer Embryonen gemacht wird, ist dieses Phänomen hier weit weniger bekannt als in Ländern, wo diese Untersuchungen früher gemacht werden.

Einige embryologische Fakten:

Wenn ein Zwilling oder Drilling früh stirbt, werden Herzschlag und Bewegungen immer schwächer und hören dann auf; was bei der bleibenden Frucht vermutlich Panik auslöst. Die Mutter bemerkt bei einem frühen Verlust meist nichts, es sei denn, sie hat Blutungen. Das kommt zwar nicht selten vor, wird jedoch meist nicht als Zeichen für den Verlust eines Mehrlings erkannt. Bis etwa zur 12. Woche werden abgestorbene Embryonen von der Plazenta resorbiert, sodass nur die geübte Hebamme Reste einer doppelten Plazenta oder mehrere Gruben in einer gemeinsamen Plazenta erkennt. Das wird der Mutter aber meist gar nicht gesagt.

Im späteren Stadium (zwischen dem 4. und 6. Monat) schrumpft der abgestorbene Fetus zusammen und bildet einen `Fetus Papyraceus´; einen eingetrockneten, platt an die Gebärmutterwand gedrückten kleinen Körper – ähnlich einer in einem Buch trocken gepressten Blume. Am Leben bleibende Föten ziehen sich dann meist von ihrem toten Geschwister zurück und bewegen sich kaum mehr.

Wenn eine Frucht stirbt, ändert dies die Zusammensetzung des Fruchtwassers; und da sehr früh (etwa in der 8. Woche) bereits die Geschmacksknospen entwickelt sind, kann das überlebende Kind das wahrnehmen – woraus später unerklärliche Ekelgefühle entstehen können.

Wenn ein Zwilling oder Drilling in einem späteren Stadium stirbt, ist das bei der Geburt natürlich nicht zu übersehen – wird der Mutter aber nicht selten verschwiegen. Es heißt dann, man wolle ihre Freude über das überlebende Kind nicht trüben – was aus systemischer Sicht fatal ist! Und unbewusst ist sich die Mutter natürlich ihres Verlustes klar – worauf ich später näher eingehen werde.

Zwillinge können beim Absterben auch in den Körper des Überlebenden einwachsen und Dermoidzysten / Teratome bilden. Sehr selten ist das Phänomen des `Fetus in Fetu´, bei dem der überlebende Zwilling den anderen in seinem Bauch trägt.

Siamesische Zwillinge bilden sich übrigens, wenn die Teilung eineiiger Zwillinge erst spät (~12 Tage nach der Befruchtung) erfolgt.

Bereits am 23. Tag beginnt das Herz des Embryos, Blut zu pumpen – da wissen die werdenden Mütter meist noch gar nichts von ihrer Schwangerschaft! – mit 2 Monaten ist es vollständig entwickelt.

Mit 6 Wochen entwickeln sich Gehirn und innere Organe. Mit 7 Wochen sind Gesicht und Augen, Nase, Lippen und Zunge erkennbar.

Nach 8 bis 10 Wochen beginnt der Embryo, sich zu bewegen, alle Organe sind angelegt und funktionieren! Erstgebärende spüren die Bewegungen etwa ab der 20. Woche, Frauen mit entsprechender Erfahrung bereits in der 16. Woche. Ab der 18. Woche ist im Ultraschall das Geschlecht erkennbar.

Zell-Biologen gehen davon aus, dass auch in der vorgeburtlichen Phase bereits Erinnerungen gespeichert und in den Zellen codiert werden. Wenn wir uns vor Augen halten, dass wir aus einer einzigen Zelle (der vom väterlichen Samen befruchteten mütterlichen Eizelle) entstanden sind, ist leicht nachvollziehbar, dass wir in jeder unserer Zellen, die ja alle durch Teilung dieser ersten Ur-Zelle entstanden sind, Erinnerungen gespeichert haben. Und zwar an alles, was wir im Laufe unserer Entwicklung zu einem menschlichen Lebewesen erfahren und erlebt haben. Sogar noch lange bevor unsere Mutter von ihrer Schwangerschaft weiß!

Seit Längerem gibt es einen speziellen therapeutischen Zweig, der davon ausgeht, dass frühe Erfahrungen der ersten intrauterinen Monate besonders prägend sind. Die Regressions-Therapie führt daher Menschen in Trance unter Hypnose in diese Zeit zurück, um Traumen zu bearbeiten. Eines dieser recht häufigen Traumen ist der Verlust eines oder mehrerer Mehrlinge.

Neben dem eigenen Erleben – wie beispielsweise Erschrecken durch Lärm, Angst (mit messbar erhöhter Herzfrequenz!) vor der Nadel bei Fruchtwasser-Punktionen, Unsicherheit und Todesangst bei Abtreibungs-Versuchen oder dem unmittelbar miterlebten Verlust eines Zwillings; aber auch Wohlbehagen, wenn alles gut ist – werden auch die Emotionen der Mutter auf das werdende Kind übertragen: sowohl biochemisch über Hormone über die Nabelschnur als auch medial. Was auch immer die Mutter erlebt, erlebt das Kind mit! Wie auch immer es der Mutter geht – es wirkt sich auf den Embryo und später Fötus aus!

Trauma (griechisch Wunde, Verletzung)

Nachdem ich immer wieder den Begriff Trauma verwende, möchte ich hier kurz einiges zu diesem Thema im Allgemeinen erwähnen.

Als Trauma bezeichnet man eine biologisch unvollständige Antwort des Körpers auf eine überwältigende Situation, die keinen heilenden Abschluss gefunden hat; sondern im Körper gespeichert bleibt. Anzeichen dafür können Verspannungen in Schultern und Nacken, permanent unterkühlte Hände, Füße oder Oberschenkel, Taubheitsempfindungen sein, aber auch Depression, Panikattacken, Sinnlosigkeit, Hoffnungslosigkeit ...

Während der überwältigenden Situation kommt es zu einer Dissoziation, bei der ein Teil des Bewusstseins abgespalten wird und quasi in der Vergangenheit hängen bleibt. Im Moment selbst ist diese Abspaltung hilfreich; wenn etwa bei einer schweren Verletzung wie der Abtrennung eines Armes im Zustand des Schocks die seelischen und körperlichen Schmerzen ausgeblendet, also nicht wahrgenommen werden. Wenn der Betroffene dann trotz der schweren Verletzung situationsgerecht reagiert – und den abgetrennten Arm nimmt und damit zum Arzt läuft, damit dieser ihn wieder annäht –, ist dies für ihn später absolut nicht nachvollziehbar.

Der intrauterine Tod eines oder zweier Geschwister ist für den Überlebenden ein schweres Verlusttrauma, das er völlig ohnmächtig miterleben muss. Daraufhin verharrt er in einem enormen Spannungszustand, der eine große Menge seiner Energie bindet; diese steht ihm daher im Alltag nicht zur Verfügung, was unter anderem zu chronischer Müdigkeit führen kann.

Manchmal sucht der Körper Entladung durch Zittern, in der Ausübung extremer Sportarten oder Sadomaso-Spielen in der Sexualität. Bei all dem wird massiv Adrenalin ausgeschüttet und jene Energie freigesetzt, die während des Traumas für Kampf oder Flucht bereitgestellt, dann aber nicht entladen wurde, sondern eingefroren blieb. Ein solcher energetischer Adrenalinschub kann aber immer nur vorübergehend Erleichterung bringen.

Eine derartige Entladung kann aber auch 'aus heiterem Himmel' ohne erkennbare Ursache stattfinden. Etwa wenn sich bei tiefer Entspannung der chronische Muskelpanzer unwillkürlich lockert.

Wilhelm Reich meinte, dass wir die Muskulatur anspannen, um überwältige Gefühle nicht mehr wahrzunehmen. Soldaten `spannen bewusst die Arschbacken´ an, um ihre Angst nicht zu spüren. Wir `beißen oft unwillkürlich die Zähne zusammen´, wenn eine Situation uns zu überfordern droht. In stressigen, belastenden Situationen spannen wir alle die Schulter- und Nackenmuskulatur an.

Wenn ein Embryo miterlebt, wie neben ihm ein Geschwister stirbt, ist die Folge meist, dass er den Schmerz in seiner Muskulatur `einsperrt´. Das hat zur Folge, dass auch später im Leben Emotionen nur mehr gedämpft wahrgenommen werden. Körpertherapien können eine solche Blockade bewusst machen und auflösen. Dazu sollte meiner Ansicht nach jedoch die Ursache geklärt werden!

Und eine Gelegenheit dazu bietet sich, wenn der betroffene Mensch sein Verlust-Trauma `re-inszeniert´, also beispielsweise die Trennung von einer geliebten Person anzieht oder selbst verursacht. Diese `Re-Inszenierung´ scheint eine Strategie der Seele zu sein, um das Trauma bewusst zu machen und endlich zu lösen; und auf diese Weise endlich die feststeckende Energie freizusetzen. Dabei geht es natürlich nicht darum, das Trauma loszuwerden, sondern bewusst im eigenen System zu integrieren, um ein neues energetisches Gleichgewicht zu schaffen.

Indizien / Symptome / Zeichen in der Übersicht

Wenden wir uns nun den Folgen dieses Phänomens zu. Betrachten wir gemeinsam all das, woran Sie erkennen können, dass Sie vermutlich von diesem Thema betroffen sind.

Da Sie dieses Buch lesen, nehme ich an, dass Sie bereits einige entsprechende Hinweise bekommen haben. Dennoch nehme ich an, dass hier noch eine Fülle von Aha- und Ahja-Erlebnissen auf Sie zukommt. Sie werden sehen, dass alleine schon die mentale Auseinandersetzung mit diesen Fakten, deren meiste Sie vermutlich aus Ihrem Leben wieder erkennen werden, heilsam ist! In manchen Augenblicken werden Sie vielleicht den Eindruck haben, Sie selbst würden hier höchst persönlich beschrieben.

Ich erinnere mich deutlich, dass ich dieses Gefühl schon in der intensiven Auseinandersetzung mit dem Phänomen der HSP (Hochsensiblen Persönlichkeit) oder in der ersten Begegnung sowohl mit der Astrologie als auch mit der Numerologie hatte. Mich selbst in dem Buch „Zart besaitet" von Georg Parlow haargenau beschrieben wieder zu finden, kam mir ebenso erstaunlich vor wie die Beschreibung meines Horoskops oder meiner Lebenszahlen. Mit praktisch jedem dieser Charakteristika konnte ich mich identifizieren. Was wohl vor allem daran liegen mag, dass ich seit meinem 25. Lebensjahr danach trachte, mein Leben sehr bewusst zu leben und mir dabei stets über die Schulter zu schauen.

Übrigens glaube ich, dass auch dieses `sich selbst beim Leben zuschauen´ eine recht verbreitete Eigenschaft vieler Alleingeborener ist! So mag es vielen von Ihnen ähnlich gehen. Und ich hoffe sehr, dass auch Sie in diesem Identifikationsprozess lernen, sich selbst etwas mehr anzunehmen und so zu akzeptieren, wie Sie sind. Vielleicht lernen Sie sich dabei auch wieder etwas näher kennen, und hoffentlich auch LIEBEN! Vor allem wird Ihnen der rote Faden, der sich garantiert auch durch Ihr Leben zieht, klarer. Dann können Sie Ihren bisherigen Weg durch all die Windungen und Umwege und Loopings und scheinbaren Sackgassen besser verstehen.

Ich bin jedenfalls zuversichtlich, dass Ihnen all die Bestätigungen ebenso wohl tun werden wie mir damals – tief in uns allen wohnt doch der Wunsch nach Ähnlichkeit und Gemeinsamkeit. Ganz besonders in uns Alleingeborenen, die wir immer die Tendenz haben, uns anders, nicht richtig und ausgeschlossen zu fühlen! Wie wohl tut es da, gleich gesinnte und mit uns in Harmonie schwingende Menschen zu finden!

In diesem Kapitel folgt eine rasche Übersicht – zur Einstimmung für jene unter Ihnen, die auch die nachfolgende ausführlichere Beschreibung lesen wollen. Einigen unter Ihnen mag jedoch dieser Überblick bereits genügen; dann überspringen Sie einfach das nächste Kapitel!

Viele dieser Faktoren greifen ineinander, daher wird mein Versuch einer klaren Gliederung nur bedingt gelingen. Und das ist auch gleich das erste Indiz: Halbzwillinge sind zu einem weit überwiegenden Anteil <u>HSP</u> (<u>hochsensible und/oder hochsensitive Persönlichkeiten</u>) und als solche auf Hirnebene um vieles komplexer verschaltet als andere Menschen. Das heißt, unser Gehirn ist meist dichter vernetzt, unser Denken vielschichtiger und assoziativer und daher nicht selten auch langsamer. Früher habe ich mich deshalb immer als begriffsstutzig bezeichnet; heute weiß ich, dass das meine spezielle Anlage ist – und weiß diese zu schätzen!

Eine Hellseherin hat mich angesichts ihres Einblickes in meine Denkmuster einmal völlig konsterniert gefragt, wie ich das um Gottes Willen aushalten würde? Auf meine erschreckte Frage, was sie denn meine, rief sie außer sich: „Dieses Chaos in Ihrem Hirn!" ☺.

Nun ich kenne die Komplexität meines Denkens, seit ich mich erinnern kann, und bin bisher ganz gut damit zurechtgekommen. So hat mich an dieser Bemerkung vor allem gewundert, ja amüsiert, wie das, was sich für mich völlig normal anfühlt, einen anderen Menschen so aus der Fassung bringen kann.

Da ich jedoch annehme, dass dieses Buch nicht zufällig in Ihre Hände gefunden hat, darf ich annehmen, dass auch Ihr Denken komplexer ist als das vieler anderen. So darf ich hoffen, dass zumindest die meisten von Ihnen sich ganz gut in meinem `kreativen Chaos´ zurechtfinden werden!

Ich bemerke das immer wieder auch in Gesprächen. Mit jenen Menschen, die ich mit meiner selektiven Wahrnehmung eindeutig als Alleingeborene diagnostizieren kann, fließt die Kommunikation um vieles reibungsfreier und befriedigender als mit Einlingen. Was natürlich nicht wertend gemeint ist, denn ich kann mich gut in einen als Einzelwesen inkarnierten Menschen hineinversetzen, wenn er sich –

wie diese Seherin – von meinen Gedankensprüngen und Assoziationsketten massiv überfordert fühlt.

In Wahrheit ergeben sich diese scheinbaren Denksprünge sehr logisch aus spontanen Assoziationen; die im Gespräch auch abgearbeitet werden wollen, ehe ich wieder zum Hauptstrang meines Denkablaufes zurückkehren kann. Und es ist mir kaum je passiert, dass ich mich in meinen komplexen Verschaltungen verirrt habe; wiewohl das für eindimensionaler verschaltete Gehirne zuweilen so gewirkt haben mag!

Es scheint mir bloß wichtig, diese Tatsache in Betracht zu ziehen; dann können gegebenenfalls beide Seiten versuchen einander im verbalen Austausch entgegen zu kommen. Einfacher Verschaltete dürfen sich dann für etwas mehr geistige Flexibilität öffnen; während es unsere Rolle ist, uns um einfachere und damit klarere Strukturen zu bemühen.

Ein weiteres wichtiges Hauptindiz sind unsere Schuldgefühle, deren Genese ich in einem eigenen Kapitel eingehend erklären werde, und die praktisch unser ganzes Leben prägen.

Eng damit verbunden ist das Gefühl, wir müssten unsere Lebensberechtigung erst beweisen. In dem Wunsch, uns von der Schuld zu befreien, überlebt zu haben, haben wir Alleingeborenen den Eindruck, uns unseren Platz auf der Erde erst verdienen zu müssen; als gelte es, uns unseres Daseins als würdig zu erweisen.

Daraus resultiert ein quälender Perfektionismus, der uns die Latte immer noch höher legen lässt; dennoch bleibt die ewige Unzufriedenheit mit uns selbst. Denn selbst wenn wir unseren extrem hohen Ansprüchen genügen, nehmen wir das nicht wahr, sondern sehen es als selbstverständlich. In Wahrheit kann es gar nicht genug sein! Wenn wir uns jedoch einmal vergeblich strecken und unser Ziel nicht erreichen, geißeln wir uns gnadenlos.

Zu diesem peinigenden Gefühl, niemals zu genügen, kommt die phasenweise Selbstsabotage, weil wir uns nachhaltigen Erfolg in Wahrheit gar nicht erlauben. Und Glücklichsein schon gar nicht. So folgen auf kurze blühende Phasen meist lange anhaltende Rückschläge. Wohl auch weil wir Angst haben, anderen etwas wegzunehmen, was uns nicht zusteht, was wir nicht verdient haben.

Der enorme <u>Leistungsdruck</u> und die Tendenz stets <u>mehreren Berufen gleichzeitig</u> nachzugehen, beruht offenbar darauf, dass wir das Leben unserer verlorenen Geschwister für sie mit leben wollen. Interessanterweise haben wir meist auch <u>viele Begabungen</u> – vor allem in Richtung <u>Kreativität</u> und <u>Phantasie</u> –, die wir jedoch oft nicht umsetzen und in die Welt bringen können.

So gibt es <u>viele Studien- und Berufsabbrüche</u> – immer dann wenn allzu großer Erfolg `droht`. Auch <u>Versagensangst</u> ist unser ständiger Begleiter, vor allem in dem unbegründeten Gefühl, `es alleine nicht zu schaffen` und `nicht gut genug zu sein`.

<u>Enttäuschung</u> ist fast ein Dauerzustand – beruflich und privat. Kaum je lebt der Alleingeborene das Leben, nach dem er sich sehnt. Zwar wünscht er sich Leichtigkeit, aber er macht sich das <u>Leben unnötig schwer</u>. Immer wieder fragt er sich, warum er <u>leidet</u>, während andere glücklich sind. Wo andere keine Schmerzen haben, hat er <u>starke Schmerzen</u> – ja, auch seine Schmerzschwelle ist viel niedriger als bei anderen! So sind Operationen, die andere als Kleinigkeit empfinden, für Alleingeborene oft bedrohlich und stressig. Und sie brauchen oft mehr Narkose- und Betäubungsmittel bei einer Lokalanästhesie.

Mit einer (bewussten oder unbewussten) <u>Enttäuschung</u> hat unser Leben begonnen: Wir waren nicht der oder die Erwartete, waren nicht genug – kamen nur als `halbe oder drittel Portion` zur Welt. Und da dies enormen <u>Stress</u> ausgelöst hat, haben wir ein Leben lang Angst, andere zu enttäuschen. Aber auch für uns selbst hat das Leben mit einer Enttäuschung begonnen – wir kamen alleine hier an, wiewohl wir doch eigentlich gemeinsam gestartet sind. Das haben wir als extrem schlimm empfunden; so triggert jede Enttäuschung, derer wir uns unbewusst viele `re-inszenieren`, unser Ur-Trauma weiter – wohl damit wir endlich hinsehen!

Ein weiteres Charakteristikum ist unsere sehr früh schon empfundene <u>Einsamkeit</u>! Das <u>Gefühl, nicht wirklich dazuzugehören</u>, begleitet uns, auch wenn wir uns gerade inmitten Nahestehender befinden, also eigentlich durchaus Geborgenheit empfinden sollten. Damit verbunden ist meist der Eindruck der <u>Fremdheit</u>, der <u>Andersartigkeit</u> sowie stets das Gefühl, <u>nicht verstanden</u> zu werden. Und im Grunde verstehen wir uns selbst oft nicht! Immer ist da dieses quälende: „Warum???"

Mit dem Gefühl der Einsamkeit ist auch das der <u>Unvollständigkeit</u> verbunden. Als Alleingeborene fühlen wir uns niemals ganz und befinden uns daher in einer <u>inneren Getriebenheit</u> und stets auf der <u>Suche</u>, ohne zu wissen wonach. Wir leben nicht wirklich, stehen kaum je mit beiden Beinen am Boden; und wir fühlen uns gefangen in einem nicht enden wollenden Stadium des <u>Wartens</u>, ohne zu wissen worauf.

Möglicherweise deutet alleine der Titel „Warten auf Godot" schon darauf hin, dass Samuel Beckett ein Alleingeborener war! Und Sie werden sehen, wie viele Halbzwillinge und Dritteldrillinge Ihnen auch unter prominenten Menschen auffallen, wenn Sie erst einmal auf dieses Thema eingestimmt sind und bewusst hinschauen.

Ein wichtiges Thema ist auch unser Wunsch nach Kontrolle, der sich gar zum <u>Kontrollzwang</u> auswachsen kann.

Eng damit verbunden ist die <u>Angst vor Dunkelheit</u>, die oft mit quälender <u>Klaustrophobie</u> bis zu <u>Panikattacken</u> und schweren <u>Depressionen</u> einhergeht.

Wie überhaupt unser Sortiment an <u>Ängsten</u> beachtlich ist – ich werde eingehend darauf zurückkommen.

Ein weiteres Thema sind unsere <u>Schlafstörungen</u> – mal nur phasenweise, mal auch über längere Strecken. Und der Schlaf als `kleiner Bruder des Todes´ bringt uns zum nächsten Thema.

<u>Tod</u> und <u>Sterben</u> sind allgegenwärtig – einerseits ersehnt, weil wir uns unbewusst in der namenlosen (zumindest bis uns bewusst wird, worum es geht!) Sehnsucht nach unserem verlorenen Geschwister so sehr nach `daheim´, nach `drüben´ sehnen. Andererseits fürchten wir den Tod. Vor allem den eines geliebten Menschen, den wir vorbewusst schon erlebt und in jeder Zelle unseres Körpers als schwere Katastrophe gespeichert haben. Aber wir fürchten auch unseren eigenen!

Daher sind viele von uns in <u>heilenden</u> und <u>helfenden Berufen</u> tätig – in dem Wunsch, `Gott in Weiß´ zu spielen. Es gilt unbedingt, den <u>Tod</u> zu <u>besiegen</u>, der uns schon einmal das Liebste genommen hat, und zukünftig andere und uns selbst zu <u>retten</u>. Und wenn wir mit diesem hohen Anspruch nicht helfen und retten können, fühlen wir uns neuerlich gescheitert, unfähig und schuldig.

Der <u>Hang zu den Armen und Leidenden</u> macht uns das Leben doppelt schwer, weil wir uns in unserer <u>extremen Empathie</u> nicht gut abgrenzen und „nein" sagen können! In unserem ausgeprägten <u>Helfersyndrom</u> haben wir nicht nur die Tendenz, das Leid der ganzen Welt auf unsere Schultern zu nehmen, sondern wir fühlen uns auch noch dafür verantwortlich. Und sind daher allzu leicht auszunützen.

Vor allem in der Kindheit leiden wir unter der Einsamkeit, <u>weinen</u> meist mehr als andere Kinder und haben panische <u>Angst</u>, wenn wir <u>alleine gelassen</u> werden. Dann führen wir wie zum Trost endlose <u>Gespräche</u> mit <u>Phantasiegestalten</u> – in Wahrheit jedoch unseren verlorenen Geschwistern. Aber da die Erwachsenen unsere Phantasien nicht ernst nehmen, verdrängen wir die Erinnerung an unser Liebstes ins Unbewusste. Die Vorliebe für <u>Selbstgespräche</u> bleibt uns allerdings meist bis ins Erwachsenenalter.

Tief in uns bleibt die <u>Sehnsucht</u> und <u>Spürsucht</u>, die <u>Sucht</u> nach <u>Berührung</u>, nach <u>Innigkeit</u>, <u>Eins-Werdung</u> und <u>Verschmelzung</u>. Wir versuchen immer wieder, sie in unseren Beziehungen zu stillen; was jedoch kaum möglich ist, weil niemand unseren Zwilling oder Drilling ersetzen kann.

Das macht uns unglücklich, ohne dass wir wissen, warum; so sind <u>Depressionen</u> sowie ein <u>Gefühl der Sinnlosigkeit</u> und die Tendenz zur <u>Resignation</u> treue Wegbegleiter. Und resultieren nicht selten in <u>Suizidgedanken</u>, die dann stets mit massiven Schuldgefühlen und panischer Angst vor dem Tod einhergehen.

„<u>Nein</u>" zu sagen und Raum für uns zu fordern, ist uns kaum möglich, immer ist das Wohlbefinden anderer wichtiger als unser eigenes; und generell können wir weit <u>besser geben, als annehmen</u>.

Der Wunsch nach <u>Kontrolle</u> in Kombination mit dem ausgeprägten <u>Helfersyndrom</u> führt in Beziehungen oft zur <u>Co-Abhängigkeit</u>. Dann bleiben wir gefangen in destruktiven Partnerschaften, leiden unter der extremen <u>Angst vor dem Verlust des Du</u> und quälender <u>Eifersucht</u>.

Die <u>Angst vor dem Verlassenwerden</u> lässt uns diesem oft zuvorkommen und den anderen verlassen. In der erfolglosen Suche nach dem Ideal gibt es häufige <u>Partnerwechsel</u>. Während einer Beziehung haben wir die meiste Zeit `die Koffer in der Türe´, sind also jederzeit bereit zum Absprung. Und immer bleibt die unerklärliche, nicht erfüllbare Sehnsucht nach dem wahren Glück, die uns fast das Herz bricht – vor allem beim Hören von Liebesliedern oder Sehen von Liebesfilmen.

Vor allem die erste Liebe empfinden wir oft als zu stark, ja überwältigend, und meist bleibt sie enttäuschend. So wird zukünftig irdische Liebe als zu banal empfunden. Aus der unstillbaren Sehnsucht nach etwas ganz Großem erwächst der Wunsch, Beziehungen platonisch zu leben. Dennoch bleibt als Ausdruck einer sehr frühen, lange unbewusst bleibenden Erinnerung eine starke Sehnsucht nach Zärtlichkeit, Geborgenheit, Nähe und körperlicher Berührung; die dann gerne in Berufen ausgelebt wird, in denen Berührung salonfähig ist.

In Beziehungen finden sich zwei Ausprägungen:

Der Schmelzzwilling (seltener auch Schmelzdrilling) verliert sich in seinen Beziehungen, weil er sich nicht bloß hingibt, sondern aufgibt und das Du geradezu als Erweiterung des eigenen Ich empfindet. Er fühlt sich nur in körperlicher Nähe zuhause, weil er diese unbewusst als wohltuende Wiedervereinigung mit dem verlorenen Geschwister empfindet.

Ohne Nähe, Innigkeit und Intimität mit dem Du glaubt er nicht überleben zu können – macht daher alles und noch mehr, um alles richtig zu machen. Um sein Du ja nicht zu verlieren, trachtet er danach, dieses in möglichst allem zu entlasten. Er ist sehr gut darin, andere aufzurichten, fühlt sich selbst dabei jedoch ausgelaugt und niedergeschlagen. Sehr oft sind seine Lieben einseitig, unerfüllt oder unerfüllbar – in Beziehungen mit gebundenen Partnern oder in Fernbeziehungen, oft auch in virtuellen Begegnungen mit einem `Phantom´.

Lebt er alleine, braucht er sein Seitenschläferkissen oder zwei. Prinzipiell schläft er besser, wenn sein Du daneben liegt; dann hat er auch keine Schlafstörungen mehr! Jeder Abschied wird wie Sterben empfunden – Loslassen erlebt er als ungemein schmerzhaft!

Schmelzzwillinge wollen alles zu zweit machen – Schönes ist für sie erst dann schön, wenn sie es teilen können! Sie tragen gerne einen Rucksack als Zwillingsersatz und umgeben sich mit vielen Spiegeln – offenbar in dem unbewusst bleibenden Wunsch, den verlorenen Zwilling ständig um sich zu haben! Meist werden Dinge doppelt gekauft und es besteht ein starker Wunsch nach Symmetrie.

Die andere Ausprägung ist der Fluchtzwilling, für den sein Ur-Trauma wohl so überwältigend war, dass er sich nie mehr in die

Gefahr begeben möchte, sich einem Du zu öffnen. Er glaubt, den Verlust des Geliebten einfach nicht mehr verkraften zu können.

Das sind Menschen, deren Perfektionismus und Leistungsdruck noch stärker sind als bei ihrem Pendant, den Schmelzzwillingen. Sie setzen alles daran, ein wertvolles Mitglied der Gesellschaft zu sein, während Sie sich emotional in ihre innere Emigration zurückgezogen haben. Dort fühlen sie sich halbwegs sicher, sind im Grunde aber todunglücklich.

Wenn solche Menschen Beziehungen eingehen, bleiben sie eingeschlossen in ihrem elfenbeinernen Turm; was oft erst auf den zweiten Blick erkennbar ist. Diese Alleingeborenen werden besonders schwierig von ihrer alten Wunde zu überzeugen sein. Und ich vermute, dass kaum einer von ihnen dieses Buch lesen wird – leider!

Indizien / Symptome / Zeichen im Detail

Für jene unter Ihnen, die sich auch gern mit Beispielen identifizieren, möchte ich hier etwas näher auf die wesentlichen Indizien eingehen und anhand einiger eigener und mitgeteilter Erfahrungen das jeweilige Bild abrunden. Darüber hinaus lege ich Ihnen bei jedem Thema Techniken zur Befreiung ans Herz (teilweise auch mit den entsprechenden Beispielsätzen), die ich später in einem eigenen Kapitel näher beschreiben werde.

HSP – hochsensible / hochsensitive Persönlichkeit

Wenn Sie sich in den in der Übersicht geschilderten Indizien als allein geborener Halbzwilling oder Dritteldrilling wiederfinden, dann lege ich Ihnen dringend ans Herz, einen HSP-Test zu machen – Sie finden einen solchen beispielsweise auf der Homepage „Zart besaitet". Meiner Erfahrung nach ist der weit überwiegende Anteil der Alleingeborenen auch hochsensibel, hochsensitiv und oft auch hoch- oder vielbegabt. Daher empfehle ich Ihnen, sich – nachdem Sie den Test gemacht haben – eines der mittlerweile vielen klugen Bücher zu diesem Thema zuzulegen und es mit der entsprechenden Muße zu lesen!

Und wenn Sie sich selbst erstaunen möchten, dann machen Sie nach dieser Lektüre den Test noch einmal. Sie werden sehen, Ihr Ergebnis ist diesmal höher und eindeutiger! Einfach weil Sie mehr zu sich selbst stehen können, nachdem Sie sich in dieser Beschreibung wieder gefunden und erkannt haben, dass Sie nicht `falsch´ sind in Ihrem So-Sein (wozu wir leider oft die Tendenz haben!), sondern bloß außergewöhnlich.

A priori ist unser Selbstwertgefühl ja leider nicht besonders ausgeprägt; aber wenn wir erkannt haben, dass wir so, wie wir sind, durchaus in Ordnung sind, dann kann auch diese destruktive Selbsteinschätzung heilen. Und dabei ist es meiner Erfahrung nach sehr hilfreich, wenn wir erkennen, dass wir mit unserer Anlage (sowohl als HSP als auch als Alleingeborene) nicht alleine sind.

Natürlich liegt es mir fern, diese beiden – meist vergesellschafteten – Anlagen höher zu bewerten als den anderen Pol. Ich bin überzeugt, dass unsere Gesellschaft HSP ebenso braucht wie Menschen mit normaler Sensibilität und Sensitivität; sowohl allein geborene Mehrlinge als auch Einlinge!

Allerdings meine ich, wir alle sollten wissen, mit welcher Anlage wir auf die Welt gekommen sind! Einerseits um richtig mit uns selbst umzugehen – und uns auch von anderen entsprechend behandeln zu lassen! Andererseits um uns klar zu werden, für welche Berufe und welche Art von Beziehungen wir prädestiniert sind – und für welche nicht.

Wenn Sie Ihre Gartenhecke beschneiden wollen, werden Sie keine filigrane Hautschere verwenden, sondern eine stabile Gartenschere, nicht wahr? Eine solche werden Sie jedoch kaum zur Maniküre verwenden. Das heißt jedoch nicht, dass eine Scherenart besser ist als die andere.

Oder ein anderes Beispiel: Als Liebhaber eines Rennwagens werden Sie diesen wohl kaum einsetzen, um Ihr Feld zu pflügen; wenn Sie vom Beruf Landwirt sind. Andererseits wird Ihr Traktor Ihnen kein besonderes Fahrvergnügen vermitteln, wenn Sie ein Rennen fahren oder sich einen kleinen Trip ans Mittelmeer gönnen wollen. Was nicht bedeutet, dass der Rennwagen besser ist als der Traktor oder umgekehrt.

Nach den klassischen Archetypen eignen wir HSP uns weder als Feldherren noch als Könige oder andere Herrscher. Aber wir sind begnadete Heiler, Beraterinnen und Künstler. Damit möchte ich nicht sagen, dass eine Non-HSP (also eine nicht hochsensible Person) sich nicht als Berater oder Heiler eignet. Aber die stärkere Empathie, zu der wir als HSP eher Zugang haben, macht es uns leichter, uns auf unsere Klienten oder Patienten einzustimmen. Dafür sind wir nicht besonders gut darin, uns durchzusetzen, wenn es hart auf hart geht. Und rasche, nur auf Vernunft basierende Entscheidungen sind für uns eine ziemliche Herausforderung.

Da ich dieses Buch in einem handlichen Umfang halten und mich vor allem auf das Thema des allein geborenen Mehrlings fokussieren möchte, darf ich Sie auf die entsprechenden Bücher hinweisen, um sich näher mit dem Phänomen HSP vertraut zu machen. Vielleicht wird es auch einmal eines aus meiner Feder geben. Mir lag hier vor allem am Herzen, Sie auf diese Anlage aufmerksam zu machen. Einerseits für Sie selbst, wenn der Test Ihnen zeigt, dass sie Sie betrifft; und andererseits wenn Ihnen nahe stehenden Menschen hochsensibel sind!

Das mag entweder Ihr Du sein, eines Ihrer Kinder, ein Geschwister oder auch Freunde und Kollegen. Dann können Sie einerseits diese Personen auf ihre Anlage hinweisen, andererseits sie auch besser verstehen und ihnen mehr Verständnis entgegen bringen. Was meinem Gefühl nach vor allem dann wertvoll sein wird, wenn es sich um eines Ihrer Kinder oder Ihr Du handelt!

Wenn Sie selbst übersensibel und übersensitiv sind und Ihnen diese Anlage Stress verursacht, empfehle ich Ihnen, sich (wenn dies möglich ist) möglichst rasch aus überfordernden Situationen zurückzuziehen.

Als hilfreiche Technik aus meinem Repertoire eignet sich vor allem das `Abheben und darüber Stehen´. Wenn Sie immer wieder mit dieser Technik spielen, wird sie Ihnen in Fleisch und Blut übergehen. Dann haben Sie sie auch parat, wenn Sie wieder einmal das Gefühl haben, `Ihre Nerven lägen außen auf der Haut´.

Sehr wertvoll wird es auch sein, sich regelmäßig – vor allem morgens vor dem Weggehen – in eine energetische Schutzhülle einzuspinnen (eine Beschreibung finden Sie im Praxisteil.) So sind Sie besser gegen energetische Angriffe gewappnet; die übrigens gar nicht bewusst gesetzt sein müssen. Mit dieser Anlage sind Sie einfach empfänglicher und nehmen Dinge wahr, die für andere gar nicht spürbar sind.

Wenn Sie beispielsweise einen Raum betreten, spüren Sie meist (bewusst oder unbewusst), welche Energie hier herrscht: Ist hier gerade gestritten worden und die Atmosphäre von Feindschaft erfüllt? Oder ist der Raum von einer wohltuenden Liebesschwingung geprägt? Es mag sein, dass Sie sich dieser feinen Wahrnehmung noch nicht bewusst sind, aber achten Sie zukünftig darauf! Ich könnte mir vorstellen, dass Sie erstaunt sind, was Sie alles wahrnehmen können, wenn Sie Ihre selektive Wahrnehmung auf die jeweiligen Energien richten.

So können Sie auch einmal versuchen, mit Ihren Handflächen die Ausstrahlung um einen Menschen zu fühlen. Führen Sie Ihre beiden Hände – am besten mit geschlossenen Augen – in einem Abstand von etwa zehn Zentimetern über die Konturen seines Körpers und nehmen Sie wahr, was Sie fühlen. Dasselbe können Sie natürlich auch bei Ihrem eigenen Körper tun!

Schuldgefühle

Schuldgefühle sind wohl eines der charakteristischsten Indizien für Alleingeborene. Ähnlich wie Kinder nach der Scheidung ihrer Eltern oft den Eindruck haben, sie wären Schuld an dieser Trennung (wiewohl dies natürlich kaum je der Fall ist!), haben Menschen, die früh ihr Geschwister verloren haben, das Gefühl, die Schuld dafür zu tragen. Was natürlich nicht zutrifft; aber logische Argumente werden diese tief sitzenden Schuldgefühle kaum auflösen.

Und das Fatale an diesen selbst zerstörerischen Gefühlen ist, dass sie sich sabotierend auf das ganze Leben der Alleingeborenen auswirken. So haben sie sehr früh schon den Eindruck, sie müssten ihre Lebensberechtigung erst beweisen; sich ihres Überlebens erst als würdig erweisen. Erfolg, Glück und ein gutes Leben müssten erst verdient werden; um sich diese dann aber doch nicht zu erlauben! Der damit verbundene Mangel an Selbstwertgefühl äußert sich oft auch in phasenweiser oder auch durchgehender finanzieller Enge.

Weil der Ursprung dieser Schuldgefühle jedoch unbewusst bleibt, ist diesen mit vernünftigen Argumenten kaum beizukommen; meist nicht einmal mit den besten Techniken zur Persönlichkeitsentwicklung! Ich hatte bereits viele Jahre der sehr gezielten und dennoch großteils vergeblichen Arbeit (ja, damals habe ich das noch nicht als Spiel bezeichnet ☺) an meinen Schuldgefühlen hinter mir, ehe mir klar wurde, wo ihre Ursache lag. Erst dann gelang es mir mit viel Geduld und Liebe, sie möglichst weitgehend auszurotten. Dennoch gibt es in der Tiefe noch das eine oder andere `Glut-Nest´ aus uralten Schuldgefühlen, das sich in intensiven Stresszeiten immer wieder überraschend `zu Wort meldet´.

Eine solche Schuldgefühlarbeit ohne gezielte Ursachenforschung und -behebung scheint mir ähnlich wie die Entfernung von Unkraut. Wenn man dieses auf Höhe des Bodens abschneidet, bringt das auf Dauer nichts, weil es immer wieder nachwächst. Um seinen Garten wirklich davon zu befreien, gilt es, das unerwünschte Kraut mitsamt den Wurzeln zu entfernen!

Um uns daher nachhaltig von unseren Gewissensbissen zu befreien, müssen wir zuerst deren Ursprung finden: eben das Gefühl schuld zu sein am Verlust eines oder mehrerer Geschwister. Und dann liebevoll und mit entsprechender Geduld den zugrunde liegenden Irrtum aufklären und die Schuldgefühle auflösen! Erst dann werden all die wertvollen Techniken zur Blockadenlösung auch tatsächlich anschlagen: das Spiel mit der Quantenwelle, mit `EFT´, mit `Ho´oponopono´, mit `The Work´, mit `Abheben und darüber Stehen´ oder mit dem `Dialog der Hände´.

Alle diese Methoden zur Selbstbefreiung werde ich Ihnen in eigenen Kapiteln im praktischen Teil dieses Buches vorstellen – oder in Erinnerung rufen.

Und wenn Engel für Sie Realitätswert haben, dann können Sie natürlich auch diese geistigen Wesen um <u>Hilfe zur Selbsthilfe</u> bitten. Ebenso wie Ihren verlorenen Zwilling (oder beide verlorenen Drillinge, wenn das für Sie zutrifft) – mit dem baldigst Verbindung aufzunehmen ich Ihnen übrigens dringend ans Herz lege! Vor allem Ihr Geschwister im Jenseits möchte Ihnen ganz sicher helfen, sich von Ihren Schuldgefühlen zu befreien; mit welcher Methode auch immer. Manchmal reicht alleine schon deren `Absolution´ und die Einsicht in den irrtümlichen Ursprung dieser Energieräuber! In anderen Fällen mag erst der schriftliche Dialog über die beiden Hände Frieden bringen.

Und noch etwas! Beim Thema Schuldgefühle spielt oft noch das Konzept der Erbsünde mit herein – und zwar nicht nur bei streng religiös erzogenen Menschen! Dieser Glaube ist so stark im morphogenetischen Feld unseres Kulturkreises immanent, dass er uns alle bis zu einem gewissen Grad prägt.

Da Gleiches das Gleiche anzieht, wirken wir als Alleingeborene mit unseren `angeborenen´ Schuldgefühlen (weil wir uns so früh schon für den Verlust unseres Zwillings schuldig fühlen – wenn auch die längste Zeit unbewusst!) geradezu magnetisch für solche religiösen Inhalte. Aber auch für jene Zeitgenossen, deren Leidenschaft es zu sein scheint, anderen Menschen Schuldgefühle zu vermitteln. Diese haben leichtes Spiel mit uns.

Kennen Sie dieses mulmige Gefühl, wenn `dicke Luft herrscht´, weil irgendetwas Ungutes passiert ist? Und wenn dann folgende Fragen im Raum stehen:

„Wer war das?"
„Wer hat das getan?"
„Wer ist schuld?"

Haben Sie dann auch unwillkürlich die Tendenz, die Schuld bei sich zu suchen und auf sich zu nehmen, wiewohl Sie eigentlich absolut nichts damit zu tun haben?

Und wie geht es Ihnen, wenn Sie bei einer normalen Verkehrskontrolle von der Polizei aufgehalten werden? Haben Sie da auch sofort ein schlechtes Gewissen und fragen sich, ob auch wirklich all Ihre Dokumente in Ordnung sind und Sie auch sicher nichts falsch gemacht haben?

Und ist Ihnen schon aufgefallen, dass Sie am liebsten all Ihren Lieben deren Schuldgefühle abnehmen möchten?

Was glauben Sie, wie erstaunt ich war, als mir klar wurde, warum ich meinem Vater die Schuldgefühle, die er hatte, weil er im Krieg Menschen getötet hatte, am liebsten abgenommen hätte!

Da gab es eine Szene, in der er hilflos miterleben musste, wie sein etwa gleichaltriger (um die zwanzig!) Kamerad unmittelbar neben ihm qualvoll starb, weil eine einschlagende Granate ihm den Bauch zerrissen hatte. Was hätte ich darum gegeben, meinem Vater diese schauerlichen Erinnerungen aus seinem Gehirn zu löschen und ihn davon zu befreien!

Nicht nur ist ein solches Erlebnis kaum zu ertragen – noch dazu für eine hochgradige HSP, die auch mein Vater war. Hinzu kommt noch, dass dieser extreme Schrecken damals wohl den Verlust seiner Schwester im Mutterleib getriggert, ihm also doppeltes Leid verursacht hat.

Mein Vater hat sich sein Leben lang gefragt, warum ausgerechnet er überlebt hat, warum er übrig geblieben ist, während so viele seiner Kameraden in Russland zu Tode gekommen sind. Warum durfte er weiterleben? So hat er alles und noch mehr getan, um dieses Überleben zu rechtfertigen.

Und ich habe extrem mit ihm mit gelitten und wollte ihm in meiner tiefen Liebe zu ihm möglichst vieles davon abnehmen – damals völlig unbewusst, weil ich den Grund dafür noch nicht kannte. Das empathische Mit-Tragen seiner Schuldgefühle war für mich vor allem deshalb so unerträglich, weil ich aufgrund meiner Anlage als Alleingeborene stark damit in Resonanz war.

Ich erwähne das hier so offen, weil ich aus einigen Erfahrungen weiß, dass ich mit diesem Verhalten nicht alleine bin – Alleingeborene übernehmen gerne die Gewissensbisse ihrer Lieben. Und in den Nachkriegs-Generationen liegt es nahe, unseren Vätern und Großvätern ihre Schuldgefühle abnehmen zu wollen. Oft übernehmen wir sogar Schuldgefühle aus unserer Ahnenreihe – von Vorfahren, die wir gar nicht mehr gekannt haben. Das ist dann in guten Familien-Aufstellungen leicht zu eruieren.

Vielleicht wollen Sie einige Augenblicke das Lesen unterbrechen, um sich Ihre eigenen Schuldgefühle zu vergegenwärtigen:

Wem aller gegenüber haben Sie Schuldgefühle?
Wer schafft es ganz leicht, Ihnen Schuldgefühle zu vermitteln?

Aber gerechterweise sollten wir uns auch fragen, wem wir Schuldgefühle vermitteln. Es gibt Familien, in denen Schuldgefühle wie eine Art Familienkitt wirken, die den Clan zusammenhalten. Meiner Erfahrung nach sind das meist Alleingeborenen-Familien, in denen mehrere Zwillinge oder Drillinge verloren gegangen sind. Denn wie bereits erwähnt, gibt es meist eine familiäre Häufung dieses Phänomens.

Schuldgefühle sind fatale Energieräuber, daher fühlt sich eine Befreiung aus Ihren Fängen wie eine wohltuende Auferstehung an! Alleingeborene leiden ja einen großen Teil ihres Lebens unter mangelnder Energie – das kann bis zur `chronique fatigue´ gehen! Und einer der Gründe dafür sind eben die Schuldgefühle, die sich energetisch wie Kriechstrom auswirken – ein Phänomen, das man aus der Technik kennt, wenn Strom unbemerkt versiegt.

Wenn deren Ursprung einmal erkannt und anerkannt ist, lässt sich diesen Quälgeistern sehr gut im Spiel mit der Quantenwelle und mit `EFT´ beikommen. Aber auch `The Work´ mag in seiner Relativierung hilfreich sein (im entsprechenden Kapitel finden Sie ein Beispiel dazu!), ebenso wie das `Abheben und darüber Stehen´. Und natürlich empfehle ich Ihnen auch eine Runde `Ho´oponopono´ (oder einige bis zur Befriedung!), weil es ganz und gar kontraproduktiv wäre, sich aufgrund Ihrer Schuldgefühle dann auch noch schuldig zu fühlen. Wozu wir leider oft die Tendenz haben!

Perfektionismus / Leistungsdruck

Ein weiteres Indiz ist unser Perfektionismus, der sich vor allem auf uns selbst bezieht. Wir wollen alles möglichst gut und perfekt machen; möglichst gut und perfekt sein. Grund dafür ist vor allem, dass wir uns verantwortlich fühlen, weil wir überlebt haben und nicht unser Zwilling (oder Drilling/e). Daraus resultiert der Wunsch, unser Überleben zu rechtfertigen, indem wir immer und überall das Bestmögliche und immer noch mehr geben. Hundert Prozent reichen uns meist nicht aus; der Anspruch an uns könnte kaum höher sein.

Das setzt uns unter enormen Leistungsdruck und stresst uns auf fatale Art und Weise! Weil wir kaum je mit uns selbst zufrieden sind, befinden wir uns fast durchgehend im Überlebensmodus. Die Latte liegt hoch, und wenn wir sie tatsächlich überspringen, nehmen wir das als selbstverständlich. Lob oder Anerkennung für uns selbst gibt es nicht! Wenn wir aber einmal unsere hohen Erwartungen doch nicht erfüllen – weil das oft gar nicht möglich ist –, dann geißeln wir uns eiskalt. Generell gehen wir mit uns selbst weit strenger und lebloser um als mit jedem Anderen!

Keine Hürde ist je hoch genug, keine Herausforderung ist je groß genug, keine Aufgabe ist je schwer genug! Immer haben wir das Gefühl, für zwei oder gar drei leben zu müssen und die Tendenz, uns das Leben doppelt und dreifach schwer zu machen!

Mein Bruder im Jenseits hat mir in diesem Zusammenhang empfohlen, mir etwas mehr Demut zu erlauben. Nicht die mich klein machende Demut, die mich dazu bewegt, mir selbst immer noch mehr abzuverlangen, weil ich mich niemals gut genug fühle! Im Gegenteil! Er meinte, ich solle mich für jene Form der Demut öffnen, die es mir erlaubt, auch einmal nicht perfekt sein zu dürfen! Die mich einfach menschlich sein lässt in diesem spannenden Menschenspiel – und vor allem auch liebevoll nachsichtig zu meinen Schwächen zu stehen!

Er hat mich auch an einen Gedanken erinnert, der mich schon seit Langem anspricht:
"Verlerne nie zu knien, doch wenn du kniest, bleib immer hoch gesinnt!"

Es hat sich unendlich wohl angefühlt, als er meinte, als das hell strahlende, liebevolle göttliche Lichtwesen, das ich bin, sei ich ohnehin das Beste, das sich der kreativste Geist in seinen kühnsten Träumen kaum vorstellen kann. Nur hätte ich mich entschieden, diese Tatsache für die Zeit meines Erdenspieles zu vergessen – aber damit verliert sie nichts an ihrer Gültigkeit.

Erlauben Sie mir hier, sowohl seine Empfehlung als auch seine Sichtweise an Sie weiterzugeben!

In dieser liebevollen Gestimmtheit dürfen wir es uns übrigens auch nachsehen, dass wir uns `erst jetzt´ ernsthaft diesem Thema widmen, obwohl wir möglicherweise schon mehrmals Hinweise in dieser Richtung bekommen haben. Aber vor allem sollten wir diese Auseinandersetzung mit unserem besonderen Start in dieses Leben spielerisch angehen! Auch dabei ist Perfektionismus völlig fehl am Platz!

Daher spreche ich ja auch lieber vom `Spielen´ – dem Spiel mit der Quantenwelle, mit `EFT´, mit `Ho´oponopono´, mit `The Work´, mit `Abheben und darüber Stehen´ und mit dem `Dialog der Hände´.

Ich selbst habe mich aus dieser Perfektionsspirale übrigens mit einem weiteren Argument befreit, das vielleicht auch für Sie plausibel und hilfreich ist. Für mich ist der Anspruch auf Perfektion geradezu anmaßend. Kann ein menschliches Wesen überhaupt je perfekt sein? Wären wir wirklich noch hier auf diesem Planeten, wenn wir schon perfekt wären?

Und natürlich fällt mir an dieser Stelle die gerne zitierte Geschichte von den guatemaltekischen Teppich-Webern ein, die aus Demut in jeden Teppich absichtlich zumindest einen Fehler einweben, weil sie der Ansicht sind, nur Gott dürfe perfekt sein! Daher werden Sie wohl auch in diesem Buch den einen oder anderen `absichtlich belassenen´ Tippfehler finden – das ist mein Demutszeichen ☺!

Abgesehen davon mag ich den Begriff `perfekt´ auch gar nicht. Für mich wirkt er sehr starr und leblos; bei genauem Hinfühlen vermittelt er mir den Eindruck eines Endzustandes, nach dem es keine weitere Entwicklung mehr geben kann; der also im Grunde tot ist.

Wenn wir uns schon in Superlativen bewegen, finde ich den Begriff `ideal´ ansprechender. Er deutet für mich einen sehr guten Zustand an, der jedoch nach oben hin offen ist. Das ist vielleicht eine sehr persönliche Definition, die für Sie nicht stimmen muss. Aber für mich ist jedes Wort mit einem Gefühl verbunden. So gibt es Worte, die sich gut, weit, wohltuend, warm, weich, offen, frei und leicht anfühlen; und andere, die mir genau das gegenteilige Gefühl vermitteln: Enge, Härte, Kälte, Einschränkung, Starrheit und Schwere. Dazu gehört für mich der Ausdruck `perfekt´!

Idealismus fühlt sich für mich übrigens auch besser an als Perfektionismus...

Es liegt mir hier fern, Sie von meinen Wortgefühlen zu überzeugen! Allerdings freut es mich, wenn es mir gelingt, Sie dazu anzuregen, Ihren persönlichen Wortgefühlen auf den Grund zu gehen. Und dabei vor allem jene Worte, die Sie oft verwenden, auf Ihre Gefühlsqualität zu überprüfen; um dann möglichst die sich nicht so gut anfühlenden Begriffe aus Ihrem Wortschatz zu streichen und stattdessen jene Synonyme zu verwenden, die sich wohliger anfühlen!

Jedenfalls aber sollten wir, so glaube ich, als Alleingeborene unseren Anspruch auf Perfektion auf seine Ursache hinterfragen und dann möglichst in unserem Streben nachlassen. Ich spreche nicht davon, dass wir nicht mehr danach trachten, unser Bestes zu geben. Aber das Beste reicht allemal. Damit sollten wir uns doch wirklich zufrieden geben, nicht wahr? Ich meine, wir sollten unser Leben – auch in all seinen scheinbaren Irrtümern und Fehlschlägen – mit liebevoll nachsichtiger Anerkennung und ehrlicher Hochachtung betrachten.

Auch wenn die Motivation hinter unserem Perfektionismus eine etwas verquerte ist, sollten wir all das, was uns daraus resultierend ausmacht, wertschätzen, achten, ja bewundern! Ich glaube, dass wir auf Seelen-Ebene diese Lebensvariante bewusst gewählt haben und einverstanden waren mit diesem Deal. Es sollte jeweils nur eine Hälfte, ein oder zwei Drittel von uns zur Welt kommen und ein ganz besonders intensives Leben zelebrieren, während die anderen `zur Basis-Station zurückkehren´ und uns von `drüben´ liebevoll durch unser äußerst vielseitiges Leben begleiten würden. So empfinde ich das – und das haben meine Brüder im Jenseits mir auch bestätigt.

Wie sehen Sie das?
Und was meint Ihr Zwilling oder Drilling dazu?
Oder haben Sie auch zwei Drillinge verloren?

Dann haben Sie zwei geistige Geschwister – auch das können Sie als Geschenk sehen! Ich werde auf diese spezielle Variante in all ihren möglichen Formen noch näher eingehen.

Ab dem Augenblick, wo wir unsere Besonderheit wirklich bewusst erkennen, anerkennen und annehmen, gewinnt unser teils recht verschlungener Lebensweg nachträglich Klarheit, Sinn, Wert und eine gewisse Schönheit – dann kann Friede einziehen. Und Zufriedenheit! Damit erübrigt sich jeder ohnehin müßige Anspruch auf Perfektionismus!

Welche Techniken zur Selbstbefreiung bieten sich uns an, wenn es um die Meisterung unseres Perfektionismus geht?

Auch hier empfehle ich Ihnen das <u>Spiel mit der Quantenwelle</u> ebenso wie `<u>EFT</u>´ – vielleicht in Kombination miteinander.
Ein `EFT´Satz könnte lauten:
„Obwohl ich mich mit meinem Perfektionismus so sehr unter Druck setze, liebe und akzeptiere ich mich aus tiefstem Herzen ..."

`<u>The Work</u>´ kann vor allem dann wertvoll sein, wenn eine andere Person Ihnen dies spiegelt:
„Meine Frau sollte mich nicht ständig überfordern ..."

Eine passende `<u>Affrage</u>´ könnte sein:
„Warum bin ich so entspannt und nachsichtig mit mir?"

Aber natürlich wird es auch hilfreich sein, gerade dann, wenn unser Hang zum Perfektionismus uns wieder fest im Griff hat, `<u>abzuheben und darüber zu stehen</u>´ – und dann herzlich über uns selbst zu lachen; so uns dies im Augenblick möglich ist.

Und auch für diesen lieblosen Umgang mit uns selbst können wir uns ein kleines `<u>Ho´oponopono</u>´ gönnen.

Im `<u>Dialog der Hände</u>´ können wir mit unserem inneren Perfektionisten oder dem inneren Antreiber oder dem inneren Kritiker (wer auch immer in uns zuständig ist für unseren Perfektionismus) verhandeln und gemeinsam einen neuen Modus finden. Er meint es gut mit uns und lässt sich in einer wertschätzenden Verhandlung sicher von der neuen Sichtweise überzeugen!

Unzufriedenheit – vor allem mit uns selbst

Wie bereits erwähnt, glaube ich, dass wir als geheilte Halbzwillinge oder Drittelddrillinge die Aufgabe haben, auch andere Betroffenen zur Heilung zu inspirieren.

Wer wüsste besser als wir, was ein derart traumatisierter Mensch braucht? Wer könnte einen solchen besser verstehen und daraus resultierend mehr Verständnis aufbringen?

Wenn Sie also in Ihrer selektiven Wahrnehmung Menschen in Ihrer Umgebung darauf aufmerksam machen, dass auch sie vermutlich Alleingeborene sind, dann gilt es jedoch, mit diesen ebenso viel Geduld zu haben wie mit sich selbst.

Nicht jeder von uns ist bereit, sich hier und jetzt diesem Thema zu stellen, weil wir tief in unserem Inneren ahnen, welch tiefe Wunde diese Konfrontation aufreißen kann. Dennoch sind für uns alle Begegnungen mit anderen Alleingeborenen wertvoll, weil wir in deren Reaktionen (auch den blockierenden!) wertvolle Spiegelungen erkennen können. Diese Spiegelungen können jedoch – das möchte ich hier ausdrücklich betonen! – durchaus auch aufbauend sein; wenn wir es uns erlauben.

Fragen Sie sich daher, was die Antworten der Menschen, die Sie auf dieses Phänomen aufmerksam machen wollen, Ihnen über Ihren eigenen Umgang mit diesem Thema erzählen. Und nützen Sie Gespräche mit dafür offenen Menschen, um sich selbst all der Folgen und Konsequenzen aus Ihrem besonderen Start ins Leben klarer zu werden.

Wird Ihnen das, was Sie anderen erklären, nicht auch selbst klarer? Hören Sie sich daher gut zu: vor allem bei all dem, was Sie anderen sagen. Ich mache immer wieder die Erfahrung, dass all das, was ich anderen in meinen Beratungen erkläre, also klarmache, gleichzeitig auch mir selbst klarer wird. Für mich resultieren aus diesem bewussten Umgang mit dem, was `sich durch mich sagt´, oft sehr wertvolle Einsichten.

Und Ihnen wird es garantiert ähnlich gehen!

Abgesehen davon können Sie sich fragen, ob Sie die Empfehlungen, die Sie anderen geben, auch selbst konsequent umsetzen. Wenn ja, dann seien Sie zufrieden mit sich! Wenn nein, dann seien Sie zufrieden mit der Tatsache, dass Ihnen das nun klar geworden ist ☺! Wie Sie sehen, können wir immer Gründe für Zufriedenheit finden.

Und Zufriedenheit ist – anders als Unzufriedenheit – ein energetisch sehr wertvoller und aufbauender Zustand. Wenn wir zufrieden sind mit anderen, den Umständen, vor allem aber mit uns selbst, dann schwingen wir hoch und bauen Energie auf.

Zufrieden zu sein, heißt für mich ganz und gar nicht, zu stagnieren! Wenn ich mit dem augenblicklichen Zustand zufrieden bin, heißt das ja nicht, dass ich hier verharren möchte – Leben ist Bewegung! Sondern es heißt, dass ich zu dem, was jetzt so ist, wie es ist, „ja" sagen und meinen kann. Und aus diesem Ja-Zustand gelingt mir der nächste Schritt viel leichter und kraftvoller als im Nein-Zustand, einfach weil ich in diesem die dafür nötige Energie zur Verfügung habe, während ich in jenem energetisch blockiert bin.

Unzufriedenheit ist ein Nein-Zustand, der in seiner Abwehr unsere Energie blockiert! In der Unzufriedenheit mit dem, was jetzt so ist, wie es ist, sind wir genau an diesen Zustand gebunden! Wenn wir unsere Aufmerksamkeit auf das Abgelehnte richten, binden wir unsere Energie genau dort. Im Nein unserer Unzufriedenheit streben wir von dem, was wir nicht (mehr) möchten, weg; das wirkt sich ziemlich Energie raubend aus. Im Ja unserer Zufriedenheit können wir noch eine Weile hier bleiben, aber auch jederzeit den nächsten Schritt machen – weil unsere Energie nicht im Abgelehnten gebunden ist.

Fühlen Sie sich versuchsweise in beide Zustände hinein: Richten Sie zuerst Ihren Fokus auf etwas, mit dem Sie augenblicklich ganz und gar unzufrieden sind; und beobachten Sie, wie Sie sich dabei fühlen.

Dann wenden Sie Ihre Aufmerksamkeit einer Tatsache zu, mit der Sie zufrieden sind; und spüren Sie in sich hinein.

Merken Sie den energetischen Unterschied? Wenn Sie sich näher mit diesem Thema befassen möchten, darf ich Ihnen mein Buch „Quanten-Bewusstheit – ´Nein´ sagen lernen mit der 2-Punkte-Methode" ans Herz legen; darin gehe ich ausführlich auf die Wirkung dieser beiden Zustände ein.

Es werden immer wieder Menschen zu Ihnen finden, deren Themen Ihnen wie eine Art Bilanz Ihrer eigenen Vergangenheit vor Augen halten: Ihre alte Wunde mit all ihren Konsequenzen sowie die Art und Weise, wie Sie sich anfangs vielleicht gegen deren Offenlegung gewehrt haben. Aber irgendwann waren Sie bereit, Ihr Ur-Trauma zu konfrontieren – wie wäre sonst dieses Buch in Ihre Hände gelangt? Daher können Sie in dieser Nachlese meist tatsächlich zufrieden sein mit sich und Ihrem Weg, all das bewältigt, überwunden oder sagen wir lieber gemeistert zu haben.

Befreien Sie sich aus dem bei uns Alleingeborenen so verbreiteten Muster, uns kaum je die verdiente und daher völlig legitime Zufriedenheit mit uns selbst zu erlauben! Ich mag vor allem die Tatsache, dass im Wort `Zufriedenheit´ der Begriff `Frieden´ enthalten ist! Es ist eines der Worte, das sich für mich übrigens sehr hell, weit, leicht und entspannt anfühlt.

Wie fühlt sich das Wort `Frieden´ für Sie an?

So wertvoll Zufriedenheit auch sein mag, so gilt es für uns Alleingeborene doch meist, sie uns hart zu erarbeiten – oder in der neuen Terminologie zu erspielen.

Beobachten Sie einmal jene Menschen in Ihrem Umfeld, die sich schwer tun mit ihrer Zufriedenheit – und zwar generell der Zufriedenheit mit ihrem Leben und mit anderen, vor allem aber mit sich selbst. Die meisten von ihnen, wenn nicht alle sind Alleingeborene. Und es ist gut, das zu erkennen!

Einerseits können Sie diese chronisch Unzufriedenen liebevoll auf ihre destruktive Neigung aufmerksam machen und ihnen den damit verbundenen energetischen Aspekt erklären. Andererseits erinnern diese Beobachtungen Sie vielleicht auch wieder an Ihre eigene Tendenz zur Unzufriedenheit. Spiegelungen sind immer wertvoll, auch wenn wir sie nicht immer als angenehm empfinden!

Der Begriff `Selbstzufriedenheit´ ist in unserem Kulturkreis leider höchst negativ besetzt! Ein Vorurteil, das es erst zu überwinden gilt, um Frieden – und damit Zufriedenheit – mit uns zu finden. Und das wird uns erst gelingen, nachdem wir unsere Schuldgefühle aufgelöst haben.

Deshalb habe ich diese ja auch an so prominente Stelle gesetzt! So lange unsere allgegenwärtigen Schuldgefühle wie eine Art Filter zwischen uns und unsere Selbstzufriedenheit geschaltet sind, haben wir bestenfalls Zugang zur Schwingung unserer Zufriedenheit mit anderen.

Auch das mag eine interessante Einsicht sein – vergleichen Sie:

Wie sieht es aus mit Ihrer Zufriedenheit generell?
Wie sieht es aus mit Ihrer Zufriedenheit mit anderen?
Und wie sieht es aus mit Ihrer Zufriedenheit mit sich selbst?
Noch etwas: Wie geht es Ihnen mit Menschen, die weitgehend zufrieden sind und in ihrer Mitte ruhen?
Sind Menschen, die mit sich und der Welt im Reinen sind, nicht höchst angenehme Zeitgenossen?
Fühlt sich deren Gegenwart nicht sehr wohltuend und befriedend an?
Und wie geht es Ihnen mit jenen, die chronisch unzufrieden sind?
Die mit nichts und niemandem im Frieden sind – vor allem nicht mit sich selbst?
Wie fühlen sich solche Menschen vor allem in Ihrem Solarplexus an?

Mir vermitteln sie immer eine Mischung aus Unruhe, Gereiztheit und Irritation – und einen unangenehmen Druck in der Magengrube. Und früher haben sie dann auch noch meine latenten Schuldgefühle erweckt, weil ich sofort dachte, ich wäre für ihre Unzufriedenheit verantwortlich.

Wenn es Ihnen gelungen ist, Ihre Schuldgefühle ebenso aufzulösen, wie Ihren Hang zum Perfektionismus, dann werden Sie auch wieder in Ihre Selbstzufriedenheit heimfinden. Das mag von selbst gehen, kann aber auch etwas Aufmerksamkeit brauchen – schenken Sie sich diese! Ich bin nämlich überzeugt, Zufriedenheit wäre eigentlich unser Naturzustand!

In der <u>Lebensrückschau</u> im Zustand des `Abhebens und darüber Stehens´, den ich Ihnen etwas später ans Herz legen werde, haben Sie Gelegenheit, unzählige Gründe für Ihre Zufriedenheit zu entdecken! Zufriedenheit mit Ihrem Leben, Ihrer Entwicklung und last but not least mit sich selbst – vor allem nämlich in der Meisterung all der Herausforderungen.

Neben diesem Rückblick mit selektiver Wahrnehmung auf all die Anlässe für Zufriedenheit empfehle ich Ihnen auch hier `<u>The Work</u>´ – vor allem dann, wenn die Unzufriedenheit anderer Sie stört:

„Meine Frau sollte endlich einmal zufrieden sein mit mir!"
Oder: „Mein Mann sollte nicht ständig unzufrieden sein mit mir!"

Im `Dialog der Hände´ können Sie mit dem oder der inneren Unzufriedenen verhandeln und Frieden finden.

Eine schöne `Affrage´ wäre:
„Warum kann (könnte) ich zufrieden sein mit mir?"

Auch `EFT´ und das Spiel mit der Quantenwelle werden Ihnen helfen, mehr Zufriedenheit in Ihr Leben zu bringen!
Ein `EFT"´Satz könnte sein:
„Obwohl ich ständig mit mir unzufrieden bin, liebe und akzeptiere ich mich aus tiefstem Herzen ..."

Mangelndes Selbstwertgefühl

Auch dieser Mangel wird erst dann zu beheben sein, nachdem wir die Ursache dahinter erkannt haben: unser Gefühl, die Schuld für den Tod unseres Geschwisters zu tragen. Ich weiß das deshalb so genau, weil ich über weite Strecken meines Lebens so ziemlich alles versucht habe, um mein krankes Selbstwertgefühl zu heilen – vergeblich!

Von den verschiedensten Techniken der Persönlichkeitsbildung über die Konsultation verschiedener `Weiser´, von der Arbeit in Trance und Hypnose über kognitive, analytische und verhaltenstherapeutische Methoden bis zum Einsatz diverser energetischer Werkzeuge, Matrix-Spiele und Quanten-Phänomene – im Endeffekt war nichts davon wirklich nachhaltig wirksam!

Eben fällt mir ein Bild dazu ein:
Stellen Sie sich eine Wiese vor – saftige, fruchtbare Erde, die mit einer Unzahl von Unkrautsamen durchsetzt ist.

(Wobei ich hier betonen möchte, dass für mich auch das landläufig als Unkraut Bezeichnete teils wunderhübsche Pflanzen sind. Aber um der Metapher willen gehen wir davon aus, dass wir unsere Wiese von unerwünschten Pflanzen befreien wollen.)

Da können Sie noch so viele `schöne Blumen´ pflanzen, das `Unkraut´ wird diese immer wieder überwuchern und letztlich töten. Die erwünschten `schönen Blumen´ in unserer Metapher könnten Affirmationen oder `Affragen´ (die mir persönlich mehr liegen, daher werde ich in einem eigenen Kapitel näher darauf eingehen!) sein, die wir versuchen, kontinuierlich und mit viel Ambition in die `Wiese´ unseres Unterbewusstseins zu pflanzen. Aber das unerwünscht wuchernde `Unkraut´ unserer negativen Selbsteinschätzung wird diese nicht angehen lassen.

So haben auch bei mir all die Versuche einer Heilung immer nur für Augenblicke bis zu einer Weile eine gewisse Erleichterung gebracht. Aber kaum sah ich mich mit der nächsten Herausforderung konfrontiert, war alles wieder beim Alten! Und genau das habe ich bei unzähligen anderen Menschen beobachtet und miterlebt, die ich beraten und begleitet habe.

All die klugen Empfehlungen haben nicht nachhaltig gewirkt! Zumindest so lange, bis mir klar wurde, warum auf meiner `Wiese´ all die `schönen Blumen´ (Visionen, Hoffnungen, Pläne, Wünsche, Ziele, Vorsätze ...) nicht wurzeln konnten. Einfach weil die an sich fruchtbare Erde mit dem Gift uralter Schuldgefühle verseucht war.

So lange wir die Ursache nicht kennen, bleibt jeglicher Heilungsversuch nur symptomatisch. Ähnlich wie ein Schmerzmittel bei tobendem Kopf oder ein Säureblocker bei Sodbrennen. Für echte Heilung braucht es die Erhebung und Behebung der Ursachen.

Sonst ist das wie bei einem Brand, der zwar gelöscht scheint, in Wahrheit aber durch die verbleibenden Glutnester jederzeit wieder ausbrechen kann. Diese Glutnester können wir ähnlich wie Unkrautsamen als Symbol für die Schuldgefühle sehen, die unser wodurch auch immer mühsam aufgebautes Selbstwertgefühl sofort wieder zerstören. Zumindest so lange wir nicht in der vollen Bewusstheit unserer besonderen Anlage als Alleingeborene sind.

Ich sage nicht, dass aus dem Mangel an gesundem Selbstwertgefühl nicht auch durchaus interessante Leistungen erbracht werden können. Aber das ist dann wie mit angezogener Handbremse Vollgas fahren! Nicht sehr effizient, nicht wahr?

Wenn wir unser Potenzial nur unter dem Druck mangelnder Selbstwertgefühle und im Widerstand gegen unsere Selbstsabotage entfalten, dann ist das ein höchst Energie raubendes Unterfangen. Das ist nicht nur Kräfte raubend und zehrend, sondern bringt niemals den Grad an Erfüllung, den wir uns meiner Ansicht nach zugestehen sollten.

Nun, wie können wir unser Selbstwertgefühl bespielen, nachdem wir erkannt haben, warum es so lädiert ist?

`EFT´ und das Spiel mit der Quantenwelle sind hilfreich, um die Restblockaden zu lösen. Ein wirksamer `EFT´-Satz könnte sein:
„Obwohl ich so ein geringes Selbstwertgefühl habe, liebe und akzeptiere ich mich aus tiefstem Herzen ...“

Als `Affrage´ eignet sich:
„Warum fühle ich mich so wertvoll?“
Und vielleicht wollen Sie bei dieser Gelegenheit Menschen, von denen Sie wissen, dass sie Ihnen Wertschätzung entgegenbringen,

fragen, warum diese Sie in einem so schönen Licht sehen, warum sie Sie als wertvoll empfinden.

Wenn andere Ihnen aber zu wenig Wertschätzung entgegenbringen und Sie so in Ihrem Selbstwertgefühl sabotieren, dann spielen Sie `The Work´ mit ihnen!
„Mein Chef sollte mich mehr wertschätzen!"
„Meine Frau sollte wissen, was sie an mir hat!"

Der `Dialog der Hände´ mit Ihrem inneren Saboteur mag auch wertvoll sein: Überzeugen Sie diesen Persönlichkeitsanteil von Ihrem Wert – vielleicht indem Sie so tun, als würden Sie über eine sehr geschätzte andere Person sprechen ☺!

Auch im Lebensrückblick im `Abheben und darüber Stehen´ werden Sie sich selbst in einem helleren, strahlenderen Licht sehen und Ihren Wert besser erkennen!

Und sehen Sie sich bitte Ihr bisher mangelndes Selbstwertgefühl mit einer Runde `Ho´oponopono´ nach!

Selbstzweifel / Versagensangst

Ein weiteres Indiz sind unsere nagenden Selbstzweifel und die ständige Angst zu versagen – wobei auch immer – und die Angst, es nicht alleine zu schaffen! Das kann in unserer Arbeit sein, in unseren Beziehungen, in unserer Selbstheilung, in unseren Ambitionen, in unserer Kommunikation, in der Erreichung unserer Ziele...

Alleingeborene haben, wann immer etwas in ihrem Leben nicht ganz so funktioniert, wie sie es sich wünschen (oder wie sie glauben, dass es sein sollte), sofort den Eindruck, sie hätten etwas falsch gemacht. Dieser Eindruck wird dann oft noch genährt durch Kritik von außen; die letztlich nur die Spiegelung der ständig aktiven Selbstkritik ist.

Vielleicht möchten Sie sich einmal ein Stündchen Zeit nehmen und Ihre Selbstzweifel hinterfragen.

Fragen Sie sich zuerst:
Woran (an meinen Leistungen, meinem Können, meinem Wissen, meiner Durchsetzung, meiner Kompetenz, meiner Kraft zur Bewältigung, meiner Meisterschaft...) zweifle ich gegenwärtig?

Und dann fragen Sie sich im Zustand des ´Abhebens und darüber Stehens´:
Was hätte ich mir in meiner Vergangenheit niemals zugetraut, habe es dann aber doch trotz all meiner Versagensängste geschafft?

Hier ein Beispiel aus meiner Biographie, das mich heute schmunzeln lässt, dennoch aber auch ein wenig Wehmut erzeugt. Einigen von Ihnen mag das vielleicht bekannt vorkommen.

Als ich Medizin studierte, hatte ich vor jeder einzelnen Prüfung (und deren gab es ja eine ganze Menge!) absolute Panik und das sichere Gefühl, ich würde scheitern; wiewohl ich in meinem Perfektionismus immer mehr als genug gelernt hatte. Meine Kollegen empfanden das als nicht ernst zu nehmendes Theater; aber für mich war diese Angst real und berechtigt. Nachdem ich dann jedoch jede einzelne der kleinen, mittleren und großen Prüfungen geschafft hatte, war sofort der perfide Gedanke da: „Naja, wenn sogar ich das geschafft habe, kann es nicht so schwer gewesen sein!"

Niemals in meinem ganzen Leben hätte ich eine andere Person so mies behandelt wie mich selbst! Aber es würde keinen Sinn machen, mir das jetzt auch noch vorzuwerfen, denn damals wusste ich es nicht besser.

Dennoch fühle ich mit meinem misshandelten inneren Kind mit! Also vergebe ich mir all den Selbstmissbrauch – denn als solchen sehe ich das, was ich mir und vor allem meinem inneren Kind all die Jahre angetan habe. Und verwöhne mich mit einem ˋHo´oponopono´.

Und vor allem gehe ich nun liebevoller mit mir und meinem inneren Kind um!

Was fällt Ihnen zu diesem Beispiel ein?
Was haben Sie sich und Ihrem inneren Kind ein Leben lang angetan, was Sie anderen niemals zugemutet hätten?

Manchmal wundert es mich, was ich trotz meiner geradezu hoch professionellen Selbstsabotage letztlich doch alles geschafft habe. Aber ich frage mich auch, was ich noch alles schaffen hätte können, wäre ich mir selbst nicht immer im Weg gestanden – und Ihnen mag es ähnlich gehen!

Diese Erzählung soll übrigens keineswegs ein Selbstverrat sein! Sondern ich erzähle Ihnen das, weil ich immer wieder die Erfahrung mache, dass ich mit meinem ehemals sehr destruktiven Umgang mit mir selbst nicht alleine bin. Und oft erkennen wir uns in Erzählungen anderer wieder und sehen Dinge, die uns bisher nicht bewusst aufgefallen sind.

Diese Erfahrung mache ich immer wieder auch in den Erfahrungsrunden meiner Seminare: Wie oft sind die in der Runde später an die Reihe kommenden dankbar für die Erzählungen ihrer Vorgänger, weil sie sich erstaunt darin wieder erkennen konnten. Und natürlich geht es mir nicht anders! In jedem meiner Seminare und in jeder Beratung lerne ich Neues über mich selbst hinzu!

Gerade die als Alleingeborenen erkannten Menschen neigen zu diesem mangelnden Selbstvertrauen, das sich in nagenden Selbstzweifeln äußert. Die uns dann oft gerade vor all dem scheuen lassen, was wir gerne verwirklichen möchten – ähnlich einem Pferd, das vor der Hürde die Hufe in den Boden stemmt.

Interessant scheint mir übrigens auch die Motivation hinter diesen Selbstzweifeln zu sein. Wir wollen lieber das Geringere von uns selbst erwarten, um ja nicht enttäuscht zu werden. So hat mir jede geschaffte Prüfung dann für Augenblicke eine positive Überraschung beschert. Das hat zwar meist nicht lange angehalten, dennoch schien sich dieser Zugang zum Leben zu bewähren: lieber positiv überrascht als enttäuscht zu werden! So habe ich über viele Jahre meinen Zweckpessimismus zur Kultur gemacht.

Und natürlich kam dann auch die entsprechende Spiegelung von außen! Als ich nach meinem ersten geschafften Rigorosum meinem Onkel (einem Arzt) freudestrahlend davon erzählte, meinte er verächtlich, das bedeute überhaupt nichts, weil ich ohnehin auch dieses Studium wieder abbrechen würde. Das hat mich damals sehr gekränkt – heute erkenne ich darin klar die Spiegelung meiner eigenen Selbstzweifel.

Daher können Sie sich fragen, wer in Ihrem Umfeld Ihre Leistungen, Ihren Mut, Ihr Durchhaltevermögen, Ihre Kompetenz und alles, was Ihnen hier noch einfällt, anzweifelt! Spielen Sie damit `The Work´ und erkennen Sie alle diese Angriffe auf Sie als Spiegelungen Ihres eigenen lieblosen und Sie nieder machenden Umganges mit sich selbst.

Und dann vergeben Sie sich und den anderen, die Ihnen offenbar nur als Werkzeug zur Selbsterkenntnis dienen sollten, mit einem `Ho´oponopono´!

Hier noch ein Beispiel aus meinem Leben, das mich heute amüsiert, im Augenblick selbst jedoch sehr schmerzhaft war. Nachdem mein Mann an einem meiner Seminare teilgenommen hatte, meinte er während eines Streites gehässig:
„Wenn du nur 10% von dem, was du in deinen Seminaren quakst, umsetzen würdest, würde es uns besser gehen!"

Diese Aussage ging mir wirklich durch und durch – nicht nur wegen ihrer herabsetzenden Terminologie! Also habe ich einige meiner Freundinnen gefragt, ob es wirklich wahr wäre, dass ich Wasser predigen, aber Wein trinken würde.
„Nein!", war die einhellige Antwort.

Und natürlich hätte ich es dabei belassen und diesen Vorwurf als Ausgeburt eines kranken Hirns ad acta legen können. Aber da ich seit vielen Jahren alles mit `The Work´ bespiele, was mich in

irgendeiner Form tangiert, habe ich diese wundervolle Technik auch hier genützt und dabei erkannt, dass dieser Mann mir nichts anderes als einen Spiegel vor Augen gehalten hat. Ich selbst habe bis zu meiner großen Offenbarung (meines Daseins als Dritteldrilling) ständig an mir und meiner Authentizität als Trainerin und als Mensch ganz allgemein gezweifelt! Ich selbst dachte unzählige Male:
„Warum kann ich all das, was ich weiß und anderen weitergebe, nicht immer eins zu eins umsetzen?"

Heute bin ich dankbar für all die Spiegel, die dieser Mann mir vor Augen gehalten hat, wiewohl sich das damals alles andere als angenehm angefühlt hat! Und nach einigen Runden `Ho´oponopono´ konnte ich ihm vergeben, dass er das mit mir getan hat; und vor allem auch mir selbst, dass ich es mir gefallen habe lassen!

Daher empfinde ich die Frage, die ich Ihnen vorhin gestellt habe, als so wertvoll und wiederhole sie hier noch einmal:

Was haben Sie alles geschafft, obwohl Sie es sich zuvor nicht zugetraut haben?

Und was immer Ihnen hier einfällt, wäre meiner Ansicht nach Anlass zu Freude, Dankbarkeit (ja auch Ihnen selbst gegenüber!) und Stolz! Und Zufriedenheit auch!

Wenn Ihnen selbst keine solche Leistungen und Siege und Überwindungen und Meisterungen einfallen, dann fragen Sie eine Person, die Sie gut kennt. Sie werden sich wundern, was da alles ans Tageslicht kommt!

Ich werde etwas später noch einmal auf diese selektive Lebensrückschau zurückkommen, die ich Ihnen wirklich ans Herz legen möchte! Genau wie bei mir mag dieser Rückblick aus der neuen Sichtweise auch bei Ihnen einiges ins rechte Licht rücken; und hoffentlich Ihre Selbstzweifel zerstreuen! Besonders da Sie nun wissen, dass Sie nichts falsch gemacht haben, nicht gescheitert und ganz sicher nicht schuld daran sind, dass Ihr Zwilling oder Drilling Sie verlassen hat!

Auch hier werden `EFT´ und das Spiel mit der Quantenwelle wertvolle Dienste leisten.
Ein `EFT´-Satz könnte sein:
„Obwohl ich ständig an mir selbst zweifle, liebe und akzeptiere ich mich aus tiefstem Herzen ..."

Auch der ˋDialog der Hände´ mag Ihnen hier wertvolle Einsichten schenken, denn Ihre linke Hand bringt sicher noch weitere Erinnerungen zutage, die Ihre Selbstzweifel zerstreuen mögen!

Als ˋAffrage´ bietet sich hier:
„Warum kann ich mir vertrauen?"

Und eine Runde ˋHo´oponopono´ zur Selbstvergebung mag ein energetisches Pflaster auf Ihre Wunden legen.

Enttäuschung

Ganz eng verbunden mit unseren Selbstzweifeln und Versagensängsten ist das Phänomen der Enttäuschung. Und zwar in beiden Richtungen und in all ihren Aspekten.

Alleingeborene werden bei ihrer Geburt meist mit Enttäuschung empfangen. Die meisten Mütter ahnen, dass sie nach ihrer Empfängnis Zwillinge oder Drillinge erwarten, sind sich dessen aber meist nicht klar bewusst. Ebenso wenig wie des Verlustes eines Kindes, was ich auch aus eigener Erfahrung weiß.

So schwingt dann oft eine unbestimmte Erwartung mit: die Erwartung eines Sohnes oder einer Tochter. Und wenn nun das geborene Kind nicht das erwartete Geschlecht hat, ist Enttäuschung meist unvermeidlich! Ebenso wie die Enttäuschung über `nur ein Kind´, die natürlich unbewusst bleibt, aber um nichts weniger wirksam ist!

Das Neugeborene nimmt diese Enttäuschung wahr – auch wenn sie bei der Mutter unbewusst wirkt – und fühlt sich nicht willkommen. Dieser Empfang, der zum schweren Verlust im Mutterleib noch hinzukommt, wirkt sich für das Neugeborene extrem stressig aus und prägt es für sein ganzes Leben.

Auch das weiß ich sowohl aus eigenem Erleben als auch aus den Erzählungen vieler Menschen, die ich begleitet habe. Meine Mutter war selbst als Mädchen unerwünscht, weil ihr Vater sich sehnlich einen Sohn, einen Stammhalter und tapferen Soldaten gewünscht hat. Und wiewohl sie sich dessen nie bewusst war – es daher in Gesprächen immer vehement verneint hat –, war eindeutig, dass auch sie lieber einen Sohn geboren hätte. Vor allem, da sie während der ganzen Schwangerschaft überzeugt war, einen Buben zu bekommen.

Wobei sie mir eines Tages erzählt hat, dass sie zeitweise das Gefühl hatte, sie würde Zwillinge bekommen – offenbar war zu dieser Zeit unser Drilling bereits verloren gegangen. Aber an erster Stelle ihrer Aufmerksamkeit stand immer Jascha, der erwartete Sohn, für den es (anders als für ein Mädchen) bereits einen Namen gab. Jascha, mein in der 20. Woche verloren gegangener Bruder.

So war die Enttäuschung enorm, als sie statt seiner ˋnurˊ mich, ein Mädchen bekam. Und sie hat ihre uneingestandene Vorliebe für einen Sohn in ihrem ziemlich ambivalenten Umgang mit mir ausgelebt. Was ich ihr die längste Zeit vorgeworfen habe, weil ich die wahre Ursache dahinter nicht kannte. Heute habe ich dank meiner großen Offenbarung endlich Frieden auch mit ihr gefunden.

Eine solche gespaltene Beziehung zum geborenen Kind finden wir bei den meisten Müttern, die einen ihrer unbewusst erwarteten Zwillinge (oder einige Mehrlinge) verloren haben. Und das gilt nicht nur für jene Kinder, die einen Abtreibungsversuch überlebt haben; sondern generell für Alleingeborene. Vor allem da aufgrund der familiären Häufung viele dieser Mütter selbst von diesem Phänomen betroffen sind.

Ich möchte hier sehr bewusst betonen, dass ich das hier keineswegs bewerten möchte! Ich denke allerdings, es ist wichtig, dieses Verhalten anzusprechen, weil wir als Betroffene erst dann nachhaltig Heilung finden können, wenn wir die Mechanismen hinter dieser prägenden Enttäuschung erkennen. Erst dann können wir etwas dagegen unternehmen.

Hier ankommend summiert sich zu unserem schwerwiegenden Verlust des uns am nächsten stehenden Wesens noch der doppelte Geburtsschock. Alleine ankommend in einer fremden, kalten und oft als feindlich empfundenen Welt, wird das frisch geborene Menschlein statt mit einem liebevollen Willkommen mit der Schwingung einer meist schwer zu verbergenden Enttäuschung empfangen.

Die Energie dieser Enttäuschung als einer der ersten Eindrücke auf dieser Welt prägt das ganze Leben des Neugeborenen und wirkt aus der Unbewusstheit so lange nach, bis Klarheit gewonnen und Heilung geschehen ist. Da das Neugeborene noch nicht reflektieren kann, scheint es die unangenehmen und oft schmerzvollen ersten Erfahrungen während und nach der Geburt mit der Energie der Enttäuschung zu verbinden; und empfindet diese daher als eine Art Bestrafung.

Damit wird Enttäuschung – und zwar egal ob aktiv oder passiv, also ob man selbst andere enttäuscht, oder selbst enttäuscht wird! – als etwas extrem bedrohliches integriert, das ganz besonders schlimme Erfahrungen (ähnlich der Geburt) nach sich zieht.

Wiewohl wir glücklicherweise nicht in einem Kulturkreis leben, in dem Mädchen abgetrieben werden, weil sie 'weniger wert' sind, scheint es auch bei uns ein merkwürdiges Gefälle zu geben. Vor allem weil uralte Familientraditionen meist völlig unbewusst von Generation zu Generation weiterwirken.

Viele – vor allem erfolgreiche! – Frauen haben mir bestätigt, dass ihre Familie lieber einen Sohn (zumindest als Erstgeborenen) gehabt hätte, und sie praktisch ein Leben lang das Gefühl hatten, ihre Berechtigung als 'nur Mädchen' erst beweisen zu müssen.

Als meine Tochter in der 32. Woche als Frühchen geboren wurde, versicherte man mir im Krankenhaus, ich hätte (nur) ein Mädchen geboren, aber ich solle froh sein, denn es hätte eine bessere Chance zu überleben als ein Bub. Dieses 'nur' wurde zwar nicht dezidiert ausgesprochen, aber es schwang deutlich mit. Und das 'aber ich solle froh sein...' hat dann die Wertigkeit klar betont.

Ich war ganz und gar nicht enttäuscht, ein Mädchen bekommen zu haben, weil ich mir tatsächlich ein solches gewünscht hatte. Dennoch war auch für meine Tochter ihr Start ins Leben leider nicht besonders froh. Wiewohl bei uns das Moment der Enttäuschung wegfiel, hat auch sie ihre Geschwister früh verloren. Außerdem musste sie mittels Kaiserschnitt entbunden und sofort in eine eigene Klinik für Frühgeburten gebracht werden. So waren wir in den ersten Wochen getrennt, was hieß, dass sie mehrere Trennungen verkraften musste: die von ihrer Geschwistern und die – zumindest in den ersten Wochen – von mir!

Was für uns beide besonders schmerzhaft war, weil Alleingeborene möglichst durchgehend in Kontakt bleiben wollen und sich nichts mehr als verlässliche Kontinuität wünschen. Aber beides: die schwere Geburt und der zeitweilige Verlust des Kindes sind deutliche Indikationen für Alleingeborene – sowohl für das Kind als auch für die Mutter!

Diese ungleiche Wertigkeit ist zwar weit verbreitet, aber es gibt (neben mir) tatsächlich auch Frauen, die sich ein Mädchen wünschen. Und wenn dann unerwartet ein Bub zur Welt kommt, dann ist auch diese Enttäuschung fatal. Mein Vater hat ja (wie bereits erwähnt) seine Zwillingsschwester verloren; und da seine Mutter lieber ein Mädchen bekommen hätte, hat sie ihn anfangs vorwiegend als Mädchen angezogen und vorwiegend auch so behandelt. Was es heißt, wenn so ein Mann dann in den Krieg ziehen muss, ist wohl für jeden nachvollziehbar.

Das Thema Enttäuschung ist vor allem deshalb so brisant, weil die meisten Mütter sich des Verlustes eines ihrer Kinder nicht gewahr sind! Und selbst wenn sie davon Kenntnis haben, erkennen sie meist die damit verbundenen Folgen für den alleine geborenen Halbzwilling oder Dritteldrilling nicht – können also nichts zu dessen Heilung beitragen.

Aus meiner Sicht wäre es daher eminent wichtig, auch diesen massiven Stressor zu entschärfen. Nicht zuletzt weil Alleingeborene in ihrem mangelnden Selbstwertgefühl und dem extremen Perfektionismus ihre Erwartungen – vor allem an sich selbst! – immer besonders hoch schrauben. Damit sind Enttäuschungen bereits vorprogrammiert! Und jede einzelne Enttäuschung triggert das Ur-Trauma neuerlich, weil natürlich auch der Tod des Geschwisters bereits enttäuschend war. Immerhin starten Mehrlinge gemeinsam in die Inkarnation und sind von vorne herein auf ein Wir eingestellt.

Aus einem meiner Gedichte stammt der für eine Alleingeborene so typische Satz:
„Das Ich löst sich auf im Wir, das auch kein Du mehr kennt!"

Diese Worte lassen manchem Einling wohl die Nackenhaare zu Berge stehen! Für einen Alleingeborenen ist dieses Wir das höchste Glück!

Aber auf einmal ist kein Du mehr da, und damit gibt es kein Wir mehr! Das ist eine schwere, zutiefst traumatisierende Enttäuschung. In dieser schwingen dann auch noch die Schuldgefühle mit, weil der Alleingeborene ja glaubt, die Verantwortung für diesen Verlust zu tragen. Also hat er anscheinend wieder Anlass zu Enttäuschung gegeben.

Diese doppelte Enttäuschung brennt sich in einer schweren Geburt dann noch mehr in das Wesen des neugeborenen Halbzwillings oder Dritteldrillings ein! Und wie gesagt ist deren Geburt meist besonders schwer. Möglicherweise, weil sie sich unwillkürlich gegen dieses alleine geboren Werden wehren? Ich bin über eine halbe Stunde im Geburtskanal stecken geblieben und meine Tochter hätte eine natürliche Geburt vermutlich gar nicht überlebt.

Das heißt, Enttäuschung (und die Angst davor in beiden Richtungen) ist ein zentrales Thema im Leben Alleingeborener, so wie ihre Schuldgefühle, ihr mangelndes Selbstwertgefühl und das lebenslange Gefühl der Einsamkeit. Dieses werden wir uns im nächsten Kapitel näher ansehen.

Neben den anderen Befreiungstechniken, die auch hier wirksam sind, möchte ich Ihnen hier eine spezielle <u>Enttäuschungs-Meditation</u> anbieten, die ich anlässlich einer schweren Enttäuschung für mich selbst gestaltet habe. Das war lange vor der Zeit, als mir die Ursache für den massiven Stress, den Enttäuschungen mir immer schon verursacht haben, klar wurde.

Aber ich habe sie als sehr hilfreich empfunden – und vielleicht tut sie auch Ihnen wohl, wenn Sie eben eine schwerwiegende, Sie sehr belastende und schmerzhafte Enttäuschung erlebt haben, die Ihnen nachhängt. Wenn dieser Text Sie anspricht, können Sie ihn aufnehmen und sich vorspielen, während Sie sich mit geschlossenen Augen zuhören. Achten Sie darauf, bei den drei Punkten jeweils eine Pause zu machen, damit die Bilder sich vor Ihrem geistigen Auge entfalten können.

Oder aber Sie bitten eine Person Ihres Vertrauens, Sie durch diese Meditation zu begleiten – auch unter Einhaltung der Pausen!

Wenn Sie mich kontaktieren, kann ich Ihnen auch meine Aufnahme dieser Meditation zukommen lassen.

Enttäuschungs-Lösungs-Meditation

Während ich bequem sitze oder liege, nehme ich meinen Körper bewusst wahr ... achte dabei auf meinen Atem ... kann die Luft an meinen Nasenflügeln vorbei streichen spüren, ganz leicht und kühl ... meine Konzentration richtet sich auf das Einatmen ... und auf das Ausatmen ... jeder Atemzug vertieft meine Entspannung mehr und immer mehr ... und diese Entspannung breitet sich langsam durch meinen ganzen Körper aus ... ich atme Ruhe ein und Spannung aus ... ich atme Frieden und tiefe Stille ein und atme all die Sorgen meines Alltags aus ... während ich einatme, erfüllt sich mein Körper mit Lebenskraft und frischer Energie ... und während des Ausatmens wird meine Entspannung tiefer und immer tiefer ... ich nehme wahr,

wie mein Körper sich immer tiefer entspannt ... mein Muskulatur entspannt sich wohltuend ... mein Rücken ... meine Beine ... die Schultern und der Nacken... meine Arme und die Brust ... mein ganzer Körper erfährt die wohltuende Wirkung meiner tiefen Entspannung ...
Nun richte ich meine Aufmerksamkeit auf das enttäuschende Ereignis und fühle mich noch einmal ganz in diese Situation hinein ... welche Emotionen löst diese Enttäuschung in mir aus? Und wo vor allem kann ich diese Emotionen in mir wahrnehmen? Wo genau in meinem Körper konzentriert sich dieses Gefühl? Ich nehme mein Enttäuschungsgefühl möglichst genau und in allen Einzelheiten wahr und achte sehr genau darauf, was es in mir auslöst. Welche Assoziationen kommen mir zu meinem Enttäuschungsgefühl? Gibt es Bilder oder Symbole, die mir dazu einfallen? Kann ich eine Farbe mit dieser Enttäuschung assoziieren? Oder sind es mehrere? Welche Form passt zu dem Gefühl, das diese Enttäuschung in mir auslöst? Welche Oberfläche? Welche Temperatur? Erlebe ich diese Enttäuschung eher als kühl oder kalt? Oder als warm, ja heiß? Erlebe ich ihre Wirkung auf mich als weich oder als hart? Und welchen Klang assoziiere ich dazu? Gibt es eine Stimme, die dazu passt? Und wenn ja: ist eine weibliche oder männliche Stimme? Was sagt diese Stimme? Und verbinde ich einen Geschmack oder einen Geruch mit dieser Enttäuschung? Nachdem ich mir mein Enttäuschungsgefühl in aller Deutlichkeit vergegenwärtigt habe, gehe ich gedanklich meine sieben Haupt-Chakren durch und achte darauf, wie jedes einzelne mit dieser Enttäuschung verbunden ist. Diese Verbindung stelle ich mir bildlich vor – wie einen Faden, eine Schnur, eine Kette oder irgendeine andere Verbindung, die diese Enttäuschung an eines meiner Chakren bindet. Ich frage mich, wie genau diese Verbindungen aussehen und wie sie sich anfühlen ...
Ich beginne mit meinem Wurzel-Chakra am unteren Ende meiner Wirbelsäule und frage mich: Betrifft diese Enttäuschung meinen Körper? Setzt sie mich stark unter Stress? Wirkt sie sich auf meine Durchsetzung aus? Auf meine vitale Lebensenergie? Hat sie mit meinem Mangel an Urvertrauen zu tun? Löst sie starke Aggressionen in mir aus oder Wut oder auch Angst? Spielt dabei Gewalt eine Rolle? Und wenn ja: welche Art von Gewalt? Körperliche Gewalt oder psychische? Handelt es sich um offene Gewalt oder eher um subtile, versteckte Gewalt? Schwächt diese Enttäuschung mich körperlich? Dann kann ich annehmen, dass es eine starke Verbindung zu meinem Wurzel-Chakra gibt, und ich mache mir ein Bild davon ...

wie sieht diese Verbindung aus? Und wie fühlt sie sich an? Nachdem ich das geklärt habe, wende ich mich meinem Sakral-Chakra etwas unterhalb meines Nabels zu und frage mich, wie sehr diese Enttäuschung meine Emotionen und meine Gefühle beeinflusst? Betrifft sie das Thema Berührung? Wirkt sie sich auf meine zwischenmenschlichen Beziehungen aus? Spielt sie eine Rolle im Zusammenhang mit meiner Sexualität? Stehen unerfüllte Sehnsüchte damit in Verbindung? Löst sie verstärkten und häufigen Harndrang aus? Schränkt sie mich in meiner Kreativität ein? Wenn dies der Fall ist, gilt es, die Verbindung zwischen dieser Enttäuschung und meinem Sakral-Chakra zu lösen. Wie sieht diese aus? Und wie fühlt sie sich an?

Wenn dies geklärt ist, wende ich mich meinem Solarplexus-Chakra in der Magengrube zu und frage mich, ob sich diese Enttäuschung auf meine gesellschaftliche Position ausgewirkt hat oder noch immer auswirkt? Hat sie mit Machtstreben zu tun? Mit übertriebenem Leistungswillen? Verlangt diese Enttäuschung von mir, etwas zu „verdauen"? Erlebe ich meine Reaktion darauf vor allem in der Magengrube, vielleicht sogar wie einen dumpfen Schlag? Stört sie meine Verdauung? Oder verdüstert sich dadurch meine allgemeine Stimmung? Dann besteht wohl eine starke Verbindung zu meinem Solarplexus-Chakra. Wie genau sieht diese aus und wie fühlt sie sich an?

Nachdem ich dies erkannt habe, wende ich mich meinem Herz-Chakra in der Mitte meiner Brust zu und frage mich, ob diese Enttäuschung mich in meiner Liebesfähigkeit beeinflusst. Löst sie Angst vor Verlust oder auch Trennungsschmerz aus? Geht es dabei um Liebe, die Bedingungen stellt? Um unerfüllte Erwartungen? Um Abhängigkeit? Ist da in mir ein starkes Nein? Macht mich diese Enttäuschung krank oder bricht sie mir gar das Herz? Löst sie Schuldgefühle aus? Spielen dabei Mitgefühl, Fürsorge und Verständnis eine Rolle – oder auch der Mangel dieser Emotionen? Dann besteht wohl eine starke Verbindung zu meinem Herz-Chakra, die es zu lösen gilt. Wie sieht diese Verbindung aus? Und wie fühlt sie sich an?

Wenn ich dies geklärt habe, wende ich mich meinem Hals-Chakra in der Gegend meines Kehlkopfes zu und frage mich, ob diese Enttäuschung mich in meinem Selbstausdruck beeinflusst. Wie wirkt sie sich auf meine Kommunikation aus? Auf meinen Austausch von Ideen? Meine Fähigkeit, mich mitzuteilen? Bringt sie mich zum Weinen oder zum zwanghaften Lachen? Macht sie mich heiser? Löst sie Husten oder Halsschmerzen aus? Bringt sie mich zum Stottern? Dann besteht wohl eine Verbindung zu meinem Hals-Chakra.

Wie sieht diese Verbindung aus? Und wie fühlt sie sich an?
Nachdem ich das erkannt habe, wende ich mich meinem Stirn-Chakra, meinem dritten Auge zu und frage mich, ob diese Enttäuschung mich in meinem klaren Denken beeinträchtigt? Raubt sie mir den Überblick, weil ich unter ihrem Einfluss die Zusammenhänge nicht mehr erfassen kann? Fühle ich mich davon wie hypnotisiert? Fühle ich mich manipuliert? Spielen Voreingenommenheit, falsche Wertungen und Vorurteile eine Rolle? Ist Überheblichkeit im Spiel? Löst diese Enttäuschung Kopfschmerzen in mir aus? Geht es dabei um Kopflastigkeit, um eine Überbetonung des Intellektes und analytischer Fähigkeiten? Dann gilt es wohl, eine Verbindung zu meinem Stirn-Chakra zu lösen. Wie sieht diese aus und wie fühlt sie sich an?
Wenn dies geklärt ist, wende ich mich meinem Scheitel-Chakra zu und frage mich, ob durch diese Enttäuschung meine Verbindung zu meinem höheren Selbst, meiner Seele beeinträchtigt ist. Trübt sie meine Intuition? Bringt sie mein Vertrauen in eine höhere Macht ins Wanken? Fühle ich mich dadurch leer und einsam? Dann ist wohl auch das Scheitel-Chakra betroffen.
Nachdem ich nun die einzelnen Verbindungen zu meinen Chakren identifiziert habe, visualisiere ich über meinem Kopf eine goldene Lichtkugel ... ich stelle sie mir so groß und so leuchtend vor, wie es mir angenehm ist und lasse sie dann langsam zu mir herabsinken ... wenn sie meinen Scheitel erreicht hat, teilt sie sich auf: in eine Lichtkugel, die in mein Scheitel-Chakra eintauchen und langsam entlang meiner Wirbelsäule hinunter gleiten wird; und in eine zweite Lichtkugel, die im Uhrzeigersinn um mich kreisen und durch meine Aura gleiten wird ... diese Lichtkugel wird sanft die Verbindungen, die sich zwischen dieser Enttäuschung und meinen Chakren festgesetzt haben, lösen ... während die Lichtkugel, die durch mein Inneres gleitet, die Wunden, die dadurch vielleicht entstehen, mit bedingungsloser Liebe heilen wird ... wenn es keine solche Verbindungen zwischen dieser Enttäuschung und dem entsprechenden Chakra gibt, lasse ich die äußere Lichtkugel sanft durch meine Aura gleiten und sie reinigen und harmonisieren, während die innere Lichtkugel die Verbindung zwischen dem Chakra und meinem Haupt-Energiekanal entlang der Wirbelsäule klärt ... nach und nach gehe ich nun von oben nach unten durch meine sieben Haupt-Chakren, löse die Verbindungen und heile sofort die Wunden ...
Ich beginne bei meinem Scheitel-Chakra ... wenn ich hier eine Verbindung erkennen konnte, achte ich, wie sich diese darstellt ... ist sie wie ein zarter Faden oder eine Schnur? Ist sie eher wie eine Kette?

Wie genau sieht die Verbindung zwischen dieser Enttäuschung und meinem Scheitel-Chakra aus, wenn es eine solche gibt? Wie auch immer sie sich mir darstellt, ich löse sie sanft mit Hilfe der äußeren Lichtkugel und erlaube es der inneren Lichtkugel, die Wunde zu heilen ... und wende dann meine Aufmerksamkeit meinem Stirn-Chakra zu ... wenn hier eine Verbindung zu erkennen war, vergegenwärtige ich mir diese und erlaube der äußeren Lichtkugel, sie zu lösen, während die innere Lichtkugel die Wunde heilt ... dann wende mich meinem Hals-Chakra zu ... wie genau sieht diese Verbindung aus? Meine äußere Lichtkugel löst sie behutsam, während meine innere Lichtkugel sanft die Wunde heilt ... nun wende ich mich meinem Herz-Chakra zu, achte genau auf die Verbindung, die ich hier finden kann ... dann lasse ich sie auflösen und die Wunde mit bedingungsloser Liebe heilen ... und meine Aufmerksamkeit wandert weiter zu meinem Solarplexus-Chakra und ich achte auf seine Verbindung zu dieser Enttäuschung ... löse sie mit der äußeren Lichtkugel und erlaube der inneren Lichtkugel die Wunde zu heilen ... dann wende ich mich meinem Sakral-Chakra zu, vergegenwärtige mir seine Verbindung zu dieser Enttäuschung, erlaube mir, sie zu fühlen ... löse sie sanft, während die Wunde geheilt wird ... schließlich wende ich mich meinem Wurzel-Chakra zu, sehe mir die Verbindung genau an ... löse sie mit meiner äußeren Lichtkugel und lasse meine innere Lichtkugel die Wunde heilen ...

Wenn alle Verbindungen gelöst und alle Wunden geheilt sind, hülle ich mich in eine strahlende Aura aus Licht und Liebe ein ... wie in einem strahlenden Lichtkokon bin ich nun geborgen ... und ich atme diese Liebe ein ... durch meine Lungen und durch meine Haut ... atme Liebe ein und alles, was ich nicht mehr brauche, aus ... all die alten Wunden und Verletzungen ... aber auch alle alten Glaubenssätze und einschränkenden Verhaltensmuster ... jeder Atemzug erfüllt mich mehr und mehr mit bedingungsloser Liebe und befreit mich von alten Schlacken ... und tiefe Dankbarkeit erfüllt mich ... Dankbarkeit dafür, dass ich die Energie raubenden und mich klein machenden Verbindungen zu dieser Enttäuschung lösen und die Wunden heilen konnte ...

Die zwei Lichtkugeln haben sich unterhalb meines Wurzel-Chakras wieder miteinander vereint und versenken nun all die Schlacken, die sie aus meinem feinstofflichen System gelöst haben, in die Erde, wo sie geläutert und zu Vitalstoffen umgewandelt werden ...

Nun kehre ich langsam wieder zu meinem Alltagsbewusstsein zurück und erkenne erleichtert, dass diese Enttäuschung ihre

> *Schmerzhaftigkeit für mich verloren hat! Ich kann alles Belastende loslassen und bin nun frei bin, mich selbst bedingungslos zu lieben!*

Wie fühlen Sie sich, nachdem Sie mit dieser Meditation gespielt haben? Können Sie eine zumindest kleine Erleichterung wahrnehmen?

Sie können diese Meditation übrigens auch zur Lösung energetischer Verbindungen mit anderen Personen zelebrieren. Dann adaptieren Sie den Text einfach!

Einsamkeit

Sehr schmerzhaft ist auch unser fast durchgehendes Gefühl der Einsamkeit, anders zu sein und nicht dazu zu gehören; ja sogar falsch auf diesem Planeten gelandet zu sein. Dieses Gefühl begleitet uns praktisch unser ganzes Leben. Und obwohl wir uns auch in Gegenwart unserer Familie einsam fühlen, kommen wir in Panik, wenn unsere Eltern uns alleine lassen.

Im Kindergarten und dann in der Schule fühlen wir uns (und werden oft auch) ausgeschlossen und ziehen uns hinter unseren Schutzpanzer zurück. Und das geht auch während unserer weiteren Ausbildung und dann im Berufsleben so weiter. Immer ist da die Tendenz, uns in uns selbst zurückzuziehen – in unseren `elfenbeinernen Turm´ – und uns das ganze Treiben von außen anzusehen.

Gleichzeitig leiden wir aber unter dieser Isolation, der fehlenden Zugehörigkeit, einfach weil der richtige Mensch fehlt. Einerseits fühlen wir uns in unserem Kokon der Nicht-Wahrnehmbarkeit bis zu einem gewissen Grad geborgen, zumindest aber geschützt; andererseits aber auch schmerzvoll von der Welt abgeschnitten.

Es scheint fast so, als würden wir uns unsichtbar machen – wie in einer unbewussten Umsetzung eines geheimen Gelübdes an unser verlorenes Geschwister. Wir fühlen uns (auch das natürlich unbewusst!) so sehr mit ihm verbunden, so solidarisch, dass auch wir immer wieder übersehen, ja sogar vergessen werden.

So nach dem Motto:
„Wenn du nicht da und damit für die anderen nicht wahrnehmbar bist, will ich es auch nicht sein! Du wirst übersehen, also übersieht man auch mich! Du bist vergessen worden, also vergisst man mich auch!"

Tatsächlich haben meine Eltern mich als Kind einmal im Auto vergessen und ohne mich eine Burg besichtigt. Und obwohl das jetzt runde sechzig Jahre her ist, kann ich mir heute noch die Verzweiflung, die entsetzliche Angst, ja die Panik vergegenwärtigen, die mich während dieser halben Stunde erfasst hat.

Andere haben mir erzählt, dass sie nicht von der Schule, vom Kindergarten, vom Hort abgeholt – also dort vergessen – wurden.

Wie ich bereits erwähnt habe, `re-inszeniert´ unsere Seele scheinbar immer wieder solche Verlusterfahrungen!

Wie sieht es mit Ihrer Einsamkeit aus?
Kennen Sie das Gefühl, sich inmitten Ihrer Lieben alleine zu fühlen und nicht wirklich dazuzugehören?
Kennen Sie das Gefühl, von niemandem verstanden zu werden, weil Sie einfach anders sind?
Kennen Sie das Gefühl, nicht wahrgenommen zu werden – so als würden Sie eine Tarnkappe tragen?
Kennen Sie das Gefühl, Sie seien hier (in Ihrer Familie, Ihrem Land, auf diesem Planeten) falsch gelandet?

Wie oft habe ich mich sagen gehört: „Mich hat der Storch zu früh fallen gelassen!"!

Und wurden auch Sie schon einmal vergessen?
Hat man Sie übersehen und übergangen?
Beispielsweise bei der Auswahl für ein Mannschaftsspiel – sind Sie auch immer wieder als Letzter übrig geblieben, den niemand so recht in seiner Volley- oder Völkerballmannschaft wollte?
Kennen Sie dieses peinliche `Ladenhütergefühl´?
Oder waren Sie beim Tanzen das Mauerblümchen (weiblich oder männlich), das niemand aufgefordert hat?
Haben Sie übrigens ein jüngeres Geschwister bekommen?

Dann ist anzunehmen, dass dieser Familienzuwachs Ihr Ur-Trauma getriggert hat; denn Ihre Eltern haben natürlich einen großen Teil ihrer Aufmerksamkeit auf das Neugeborene fokussiert. Und das hat sich für Sie wohl so angefühlt, als hätte man sich von Ihnen abgewandt. Genau wie damals Ihr Zwilling oder Drilling, als er neben Ihnen starb!

All das noch einmal zu vergegenwärtigen, mag schmerzhaft sein für Sie. Ich denke allerdings, es ist wichtig, noch einmal bewusst hinzusehen und hinzufühlen; um dann unser inneres Kind für all das, was es in Folge unseres speziellen Starts ins Leben erleben und erleiden musste, zu trösten.

Dann kann Heilung geschehen!

Dann kann Licht ins Dunkel kommen, wie ich in folgendem Text –
damals noch nichts vom Verlust meiner beiden Brüder ahnend –
scheinbar vorweggenommen habe:

Licht ins Dunkel

Eingemauert
in der Trauer
wie in zähem Schlamm...

Und ich sinke
immer tiefer
jede Regung zur Befreiung
taucht mich weiter ein...

So viel Tränen
in der Tiefe
die ich gar nicht weinen kann
jede Kraft ist längst versiegt...

Bin so mutlos
ohne Freude
ohne Hoffnung auf ein Ende
dieser tiefen Schlucht...

Müde bin ich
und so matt...

Aber so wie jeden Morgen
Sonnenlicht die Nacht besiegt
dringen aus verborgnen Tiefen
zarte Klänge an mein Ohr...

Breiten sich ganz zart und leise
über meine Wunden aus
heilen meine Traurigkeit...

Diese Töne sind wie Schwingen
die mich aus dem Dunkel holen...

All die Last
die mich so lähmte
löst sich mehr und mehr...

*Und erfüllt von diesen Klängen
öffnet sich mein ganzes Wesen
einer nie geahnten Freiheit*

*Und erhebt sich
freudestrahlend
selig jubelnd
und so dankbar
hoch hinauf ins Licht...*

Zur Heilung Ihrer Einsamkeit scheint mir jedenfalls die bewusste Kontaktaufnahme mit Ihrer zweiten Hälfte unerlässlich! Wenn Sie diese nach wie vor bestehende Verbindung auch über die Grenzen hinweg erst einmal wahrgenommen haben, können Sie Ihr/e Geschwister jederzeit vergegenwärtigen, wann immer Sie sich nicht wahrgenommen, einsam, verlassen und zurückgewiesen fühlen.

Wie ich an anderer Stelle näher ausführen werde, sollten Sie Ihre Bindung an Ihren Zwilling im Jenseits lösen, aber die Verbindung aufrechterhalten und pflegen!

Ihr `Begleit-Engel´ oder `weiser Freund im Jenseits´ oder wie immer Sie das nennen wollen, ist über den `Dialog der Hände´ oder die `Liebesbrücke´ (die ich in einem eigenen Kapitel beschreiben werde) jederzeit für Sie verfügbar! Das heißt, Sie können gar nicht mehr einsam sein! Wenn Sie diese transpersonale Verbindung einmal bewusst gekostet haben, wissen Sie, wovon ich spreche!

Eine schöne `Affrage´ wäre:
„Warum fühle ich mich so angenommen?"

Verlassenheit / Verlust

Eng verbunden mit der quälenden Einsamkeit ist die Angst, geliebte Menschen zu verlieren und verlassen zu werden. Diese Verlustangst ist uns wohl bis zu einem Grad bewusst, allerdings schwelt in der Tiefe noch weit mehr davon – ähnlich wie bei einem Eisberg.

Der unermessliche Schmerz bei der körperlichen Trennung von Zwillingen während der Schwangerschaft ist weit komplexer, als es beim ersten Hinsehen aussieht. Einerseits beruht er auf dem Verlust des uns am nächsten stehenden und am meisten geliebten Wesens.

Dazu werde ich Ihnen im praktischen Teil dieses Buches eine spezielle Meditation anbieten, in der Sie noch einmal – ein letztes Mal! – wahrnehmen können, wie es sich angefühlt hat, Ihre zweite Hälfte (oder auch mehrere Geschwister) zu verlieren. Und glauben Sie mir, Sie können sich diesen Schmerz vergegenwärtigen, weil etwas in Ihnen genau weiß, wie sich das angefühlt hat! Sie haben das in Ihrem Körpergedächtnis, in der DNS jeder einzelnen Ihrer Zellen gespeichert!

Aber dann werde ich Sie dazu anregen, die Verbindung zu Ihrem scheinbar verlorenen Geschwister wieder aufzunehmen, um sich aus Ihrem uralten Schmerz zu befreien. Dann wird diese Wunde heilen!

Das ist aber nur ein Aspekt dieser Verlustangst. Denn zum Schmerz im verlassen Werden kommt noch der im allein gelassen Werden hinzu! Und das ist nicht dasselbe; das sind zwei verschiedene Aspekte unseres Ur-Traumas. Fühlen Sie einmal den Unterschied: Die eine Phase nimmt uns etwas Geliebtes weg, das ist der Schmerz der Trennung. Die andere Phase lässt uns alleine zurück, das ist der Schmerz der Einsamkeit.

Daher wird diese uralte Wunde sowohl durch Verluste als auch im verlassen Werden getriggert. Und interessanterweise erleben wir beides immer wieder in unserem Leben! Immer wieder werden wir sowohl verlassen als auch alleine gelassen, zurückgelassen, ausgeschlossen! Wie vorhin erwähnt, kann es sogar vorkommen, dass wir vergessen werden.

Und jedes Mal wird damit unsere frühe körperliche Trennung getriggert, also neuerlich in unserem Energiesystem aktiviert. Was vor allem deshalb so schlimm ist, weil wir uns dessen nicht bewusst sind. Wir fühlen also ʻbloß´ einen entsetzlichen Schmerz, ohne wirklich damit umgehen zu können; weil wir diesen nicht auf seine Ursache zurückführen und verstehen können.

Das Schlimme bei all dem ist ja, dass wir in der panischen Angst vor diesen Erfahrungen diese bis zu einem gewissen Grad sogar noch magnetisch anziehen! Trauma-Therapeuten sprechen in diesem Zusammenhang von ʻRe-Inszenierung´. Das ist nicht immer eins zu eins so, daher sollten wir auch nicht so viel Angst vor unserer Angst haben! Aber es besteht doch eine gewisse Tendenz, diese Erfahrung in abgewandelter Form immer wieder zu machen – eben um uns in die Bewusstheit zu katapultieren!

Es scheint, als wollte unsere Seele uns mit jeder dieser Trennungen und Verluste unsere uralte Wunde bewusst machen, damit wir endlich hinsehen und das Trauma heilen. So trägt jedes dieser schmerzhaften Erlebnisse theoretisch die Chance in sich, unser Bewusstsein zu erweitern und die Ursache für den Schmerz zu erkennen; um dann endlich bewusst die Verbindung mit unserem verlorenen Zwilling aufzunehmen und uns aus der Einsamkeit zu befreien. Wenn wir die dafür nötige Reife erlangt haben.

Sondieren Sie Ihre Biographie in der Ausschau nach solchen schmerzhaften Ereignissen.

Wann haben Sie wen verloren?
Sei es, dass jemand sich von Ihnen getrennt hat – aus einer Partnerschaft, einer Freundschaft –, sei es, dass eine Ihnen nahe stehende Person gestorben ist.
Welche Verluste, welche Trennungen mussten Sie bewältigen?
Wen oder was mussten Sie loslassen?
Und wann und vom wem wurden Sie verlassen, zurückgelassen, ausgeschlossen oder vergessen?
Wie oft wurden Sie in Ihre Einsamkeit und Verlassenheit katapultiert?
Bei welchen Gelegenheiten wurde Ihr verzweifeltes Gefühl, alleine zu sein, besonders aktiviert?

Viele von uns entwickeln übrigens die Strategie, sich rechtzeitig zu trennen, ehe der oder die andere uns verlässt.

Kennen Sie das aus Ihrem Leben?
Wie oft haben Sie sich ʻrechtzeitig´ zurückgezogen?

Wir sind ja so auf unser Du eingestimmt, dass wir lange schon vor diesem fühlen (oder glauben vorherzufühlen), dass er oder sie genug hat von uns und der Beziehung mit uns; daher wollen wir dem zuvorkommen: lieber töten, als zusehen, wie etwas stirbt oder getötet wird!

Eine ganz wichtige Rolle bei all dem spielt das Erleben in der Kindheit. Wenn zum Beispiel ein Elternteil mit der Taktik agiert, sich als Strafsanktion zurückzuziehen, dann wird jedes Mal die alte Wunde in der Tiefe wieder aufgerissen. Damit wird sie einerseits tiefer – so wie eine Wunde auf der Haut immer tiefer wird, wenn wir deren schützende Kruste immer wieder aufkratzen! Andererseits wird sie noch tiefer ins Unbewusste verschoben und damit noch schwerer zugänglich für diverse Heilungsversuche.

Wenn Eltern, die ihr Kind mit emotionalem Rückzug maßregeln – ich nenne das manipulieren! –, dann abends ausgehen und das Kind alleine lassen, empfindet dieses das nicht nur als schmerzhaftes alleine gelassen Werden! Darüber hinaus interpretiert es das als Strafe! Und das `entzündet´ die Wunde in der Tiefe noch weiter.

Kindliche Logik ist um vieles einfacher und direkter als unsere: sie verbindet das, was scheinbar zusammen passt. Und oft wird dabei etwas verbunden, was an sich in keinem direkten Zusammenhang steht, nur weil es zeitlich korreliert.

Und weil wir die Tendenz haben, traumatische Erfahrungen immer wieder in der ursprünglichen Form oder so ähnlich anzuziehen, ist die Wahrscheinlichkeit hoch, dass wir uns auch als Erwachsene immer wieder mit Partnern konfrontieren, die genau dieses Muster an den Tag legen! Und dann reagieren wir völlig irrational und unreif, weil wir durch die Auslösung dieses Triggers in unsere Kindheit regredieren. Dadurch stehen uns die Ressourcen als Erwachsener nicht mehr zur Verfügung.

Heute kann ich schmunzeln, wenn ich mich an eine Situation erinnere, in der mein Ex-Mann sich nach einem Streit aus dem Schlafzimmer zurückgezogen und mich dort alleine gelassen hat. Damals (immerhin im zarten Alter von 55) war ich buchstäblich gelähmt vor Schreck und panisch vor Angst! Und fast noch schlimmer in dieser Situation war mein völliges Unverständnis für meine Reaktion! Als durchaus reflektierter Mensch kam ich mir ob dieser irrationalen Angst auch noch vollkommen blöd vor; war aber unfähig, daran etwas zu ändern.

Wenn ich das hier so ehrlich niederschreibe, dann weil ich Sie ermutigen möchte, auch möglichst ehrlich zu sein mit sich selbst! Ich glaube, wir können diese uralte und tiefe Wunde nur heilen, wenn wir wirklich bereit sind, ehrlich und genau hinzuschauen und auch zu unseren `Schwächen´ zu stehen. Aus meiner Sicht sind das gar nicht wirklich Schwächen, sondern Überlebensstrategien aus einer vorbewussten Zeit.

Haben Sie ähnliche Erfahrungen gemacht?
Haben auch Sie in mancher Situation – vor allem innerhalb von Beziehungen – völlig irrational reagiert, weil das Verhalten Ihres Gegenübers einen uralten Trigger ausgelöst hat?

Sehen Sie sich das nach! Das sind Reaktionen, die wir bewusst kaum kontrollieren können, weil ihre Wurzeln so tief ins Unbewusste reichen. Aber ich glaube durchaus, dass das bewusste Erkennen und Anerkennen unseres Alleingeborenen-Themas und die daraus resultierende Heilung uns in Zukunft solche Reaktionen erspart!

Nur wehren wir uns leider oft dagegen, in die Tiefe zu gehen; zumindest so lange, bis es gar nicht mehr anders geht, als uns mit diesem Ur-Schmerz zu konfrontieren.

Dazu braucht es meist einen schweren Verlust oder mehrere sich summierende Abschiede. Der erste öffnet den Zugang zur Wunde in der Tiefe unseres Unbewussten; der zweite macht uns noch weicher, noch mürber; der dritte löst weitere Widerstände ... und irgendwann sind wir dann genau dort angelangt, wo Heilung geschehen kann.

Bei mir war das (wie ich auch in der Beschreibung meiner eigenen Heilreise gegen Ende dieses Buches ausführen werde) eine Aneinanderreihung von Toden mir am Herzen liegender Menschen in Kombination mit verschiedenen anderen Verlusten in so ziemlich allen Bereichen meines Lebens! Und seltsamer Weise konnte ich mir die intensive Reaktion auf alle diese Ereignisse im Moment selbst gar nicht erklären.

Natürlich, im Rückblick ist es nachvollziehbar, dass eine solche Folge von `Schicksals-Schlägen´ einen schon aus der Mitte katapultieren kann. In der jeweiligen Phase selbst habe ich mich immer gefragt, warum mich diese Tatsachen so aus der Fassung bringt.

Auch das ist sehr charakteristisch, weil wir uns stets Stärke und Durchhaltevermögen abverlangen und es uns kaum je vergeben, einmal für eine Weile `in den Seilen zu hängen´ und unserem extrem hohen Anspruch an uns selbst nicht gerecht zu werden.

Vielleicht wollen Sie sich an dieser Stelle fragen, welche Verluste und Abschiede Sie so weit gebracht haben, dass Sie sich nun für dieses Thema öffnen und dieses Buch lesen.

Wen und was durften Sie in letzter Zeit loslassen?
Was hat Sie weich geklopft und mürbe gemacht?

Auch hier wird das wichtigste Heilmittel sein, sich bewusst zu machen, dass Ihr Geschwister im Jenseits Sie gar nicht verlassen, sondern nur die Ebene gewechselt hat und nach wie vor für Sie erreichbar ist. Und dies in einer sehr weisen, abgehobenen und wertvollen Version.

Ja, Ihr großer Bruder kann Ihnen nicht mehr körperlich spürbar seine starke Schulter leihen und Ihre große Schwester Sie nicht mehr tröstend in irdische Arme nehmen. Aber auf der Ebene Ihrer Vorstellung ist all das möglich! Und Ihr Gehirn kann nicht unterscheiden, ob Sie etwas `tatsächlich erleben´ oder `sich nur vorstellen´; das kann heute eindeutig von der medizinischen Forschung nachgewiesen werden!

Wenn Sie also nachts aufwachen und sich einsam und verlassen fühlen (das ist meiner Erfahrung nach meist eine Zeit der Verschlimmerung!), dann klopfen Sie eine Runde `EFT´ und geben Sie sich eine Quantenwelle!

Ein `EFT´-Satz könnte sein:
„*Obwohl ich ständig Angst habe, verlassen zu werden, liebe und akzeptiere ich mich aus tiefstem Herzen...*"

Vor allem aber verbinden Sie sich in Ihrer Vorstellung mit Ihrer zweiten Hälfte jenseits des Schleiers und holen Sie sich dort den Rückhalt, die Ermutigung, den Trost, die Rückenstärkung, die Fürsorge, die Geborgenheit und die Liebe, die Sie sich wünschen!

Kontrolle / Angst vor dem Erschrecken

Auch Kontrolle ist ein wesentliches Thema im Leben alleingeborener Zwillinge. Unser oft übermächtiger Wunsch nach Kontrolle resultiert wohl aus der peinigenden Machtlosigkeit von damals. Als am Leben bleibender Zwilling mussten wir machtlos zusehen, wie unser Liebstes abstirbt. Und weil dieses Erleben so entsetzlich ist, erwacht tief in uns der Wunsch, uns aus dieser Ausgeliefertheit zu befreien und Macht zu gewinnen. Daher ist Kontrolle für uns enorm wichtig!

Forscher haben herausgefunden, dass es im Wesentlichen drei verschiedene Stress auslösende Faktoren gibt: Mangel an Vorhersehbarkeit, Mangel an Beherrschbarkeit und Mangel an Ventilen für Frustration.

Und sie haben bewiesen, dass wir im Grunde gar keine äußeren Stressereignisse brauchen, denn die bloße Wahrnehmung eines solchen Mangels reicht aus, um die Stressreaktionen zu erzeugen. Da Stress für uns Alleingeborene besonders fatal wirkt, werde ich in einem eigenen Kapitel noch näher darauf eingehen.

Wenn einer oder mehrere dieser drei Faktoren vorhanden sind, kann selbst in relativ harmlosen Situationen Stress entstehen – wobei für uns vor allem die beiden ersten Faktoren den Ausschlag geben. Aber natürlich sind auch für uns Ventile wesentlich; vor allem wenn es gilt, rascher wieder in unsere Mitte zurück zu kehren und die Stressreaktion umzupolen; sie wirken also erst im Nachhinein. Die beiden anderen Faktoren sind aus meiner Sicht zwei verschiedene Aspekte von Kontrolle.

Mit Ratten wurden Experimente durchgeführt, die dies veranschaulichen. Die Versuchstiere erhielten unter verschiedenen Bedingungen elektrische Schläge. Wenn sie an einem Stück Holz nagen oder eine andere Ratte angreifen konnten oder wenn sie ein Rad zum spielen zur Verfügung hatten (Frustrationsventil), während oder nachdem sie Elektroschocks ausgesetzt waren, zeigten sie eine geringere Stressreaktion. Dieselbe Verminderung trat auch auf, wenn sie etwas zu essen oder zu trinken bekamen. So wundert es nicht, dass unzählige Menschen auf der ganzen Welt übergewichtig sind, weil sie essen und/oder trinken, um ihren Frust abzubauen!

Bei Ratten, die durch das Aufleuchten einer roten Lampe im Voraus gewarnt wurden, dass ein Stromschlag kommen würde, fiel die

Schockreaktion milder aus als bei nicht gewarnten Tieren. Das Signal erlaubte den gewarnten Ratten, den Schock vorauszusehen; dadurch wurde ihre Angst gemindert. Ihre Körper konnten sich dazwischen entspannen, anstatt ständig auf der Hut zu sein vor dem unerwarteten Risiko eines neuerlichen Elektroschocks. Dies zeigte die Wirkung eines Mangels an Vorhersehbarkeit. Die nicht vorher gewarnten Tiere blieben unter Dauerspannung und damit kontinuierlicher Stressreaktion.

Mangel an Beherrschbarkeit wurde getestet, indem zwei Ratten gleich starken Stromstößen ausgesetzt wurden. Eine davon konnte einen Hebel drücken, um die Häufigkeit der Stöße zu verringern – es war ihr also möglich, die Situation bis zu einem gewissen Grad zu beherrschen. Die andere erhielt jedoch nur immer gleichzeitig mit dem ersten Tier einen Schlag, hatte also keinen Zugriff auf die Situation. Daher war ihre Stressreaktion stärker als bei der ersten, obwohl für beide Tiere ja die Anzahl der Stromstöße gleich war.

Diese Versuche zeigen aber auch deutlich, dass das Schlüsselmoment bei der Entstehung von Stress die Erinnerung ist: nämlich die Assoziation früherer Situationen mit derzeitigem Erleben – und hier vor allem belasteter, schmerzhafter, also möglichst zu vermeidender!

Wenn ein Tier nur ein primitives Gedächtnis hat, kann es den Unterschied zwischen einer Situation und der nächsten nicht erkennen. Ratten erinnern sich an das unangenehme Gefühl bei einem Stromschlag, deshalb kann man ihnen beibringen, einen Hebel zu betätigen, um diese Empfindung zu vermeiden. Bei Fröschen beispielsweise ist dies nicht möglich.

Diese theoretische Beobachtung wurde für mich praktisch nachvollziehbar, als ich – interessanterweise auf dem Weg zu einem Seminar zum Thema Stresslösung ☺ – mit dem Auto in einen Stau geriet. Dieser war für mich nur so lange stressig, bis ich den Bus, der mich kurz davor überholt hatte, wieder hinter mir lassen konnte. Somit hatte ich freie Sicht gewonnen, konnte also absehen, wie lange der Stau dauern würde.

Für den Fahrer des Busses war mein Überholmanöver mitten in einem einige Kilometer langen Stau sicher nicht nachvollziehbar; entsprechende Blicke erntete ich. Aus seiner Sicht hatte ich nämlich absolut nichts gewonnen; für mich jedoch war die Anspannung vorüber und ich konnte mich gelassen dem Unvermeidlichen hingeben!

Nun hatte ich zwar keine Kontrolle im Sinne von Einfluss auf die Situation; aber ich hatte den Überblick gewonnen und damit Kontrolle über die Vorhersehbarkeit. Damit war klar, dass für mich der Faktor der Unvorhersehbarkeit am schlimmsten ist!

Ich erinnere mich, dass diese Reaktionen mich damals selbst amüsiert haben – sowohl meine eigene als auch die des Busfahrers. Aber sie haben mir auch gezeigt, wie wichtig es ist, zu wissen, wie man gestrickt ist.

Ich persönlich weiß gerne, was auf mich zukommt; dann kann ich mich besser darauf einstellen. Daher mag ich auch keine Überraschungen! Und ich weiß, dass ich damit nicht alleine bin.

Wie sieht es mit Ihrem Wunsch aus, möglichst weitgehende Kontrolle zu haben?
Welcher der beiden Kontrollfaktoren ist Ihnen wesentlicher?
Wenn Sie wählen könnten:
Wäre es Ihnen wichtiger, die Situation beherrschen zu können?
Oder wollen Sie lieber alles vorhersehen, was auf Sie zu kommt?
Oder brauchen Sie beides?
Einfluss und Vorhersicht? Und Vorsicht ☺*?*

Ich denke, es ist vor allem in Bezug auf die für unsere Gesundheit so fatale Stressreaktion wichtig, uns klar zu sein, welche Faktoren uns besonders zu schaffen machen.

Damit ergibt sich auch das wesentlichste Heilmittel in diesem Zusammenhang: ´Abheben und darüber Stehen´. Wenn Sie sich wieder einmal dabei ertappen, unbedingt die Kontrolle über eine Situation, eine Reaktion oder eine Tatsache haben zu wollen, die Sie in Wahrheit nicht kontrollieren können (und oft auch gar nicht sollen), dann heben Sie einfach ab und nehmen Sie die Beobachterposition des Homo Sapiens Sapiens ein. Aus dieser Perspektive fällt es Ihnen vermutlich leichter, sich den Dingen so, wie sie sind, hinzugeben; in dem Vertrauen, dass alles so, wie es ist, gut und richtig ist.

In Wahrheit war es nämlich auch gut und richtig, dass Ihr Geschwister so früh heimgekehrt ist – vielleicht weil es Ihnen von dieser Ebene aus weit mehr helfen konnte (und zukünftig kann!) denn als tatsächlich geborener Zwilling?

Ob das wirklich so ist, weiß ich nicht; aber für mich wirkt diese Sichtweise sehr entspannend und hilft mir, den `Kontrolleur´ in mir etwas zu zähmen!

Mit dem Sie übrigens auch im `Dialog der Hände´ eine Brieffreundschaft aufnehmen können, um ihn zu beruhigen.

Darüber hinaus können Sie Ihr Vertrauen natürlich auch mithilfe der Quantenwelle und `EFT´ stärken.
Ein `EFT´-Satz könnte sein:
„*Obwohl ich immer die Kontrolle behalten möchte, liebe und akzeptiere ich mich aus tiefstem Herzen...*".

Als `Affrage´ eignet sich hier:
„*Warum kann ich die Kontrolle abgeben?*"
Oder: „*Warum brauche ich keine Kontrolle mehr und kann mich hingeben?*".

Angst vor der Dunkelheit

Eng mit dem Wunsch, stets die Kontrolle zu behalten, ist auch die Angst vor und in der Dunkelheit! Auch sie lässt sich natürlich auf diesen als so schmerzvoll empfundenen Heimgang unseres Zwillings zurückführen.

Während unserer fetalen Entwicklung im Mutterleib ist unser sehr früh schon aktives Gehör dominant – anders als in unserem Leben als sehende Menschen, wo meist der Gesichtssinn beherrschend ist.

Daneben sind auch die anderen Wahrnehmungen schon aktiv: jene, die Joachim Ernst Berendt in seinem sehr empfehlenswerten Buch „Nada Brahma – die Welt ist Klang" als Yin-Sinne bezeichnet. Währenddessen ist das Sehen nur rudimentär; zumindest das Sehen mit den körperlichen Augen. Das dritte Auge scheint sehr früh schon aktiv zu sein, aber das ist hier nicht unser Thema.

In der Schwangerschaft herrscht also – ähnlich wie in einem Samadhi-Tank – wohlig entspannte Dunkelheit. Der Aufenthalt in einer solchen speziellen Wanne wird oft auch unter dem Titel `Floating´ angeboten. Dabei schwebt man alleine oder zu zweit an der Oberfläche einer körperwarmen Salzlauge; weil ähnlich wie im toten Meer die hohe Salz-Sättigung den Körper nicht untergehen lässt.

Die Temperatur im Raum ist dem Körper angepasst, sodass man kaum den Unterschied zwischen Luft und Wasser wahrnehmen kann. Es ist dunkel und vollkommen still, sodass man auch von einer Sinnesdeprivation sprechen kann; bei der die fünf Sinne nicht mehr von außen, sondern nur mehr von innen angesprochen werden: von all dem, was aus dem Unterbewusstsein hochkommt. Sehr ähnlich muss es sich im Leib unserer Mutter angefühlt haben! Wohlig und entspannt...

Zumindest so lange, wie es dem werdenden Menschlein gut geht. Wenn es da jedoch ein Trauma gibt (welches auch immer das sei), dann prägt sich diese Dunkelheit mit all den anderen zu diesem Zeitpunkt wahrgenommenen Sinnes-Wahrnehmungen als Referenz-Erfahrung zu diesem Schmerz in das Körpergedächtnis ein. Somit wird zukünftig auch Dunkelheit zur Trigger-Erfahrung.

Das erklärt, warum sich die meisten Alleingeborenen in der Dunkelheit noch viel unsicherer und ausgesetzter fühlen als bei Licht! Und warum nachts die Depressionen meist noch quälender sind.

Die Erfahrung in einem Tunnel beispielsweise fügt der Dunkelheit noch die Empfindung der Enge hinzu und wird damit ebenfalls zu einem wirksamen Trigger. So sind für die meisten von uns hell beleuchtete Tunnels lange nicht so stressig wie jene mit schlechtem Licht oder ganz ohne Beleuchtung. Und ähnlich kann ein Stromausfall in einem Aufzug Panik erzeugen.

Eng verbunden mit dem Thema der so beängstigenden Dunkelheit ist übrigens die Ambivalenz in der Schlafthematik, auf die ich im nächsten Kapitel eingehen werde.

Die Nacht mit ihrer Dunkelheit und weitgehenden Ausschaltung der Optik ist eine sehr weibliche Phase, ein stark yin-betonter Lebensbereich. Auch das spielt mit bei der unter Halbzwillingen weit verbreiteten nächtlichen Verschlimmerung. Nachts haben wir keine Kontrolle, also gilt es, uns vertrauensvoll hinzugeben. Und das ist etwas, was wir Alleingeborenen ganz und gar nicht schätzen, weil wir in dieser Hingabe an das ozeanische Gefühl der Einheit schon einmal eine extrem schlechte Erfahrung gemacht haben.

Daher bewirkt Dunkelheit als Trigger eine weitere Intensivierung des Wunsches nach Kontrolle; ganz so als hätten wir den Verlust unseres Zwillings vermeiden können, wenn wir damals mehr gesehen und damit scheinbar mehr Kontrolle gehabt hätten. Dann hätten wir vielleicht besser aufpassen und diesen Verlust rechtzeitig verhindern können – so wirkt es aus unserem Unterbewusstsein!

Das klingt natürlich absurd, wenn ich das hier so betone, aber das ist einfach die nachvollziehbare Reaktion eines kleinen menschlichen Wesens, das sich unbewusst verantwortlich fühlt und sich ein Leben lang mit Schuldgefühlen plagt – und daraus folgend zukünftig alles in seiner Macht Stehende tun möchte, damit es nie mehr die Kontrolle verliert und so etwas Schlimmes ja nicht noch einmal passiert.

Ängste sind aus meiner Sicht am besten mit energetischen Methoden anzugehen. Die Angst vor der Dunkelheit können wir mit `EFT´ und der Quantenwelle bespielen.
Ein `EFT´-Satz könnte sein:

„*Obwohl ich Angst vor und in der Dunkelheit habe, liebe und akzeptiere ich mich aus tiefstem Herzen...*"

Mir persönlich hilft darüber hinaus, wenn ich mir die vorhin erwähnte Art, die Dinge zu sehen, in Erinnerung rufe – möglichst im `Abheben und darüber Stehen´:
„*Alles ist so, wie es ist, gut und richtig, auch wenn ich momentan nicht alles verstehen kann!*"

Dieser Zugang zum Leben stärkt mein Vertrauen, ebenso wie der folgende Gedanke:
„*Ich weiß es derzeit zwar noch nicht, aber für irgendetwas ist das sicher gut!*"

Ob diese Einstellung zum Leben auch für Sie hilfreich ist, müssen Sie selbst sehen – probieren Sie es einfach aus! Wobei ich die Erfahrung gemacht habe, dass es oft schon hilft, nachts das Licht aufzudrehen. Das mag banal klingen, wirkt bei mir aber meistens ganz gut! Vor allem in der dunklen Herbst- und Winterzeit.

Und sicher wird auch der wieder aufgenommene Kontakt mit Ihrem Geschwister im Jenseits Ihnen helfen, die Dunkelheit besser zu ertragen!

Schlaf

Unser Verhältnis zum Schlaf scheint ebenso ambivalent zu sein wie das zum Thema Tod, auf das ich auch noch näher eingehen möchte.

Einerseits ist da die große Sehnsucht nach Schlaf, der Wunsch, in den Schlaf zu fliehen, der aus der uralten Erinnerung an die glückliche Einheit mit der anderen Hälfte vor deren Verlust resultiert.

Eine annähernd wohltuende Erfahrung, die ich übrigens jedem Halbzwilling nur wärmstens ans Herz legen kann, ist das Verweilen in einem Samadhi-Tank – dem vorhin kurz beschriebenen `Floating´. Darin können wir uns annähernd wieder die selige Ur-Erfahrung vergegenwärtigen. Idealerweise gemeinsam mit einem geliebten Menschen; am besten einem zweiten Alleingeborenen. Diese heilsame Erfahrung vermittelt uns das Gefühl des Alles-ist-gut in der allumfassend tiefen Geborgenheit der wohlig heilsamen Einheit im Urmeer des Fruchtwassers.

Und es ist genau diese Erfahrung der Ur-Einheit, dieses Gefühl des Wir-sind-eins als Anklang des großen Alles-ist-eins, die tief in uns lockt und uns den Tiefschlaf suchen lässt. Bei vielen erweckt sie auch den Wunsch, lange in der warmen Badewanne oder einem Thermalbecken zu verweilen. Und nicht wenige lässt sie immer wieder auch die frei gewählte Heimkehr in Erwägung ziehen...

Interessant in diesem Zusammenhang ist, dass relativ viele Alleingeborene es auch lieben, tauchen zu gehen. Sich schwerelos im Meer (ähnlich dem Fruchtwasser) zu bewegen, verbunden über den Schlauch (analog der Nabelschnur), der sie mit der Sauerstoffflasche (wie mit der Plazenta) verbindet. Und das am liebsten zu zweit!

Auf der anderen Seite quälen Alleingeborene oft gravierende Schlafstörungen, die diesem Wunsch nach Heimkehr in die Ur-Geborgenheit leider oft im Weg stehen. Auch die phasenweise quälende Unmöglichkeit ein- oder durchzuschlafen resultiert wieder großteils aus dem tief im Unterbewussten nachwirkenden Verlusttrauma! Was verständlich wird, wenn wir uns vor Augen führen, dass diese als so beglückend empfundene Ur-Einheit mit der anderen Hälfte mehr oder weniger abrupt durchbrochen wurde und damit unser Ur-Vertrauen bis in seine tiefsten Tiefen erschüttert hat.

Es gibt wohl Phasen im Leben Alleingeborener, in denen sie gesegnete Schläfer sind. Umso stressiger sind dann die dazwischen immer wieder aufkommenden Schlafstörungen; die sich meiner Erfahrung nach vor allem in intensiven Transformationsphasen zeigen. Sie sollten möglichst entspannt angenommen werden, weil sie meist ein Zeichen dafür sind, dass etwas Neues geboren werden möchte: eine neue Lebensphase, ein neues Projekt, eine neue Idee – ein neues Ich oft auch.

Daher können wir davon ausgehen, dass unsere intensive Auseinandersetzung mit diesem Thema während des Schreibens und Lesens dieses Buches uns die eine oder andere Nacht schlaflos (oder zumindest traumintensiv) bleiben lässt! Ich erwähne das hier, um Sie zu beruhigen, wenn Sie bereits diese Erfahrung gemacht haben oder in der nächsten Zeit davon betroffen sind.

Wie geht es Ihnen mit Ihrem Schlaf?
Schlafen Sie auch so gerne?
Freuen Sie sich täglich darauf, in den Schlaf zu sinken?
Und haben Sie gleichzeitig oder phasenweise Angst, sich in den Schlaf fallen zu lassen?
Kennen Sie das Phänomen, dass Sie einige Nächte hindurch herrlich schlafen können und wohltuende Träume haben; dann jedoch plötzlich wieder schlaflos bleiben und schreckliche Nächte erleben?

Vielleicht tun Sie sich zukünftig leichter damit, wenn Ihnen klar wird, dass Ihre Schlafstörungen jeweils Zeichen für den nächsten anstehenden Transformationsschub sind.

Einen Faktor, der hier sicher auch mitspielt, möchte ich in diesem Zusammenhang auch noch ansprechen. Im gesunden Schlaf sind wir einerseits in einer starken Dominanz unserer rechten Gehirn-Hälfte. Andererseits sind wir da besonders verletzlich, eben weil unser Überlebenszentrum bis zu einem gewissen Grad ruht und wir daher (zumindest aus Sicht unserer Vorfahren der Höhlenmenschen) schutzlos sind. Das stimmt in unserem heutigen Leben meist nicht mehr; dennoch ist es ein uraltes Verhalten, das auch bei uns nachwirkt.

Die totale Hingabe, die es braucht, um gut und tief zu schlafen, braucht einfach Vertrauen. Und Vertrauen ist nicht unbedingt eine Stärke Alleingeborener.

Ich hoffe und glaube, dass sich auch Ihre Schlafstörungen – so Sie davon betroffen sind – nach dem Lesen dieses Buches, der intensiven Auseinandersetzung mit Ihrem Mehrlingsthema und der daraus folgenden Heilung mehr oder weniger rasch legen werden! Wenn Sie den Signalen Ihrer Seele folgen, braucht diese Ihnen nicht immer noch deutlichere Signale zu geben. Scheint Ihnen das nicht auch logisch zu sein?

So vermute ich, dass Sie im Zuge Ihrer Selbstheilung auch mehr und mehr Zugang zu Ihrem Ur-Vertrauen gewinnen werden; und das wird sich sicher maßgeblich in Form entspannter Nächte auswirken! Sollten Sie dennoch einmal nachts schlaflos im Bett liegen, empfehle ich Ihnen, Ihre Aufmerksamkeit weg von dem Stress auslösenden `unbedingt schlafen Wollen´ zu lenken und auf etwas zu richten, was ich als `Endorphin-Ausschütter´ bezeichne. Was auch immer Ihnen positive Gefühle vermittelt, sei da willkommen!

Anstatt sich zu ärgern, zu kränken oder Sorgen zu machen, dass Sie nicht schlafen können, könnten Sie – am besten im `Abheben und darüber Stehen´ an eine Person denken, die Sie lieben, sich auf etwas freuen, dankbar sein für etwas, das sich gut anfühlt, Mitgefühl empfinden, sich für etwas begeistern, mit etwas zufrieden sein – und warum nicht mit sich selbst? –, Fürsorge empfinden, über etwas lachen oder lächeln oder schmunzeln, fasziniert sein von einem Wunder, eine Person bewundern, sich an eine Sternstunde erinnern, sich für etwas interessieren, ein schönes Bild vor Ihrem geistigen Auge vergegenwärtigen ...

Sie sehen, es gibt unzählige Möglichkeiten, sich in jedem Augenblick Ihres Lebens Glückshormone zu holen. Und diese Fähigkeit nützt Ihnen vor allem auch in Zeiten der Schlaflosigkeit. Denn die Wahrscheinlichkeit, dass Sie damit rascher einschlafen – und dann auch besser durchschlafen! – ist hoch. Wenn Sie jedoch trotz dieses bewussten Schwelgens in positiven Emotionen nicht gleich einschlafen, dann geht es Ihnen in der Zeit, in der Sie wach im Bett liegen, zumindest besser.

Natürlich könnten Sie auch das Licht wieder aufdrehen und etwas Aufbauendes lesen. Oder ein paar Seiten mit Ihrer linken Hand schreiben. Aber ich weiß aus eigener Erfahrung, dass das oft eine allzu große Überwindung ist. Die gedankliche und bildliche Vergegenwärtigung von Erfreulichem, Ergötzlichem, Beglückendem, Geliebtem, Erhebendem, Begeisterndem und Dankenswertem ist da um vieles einfacher und rascher zu erreichen!

Eine Runde `EFT´ kann auch Wunder wirken:
„*Obwohl ich momentan noch nicht einschlafen kann, liebe und akzeptiere ich mich aus tiefstem Herzen...*"

Eine schöne `Affrage´ wäre hier:
„*Warum kann ich mich entspannt einem wohltuenden Schlaf hingeben?*"

Auch das Spiel mit der Quantenwelle mag hilfreich sein, ebenso wie eine Runde `Ho´oponopono´!

Wie gesagt, finden Sie die genaue Erklärung dieser Techniken etwas später!

Weitere Ängste

Es scheint, als hätten wir `bei der Verteilung der Ängste besonders oft aufgezeigt´ – ja, ich glaube, dass gerade für uns Humor in allen Belangen des Lebens der klügste Umgang mit Stress ist. Und Ängste sind massive Stressoren und daher alles andere als gesund!

Übrigens sind sie meist unbegründet, was mit Vernunft alleine jedoch meist nicht zu lösen ist! Alleingeborene leiden teils unter diffusen, nicht wirklich greifbaren Ängsten, die keiner versteht; auch sie selbst meist nicht. Das verschlimmert ihre Einsamkeit noch mehr und führt zu weiterer Verunsicherung.

Weil unsere Ängste so ein weites Spektrum abdecken, wollte ich dieses Thema etwas anders präsentieren und Ihnen eine alphabetische Liste anbieten – aber Sie sehen schon beim ersten Buchstaben, wie vielfältig unsere Ängste sind! Daher lassen Sie es uns beim „A" bewenden! Einfach um Ihnen einen Eindruck zu vermitteln; Sie zugleich aber nicht allzu sehr zu stressen, weil jeder dieser Begriffe Trigger auslösen kann.

Welches sind Ihre Ängste?

Viele Alleingeborene haben Angst vor:

Abgründen
Abortus
Abschied
Abstieg (sozialem)
Alleingelassen-Werden
Altern (damit verbundener Hilflosigkeit)
Anfängen (~ Geburt!)
Angina Pectoris
Anklage (Schuldgefühle!)
Arbeitsverlust (Selbstwert!)
Armut (Hilfsbedürftigkeit!)
Aufgaben nicht gewachsen zu sein (Perfektionismus!)
Aufzug (Enge und Kontrollverlust!)
Auraverletzung
Ausfall bei wichtigen Abmachungen
Ausgeliefertsein
Ausgeschlossenwerden

Wie Sie sehen, finden wir alleine bei diesem Buchstaben schon eine ganze Menge davon, und vermutlich sind das noch gar nicht alle!

Ängste sind hoch wirksame Stressoren, die sich destruktiv nicht nur auf unsere Gesundheit auswirken; sie beeinflussen unser ganzes Leben negativ! Wie Sie wohl selbst am besten wissen, ist ihnen mit Vernunft allerdings oft nicht beizukommen – energetische Therapien können da jedoch sehr hilfreich sein!

Wenn Ihre Ängste hartnäckig der Heilung widerstehen, dann empfehle ich Ihnen, eine Weile konsequent Ihre Energie-Punkte zu klopfen und sich die großartige Wirksamkeit von `EFT´ zunutze zumachen.
`EFT´-Sätze könnten sein:
„Obwohl ich Angst vor... habe, liebe und akzeptiere ich mich aus tiefstem Herzen..."
„Obwohl ich so unter meinen Ängsten leide, liebe und akzeptiere ich mich aus tiefstem Herzen..."
„Obwohl es mir nicht gelingt, mich von meinen Ängsten zu befreien, liebe und akzeptiere ich mich aus tiefstem Herzen..."

Lassen Sie Ihrer Phantasie freien Lauf! Und gegebenenfalls wenden Sie sich auch an einen professionellen Helfer, der in dieser Methode bewandert ist. Hilfe anzunehmen sehe ich nicht als Schwäche, sondern eher als Zeichen für Stärke!

Wenn die Angst sich noch nicht zur Panik ausgewachsen hat, kann auch das `Abheben und darüber Stehen´ helfen, um rasch die Perspektive zu wechseln und sich aus der Angst bedingten Gefangenschaft zu befreien – einen Versuch ist es allemal wert! Denn wenn es Ihnen gelingt, quasi aus sich selbst heraus zu steigen und in die Perspektive des Beobachters zu wechseln, können Sie Ihr inneres Kind in die Arme nehmen und trösten – und das kann Wunder wirken!

Auch der Kontakt mit Ihrem Zwilling oder Drilling kann natürlich tröstlich und hilfreich sein. Probieren Sie es einfach aus!

Als `Affrage´ eignet sich:
„Warum kann ich meine Ängste loslassen?"
Oder auch: „Warum brauche ich meine Ängste nicht mehr?"

Sie können aber auch im `Dialog der Hände´ mit Ihren Ängsten kommunizieren!

Hier fällt mir übrigens eine interessante Geschichte ein, welche die Beobachtung bestätigt, dass wir geradezu magnetisch für andere Alleingeborene werden, wenn wir uns intensiv mit diesem Thema befassen!

Während ich dieses Buch schreibe, ruft mich eine mir völlig fremde Dame aus Vorarlberg an (da ich in Wien lebe, fühlt sich das an wie das andere Ende von Österreich ☺) und fragt mich, ob sie den ʹDialog der Händeʹ auch im Umgang mit ihren Ängsten nützen kann. Natürlich ist das eine hilfreiche Möglichkeit, kann ich ihr versichern.

Auf meine Frage, wie sie zu mir kommt, erzählt sie, sie hätte mich bei der Recherche im Internet gefunden. Ursprünglich auf der Suche nach Büchern zum Thema Quantenwelle wären ihr auch meine entsprechenden Bücher aufgefallen; allerdings hätte sie auf meiner Seite vor allem mein Buch „Körperbriefe" stark angesprochen. Darin beschreibe ich den ʹDialog der Händeʹ zwar auch in seinen allgemeinen Einsatz-Möglichkeiten, vor allem aber in Bezug auf verschiedene Krankheiten.

Einer inneren Stimme folgend, fragte ich sie, ob sie sich vorstellen könne, während der Schwangerschaft ein Geschwister verloren zu haben. Ja, so meinte sie, genau das wäre bei einer Familien-Aufstellung herausgekommen. Daher also die vielen Ängste, die sie belasteten!

Wiewohl ich dieses Resonanz-Phänomen kenne und immer wieder erlebe, hat mit dieses angenehme Telefonat zwischen zwei in Resonanz schwingenden Frauen, deren eine die andere wie eine Stecknadel im Heuhaufen gefunden hat, doch verblüfft!

Und Sie werden sehen, es wird Ihnen ganz ähnlich gehen, wenn Sie mit offenen Augen durch die Welt gehen! Manchmal werden Sie das Gefühl haben, es gäbe nur mehr Menschen, die ein oder mehrere Geschwister verloren haben…

Stress

Auch Stress ist ein eminent wichtiges Thema für uns Alleingeborene, weil wir einerseits mehr dazu neigen – also leichter unter Stress zu setzen sind. Andererseits ist er für uns noch schädlicher als für andere Menschen, weil wir vor allem das auf Dauer gefährliche Stresshormon Cortisol langsamer abbauen!

Im Grunde leben wir fast durchwegs in einem enorm Kräfte zehrenden Überlebensmodus, der vor allem nachts wirksam wird; leider aber auch tagsüber sehr leicht auszulösen ist. So bewirkt jegliches Erschrecken, jegliche negative Emotion und jede andere Ursache für Stress bei uns viel raschere, viel intensivere und viel länger anhaltende Stressreaktionen.

Vielleicht wissen Sie das aus eigener Erfahrung – vor allem im Vergleich mit anderen, gegen Stress viel resistenteren Menschen.

Haben Sie sich schon einmal über diese Tatsache gewundert?
Wie geht es Ihnen, wenn jemand oder etwas Sie erschreckt?

Erschrecken kann für einen Einling sogar erfrischend sein. Für Alleingeborene ist Erschrecken meist eine ganz schlimme Erfahrung! Die Ursache dafür liegt wohl in der sehr früh schon erlebten Erfahrung des Erschreckens in der Wahrnehmung des plötzlichen Verlustes unseres Geschwisters. Ich bin sicher, Hirnforscher werden eines Tages nachweisen, dass der Mandelkern bei uns um vieles aktiver ist als bei Einlingen.

Der Mandelkern – die Amygdala – ist jener Teil unseres Gehirns, der zuständig ist für die Wahrnehmung von Stress sowie die Auslösung der umfassenden Stressreaktion; also die Vorbereitung des gesamten Organismus auf Kampf oder Flucht. Ich nehme an, dass die Amygdala sich im Laufe unseres Lebens noch weiter vergrößert, weil jede neuerliche Aktivierung sie mehr und mehr fordert und damit fördert! Und dies macht uns noch anfälliger für Stress, wodurch sie noch weiter wächst – das ist ein fataler Teufelskreis!

Unser Gehirn ist ja (anders als wir früher dachten!), ein extrem plastisches Organ! Aus neueren Forschungen wissen wir, dass es sich ständig den Anforderungen anpasst, indem sich beispielsweise Hirnareale, die stark gefordert sind, vergrößern. Ein Beispiel dafür ist die Erweiterung jener Bereiche, welche die stets aktiven Daumen der SMS- und Whats-App-Generation steuern.

Hinzu kommt – und ich wiederhole das hier sehr bewusst! –, dass wir Alleingeborenen Cortisol signifikant langsamer abbauen als andere Menschen! Dieses Stresshormon ist ein Gegenspieler des wertvollen Hormons DHEA. Wenn der Cortisol-Spiegel hoch ist, ist der DHEA-Spiegel niedrig und umgekehrt. DHEA (Dehydro-Epi-Androsteron) ist ein Hormon mit verjüngender und regenerierender Wirkung, das mittlerweile weltweit als Nahrungsergänzung genützt wird. Aber viel einfacher wäre es doch, bewusst darauf zu achten, unseren Cortisol-Spiegel möglichst niedrig zu halten, damit wir mehr körpereigenes DHEA in unserem Blut haben!

Wenn wir uns für die Heilung unseres Ur-Traumas öffnen, wird unser überdimensionaler Mandelkern, der uns so anfällig macht für alle Arten von Stress, nicht von heute auf morgen schrumpfen. Aber mit viel Geduld – vor allem mit uns selbst! – kann es uns nach und nach gelingen, diesen Teufelskreis zu durchbrechen.

Wie bereits erwähnt, gibt es verschiedene Stress auslösende Faktoren: für manche ist der Mangel an Beherrschbarkeit am schwerwiegendsten, andere wieder leiden am meisten unter dem Mangel an Vorhersehbarkeit, der sie dazu neigen lässt, ständig in Worst Case-Szenarien zu spielen. Diese Menschen wollen im Geist alle möglichen Varianten durchgespielt haben und für jede einzelne Bewältigungsstrategien entwickeln, um ja nicht überrascht und überfordert zu werden. Im Grunde ist die Angst vor Überraschungen ja eine Angst vor dem Erschrecken. Und tatsächlich empfinden wir Alleingeborenen Überraschungen auch dann oft als erschreckend, wenn sie `gut´ sind.

Wir haben bereits erwähnt, dass Ängsten mit Vernunft kaum beizukommen ist! Ich denke, diese Erfahrung haben Sie schon mehrmals gemacht. Wenn nicht, dann machen Sie bloß einmal den Versuch, sich mit dem Gesicht der Glas-Scheibe eines Terrariums zu nähern, in dem eine große Gift-Schlange eingesperrt ist. Alleine dieser Versuch wird schon Unbehagen auslösen, obwohl Sie wissen, dass das dicke Glas Sie vor diesem gefährlichen Tier schützt. Aber wehe, die Schlange ist schlecht aufgelegt und stößt mit dem Kopf gegen die Sie trennende Scheibe! Keine Vernunft der Welt wird Sie davon abhalten, unwillkürlich mit den Kopf zurückzuschnellen.

Und wenn Sie – besonders als Alleingeborener – nachts Angst haben, nützt es auch nichts, sich einzureden, Sie seien dank Ihrer Alarmanlage oder Ihres scharfen Wachhundes geschützt und in Sicherheit. Da kann es Ihnen passieren, dass Sie auch als Erwachsener alle Winkel überprüfen und vielleicht sogar unter Ihr Bett schauen, ehe Sie sich hinlegen. Angst ist nicht einfach logisch aufzulösen, weil sie sehr tief in unserem Gehirn verankert ist!

Ich habe über viele Jahre Seminare zur Stresslösung gehalten und natürlich all das, was ich anderen weitergegeben habe, auch selbst angewandt, um meinen eigenen Stress zu meistern. Aber ich stieß immer wieder auf Grenzen – zumindest so lange, bis ich erkannte, worauf alle meine Stressoren tatsächlich zurückzuführen waren.

Um unseren Stress nachhaltig zu lösen, gilt es die Ursache zu erkennen und das Übel an der Wurzel zu packen. All die klugen Strategien zur Stresslösung werden so lange nicht nachhaltig wirksam sein, wie wir immer wieder aufs Neue in unserer extremen Anfälligkeit für Stress (eben aufgrund unserer besonders ausgeprägten Amygdala) getriggert werden! Wenn das nicht mehr der Fall ist, sind diese Strategien und Übungen jedoch durchaus hilfreich, daher werde ich einige davon auch in dieses Buch aufnehmen.

Stress ist generell, umso mehr für Alleingeborene, eine körperliche, geistige und emotionale Belastung. Wenn Sie tiefer in das Thema Stress und Stresslösung eintauchen wollen, empfehle ich Ihnen den Band 4 der Reihe „Hochsensibel das Leben meistern" sowie „Lebensfreude als Produktivitätsfaktor". Darin biete ich neben einer genauen Erklärung der Stress auslösenden Mechanismen eine ganze Reihe weiterer alltagstauglicher Techniken zur Stresslösung, die hier alle noch einmal zu präsentieren den Rahmen dieses Buches sprengen würde.

Wie bei allen anderen Symptomen bieten sich auch hier das Blockaden lösende Spiel mit der Quantenwelle an, aber auch `EFT´, `The Work´ und vor allem `Abheben und darüber Stehen´!

Körper-Fremdheit

Eine weit verbreitete physische Folge dieses Traumas ist die Tendenz ungeheilter Alleingeborene, einen großen Teil ihrer Körperwahrnehmungen auszublenden. Vielleicht lässt der kaum zu ertragende Schmerz in den ersten Wochen ihres Lebens in der Körperlichkeit sie diese einfach abschalten?

Wir könnten das auch als eine Art Körperfremdheit bezeichnen – der Körper wird als fremd empfunden, fühlt sich irgendwie unheimlich und nicht ganz geheuer an. Er ist zu wenig kontrollierbar; vor allem dann, wenn er mit Schmerzen oder anderen Symptomen nach unserer Aufmerksamkeit verlangt hat. Dann können wir oft gar nichts damit anfangen – und das macht enormen Stress.

Für mich und viele andere mag das einer der Gründe gewesen sein, Medizin zu studieren – wie um einen besseren Draht zu meinem Körper zu gewinnen vielleicht? Dennoch habe ich mich lange Zeit hilflos gefühlt, wenn ich krank war – das hat mich völlig überfordert! Und ähnlich überfordert war ich, wenn einer meiner Lieben krank oder auch bloß unpässlich waren – trotz (oder gerade wegen?) meiner fundierten medizinischen Ausbildung.

Wie geht es Ihnen mit Ihrem Körper?
Wie geht es Ihnen in Ihrem Körper?
Wie geht es Ihnen, wenn Sie krank sind?
Wie geht es Ihnen, wenn Ihre Lieben krank sind?
Können Sie sich an Gesundheit und Wohlbefinden erfreuen?
Mögen Sie Ihren Körper?
Sehen Sie ihn gerne an?
Wie fühlt es sich an, Ihren Körper zu streicheln?

Alleingeborene fühlen sich `außer sich´, `weg von sich´, `nicht in sich daheim´. Fast scheint es, als erlaubten sie es sich gar nicht, sich körperlich wahrzunehmen und ein gutes Gefühl für ihren Körper zu entwickeln. Sie nehmen sich nur wie durch einen Nebel wahr. Außer wenn der Körper Schmerzen oder andere Probleme zeigt; dann sind sie gezwungen, sich mit diesen und damit zugleich auch mit ihrem Körper auseinanderzusetzen. Und das bringt sie meist völlig aus ihrer Mitte.

Dennoch manifestieren viele Alleingeborene schon in jungen Jahren ernste Krankheiten und schwere Verletzungen. Zuweilen in einer geradezu absurden Häufung! Eine meiner Freundinnen hatte neben schweren Asthmaanfällen auch epileptische und darüber hinaus auch noch Multiple Sklerose. Eine andere hatte zur gleichen Zeit drei verschiedene Krebsarten, dazu Multiple Sklerose und eine schwere Dickdarmentzündung – fast so als würde etwas in ihr sie unbedingt aus ihrer Körperfremdheit herausholen wollen. Oder gleich ganz aus ihrem Körper...

Und wenn jemand solchen Menschen dann von seinen interessanten und spannenden Körperwahrnehmungen vorschwärmt oder sie auf den Nutzen eines liebevollen, bewussten Umganges mit ihrem Körper aufmerksam macht, dann erwacht da sofort wieder das große Schuldgefühl. Dann kommen sie sich undankbar vor, weil sie ihr `kostbares Gefährt´ (wie der Körper gerne beschrieben wird) nicht richtig zu schätzen wissen und – so fühlt sich das dann oft an – `kaputt gemacht´ haben.

Ich bin davon überzeugt, dass diverse <u>Körpertherapien</u> da durchaus wertvoll sein können; allerdings erst nach der Identifikation und Heilung des Grundproblems! Denn zuvor ist es meist gar nicht möglich, den eigenen Körper auch in einer noch so intensiven Therapie wahrzunehmen. Manche spüren nicht einmal den intensiven Schmerz des `Faszien-Triggerns´ oder der `Myoreflex-Therapie´.

Was wohl daran liegt, dass diese Blockade sehr früh schon (als damals durchaus sinnvolle Überlebensstrategie) wirksam wurde! Dennoch können gerade diese Therapien helfen, sich dieser Einsicht und der daraus folgenden Heilung zu öffnen. Wenn die Zeit dafür reif ist.

Neben verschiedenen anderen Techniken zur Heilung dieses Ur-Traumas werde ich Ihnen auch in einem eigenen Kapitel empfehlen, <u>Frieden</u> mit Ihrem Körper zu schließen. Wenn Sie immer wieder sehr bewusst damit spielen, mag sich Ihr Körper nach und nach aus etwas Fremden in ein vertrautes Vehikel umwandeln; im dem Sie sich nicht nur daheim, sondern auch mehr und mehr wohl fühlen!

Eine schöne `<u>Affrage</u>´ wäre:
„*Warum fühle ich mich in meinem Körper so wohl?*"
Oder auch: „*Warum fühle ich mich in meinem Körper so daheim?*"

Depression und Sehnsucht nach dem Tod / Sterben

Der Überlebensmodus, in dem sich Alleingeborene allzu häufig befinden, basiert vor allem auch auf der Schwere des Ur-Traumas – damals ging es ja tatsächlich ums Überleben, um Leben oder Tod! Denn ein Faktor bei diesem schmerzhaften Verlust ist ja auch die Unsicherheit des eigenen Überlebens; und zwar nicht nur bei Verlust durch Abtreibung! Diesen wichtigen Aspekt sollten wir uns auch vor Augen führen.

Aus der gemeinsamen Inkarnation ergibt sich eine so starke Verbundenheit, dass das überlebende Geschwister mit dem anderen gewissermaßen mit stirbt. In seiner starken Empathie übernimmt es quasi die Todesangst seines verlorenen Bruders, seiner verlorenen Schwester, so als wäre es die eigene! Damit hat es bereits bei der Geburt die erste Todeserfahrung hinter sich.

Übrigens empfinden wir auch als Erwachsene mit, wenn wir beispielsweise im Fernsehen einen Tod (oder mehrere) miterleben – ob wir uns dessen bewusst sind oder nicht! Verantwortlich dafür sind unsere Spiegelneuronen! Das sind spezielle Nervenzellen im Gehirn, die der italienische Neurophysiologe Giacomo Rizzolatti erstmals beschrieben hat, und die uns empathisches Mitfühlen ermöglichen.

Wer weiß, vielleicht ist diese Fähigkeit bei hochsensiblen und hochsensitiven Alleingeborenen deshalb stärker ausgeprägt, weil wir mehr Spiegelneuronen haben?

Daraus folgen die Fragen:

Welche „Nahrung" bieten Sie Ihren Spiegel-Neuronen?
Wie viele Morde und andere Tode führen Sie sich zu Gemüte –
etwa im Fernsehen oder in Büchern?

Denn all das triggert Ihren Ur-Schmerz, auch wenn Sie sich dessen im Augenblick nicht bewusst werden! Ihr Körper weiß es und reagiert dementsprechend mit einer fatalen Stress-Chemie.

Auch in Bezug auf den Tod erleben Alleingeborene eine quälende Ambivalenz. Auf der einen Seite ist da der Verlust des geliebten und gefühlsmäßig fürs Überleben notwendigen Geschwisters; aus dem dann ein starker Sog resultiert. Daher sind erschreckend viele Alleingeborene immer wieder phasenweise oder auch durchgängig depressiv und teilweise sogar suizidal. Auf der anderen Seite lebt in uns wie in jedem menschlichen Wesen ein starker Überlebenstrieb! Und wenn dann direkt neben uns das geliebteste Wesen stirbt – und wir empathisch mit sterben –, dann kommt zugleich mit dem Verlustschmerz auch die Todesangst hoch. Und diese kann dann immer wieder durch scheinbare Kleinigkeiten getriggert werden.

Kennen Sie das Phänomen, keine verwelkenden Blumen neben sich zu ertragen? Auch diese triggern das Dahinscheiden unseres Geschwisters neben uns; und das bereitet uns Stress und aktiviert unseren Mandelkern.

Das heißt: Auf der einen Seite fühlt ein alleine zurück bleibender Zwilling die große Sehnsucht nach seinem Geschwister im Jenseits; auf der anderen Seite hat er panische Angst, ihm nachzufolgen, weil tief im Inneren ein unbändiger Lebenswille wirkt.

Daher sind nicht wenige Alleingeborene auch nicht nur rein depressiv, sondern oft manisch-depressiv und schwanken zwischen himmelhoch jauchzend und zu Tode betrübt hin und her. Wobei die graduelle Aufteilung dieser beiden Extreme von den Erfahrungen abhängt, die sie im Laufe ihres Lebens sammeln. Diese beruhigen ihr Ur-Trauma heilsam, oder sie triggern es immer wieder aufs Neue und halten damit die Wunde in der Tiefe offen. Je liebevoller die Erfahrungen vor allem in ihrer Kindheit waren, umso eher wird die Depression zurücktreten; je schmerzhafter diese waren, umso mehr wird die Dunkelheit dominieren!

Dennoch wirkt in allen ungeheilten Alleingeborenen, auch wenn sie das Glück einer heilsamen Kindheit hatten, die Todesnähe immer bis zu einem gewissen Grad nach. Viele empfinden nur phasenweise einen starken Sog `hinüber´, dessen Ursache (das Geschwister im Jenseits, dem sie nahe sein wollen) ihnen jedoch die längste Zeit unbewusst bleibt. Dennoch scheint sie in Träumen, Bildern oder Texten immer wieder durch – hier ein Beispiel aus meiner Feder, das ich erst jetzt in seiner Bedeutung richtig verstehen kann.

Zwiegestirn

Die Sonne ist untergegangen
im goldgelben Abendlicht
die Luft ist wohlig und lau
es duftet nach all den Kräutern

Zikaden singen ihr Lied ...

*Und langsam erblüht der Himmel
im Nähertreten des Alls
in der weichen Stille der Nacht
die auf Meeresrauschen reitet ...*

*Meine Hand greift in die Stille
nach diesem kleinen Stern
der mich leise zu rufen schien ...*

*Erst weicht er scheu zurück
kommt dann aber zaghaft näher
und bleibt und lässt sich nehmen
als meine Hand ihn fasst ...*

*Er fühlt sich prickelnd an
wild klopft das kleine Herz
in der Gefangenschaft ...*

*Doch langsam wird er ruhig
schmiegt sich in meine Hand
fasst mehr und mehr Vertrauen
und klettert dann behände
im Trippeltrappelschritt
hinauf zu meinem Ohr ...*

*Und sagt mit winziger Stimme
die doch so sicher klingt
„Komm mit!"
„Wie soll ich, kleiner Stern?"
„Wirf mich und dich mit mir!"*

*Ich kann es ihm nicht glauben
bin zum Fliegen viel zu schwer ...*

*So nehm´ ich zweifelnd Abschied
und drück den lieben Freund
betrübt an meine Wange ...*

Sein Lachen klingt so hell ...

*Weit hab ich ausgeholt
ich wollt mich von ihm lösen*

ihm seine Freiheit schenken
doch hat er Recht behalten
und hat mich mitgenommen
hinauf in seine Bahn ...

Nun kreisen wir gemeinsam
in Innigkeit vereint
zu diesem Zwiegestirn
das jede Nacht erstrahlt ...

Fatalerweise macht Alleingeborenen diese Sehnsucht nach dem Tod zugleich auch Angst – vor allem dann, wenn sie mit Philosophien in Berührung kommen, die ihnen vermitteln, dass Gedanken Realität werden und dass Suizid eine Todsünde ist. Aber der Versuch, diese Gedanken zu unterdrücken oder sich dagegen zu wehren, fruchtet natürlich nicht, weil er wieder ähnlich wirkt wie Unkraut auf Erdebene abschneiden.

Auch hier kann die Heilung ganz natürlich kommen, wenn wir uns unserer frühen Wunde klar werden und die Ursache für diesen starken Sog ins Jenseits erkennen: es ist nicht ein Ruf hinüber, sondern ein Ruf nach Aufmerksamkeit: „Höre mich, ich bin bei dir!"

Auslöser für Suizidgedanken, die die meisten Alleingeborenen ab und zu haben, können Trennungen und Verluste ebenso sein wie Mangel an Geld und anderen Ressourcen; aber auch berufliche Misserfolge und kleinere Krankheiten können die Resignation fördern. Schwere Erkrankungen hingegen haben eher die Tendenz, einen mächtigen Überlebenswillen zu wecken. Hier zeigt sich wieder deutlich die große Ambivalenz in Bezug auf dieses Thema.

Dass Trennungen und Verluste diese Todessehnsucht auslösen ist nachvollziehbar. So ist Liebeskummer für Alleingeborene extrem stressig und zumeist mit Todesangst verbunden, weil dadurch die alte Erfahrung so intensiv getriggert wird. Daher neigen viele auch dazu, sich in solchen Phasen ganz und gar zurückzuziehen und fühlen sich wie gelähmt – ähnlich wie viele überlebende Feten nach dem Tod eines Zwillings mit vollkommener Erstarrung reagieren. Das kann heute sogar im Ultraschall beobachtet werden und ist für eine achtsame Mutter auch spürbar.

Nicht alle Alleingeborenen leiden unter finanzieller Enge, aber bei sehr vielen ist das der Fall. Abhängig ist das natürlich auch von den familiären Regeln, die bei vielen noch einen weiteren Beitrag leisten! Und der mangelnde Selbstwert ist ohnehin bei praktisch allen ein Thema; auch wenn sie alles tun, um diesen Mangel zu überwinden und sich um ein gesundes Selbstwertgefühl bemühen.

Interessanterweise gibt es auch solche, die sich dessen gar nicht bewusst sind. Spricht man sie darauf an, reagieren sie eher erstaunt und abwehrend. Aber wenn man dann ein wenig an der Fassade kratzt, findet man auch in ihnen ein verletztes inneres Kind, dessen Selbstwertgefühl tief erschüttert ist.

Übrigens ist das oft gerade bei Menschen in therapeutischen Berufen so, weil diese meist den Anspruch an sich haben, ihre Traumata im Rahmen ihrer Ausbildung gelöst und geheilt zu haben. Immerhin haben sie meist intensive Lehranalysen durchlaufen.

Neben dem mangelnden Selbstwertgefühl mag es noch eine weitere Ursache für die finanzielle Enge geben, die Depressionen fördert. Geld ist ja eine Form von Energie. Also spiegelt der Mangel im Außen oft nur den energetischen Mangel im Innen. Vielleicht als eine Art Reminiszenz des mit dem sterbenden Zwilling mitempfundenen Energie- also Nahrungsmangels?

In solchen Fällen mag irgendein Mangelerlebnis das Ausklingen der Energie des sterbenden Geschwisters aktivieren. Dadurch wird im Hier und Jetzt oft ein Verhalten ausgelöst, das den Geldmangel noch weiter verschärft – wozu dann auch noch das angeknackste Selbstwertgefühl beiträgt. Dann scheint ein Suizid zuweilen der einzige Ausweg zu sein.

Diese Erklärung mag vielleicht etwas spekulativ klingen, aber ich kenne tatsächlich Alleingeborene, die ihre finanzielle Not als bedrohliches Gefühl der Ebbe empfinden. Und wenn ich auf mein eigenes Leben zurückblicke, kann ich auch bei mir solche Phasen des Energieabfalls erkennen und mich allzu gut an die damit verbundene Todesnähe erinnern: „Diese Erde hat meinen Zwilling nicht ausreichend genährt, also ist er gestorben – und jetzt erlebe ich Mangel und fühle mich zu wenig genährt, also werde ich sterben..."

Ein für Alleingeborene sehr typisches Charakteristikum ist auch ihre Tendenz, Erklärungen zu finden für all das, was sie wie und warum bewegt. Die Argumente, die sie auf diese Weise finden, sind jedoch bloß Rationalisierungen – zumindest so lange sie ihr Ur-Trauma noch nicht erkannt und anerkannt haben.

Diese Erklärungen mögen im ersten Moment zwar plausibel erscheinen, können im Grunde aber gar nicht wirklich befriedend sein, weil sie den zentralen Punkt nicht berühren. Abgesehen davon sind diese Argumente meist gegen die eigene Person gerichtet. In dem meist vergeblichen bleibenden Wunsch, sich selbst besser zu verstehen, führen Alleingeborene ihre suizidalen Tendenzen dann oft auf irgendwelche stressigen Tatsachen und schmerzhaften Ereignisse zurück – für die sie sich natürlich schuldig fühlen.

Allerdings sind diese bei genauerem Hinsehen letztlich wieder auch auf den frühen Heimgang ihres Zwillings oder Drillings zurückzuführen. So machen sie sich dann auch noch quälende Vorwürfe für etwas, wofür sie natürlich nichts können; anstatt der Ursache auf den Grund zu gehen.

Zu anderen Zeiten führen sie ihren Todeswunsch auch auf ihre nicht funktionierende Partnerschaft zurück. Was natürlich auch wieder auf ihre lebenslange, unbewusste und letztlich vergebliche Suche nach dem verlorenen Zwilling zurückzuführen ist.

Oder sie machen berufliche Misserfolge für ihre suizidalen Tendenzen verantwortlich, die ja im Endeffekt genauso Folge ihres Ur-Traumas und der daraus resultierenden Erfolgssabotage sind.

Wie gehen Sie mit dem Thema Tod und Sterben um?
Haben auch Sie immer wieder Phasen, in denen Ihnen der Tod näher scheint als das Leben?
Und haben Sie auch schon einmal (oder mehrmals) in Erwägung gezogen, sich das Leben zu nehmen?
Aus welchen Gründen – scheinbar?
Und haben Sie sich deshalb dann auch noch schuldig gefühlt?

Wenn wir uns dem Sterben näher fühlen als dem Leben, kommen sofort massive Schuldgefühle hoch – die uns ohnehin schon wie eine Art Grundstimmung durch unser Leben begleiten. Wir haben Gewissensbisse, weil wir uns als undankbar empfinden; denn bei objektiver Betrachtung scheint unser Leben ohnehin gar nicht so schlecht zu sein. Vor allem im Vergleich mit anderen, denen es scheinbar noch weit schlechter geht. Dafür haben wir in unserer extremen Empathie ja ein allzu scharfes Sensorium. Auch das ist sehr typisch!

Hinzu kommen dann noch die quälenden Schuldgefühle, weil wir in solchen Momenten ganz und gar nicht an jene denken, die wir zurücklassen würden.

Diese Ambivalenz zwischen sterben wollen und sich diesen Wunsch nicht zu erlauben, ist natürlich nicht sehr heilsam und belastet in ihrer stressigen Wirkung vor allem auch den Körper massiv. So fühlen sich Alleingeborene – wie ich anfangs bereits erwähnt habe – über lange Strecken müde, erschöpft und meist um vieles älter, als sie sind und von anderen wahrgenommen werden.

Zuweilen bleibt diese Todessehnsucht aber auch unbewusst; dann passieren schwere, oft spektakuläre Unfälle, weil die Betroffenen sich, ohne sich dessen bewusst zu sein, für ein extremes, stets todesnahes Leben (mit risikoreichen Sportarten oder Berufen) entschieden haben.

Interessanterweise können Menschen, die ihren Zwilling verloren haben, jedoch absolut nicht damit umgehen, wenn andere depressiv und suizidal sind; und dies muss gar nicht ausgesprochen werden. Da die Einfühlung in andere stets wie ein Seismograph aktiv ist, ahnt der Alleingeborene, wenn es seinem Gegenüber nicht gut geht. Umso mehr wenn dieses in Erwägung zieht, sich das Leben zu nehmen – dann bricht absolute Panik aus, weil damit natürlich der alte Verlust getriggert wird. Aber auch das bleibt nicht selten unbewusst und wirkt wie ein schwelender Brand in der Tiefe.

Einerseits mag wohl die Spiegelung belastend wirken. Immerhin spielen wir ja auch selbst immer wieder mit diesem Gedanken – und fühlen uns schlecht dabei. Andererseits erwacht sofort die panische Angst, wieder einen geliebten Menschen zu verlieren! Diese quälende Verlustangst spielt uns auch immer die schauerlichsten Worst Case-Szenarien vor, wenn einer unserer Lieben irgendwelche auch noch so unbedeutenden Symptome hat.

Auch das ist ein weit verbreitetes Phänomen bei Alleingeborenen, die hilflos miterleben mussten, wie ihr Zwilling ihnen weggestorben ist: Leben muss unter allen Umständen erhalten werden und dem Sterben muss mit aller Macht Einhalt geboten werden. Daher werden ja auch so viele von uns Ärzte oder sind in anderen heilerischen Berufen tätig.

Immer dann, wenn ein Alleingeborener präsuizidal wird, könnte er dies als Anzeichen dafür erkennen, dass die uralte Wunde wieder einmal nach Heilung schreit. Allerdings gibt es Phasen, in denen die entsprechende Bereitschaft noch nicht da ist – vielleicht weil das Gleichgewicht noch nicht stabil genug ist. Wenn dies der Fall ist, sollten wir uns dies nachsehen; denn uns dafür Vorwürfe zu machen, wäre absolut destruktiv!

Anstatt es als „erst jetzt" zu empfinden (im „zarten Alter von...", wie ich selbst das gerne bezeichnet habe) könnten wir ebenso gut sagen: „jetzt schon". Denn in Wahrheit ist es nie zu spät, uns für diese Offenbarung zu öffnen und die uralte Wunde zu heilen.

Ich möchte das hier deshalb so betonen, weil wir mit dieser Einstellung leichter Verständnis finden – Verständnis für uns selbst ebenso wie für andere. Auch für jene, die im Augenblick noch nicht bereit sind, hinzusehen und sich mehr oder weniger vehement gegen die bewusste Aufarbeitung ihres Ur-Traumas wehren. Sie haben ihren Schmerz ähnlich tief vergraben, wie ich das lange Zeit getan habe. Offenbar glauben sie, im Augenblick nicht damit fertig werden zu können.

Die Todesnähe und Suizidgedanken gehen meiner Erfahrung nach bald weg, nachdem wir die Offenbarung unseres Ur-Traumas tatsächlich integriert haben. Dazu reicht es allerdings nicht aus, nebenbei ein kleines Aha-Erlebnis zu haben. Dafür braucht es zumindest die ersten Schritte in Richtung Heilung. Bei mir selbst habe ich beobachtet, dass ich den Tod gedanklich immer noch präsent habe, aber der Sog ist meist nicht mehr da; ich fühle nicht mehr diese starke Sehnsucht und dieses schmerzhafte Heimweh nach `drüben´.

Und ich hoffe aus ganzem Herzen, dass das bei Ihnen auch so ist, wenn Sie sich diesem Heilungsprozess hingeben!

Nachts habe ich immer wieder kurze Phasen der Depression, die sich aber sofort in Liebe umwandeln, sobald ich mich über die `Liebesbrücke´ mit meinen Lieben im Jenseits verbinde: vor allem mit meinem Vater, meinen Brüdern und meinen verlorenen Söhnen. Diese Vorstellung ist für mich wirklich enorm hilfreich, wenn es in meinem Leben dunkel zu werden scheint – im Außen oder im Innen! Dann habe ich interessanterweise binnen kurzem tatsächlich den Eindruck, es würde heller (was hirnphysiologisch sogar zu erklären ist, wie Sie in fast all meinen Büchern nachlesen können ☺).

Daher lege ich Ihnen das Spiel mit dieser Vorstellung dringend ans Herz – Sie finden die entsprechende Beschreibung etwas später in diesem Buch.

Wenn Ihre Todessehnsucht sich meldet, nachdem Sie vom Tod eines Ihnen nahe stehenden Menschen erfahren haben, dann scheint es mir besonders wichtig zu sein, sich der <u>Triggerfunktion</u> dieses Verlustes <u>klar zu werden</u>. Dann bleibt zwar der Schmerz um den Abschied einer geliebten Person, aber der Sog fällt weg. Auch das habe ich selbst einige Male erlebt!

Wie überhaupt Sie mit all dem, was Sie bisher in Ihrem Ur-Trauma getriggert hat, um vieles besser und leichter umgehen werden, nachdem Sie die diversen Stressoren vom Verlust Ihres Zwillings dissoziiert haben. Verluste werden Ihnen weiterhin wehtun, aber sie haben dann kaum mehr diese existenziell bedrohliche Wirkung, weil sie – hoffentlich! – nicht mehr die alte Wunde aufreißen.

Besonders in solchen Situationen empfehle ich Ihnen, sich sehr bewusst mit Ihrem Geschwister im Jenseits zu verbinden und sich von ´drüben´ Trost zu holen. Damit fördern Sie die Dissoziation des neuen Schmerzes von der alten Wunde.

Abgesehen davon wird Ihr Gegenüber im Jenseits Ihnen vielleicht sogar eine Verbindung zur eben verstorbenen Person herstellen – so ähnlich wie in früheren Zeiten die ´Telefon-Fräulein´ unsere Telefonverbindungen geschlossen haben.

Und wenn der ´<u>Dialog der Hände</u>´ bei Ihnen gut funktioniert, dann nehmen Sie auch mit der jüngst verstorbenen Person schriftlichen Kontakt auf. Glauben Sie mir, das wird Ihren Verlustschmerz um einiges erleichtern!

Ähnliches gilt, wenn Sie einen geliebten Menschen nicht durch Tod, sondern über eine Trennung verlieren. Auch ein solcher Verlust mag die alte Todessehnsucht noch einmal aktivieren! Vor allem dann, wenn Sie schon früher bei Trennungen ´am liebsten gestorben wären´. Verbinden Sie sich mit Ihrem Gegenüber, um sich bewusst daran zu erinnern, dass Sie es gar nicht verloren haben; und dann zelebrieren Sie den ´Dialog der Hände´ mit Ihrem getrennten Du. Darin werden Sie erkennen, dass Sie in Wahrheit auch nach Ihrer körperlichen Trennung verbunden bleiben – wenn Sie das wollen.

Ein solcher Austausch auf Seelen-Ebene mit einem Menschen, der Sie verlassen hat, wird Ihnen jedenfalls sehr wohl tun! Einerseits mag es sein, dass Sie über Ihre linke Hand Einblick in die Sichtweise Ihres Gegenübers gewinnen. Andererseits bestätigt Ihnen diese Form der Kommunikation, dass Ihre Trennung nur die körperliche Ebene betrifft; während Sie auf geistig-seelischer Ebene verbunden bleiben.

Und was mir noch ganz wesentlich scheint, ist, dass Sie sich Ihre Todessehnsucht vergeben, um sich von den diesbezüglichen Schuldgefühlen zu befreien! Machen Sie immer wieder ein kleines `Ho´oponopono´, um sich Ihre `Undankbarkeit´ nachzusehen, die Sie sich vielleicht vorwerfen, weil Sie Ihr Leben zu wenig wertschätzen.

Natürlich können Sie auch hier `EFT´ und die Quantenwelle einsetzen.
Ein `EFT´-Satz könnte sein:
„*Obwohl ich am liebsten sterben würde und mir deshalb undankbar vorkomme, liebe und akzeptiere ich mich aus tiefstem Herzen ...*"

Eine schöne `Affrage´ ist:
„*Warum liebe ich mein Leben so sehr?*"
Oder auch: „*Warum lebe ich so gerne?*"

Halbzwillinge im Beruf

Die Gestaltung unseres Berufslebens wird besonders stark geprägt durch unseren frühen Verlust, unsere daraus resultierenden Schuldgefühle und das praktisch bei uns allen mangelnde Selbstwertgefühl. Wir Alleingeborenen stehen generell nicht mit beiden Beinen auf dem Boden, aber vor allem beruflich fassen viele von uns niemals richtig Fuß. Nach der Offenbarung unseres besonderen Starts ins Leben, besteht jedoch die Chance, uns erstmals richtig lebendig zu fühlen und die lang ersehnten – und aufgrund unseres starken Einsatzes wahrlich verdienten! – Erfolge an uns heran zu lassen.

Harmoniewunsch, Abneigung gegen Konkurrenz

Ein großes Problem im Aufbau der Karriere ist die Unfähigkeit, Konkurrenz auszuhalten. Alleingeborene Zwillinge brauchen in allen Bereichen ihres Lebens Harmonie! Jegliches Gegeneinander macht sie krank; daher sind mit dieser Anlage ein gesundes Gedeihen und die volle Entfaltung des Potenzials natürlich nur in gegenseitigem Einverständnis möglich.

Der ausgeprägte Wunsch nach Harmonie ist bei allen Menschen mit dieser Anlage mehr oder weniger ausgeprägt. Für manche ist er aber insofern Leben entscheidend, als sie daraus einen Beruf machen: Sie werden Richter, Anwälte oder Mediatoren.

Vielleicht kennen Sie Marshall Rosenberg, der mir hier sofort als ganz typischer Protagonist dieser Spezies einfällt! Dieser Mann hat mit seiner „Gewaltfreien Kommunikation" ein großartiges Instrument entwickelt, um Konflikte aus der Welt zu schaffen. So nehme ich an, dass Sie ähnlich stark auf diese Methode angesprochen haben wie ich, wenn sie Ihnen bereits begegnet ist. Wenn nicht, darf ich Sie Ihnen an dieser Stelle wärmstens ans Herz legen!

Mich hat sein Spiel mit Sprache tief berührt, und ich bewundere diesen (meinem Gefühl nach typischen) Halbzwilling, der aus seinen alles andere als einfachen Voraussetzungen so etwas Wertvolles und in seiner befriedenden Wirkung weltweit Ausstrahlendes erschaffen hat.

Die grundlegende Tendenz, keine Konkurrenz auszuhalten, macht den Aufstieg auf einer Karriereleiter natürlich nicht gerade leicht.

Innerhalb eines hierarchisch gegliederten Unternehmens braucht es die Bereitschaft, sich auch Konflikten zu stellen, um andere im eigenen Aufstieg möglichst zu überholen und auf der Karriereleiter zurückzulassen. Und das ist einem Alleingeborenen in seiner starken Empathie und dem ausgeprägten Wunsch nach Harmonie und Ausgleich praktisch nicht möglich – es sei denn, er setzt sich über seine Anlagen hinweg und überwindet sein wahres Wesen! Das dürfte bei Fluchtzwillingen eher möglich sein als bei Schmelzzwillingen – auf diese beiden Ausdrucksformen werde ich etwas später näher eingehen.

So werden sie sich beruflich generell leichter tun, wenn sie sich nicht gegen ihre Mitbewerber durchsetzen und in keinem wesentlichen Konkurrenzverhältnis mit anderen wirken müssen; denn das wird ihnen extrem schwer fallen. Die wesentlichste Konkurrenz pflegen Alleingeborene ohnehin mit sich selbst – sie messen sich stets an ihrem Ideal und strebt daher nach absoluter Perfektion in allen Belangen. Versuchen jedoch stets, dies möglichst nicht gegen andere auszuagieren!

Wie sieht das bei Ihnen aus?
Wie geht es Ihnen mit Konkurrenz?
Wie geht es Ihnen, wenn es gilt, jemand anderen zu überholen?
Können Sie andere auf Ihrem Weg zurücklassen?
Wie hat diese Einstellung Ihre bisherige Laufbahn beeinflusst?

Berufliche Vielseitigkeit – mehrere Berufe parallel

Ein weiteres Indiz für allein geborene Mehrlinge ist der Drang, immer mehrere Berufe parallel auszuüben. Dies resultiert einerseits aus dem Wunsch, das Leben der verlorenen Geschwister für diese mit zu leben; andererseits aus der oft extremen Vielseitigkeit.

Interessant sind dabei vor allem jene Berufe, in denen es um zwischenmenschliche Belange geht, wo Verständnisfähigkeit und Empathie gefragt sind, wo es Hingabe und liebevollen Umgang mit anderen braucht, wo Aufmerksamkeit und fürsorgliche Offenheit für das Du notwendig sind – also in all dem, was neudeutsch als `Soft Skills´ bezeichnet wird.

Wobei prinzipiell sowohl die ihrer speziellen Anlage noch nicht bewussten als auch die bereits voll bewussten Alleingeborenen für diese Berufe geeignet sind. Letztere tun sich allerdings leichter, sich auch einmal abzugrenzen, wenn es denn notwendig ist! Einfach weil sie nicht mehr von ihrem Helfersyndrom dazu gezwungen werden, sich aufzuopfern; sondern klar, bewusst und damit freiwillig ihre stark auf ihr Du orientierte Anlage leben und wertvoll für die Gesellschaft nützen können.

Eine große Eignung gibt es auch in allen Berufen und Berufungen, in denen es um Berührung geht – und zwar sowohl emotionale, als auch körperliche; und in denen Berührung erlaubt ist.

Der Großteil der Alleingeborenen ist berührungshungrig. Vor allem in ihren Zweierbeziehungen brauchen sie viel Zärtlichkeit und Nähe. Aber dieses Verlangen nach haptischen Wahrnehmungen und Körperkontakt lässt sich gut auch in verschiedenen Formen der Massage oder Physiotherapie einbringen; aber auch als Kosmetiker, Visagistinnen und Friseure. Wobei in all diesen Bereichen die Bewusstheit der Anlage wertvoll ist, weil dann aus dem zuvor inneren Zwang, aus einer Art Sucht ein freiwilliges Ausagieren eines tief verwurzelten Verlangens wird.

Auch medizinische Berufe werden oft gewählt – wie erwähnt auch in dem Wunsch, den so gefürchteten Tod zu besiegen. Vielleicht aber auch in dem Wunsch, Patienten zu berühren? Ärzte dürfen das ja; allerdings tun sie das heute lange nicht mehr so wie früher! Der `gute, alte Hausarzt´ hat früher generell seine Sinne weit mehr eingesetzt, um zu einer Diagnose zu kommen.

Einer meiner älteren Professoren hat immer wieder aus der Praxis erzählt und genau diese Fähigkeiten erfahrener Ärzte früherer Zeiten betont. So gab es einen speziellen Griff bei der Begrüßung eines Patienten, mit dem sofort die Syphilis erkannt wurde. Heute geben viele Ärzte ihren Patienten bei der Begrüßung nicht einmal mehr die Hand. Es gab auch Ärzte, die beim Betreten eines Krankenzimmers die Krankheiten der darin liegenden Patienten am Geruch erkennen konnten. Auch der aufmerksame Blick kann schon vieles erkennen und würde sowohl den Patienten wie auch dem Gesundheitssystem manch teure apparative Untersuchung ersparen.

Aber all das wird heute kaum mehr in der medizinischen Ausbildung gelehrt. Ich meine, dass es heute nicht mehr nötig ist, den Harn des Patienten zu kosten, um seine Diabetes festzustellen. Aber ich finde es schade, dass die ärztlichen Sinne heute kaum mehr zum Tragen kommen, weil die Diagnostik nur mehr Sache der Technik ist. Ein Mittelweg wäre meiner Ansicht nach durchaus sinnvoll! Vor allem da hochsensible Halbzwillinge und Dritteldrillinge als Ärzte wirklich ein reiches Sensorium zur Verfügung haben und dieses meiner Ansicht nach viel zu wenig einsetzen können.

Neben ihrem Beruf als Arzt leben die meisten auch ihre reiche Kreativität aus – als Musiker, Maler, Bildhauer, Laienschauspieler oder Autoren! Viele werden aber auch hauptberuflich Künstler und leben dann meist das Klischee des armen Bohémiens. Einfach weil Erfolg in all seinen Phasen oft sabotiert wird.

Und weil Alleingeborene ihr Leben lang auf der Suche sind, haben sie auch die Tendenz, sich ständig weiterzubilden. Viele gehen auch in die Forschung oder reisen beruflich. Jedenfalls gibt sich kaum einer mit einem einzigen Beruf zufrieden.

Manches Mal frage ich mich selbst, wie ich all die Berufe, denen ich bereits nachgegangen bin, in etwas mehr als vier Jahrzehnten untergebracht habe. Alleine meine (für den Geschmack der meisten Personalchefs viel zu) `bunte Vita´ ist schon ein eindeutiges Indiz für meinen besonderen Start ins Leben!

Wie sieht das bei Ihnen aus?
Wie vielen Berufen sind Sie schon nachgegangen?
Wie viele Ausbildungen und Weiterbildungen haben Sie begonnen – wie viele davon absolviert?
Wie viele Dinge machen Sie derzeit gleichzeitig?

Was steht noch alles auf Ihrer Agenda?
Was würden Sie noch alles tun, wenn Sie sich clonen könnten?
Oder wenn Sie noch mehrere Leben zur Verfügung hätten?
Oder 200 Lebensjahre – bei voller Vitalität?

Oft ist die Antwort auf diese Fragen erstaunlich, weil unsere zahlreichen Begabungen für uns so selbstverständlich sind. Im Vergleich mit anderen erkennen wir dann jedoch meist erst unsere Besonderheit.

In Ihrer Lebensrückschau werde ich Sie dazu anregen, auch sehr bewusst Ihre enorme Vielseitigkeit zu erkennen und vor allem auch anzuerkennen. Sehen Sie die Großartigkeit in all dem, was Sie in Ihrem Leben schon geschafft haben!

Selbstsabotage – Erfolgsverhinderung

Einerseits haben Alleingeborene die Tendenz, sich Erfolg nicht zu erlauben, weil sie einen solchen als Verrat an ihrer verlorenen zweiten Hälfte empfinden würden. Andererseits wollen sie ja das Leben, das ihr verlorener Zwilling oder Drilling versäumt hat, für diesen mit leben – und in dieser Rolle sehr wohl erfolgreich sein. Wenn sie dann aber doch einmal mehr verdienen und den einen oder anderen Erfolg ernten, entwickeln sie meist rasch ein schlechtes Gewissen. Auch diese innere Ambivalenz ist auf Dauer sehr Energie raubend!

Die Sabotage des eigenen Erfolges ist jedenfalls ein sehr häufiges Phänomen in der beruflichen Entwicklung von Alleingeborenen; manchmal nur phasenweise meist jedoch durchgehend! Offenbar ist jener Persönlichkeitsanteil, den ich als den `inneren Saboteur´ bezeichne (andere sprechen vom `inneren Schweinehund´) bei ihnen besonders aktiv und mächtig.

Ich weiß nicht, worin Sie, meine Leser und Leserinnen, den Sinn des Lebens sehen – es hat wohl jeder Mensch, der darüber nachdenkt, seine eigene Definition. Aus meiner Sicht sollten wir das in uns angelegte Potenzial nach und nach und möglichst weitgehend verwirklichen. Und dies je nach Maßgabe der Reife.

So mag ein musikalisch talentiertes Kind zwar den Grundstein für eine Musikerkarriere legen, indem es sein Instrument lernt (echte Wunderkinder sind doch eher selten), meist entfaltet sich das Talent aber erst nach und nach im Leben. Wenn wir bewusst leben, trachten wir nach dem, was Abraham Maslow, einer der Begründer der `Humanistischen Psychologie´, als `Selbstverwirklichung´ bezeichnet und in seiner Bedürfnis-Pyramide ganz oben ansiedelt.

Analog auch zu Brechts: „Erst kommt das Fressen, dann kommt die Moral!", müssen zuerst unsere vitalen Bedürfnisse erfüllt sein, ehe wir uns kulturellen und transzendenten Zielen widmen können. Aber erst dann – so glaube ich – erweisen wir uns eines Homo Sapiens Sapiens als würdig.

Dieses Konzept gilt gleichermaßen für alle Menschen. Für Alleingeborene scheint es mir jedoch besonders wesentlich zu sein, weil uns bei der Entfaltung unseres Potenzials unser innerer Saboteur mächtig im Weg steht. Er tut wirklich alles, um unser

Selbstwertgefühl zu untergraben und versichert uns, wir seien all der wunderbaren Dinge, die uns in unseren geheimsten Träumen und Visionen vorschweben, gar nicht wert.

So hält er uns penibel davon ab, erfolgreich zu werden. Er lässt uns schuldig fühlen für den Tod unserer zweiten Hälfte; daher glauben wir, unsere Selbstverwirklichung gar nicht verdient zu haben! Wenn überhaupt, ist Erfolg nur in kleinen Dosen erlaubt, muss hart und schwer erkämpft werden und darf nur sehr eingeschränkt und für eine Weile genossen werden. Dann wird sofort wieder ein Riegel vorgeschoben, um den drohenden Höhenflug, dem unweigerlich der Fall folgen muss, zu unterbinden. Dennoch ist unser Einsatz meist zweihundert Prozent.

Und wenn wir dann doch einmal erfolgreich werden (oder zu werden drohen), dann kann es schon sein, dass wir uns bei einem Unfall etwas brechen; und damit den Aufstieg unter- oder abbrechen. Oder aber wir interpretieren den erreichten Erfolg nicht als unseren eigenen. Vielleicht auch in der Angst, im Erfolg zu auffällig zu sein und den Neid anderer zu provozieren.

Ein Argument ist auch oft, dass wir den Eindruck haben, es nicht alleine zu schaffen. Immerhin sind wir ja zu mehrt in diese Inkarnation gestartet, also glauben wir, unsere zweite Hälfte (oder ein bis zwei weitere Drittel) zu brauchen – alleine fühlen wir uns bloß als `halbe Portion´ (oder nur als `Drittel´) und nicht vollständig. Oft ist auch der Eindruck da, es nicht bis ans Ende zu schaffen; in Erinnerung an unser Geschwister, das es auch nicht bis zum Ende der Schwangerschaft und zur Geburt geschafft hat. So finden sich in der Biographie vieler Alleingeborenen immer wieder Abbrüche, Umorientierungen, Neubeginne, die wieder in Abbrüchen münden ...

Wie sieht das in Ihrer Vita aus?
Wie oft haben Sie sich auf dem Weg zu einem großen Erfolg selbst ein Bein gestellt?
Wie oft haben Sie sich ausgebremst, wenn es darum ging, ins Rampenlicht zu treten?
Wie oft hat irgendeine Art von Unfall Sie schon aus der Bahn geworfen?

Erlauben Sie mir, hier zwei plastische Beispiele zu nennen, die mir ad hoc einfallen:

In jungen Jahren habe ich unter anderem auch eine Mannequinschule besucht. Motivation dahinter war der Wunsch meines ersten Mannes, ich möge endlich `eine richtige Frau werden`. Allerdings bin ich am Tag der Abschlussprüfung so unglücklich gestürzt, dass ich nicht antreten konnte – mit dem verletzten Fuß war natürlich nicht daran zu denken, über den Laufsteg zu tänzeln. Mein innerer Saboteur hatte wahrlich gute Arbeit geleistet!

Vor einer der großen Prüfungen in der Schauspielschule verlor ich durch eine Kehlkopfentzündung komplett die Stimme, was natürlich nicht sehr förderlich war. Dennoch ließ ich mich nicht abhalten, sondern flüsterte meine Schreirolle. Dies offenbar mit solcher Inbrunst, dass ich dennoch die Prüfung bestand. Aber immerhin erkannte ich darin ein deutliches Lebenszeichen meines inneren Saboteurs; ließ mich in diesem Fall aber nicht unterkriegen.

Besonders interessant scheint mir hier – und eben fällt es mir wie Schuppen von den Augen! – die Rolle, mit der ich damals angetreten bin! Es war die Haitang im `Kaukasischen Kreidekreis`, die verzweifelt um ihr Kind weint, das ihr weggenommen werden soll …

Welche ähnlichen Erfahrungen haben Sie auf Ihrem Weg gemacht?
Welche Lichter gehen Ihnen anhand der Beispiele in diesem Buch auf?
Welche neuen Klarheiten eröffnen sich?
Haben Sie sich auch ab und zu plötzlich ausgebremst, wenn es zu steil bergauf ging oder Sie dem Gipfel zu nahe zu kommen drohten?
Mit welchen Listen und Strategien hat Ihr innerer Saboteur es immer wieder versucht, Ihnen ein Bein zu stellen?

Neben der gekonnten Selbstsabotage hindert uns oft auch die Tatsache, dass wir uns des enormen Potenzials, das meist tief in uns schlummert, noch viel zu wenig bewusst sind.

Wie können wir etwas verwirklichen, was wir noch nicht kennen?

Um diese Bewusstwerdung zu fördern, schreibe ich dieses Buch – und zwar sowohl für Sie, als auch für mich selbst! Sie erinnern sich, dass all das, was wir andere lehren, meist auch für uns selbst bestimmt ist.

Möge all das, was Sie hier an Anlagen, Merkmalen, Indizien und Faktoren wieder finden und wieder erkennen, Sie tief berühren und hoffentlich bewegen – im Sinne von `in Bewegung bringen'! Dann sind Sie bereits auf einem guten Weg in die Befreiung aus Ihrer Selbstsabotage! Dann hat dieses für Alleingeborene so typische Phänomen, sich selbst immer hintan zu halten, stattdessen andere vorzulassen und die eigene Verwirklichung in einem drohenden Höhenflug zu sabotieren und zu unterdrücken, bald ausgedient.

Ja, ich spreche bewusst von einem drohenden Höhenflug, weil viele Betroffene mir berichtet haben, dass sie es tatsächlich so empfinden. Und auch ich weiß, wovon ich spreche! Meine phasenweise Selbstsabotage über Jahrzehnte könnte man wahrlich als hoch professionell bezeichnen ☺. Und es hat lange gedauert, ehe mir klar wurde, woran das lag!

Interessanterweise predige ich seit vielen Jahren in all meinen Seminaren und Einzelberatungen, wie wichtig es ist, dass wir uns aus den Fängen unseres inneren Saboteurs befreien! Darüber hinaus biete ich in praktisch all meinen Büchern Strategien und Techniken zur Selbstbefreiung an. Ja, wir geben das, was wir selbst am dringendsten brauchen, am besten weiter!

Vor allem dieses immer wiederkehrende merkwürdige Verhalten ist auffällig in meiner Biographie! Wann immer es zu hoch hinauf ging und ich zu erfolgreich zu werden schien, kam sofort ein Stopp! Das heißt, ich kannte dieses Phänomen sehr wohl, war mir der Mechanismen dahinter jedoch lange nicht bewusst. So war es oft bereits zu spät, um das Steuer herumzudrehen, wenn mir das sprichwörtliche Licht aufging – kaum je im Moment der Sabotage selbst.

Wie sieht das bei Ihnen aus?
Kennen Sie diese phasenweise Selbstsabotage?
Erleben auch Sie diesen Hochschaubahn-Lebenslauf?
Und können Sie das auch bei anderen in Ihrem Umfeld beobachten?

Ich frage das vor allem deshalb, weil wir das, was uns selbst angeht, meist besser in der Spiegelung durch andere erkennen. Und der Schritt, es dann auch bei uns selbst wieder zu erkennen, braucht dann meist einiges an Bewusstheit.

Interessant ist auch, dass wir dann oft auch noch Bestätigung bekommen für unsere (meist unbewusste) Annahme, dass große Erfolge gefährlich sind. Oft erleben wir bei anderen (meist ebenfalls Alleingeborenen) nach einer Phase des Erfolgs einen fatalen Absturz mit und fühlen uns dadurch natürlich in unserer Angst vor Erfolg bestärkt. Darüber hinaus hören wir es in Sprichwörtern, die uns durchs Leben begleiten: „Es kommt nichts Besseres nach!", „Den Vogel, der morgens singt, frisst abends die Katze!", „Allzu viel ist ungesund!", „Hochmut kommt vor dem Fall" …

Was ist eigentlich gegen `hohen Mut´ einzuwenden? Im Französischen ist das Wort für `Mut´ eng mit dem `Herzen´ verbunden: Courage ~ coeur!

Wie wäre es, wenn Sie sich mehr Herzensmut erlauben würden?

Unlängst fand ich ein Bild in meinem Postfach, auf dem stand: „Man sollte viel öfter einen Mutausbruch haben!", ja, das finde ich auch ☺!

Bei mir war es der Hinweis eines alten Astrologen in meiner Jugend, ich hätte einen Aspekt gemeinsam mit Mussolini, der mich wohl auch stark geprägt und mich in meiner Selbstsabotage bestärkt hat – vor allem weil er viele Jahre lang im Unterbewusstsein geschmort hat! Er versicherte mir damals: „Bei mir würde jedem steilen Aufstieg unweigerlich der tiefe Fall folgen!". Damit hatte ich mir quasi von außen auch noch die Bestätigung geholt und hatte nun ein unbewusstes – und damit besonders wirksames! – gutes Alibi dafür, dass ich mir selbst immer wieder ein Bein stellen musste; wenn die Gefahr bestand, zu erfolgreich zu werden.

Kennen Sie so etwas von sich?
Wer hat Ihr Selbstwertgefühl beschädigt?
Wer hat Ihnen in früher Jugend schon den Herzensmut geraubt?
Hat Ihnen in Ihrer Jugend irgendein wohlmeinender Mensch eingeprägt, sie müssten sich vor allzu viel Erfolg in Acht nehmen?
Und bei wem konnten Sie einen solch beeindruckenden Absturz miterleben?

Jedenfalls ist das ein sehr weit verbreitetes Phänomen bei Alleingeborenen! Immer wieder gibt es phasenweise Erfolge, so als wollte der ehrgeizige Persönlichkeitsanteil in uns alle inneren Widerstände überwinden und sich freie Bahn brechen – vor allem wohl in dem Versuch, das Leben unseres verlorenen Geschwisters möglichst erfolgreich mit zu leben. Aber wohl auch, weil unsere Seele immer wieder danach trachtet, uns in die Selbstbefreiung zu locken. Dann blüht etwas auf: eine neue Idee, eine neue Berufung, ein neues Potenzial. Mit etwas Zeitverzögerung kommt jedoch prompt der Stopp des inneren Saboteurs!

Dann bleibt der erwartete und erhoffte Erfolg aus, die anfängliche Zuversicht verstummt und der Mut, neue Wege zu beschreiten, löst sich in nichts auf. Der junge Trieb verdorrt wieder, ehe er sich entfalten konnte; und hinterlässt Resignation, Enttäuschung und einen weiteren Dämpfer für das Selbstwertgefühl.

Wie oft haben Sie das in Ihrem Leben schon erlebt?

Ein bemerkenswertes Phänomen ist auch die quälende Leere nach dem Abschluss eines Projektes, sodass sofort das nächste begonnen werden muss, um der Depression zu entgehen! So gab es bei mir immer wieder die berüchtigte Post-Vernissagen-Depression nach jeder Ausstellungseröffnung.

Vor allem meine Tochter hat diese so gefürchtet, weil sie sich angesichts meiner Verzweiflung so hilflos fühlte. Für mich war diese Leere wie ein Nachklang des Gefühls, das ich als Alleingeborene hatte: Meine Geburt war vollbracht, aber es fehlten meine geliebten Brüder! Welch unsagbare Leere!

Haben Sie nicht Lust, Ihre Biographie zu durchforsten, um auch bei Ihnen dieses Hochschaubahnphänomen zu erkennen? Wenn Sie nicht hinschauen, erkennen Sie es nicht!

Bei mir mündeten vor allem die Abstürze und Rückfälle in der Überzeugung, ich sei eben eine ´verkrachte Existenz´. Ein Begriff, den mir selbst zuzuordnen alles andere als liebevoll war; den anderen zuzuordnen mir übrigens nie in den Sinn gekommen wäre! Dennoch habe ich es so empfunden und war der Meinung, ich hätte einen ´Rohrkrepierer´ nach dem anderen gelandet – auch eine Terminologie, die meinem inneren Kind nicht besonders wohl getan hat!

Wie bezeichnen Sie sich selbst?
Welche lieblosen Attribute ordnen Sie sich zu?

Auch das ist eine charakteristische Eigenschaft bei uns Alleingeborenen.

Wenn ich mir heute meine Biographie aus der Beobachterposition ansehe, wirkt das natürlich nicht ganz so fatal; obwohl ich sehr wohl all diese Abbrüche und Neubeginne erkennen kann! Allerdings ist es eine Frage der Einstellung, wie ich sie bewerte. Je nachdem wohin ich den Fokus meiner Aufmerksamkeit richte: auf die Erfolge oder die Rückschläge.

Es gibt eine wunderschöne tibetische Weisheit, die mich sehr berührt hat, als ich sie hörte: *„Ein Baum der fällt, macht mehr Krach als ein ganzer Wald, der wächst!"*.

Tatsache ist, dass uns niemand unsere Erfolge wegnehmen kann, auch wenn es nach jeder erfolgreichen Phase immer wieder schmerzhafte und enttäuschende Rückschläge gab; die dann oft den Gesamteindruck verfälscht haben! So ähnlich kann ein einziges mit Mutterkornalkaloiden infiziertes Getreidekorn den Inhalt eines ganzen Speichers verderben.

Grund dafür ist der extreme Stress aus der Enttäuschung, die ja wie bereits erwähnt ein ganz wichtiges Thema für uns ist! Sie kann nachträglich viel Freude zunichte machen; daher versuche ich, meine Wünsche, Ziele und Visionen möglichst von deren Erreichung und Erfüllung zu entkoppeln. Dann kann ich entspannt die Vorfreude genießen.

Und wenn es tatsächlich ein Ankommen gibt, kann ich mich noch einmal freuen; habe also die doppelte Freude. Wenn nicht, kann mir niemand die Vorfreude wegnehmen, denn wenigstens diese bleibt mir erhalte. Und das Vertrauen, dass vielleicht etwas noch viel Besseres nachkommt.

Früher litt ich unter dem negativen Feedback eines einzigen Seminarteilnehmers oft viel mehr, als ich mich über die fünfzehn anderen durchwegs positiven freuen konnte! Dass ich einen Menschen scheinbar enttäuscht hatte, wog viel schwerer als die Tatsache, dass ich all die anderen zufrieden gestellt hatte.

Heute kann ich das anders sehen – vor allem beziehe ich mit ein, dass die Botschaft ja immer beim Empfänger entsteht. Natürlich gebe ich bei meinen Seminaren das Beste. Aber das kann für manche Menschen nicht genug sein. Oder nicht das, was sie gerade brauchen. Nicht weil ich nicht gut genug bin, sondern weil wir zu wenig in Resonanz schwingen, und sie daher das, was ich zu geben habe, nicht annehmen und verwerten können. Das sagt im Grunde weder etwas über sie noch über mich aus, sondern bloß über unsere unterschiedliche Schwingungsfrequenz. Aber das kann ich erst jetzt so sehen, wo ich das Thema Enttäuschung für mich weitgehend entstresst habe.

Jedenfalls empfehle ich auch Ihnen, sich eine konstruktivere Sichtweise zuzulegen, wenn auch Ihr Leben einem so Kräfte zehrenden `Stopp and Go´ gleicht. Richten Sie Ihren Fokus vor allem auf die Aufschwünge!

Darauf, dass Sie es immer wieder geschafft haben, nach dem Fall wieder aufzustehen. Wie oft ist Ihnen dies schon gelungen?

Darauf, dass es Ihnen immer wieder gelungen ist, all Ihren Herzensmut zusammen zu nehmen und einen Neubeginn zu wagen! Wie viele Neubeginne haben Sie schon geschafft?

Darauf, dass Sie sich nicht auf Dauer unterkriegen haben lassen! Wie oft haben Sie das Spiel `Hinfallen, Aufstehen, Krone richten, Weitergehen´ gespielt?

Ich könnte mir vorstellen, dass manche von Ihnen die Siege und Triumphe in Ihrer Biographie erst anlässlich dieser Beschreibung bewusst wahrnehmen; während Sie bisher vor allem das Scheitern und die Niederlagen gesehen haben.

Übrigens: Ein Gescheiterter ist ein Gescheiterer, nicht wahr?

Vielleicht sind Ihnen nachträglich die Erfolge wie eine Fata Morgana vorgekommen – irreal und nicht wirklich relevant!

Kennen Sie dieses Phänomen?
Werfen Niederlagen und Rückschläge Sie auch viel mehr zurück, als notwendig und sinnvoll wäre?
Können Sie einen Triumph auch nicht mehr genießen, nur weil danach ein Schritt in die andere Richtung kam?

Mir zumindest ging es immer wieder so. Immer wenn ich mit irgendetwas erfolgreich war, dachte ich: „Jetzt kommt endlich der lang ersehnte Durchbruch! Ja, von nun an geht es bergauf ...". Aber es hat meist nicht lange gedauert, bis der nächste Absturz oder zumindest Rückschlag da war. Und damit kam zugleich der Eindruck auf, der Erfolg, der mir zuvor noch die Hoffnung auf einen Durchbruch vermittelt hat, wäre bloß ein Irrtum gewesen, ein täuschendes Trugbild.

Daher möchte ich Sie nun bitten, für einige Augenblicke Ihr Leben sehr bewusst aus einer neutralen Beobachterposition zu betrachten und aus dieser Sichtweise Ihren bisherigen Weg möglichst objektiv ein- und wertzuschätzen!

Das Spiel `Abheben und darüber Stehen´ wird Ihnen helfen, diese neue Perspektive einzunehmen.

War irgendeiner Ihrer Erfolge tatsächlich eine Fata Morgana?
Ein Irrtum?
Eine Illusion?

Wenn Sie selbst sich mit dieser Sichtweise schwer tun, fragen Sie wieder einen Ihnen nahe stehenden Menschen. Genau wie Sie bei anderen vielleicht eher die Erfolge sehen als die Niederlagen, so mag es anderen auch mit Ihnen gehen. Holen Sie daher andere Meinungen ein!

Und erlauben Sie sich, sich gut zu fühlen!

Natürlich ist die Frustration angesichts eines solchen Hindernislaufes verständlich! Einlinge haben vielleicht eher die Tendenz zu einem kontinuierlichen Aufstieg wobei auch immer; während der Lebenslauf Alleingeborener (vor allem der ungeheilten) tatsächlich oft einer Berg- und Talfahrt gleicht. Wobei die Talfahrten uns leider eher in Erinnerung bleiben als die erklommenen Berge. Dennoch gibt es auch diese, und niemand kann sie uns absprechen. Vor allem wir selbst sollten das nicht tun!

Welche Berge haben Sie schon erklommen?
Welche Triumphe haben Sie gefeiert – oder hätten Sie feiern können?
Was spricht übrigens dagegen, sie nun noch nachträglich zu feiern?
Welche Ausbildung, welches Studium haben Sie abgeschlossen?
Haben Sie Kinder großgezogen?
Haben Sie anderen Menschen geholfen oder sie hilfreich beraten?

Haben Sie ihnen Ihr Ohr geliehen und sie getröstet?
Haben Sie andere aufgebaut, ermutigt, bestätigt?
Haben Sie gar schon einmal einen Menschen oder ein Tier gerettet?

Es geht hier keineswegs darum, unsere Selbstsabotage zu verniedlichen! Sie war wohl viel zu lange schon einschränkend wirksam und darf nun zu Ende gehen! Aber wir sollten ihr auch nicht allzu viel Bedeutung zumessen; sondern vor allem dorthin sehen, wo es uns auch bisher schon gelungen ist, uns daraus zu befreien. Auch wenn das immer nur für eine Weile war – immerhin. Vor allem sollten wir uns keine Vorwürfe machen, weil wir uns selbst die längste Zeit unseres Lebens im Weg gestanden sind. Das wäre absolut kontraproduktiv. Wir haben das ja nicht absichtlich getan, nicht wahr?

Analog dazu können wir eine Beziehung, die über Strecken durchaus gut gewesen ist, nachträglich noch kaputt machen, indem wir nur das Negative sehen. Wenn wir hingegen unseren Fokus auf all das Erfreuliche, Beglückende, Wertvolle, Bleibende, Liebevolle richten, werden wir mit gutem Willen all das auch tatsächlich erkennen; und geben damit der Beziehung eine ganz andere Note.

In Analogie dazu sollten wir – trotz all der Selbstsabotage – unsere Erfolge nicht schmälern; sondern sehr bewusst all das, was wir in den blühenden Phasen zwischen denen der Selbstsabotage geschafft, gemeistert und entfaltet haben, zu schätzen wissen.

Je mehr wir das bisherige Positive, Erfreuliche, Aufbauende, Beglückende, Wertzuschätzende, Dankenswerte, Erbauliche in allen Bereichen unseres Lebens wahrnehmen und uns immer wieder vergegenwärtigen, umso mehr davon wird uns auffallen – einfach weil unser Gehirn assoziativ arbeitet. Und umso rascher werden wir heilen.

Der Prozess der Selbstbefreiung kommt meiner Erfahrung nach ganz von selbst in Gang, wenn wir erst einmal erkannt haben, warum wir so lange mit angezogener Handbremse Vollgas gefahren sind. Ich werde Ihnen im Praxisteil dieses Buches einige hilfreiche Techniken zur Blockadenlösung vorstellen (oder in Erinnerung rufen, wenn Sie diese bereits kennen). Und natürlich mag es sinnvoll sein, damit zu spielen!

Aber lösen Sie sich bitte aus dem Gefühl, all das jetzt anwenden zu müssen! Meinem Gefühl nach geht es vielmehr darum, uns bereit zu machen, als unbedingt alles selbst machen zu müssen: „Nicht machen, sondern bereit machen!", scheint mir eine gute Devise zu sein.

Und wenn zwischendurch der Impuls kommt, eine Quantenwelle zu setzen, eine Runde `EFT´ zu klopfen, eine Spiegelung mit `The Work´ zu hinterfragen, bei hochkommendem Groll ein kleines `Ho´oponopono´ zu machen, dann gehen Sie es spielerisch an; auch das `Abheben und darüber Stehen´ wird Ihnen immer wieder wertvolle Dienste erweisen, wenn Sie es als Spiel sehen.

War Ihr Leben bisher nicht schon hart und schwer genug? Erlauben Sie sich von nun an mehr Leichtigkeit!

Früher dachte ich auch, wir bräuchten eine Menge harter Arbeit, um unser inneres Kind zu heilen. Heute glaube ich, dass es reicht, diesem Persönlichkeitsanteil in uns all unsere Liebe zu schenken; dann heilt er ganz von selbst! So wie letztlich all die kleinen Wunden unseres Alltags dank der Selbstheilungskräfte unseres großartigen Körpers ganz von selbst heilen; wenn wir sie nicht immer wieder aufkratzen.

Ich bin sicher, dass es auch Alleingeborene gibt, deren Kindheit von Wertschätzung, Geborgenheit und Fürsorge getragen war, und deren Ur-Trauma im Licht dieser Liebe weitgehend heilen konnte. Ich fürchte nur, es ist nicht der Großteil. Aber wenn wir uns all das nun selbst quasi nachreichen, dann kann mit etwas Geduld unsere Wunde auch im späteren Erwachsenenalter heilen.

Damit meine ich: machen Sie sich jetzt bitte nicht bewusst auf die Suche nach all den Ihre Verwirklichung und die Entfaltung Ihres Potenzials hindernden Faktoren – Energie folgt der Aufmerksamkeit! Und ich denke, Ihr innerer Saboteur hat schon mehr als genug Zuwendung bekommen ☺!

Erkennen und anerkennen Sie die Tatsache Ihrer vielleicht derzeit immer noch nachwirkenden Selbstsabotage, vergeben Sie sich das liebevoll, söhnen Sie sich mit sich selbst aus und schenken Sie Ihrem inneren Kind all die Liebe und Fürsorge und Aufmerksamkeit und Geborgenheit und Bestätigung und Wertschätzung, die es sich wünscht. Und dann geben Sie sich getrost Ihrer Selbstheilung hin!

Kreativität

Ein weiteres Kennzeichen für Alleingeborene ist die ausgeprägte Kreativität. Allerdings halten die meisten sie an der Kette, als wäre sie ein gefährlicher Köter. Ganz so als würde unsere Kreativität die Gefahr in sich bergen, uns trotz des Versuches unseres inneren Saboteurs, uns an der Kandare zu halten, zu befreien; ja mit aller Kraft in die Freiheit zu katapultieren.

Wie erwähnt, lebt ein Teil von uns seine Kreativität bis zu einem gewissen Grad – als Hobby – aus und erlaubt sich damit ein Ventil für einen oft allzu grauen und engen Alltag. Aber nur wenige erlauben sich, damit auch erfolgreich zu sein. Und allzu viele unterdrücken sie überhaupt!

Kreativität kann durchaus eine sehr subversive, ja geradezu revolutionäre Kraft in sich bergen. Und meiner Erfahrung nach birgt sie tatsächlich die Gefahr der Trotzdem-Befreiung in sich. Viktor Frankl spricht ja von der `Trotzmacht des Geistes´. Er deutet diese zwar etwas anders, aber ich meine, dass sie durchaus auch in dem enormen kreativen Potenzial schlummert, das vor allem in Alleingeborenen angelegt ist und nur darauf wartet, wach geküsst zu werden.

Was glauben Sie, wie oft gerade Halbzwillinge mir versichern, sie wären nicht kreativ, wiewohl sie genau wie jeder Mensch eine wohl ausgestattete rechte Gehirnhälfte zur Verfügung haben! Kreativität erschöpft sich für mich nicht in der Malerei, der Musik oder der Dichtkunst – für mich ist sie ein durchaus alltagstauglicher Zugang zum und Umgang mit dem Leben!

So hoffe ich, dass dieses Buch Sie auch dazu anregt, Ihr volles kreatives Potenzial aus der Fesselung zu befreien! Erlauben Sie meinen Worten, Ihnen zu helfen, jene Ketten zu sprengen, mit denen Sie sich selbst gefesselt halten! Meiner Erfahrung nach sind Aha-Erlebnisse wertvolle Wachrüttler – und ich hoffe, Sie finden hier viele solche!

Der `Dialog der Hände´ wird hier besonders wertvoll sein – einerseits eröffnet er Ihnen direkten Zugang zu Ihrer rechten Gehirnhälfte, in der Ihre Kreativität ja schlummert. Andererseits regt die vermehrte Miteinbeziehung der linken Hand Ihre Kreativität über das Schreiben hinaus an. So empfehle ich Ihnen auch, mit Ihrer linken Hand ein Bild zu malen oder mehrere, wenn Sie Spaß daran finden!

Und wenn Sie sich Zugang zu Ton verschaffen können, sollten Sie auch beidhändig modellieren. Warum nicht ein Symbol für sich selbst und Ihren Zwilling im frühen Stadium Ihrer beider Entwicklung im Mutterleib? Das kann tatsächlich eine realistische Darstellung zweier Embryonen sein oder auch eine bildliche Metapher – etwa ein Yin-Yang-Zeichen oder andere komplementäre Formen.

Mich hat dieses Spiel in ein enormes Aha-Erlebnis katapultiert! Bis dahin wusste ich nur von meinem Zwillingsbruder Jascha, aber in meiner Tonform erschienen plötzlich drei Augen. Und da ich bereits mehrere Hinweise in diese Richtung bekommen hatte, wurde mir auf einmal klar, dass ich nicht als Halbzwilling, sondern als allein geborener Dritteldrilling zur Welt gekommen bin. Was sich daraus an noch komplexerer Dynamik ergibt, werde ich etwas später noch etwas näher beschreiben.

Interessanterweise hat eine meiner Freundinnen mir genau diese Erfahrung berichtet – auch bei ihr sind auf einmal drei Embryonen im Ton aufgetaucht! Also seien auch Sie bereit für weitere Offenbarungen...

Darüber hinaus darf ich Sie dazu anregen, Ihre linke Hand generell mehr in Ihre Alltagsgestaltung mit einzubeziehen. Warten Sie nicht, bis Ihre rechte Hand vielleicht eines Tages eingegipst ist, um Ihre linke Hand zum Zug kommen zu lassen! Je mehr Sie dieser Bedeutung und Aufmerksamkeit schenken, umso eher küssen Sie Ihre Kreativität aus dem Dornröschenschlaf.

Weiters empfehle ich Ihnen eine `EFT´-Sitzung mit dem Satz:
„*Obwohl ich nicht an meine Kreativität glaube, liebe und akzeptiere ich mich aus ganzem Herzen ...!*

Und dann vergeben Sie sich diesen Irrtum mit einem `Ho´oponopono´!

Helfersyndrom

Auch der besonders stark ausgeprägte Drang zu helfen ist ein charakteristisches Indiz: Alleingeborene halten immer primär Ausschau nach dem, was andere brauchen und nach anderen, die etwas von ihnen brauchen könnten. Nach jenen, denen sie etwas geben, Gutes tun oder helfen können. Das ist geradezu wie ein Reflex, denn auch dieses Muster funktioniert meist völlig unbewusst.

Wenn irgendwo irgendjemand in irgendeiner Form arm und bedürftig ist, leidet, Hilfe braucht, in Not geraten ist, dann haben Alleingeborene augenblicklich den Impuls, für diese Person da zu sein, sich in allerlei Form einzubringen, zu helfen, zu heilen und zu retten. Das ist natürlich durchaus eine Stärke, deren wir uns nicht zu schämen brauchen. Sie sollte nur nicht ausufern und stets nur auf unsere Kosten gehen.

Interessanterweise finden diese armen und leidenden Menschen uns dann auch geradezu instinktiv. Was natürlich an unserer Resonanz für genau jene liegt, die besser annehmen können, in ihrer Bedürftigkeit jedoch oft wie ein Fass ohne Boden sind.

Mit anderen Worten können wir diesen Menschen meist gar nicht genug geben, sodass immer weiter Bedarf herrscht, der zu bedienen ist. Womit unser Bedürfnis, zu geben und zu helfen und zu dienen, immer wieder aufs Neue gedeckt wird. Was letztlich keine nachhaltige Hilfe bringt, sodass in einem Teufelskreis immer weiter geholfen werden muss.

Wahre Hilfe ist aus meiner Sicht immer Hilfe zur Selbsthilfe. In diesem Sinne schreibe ich dieses Buch und so gestalte ich auch meine Beratung und Begleitung jener Menschen, die zu mir finden.

Diese Gebesucht mag sich bis zu einem gewissen Grad ganz von selbst umwandeln in eine gesunde Gefälligkeit, die gerne gibt und hilft; ohne dies jedoch tun zu müssen, weil man gar nicht anders kann. Dann nämlich wenn Sie Ihr Ur-Trauma und damit die Ursache für Ihren Gebekrampf erkannt und anerkannt haben und Ihre alte Wunde in Heilung ist.

Was Sie darin unterstützen mag, ist der Blick aus der Beobachterposition, den Sie im `Abheben und darüber Stehen´ erlangen. Schauen Sie sich bei Ihrer Tendenz zu, erkennen Sie die

Muster hinter Ihrer Opferbereitschaft, anerkennen Sie deren Wert für die Gesellschaft – und dann polen Sie sich bewusst um in Richtung: „Ich helfe dir, dir selbst zu helfen; aber ich bin auch bereit, Hilfe anzunehmen!"

Das ist ein gesunder Ausgleich zwischen Geben und Nehmen! Der sich dann vielleicht auch in einem gesünderen Atemrhythmus widerspiegelt.

Diese reflexartige Reaktion scheint mir wie der unbewusste Versuch einer Wiedergutmachung dafür zu sein, dass es dem Alleingeborenen damals nicht gelungen ist, sein sterbendes Geschwister zu retten, ihm beim Überleben zu helfen, ihm also das geben zu können, was er gebraucht hätte, um am Leben zu bleiben.

Wie sieht das bei Ihnen aus?
Kennen Sie diesen Reflex des helfen Müssens?
Können Sie gar nicht anders, als andere zu retten – auch wenn diese das durchaus auch selbst tun könnten?
Und auch auf die Gefahr hin, sich selbst dabei zu schaden?
Fühlen Sie sich zuweilen ausgenützt – tun sich aber schwer, sich das einzugestehen?

Seien Sie sich deshalb nicht böse – im Gegenteil! Freuen Sie sich über Ihren Altruismus, aber leben Sie ihn zukünftig bewusst im helfen Wollen aus anstatt im helfen Müssen.

Tränen in der Kindheit

In sehr jungen Jahren ist die Bewusstheit der transpersonalen Verbindung zum verlorenen Mehrling noch nicht ganz so verschüttet wie im Erwachsenenalter, daher halten viele allein geborenen Kinder wie selbstverständlich Zwiesprache mit ihren Geschwistern im Jenseits – ihren Sternenkindern, wie mein Bruder sie gerne nennt –; oder auch mit Phantasiegestalten, zu denen diese sie inspirieren.

Als ganz kleines Mädchen hatte ich mein `Bazillus´ – ein Phantasiegebilde in dem großen Koffer aus Karton, in dem ein Anzug meines Vaters verpackt war. Trotz seiner Größe durfte ich ihn eine Weile behalten, obwohl unsere Wohnung damals alles andere als groß war. Aber offenbar habe ich so darum gebettelt, dass meine Eltern nachgegeben haben.

Diesen Koffer mit dem mysteriösen Inhalt habe ich andauernd mit mir herumgeschleppt und rege damit kommuniziert. Wie ich zu diesem Namen gekommen bin, weiß ich nicht; heute ist mir aber klar, dass das eine Personifizierung meines verlorenen Bruders Jascha war, mit dem ich mich damals offenbar noch verbunden gefühlt habe.

Ein weiteres Beispiel für so ein Surrogat war der `Bub´ meiner Tochter, den ich damals für einen Kobold gehalten habe. Zu dieser Zeit wusste ich noch nichts von unser beider Thematik des verlorenen Geschwisters, also nahm ich an, dass sie – wie alle Kinder in ihrer Unverdorbenheit – Wesenheiten wahrnehmen konnte, die für mich nicht sichtbar waren. Interessanterweise konnten unsere Katzen dieses geistige Wesen sehr wohl auch wahrnehmen und haben immer wieder deutlich darauf reagiert.

Erst viele Jahre später wurde mir klar, dass sie damals wohl ebenso ihren verlorenen Zwilling visualisiert hat wie ich viele Jahre zuvor den meinen. Und es scheint kein Zufall zu sein, dass sie ihren Kater heute `Bub´ nennt und abgöttisch liebt!

Auch mein homosexueller Freund hat sich während seiner frühen Kindheit rege mit seiner verlorenen Zwillingsschwester unterhalten. Dies wurde ihm allerdings erst klar, als ihm bei einem meiner Seminare, bei dem er als mein Assistent fungierte, plötzlich klar wurde, dass auch er von diesem Phänomen betroffen ist.

Und eine Freundin erzählte mir, dass ihre Enkelin immer verlangt, es möge auch für ihr Phantasiewesen der Tisch mit gedeckt und die Türe offen gehalten werden.

Welche Assoziationen haben Sie zu diesem Phänomen?
Hatten auch Sie in Ihrer Kindheit einen unsichtbaren Begleiter?
Haben auch Sie sich ein Surrogat für ihr verlorenes Geschwister erschaffen?

Jedenfalls weiß ich aus vielen Berichten, dass Kinder, die ihren Zwilling verloren haben, Phantasiegeschwister an ihrer Seite haben und in ihrer Zurückgezogenheit rege mit ihnen kommunizieren. Mädchen sprechen dann oft mit ihren Puppen. Aber weil dieser Austausch von Erwachsenen meist belächelt oder gar verboten wird, fühlen sie sich unverstanden. So gibt es in dieser Zeit viele Tränen.

Alleingeborene weinen in ihrer Kindheit mehr als andere. Vielleicht auch weil sie noch die Verbindung zu ihrer scheinbar verloren gegangenen zweiten Hälfte spüren? Und da diese von ihren Familien meist negiert werden, wird ihr Gefühl der Einsamkeit noch weiter verstärkt.

Somit ist diese Lebensphase nicht gerade glückerfüllt und wird großteils verdrängt. Diese Tatsache hat mich lange Zeit gewundert. Ich konnte mir nicht erklären, warum ich im Vergleich zu anderen kaum Erinnerungen an meine Kindheit hatte.

An dieser Stelle möchte ich noch einmal betonen, dass die Art und Weise, wie sich unsere Kindheit gestaltet, natürlich eine großen Einfluss darauf hat, wie sehr sich dieses frühe Trauma auf unsere Lebensgestaltung auswirkt. Einerseits können schmerzhafte frühe Erfahrungen die Wunde vertiefen. Andererseits kann eine liebevolle und damit heilsame Kindheit die alte Wunde heilen; auch ohne dass die betreffende Person je erfährt, dass sie ursprünglich zu zweit gewesen ist.

Der sehr frühe Verlust eines Geschwisters prägt jeden Alleingeborenen, das ist meiner Ansicht nach keine Frage! Was dieses Trauma aber um vieles schlimmer und nachhaltiger – und damit das ganze Leben prägender – macht, sind die frühen schmerzhaften Erfahrungen, die in gewisser Resonanz mit diesem Ur-Schmerz schwingen und damit die Wunde immer wieder aufreißen und damit vertiefen.

Nachdem Sie dieses Buch lesen, nehme ich an, dass Sie ebenso wenig mit einer heilsamen Kindheit gesegnet waren wie ich und vieles erlebt haben, was dieses Ur-Trauma immer wieder getriggert und damit noch vertieft hat.

Und lassen Sie mich wiederholen, weil es mir so wesentlich zu sein scheint! Den Begriff `vertieft´ meine ich hier im doppelten Sinn: Die Wunde wurde mit jedem Verlust, jedem ausgeschlossen Werden, verlassen Werden, vergessen Werden, mit jeder Zurückweisung immer wieder aufgerissen und damit immer noch tiefer. Darüber hinaus haben wir sie immer tiefer in unserem Unterbewusstsein vergraben. Das war zu jener Zeit durchaus eine recht kluge Überlebensstrategie.

Es kann aber auch sein, dass ihr Trauma heute gar nicht mehr so bedeutend ist, weil ihre Ur-Wunde in einer als liebevoll erlebten Kindheit von selbst heilen konnte. Schön! Dennoch glaube ich, dass Ihre Seele Sie eines Tages mit diesem Thema konfrontieren möchte – einfach um die wertvolle Verbindung mit Ihrer zweiten Hälfte im Jenseits aufzunehmen. Denn selbst wenn Sie keine Hilfe von dieser Seite brauchen, empfinde ich eine solche Begleitung als durchaus wertvoll – wer hat nicht gern eine weise Beraterin, einen reifen Freund und Mentor, einen Begleitengel an seiner Seite?

Im Grunde bin ich überzeugt, dass unsere Seele, unser Höheres Selbst (oder wie auch immer Sie den transpersonalen, den göttlichen Teil in uns bezeichnen) auf uns Acht gibt und besser weiß als unser Ego, wann der ideale Zeitpunkt für diese Offenbarung gekommen ist. Daher sollten wir auch Geduld mit uns selbst haben.

Andererseits sollten wir dann auch auf die Signale unserer Seele hören, wenn sie uns auf diese Wunde aufmerksam machen möchte! Und ich wüsste keinen vernünftigen Grund dafür, uns der Verbindung mit unserem früh verstorbenen Geschwister gar nie bewusst zu werden.

Daher darf ich Ihnen folgende Anregung mitgeben: Wenn Sie Resonanz mit diesem Thema in sich spüren (und das ist wohl anzunehmen, sonst wäre dieses Buch kaum in Ihre Hände gelangt), dann öffnen Sie sich für das, was aus Ihrer Tiefe hochsteigen möchte. Auch wenn es schmerzhaft ist! Blicken Sie zurück in Ihre Jugend und Kindheit und fragen Sie sich, ob das, was Sie erlebt und erfahren haben, Ihr Ur-Trauma heilsam beruhigt oder aber weiter verstärkt haben mag – und damit mehr oder weniger bewusst bis heute in Ihrem Leben nachwirkt.

Und diesen Lebensrückblick empfehle ich generell allen, die dieses Buch lesen, denn noch einmal: Sie finden darin entweder Grund für Dankbarkeit oder aber einen wertvollen Anlass, heilsam einzuwirken.

Wenn der später beschriebene `Dialog der Hände´ für Sie eine Option darstellt, Sie vielleicht schon die eine oder andere positive Erfahrung damit gemacht haben, wäre es doch interessant, sich einmal in Ruhe hinzusetzen und Ihr Herz zu fragen, was es zu diesem Thema meint; was Ihnen diesbezüglich also `am Herzen liegt´.

Das ist ein wunderschöner Weg, Zugang zu wertvollen Bewusstseinsinhalten zu finden, die Sie über Ihre dominante (meist die rechte) Hand nicht erreichen können. Sollten Sie noch keine Erfahrung mit diesem Spiel gemacht haben, finden Sie die Beschreibung dazu im entsprechenden Kapitel.

Und wenn Ihr Herz Ihnen empfiehlt, sich intensiver mit diesem Thema zu befassen, obwohl Ihr früher Verlust scheinbar keine destruktiven Nachwirkungen hat, dann nehmen Sie den Kontakt mit Ihrem scheinbar verlorenen Mehrling einfach aus Interesse wieder auf – hören Sie auf Ihr Herz und nützen Sie dazu den `Dialog der Hände´!

Natürlich können Sie sich auch mündlich in einem vorgestellten Dialog mit Ihrem Gegenüber austauschen. Dennoch empfehle ich Ihnen dringend, diese Kommunikation (zumindest auch) schriftlich zu führen! Einfach weil Sie Geschriebenes immer wieder lesen können; was vor allem dann wertvoll sein mag, wenn Ihre Skepsis Sie wieder in Besitz nehmen möchte.

Ihr innerer Saboteur wird natürlich alles in seiner Macht Stehende tun, um Sie von der `Unsinnigkeit´ (so mag er das empfinden) dieser Kontaktaufnahme und eines solchen zweihändigen Dialoges zu überzeugen.

Dieser Teil unserer Persönlichkeit ist tatsächlich machtvoll – aber auch mit ihm können Sie im `Dialog der Hände´ verhandeln! Wenn er sich allzu sehr gegen all die in diesem Buch beschriebenen Spiele aufbäumt, fragen Sie ihn, wovor er Sie mit seiner Abwehr bewahren möchte. Fragen Sie ihn, was er sich von Ihnen wünscht, um sich sicher zu fühlen und Sie in Ihrer Entfaltung nicht mehr zu beeinträchtigen.

Indem Sie bewusst wieder Kontakt mit Ihrem verlorenen Geschwister aufnehmen, rehabilitieren Sie quasi Ihr inneres Kind. Damals hat wohl niemand Sie in Ihrem Austausch mit `drüben´ ernst genommen, vielleicht hat man Sie sogar lächerlich gemacht. Heute zeigen Sie dem kleinen Mädchen, dem kleinen Buben, dass es/er Recht hatte mit seiner Kommunikation! Das schenkt ihm eine wohltuende Rechtfertigung.

Stellen Sie sich vor, wie es Ihnen damals gegangen wäre, wenn einer der Erwachsenen in Ihrem Umfeld Sie in Ihrem Kontakt mir Ihrem Zwilling im Jenseits bestätigt und unterstützt hätte. Wäre das nicht höchst tröstlich und heilsam gewesen?

Natürlich schenke ich diese nachträgliche Wiedergutmachung auch dem kleinen Mädchen in mir; denn ich glaube fest daran, dass wir tatsächlich auch unsere Vergangenheit heilen können.

Wenn Sie Ihrem inneren Kind diese heilsame Bestätigung schenken, werden die Kräfte seiner Selbstheilung noch effizienter wirksam werden; und es wird aufblühen. Mögen Sie den heilsamen Effekt dieser Unterstützung aus Ihrer eigenen Zukunft bald spüren!

Übrigens kann auch die Gewohnheit, Tagebuch zu schreiben, eine wertvolle Form des Dialoges mit dem verlorenen Zwilling sein, wenn Ihnen dies liegt. Je bewusster Sie es in diesem Sinne zelebrieren, umso besser!

Alleingeborene in Beziehungen

Eines der wichtigsten Indizien ist wohl, dass sich Alleingeborene schwer tun, glückliche, erfüllte und `gesunde´ Beziehungen zu leben. Ja, die Anführungszeichen um das Wort `gesund´ scheinen mir wichtig, denn ich möchte hier nicht werten! Aber wer kennt nicht aus eigener Erfahrung dieses `ungesunde Gefühl´ in Beziehungen und Begegnungen?

Zwei Formen von menschlicher Interaktion, die ich übrigens unterscheide. Und allein diese Unterscheidung ist ja bereits ein eindeutiges Indiz für eine Alleingeborene, denn kaum ein Einling würde auf diese Idee kommen!

Partnerschaften sind jedenfalls jener Lebensbereich, der vorrangig von diesem speziellen Start ins Leben betroffen ist – und dies leider meist ziemlich destruktiv.

Alleingeborene Zwillinge inkarnieren zu zweit, erleben also von vornherein ein starkes Wir-Gefühl, das sich ihnen so tief einprägt, dass sie es dann ein Leben lang – meist leider vergeblich – suchen. Und das gilt sowohl für jene, die sich diese Suche auch zugestehen und als Schmelzzwilling Symbiose leben wollen, als auch für jene, die als Fluchtzwillinge ihren Wunsch nach Nähe, Intimität und Innigkeit verdrängen.

Bei Dritteldrillingen ist die Dynamik etwas komplexer, wie Sie später sehen werden.

Alleingeborene stehen unter einem doppelten Leidensdruck: Einerseits ist der Wunsch nach einem Du so brennend, dass sie oft geradezu zwanghaft nach einer Partnerschaft suchen. In dieser projizieren sie dann (meist unbewusst) ihre verloren gegangene zweite Hälfte auf ihr Gegenüber – was logischerweise nicht funktionieren kann.

Auf der anderen Seite quält sie ein Leben lang die panische Angst, verletzt und neuerlich verlassen zu werden. Und nicht selten beenden sie vorauseilend eine Beziehung, wenn sie den Eindruck haben, ihr Du sei in der Beziehung nicht mehr zufrieden. Damit wollen sie dem anderen zuvorkommen, um ja nicht wieder verlassen zu werden.

Und wenn der Alleingeborene gerade eine glückliche Phase im Miteinander mit seinem Du erlebt, kommt oft unwillkürlich `aus heiterem Himmel´ Panik auf. Schon einmal hat der Tod seines Geliebtesten ihn aus dem ozeanischen Einheitsgefühl mit seiner zweiten Hälfte gerissen! Dieser Schock hat sich tief in sein Körpergedächtnis eingebrannt und wird oft auch und gerade durch Glücksgefühle getriggert!

So absurd das auf den ersten Blick erscheinen mag, bei näherem Hinsehen wirkt es logisch! Denn auf der Körperebene (in der das Gedächtnis aus dieser frühen Zeit ja festgehalten wird) wirkt oft der Eindruck nach, die Gefahr der Trennung sei umso größer, je glücklicher man ist. Der Verlust des Geliebtesten scheint damit der unvermeidliche Preis für Glück zu sein.

Der folgende Text scheint mit sehr charakteristisch für einen Menschen, der stets auf der Suche ist nach seiner verlorenen zweiten Hälfte und immer wieder – trotz aller Warnungen aus der Tiefe – in Ersatzbeziehungen gerät und sich dann nicht bloß hingibt, sondern ganz und gar aufgibt.

Vorsicht

etwas in mir sagt Vorsicht
etwas in mir sagt gib Acht
etwas in mir sagt der nicht
etwas in mir sagt oh nein

aber alles andere in mir
sehnt sich unbändig nach dir
will all die Zweifel verdecken
überwältigt all die Angst
horcht nicht auf die Fragen
lacht über mein Zaudern
will nur zu dir hin
ganz rasch
ganz ohne zu denken
und flüstert mir zwingend zu
der ist es
der ist es wert
den kannst du lieben

aber etwas in mir sagt Vorsicht

etwas in mir sagt gib Acht
etwas in mir sagt der nicht
etwas in mir sagt oh nein

aber alles andere in mir
schreit ja
so laut und deutlich
so unüberhörbar
so sicher und überzeugend
dass ich gar nicht anders kann
als dich anzunehmen
ganz einfach so wie du bist

aber etwas in mir sagt Vorsicht
etwas in mir sagt gib Acht
etwas in mir sagt der nicht
etwas in mir sagt oh nein

aber alles andere in mir
meint dass du der Richtige bist
der für den es sich lohnt
meine Freiheit aufzugeben
mein Lebensziel zu verändern
nur mehr für dich da zu sein
in diesem Miteinander
vollkommen aufzugeh´n
zufrieden nur mehr dein Du zu sein
ohne jegliche Ambition

aber etwas in mir sagt Vorsicht
etwas in mir sagt gib Acht
etwas in mir sagt der nicht
etwas in mir sagt oh nein

Kennen Sie dieses Muster von sich selbst?
Oder von anderen in Ihrer Umgebung?

Sie erinnern sich: Unser eigenes Schattenverhalten (all das, was wir an uns nicht mögen und verdrängen, weil wir nicht gerne hinschauen wollen) erkennen wir viel eher an anderen.

In Wahrheit ist der Alleingeborene, auch wenn er sich gerade in einer Beziehung befindet (so glücklich sich diese im Moment auch anfühlen mag) bis zu einem gewissen Grad immer ˋam Sprung´, hat quasi ˋdie Koffer in der Türe stehen´ und wartet; ohne zu wissen, worauf. Zumindest so lange er noch keine Klarheit für den Ursprung all dieser Muster hat.

Einerseits ist da die starke Sucht nach dem Du, weil er sich nur in dessen Gegenwart richtig lebendig fühlt. Andererseits fühlt er unbewusst –, dass dieses Gegenüber nur ein Ersatz für den verlorenen Zwilling ist. Und nur ein solcher sein kann!

Wenn der Schmelzzwilling sich in einer Beziehung öffnet, gibt er sich nicht nur hin, sondern er gibt sich auf. Seine Grenzen lösen sich in der Symbiose auf; besonders dann, wenn er sich an einen zweiten Schmelzzwilling bindet. Dadurch gibt es für ihn kaum mehr eigene Entwicklung, weil er nun nicht mehr nur das Leben seines verlorenen Zwillings für diesen mit lebt, sondern darüber hinaus auch noch das des Partners oder der Partnerin. Dieses Verhalten ist vor allem in jungen Jahren sehr häufig, kann sich aber – vor allem bei Frauen! – auch bis weit ins hohe Alter erstrecken.

Nachdem in der Offenbarung des verlorenen Zwillings dieses Muster erkannt und anerkannt wurde, kann der Alleingeborene in seiner Heilung wieder in Resonanz mit seiner Seele finden. Dann kommt seine Persönlichkeitsentwicklung wieder in Gang, und er kann sein Potenzial als Single oder innerhalb einer Beziehung auf Augenhöhe entfalten.

Verlustangst / Eifersucht

Die aus ihrem frühen Trauma verständliche Verlustangst Alleingeborener äußert sich nicht selten auch in peinigender Eifersucht! Wer diese Emotion schon erlebt hat – sowohl in der aktiven als auch in der passiven Rolle – weiß, wie quälend sie ist. Und zwar für beide Beteiligten! Und sie kommt vor allem bei gemischten Paaren vor: also Einling mit Halbzwilling. Aber bis zu einem gewissen Grad gilt das auch für Partnerschaften zwischen Schmelz- und Fluchtzwillingen; speziell aber für Dritteldrillinge in verschiedenen Konstellationen.

Der Schmelzzwilling sucht extreme Nähe, Innigkeit und Verbundenheit; damit ist in einer Verbindung mit einem Einling das Drama bereits vorprogrammiert. Ein Mensch, der seine Inkarnation nicht in dieser extrem engen Nähe begonnen hat, ist auf diese auch nicht programmiert, nicht eingestellt, nicht eingestimmt – und er hält sie daher kaum aus! Also sucht er immer wieder den Abstand und braucht jene Freiheit, in der er auch einmal mit sich selbst alleine sein kann – so wie zu Beginn seiner Inkarnation.

Der Halbzwilling kennt dieses Bedürfnis jedoch nicht – für ihn ist Einheit mit einem Du vom Beginn seines Lebens in körperlicher Form der Normalzustand. Daher fühlt er sich durch diese Distanz bedroht, empfindet sie als Entfremdung und interpretiert dann oft aus seinem Unverständnis die Gefahr eines Rivalen, einer Rivalin hinein. Dies löst entsetzliche Panik auslöst, den geliebten Menschen wieder zu verlieren – ebenso wie damals den Zwilling.

Hinzu kommt aber noch etwas. Wie bereits erwähnt, reagieren viele der Mütter, die unbewusst Zwillinge erwartet, dann aber bloß ein Kind bekommen haben, ambivalent und für das allein geborene Kind emotional nicht nachvollziehbar. Es ahnt in seiner Hochsensibilität, dass es da etwas wie eine Rivalität gibt, die zwar nie bewusst ausgesprochen wird – weil sie der Mutter ja gar nicht bewusst ist, also auch gar nicht benannt werden kann –; die jedoch subliminal verheerend wirkt. Diese unbewusste Rivalität ist meist der erste Auslöser für die oft überbordende Eifersucht, die für Alleingeborene so typisch ist.

Damit beginnt ein oft lebenslanger Leidensweg, aus dem ohne die entsprechende Klärung nur schwer zu entkommen ist, weil die Wurzel so tief im Unbewussten vergraben ist.

Anders ausgedrückt beruht die Eifersucht vieler Halbzwillinge auch auf einem wieder Aufflammen ihrer unbewussten Eifersucht auf ihre nicht geborene zweite Hälfte, die wie ein unbewusster Schatten die Aufmerksamkeit der Mutter absorbiert hat.

Wobei Alleingeborene natürlich nicht auf den verlorenen Zwilling als Person oder Wesenheit eifersüchtig waren. Aber unbewusst haben sie Eifersucht empfunden auf dieses numinose Wesen, das ihnen die Liebe ihrer Mutter scheinbar streitig gemacht und entzogen hat – und das war nun einmal der verlorene Zwilling.

Das mag angesichts ihrer tiefen Verbundenheit absurd klingen, wird aber verständlicher, wenn man bedenkt, dass all das ja völlig unbewusst geschieht.

Haben auch Sie schon früh in Ihrem Leben wahrgenommen, dass Ihre Mutter Ihnen nicht die uneingeschränkte Liebe geben konnte, die Sie sich gewünscht hätten?
Ganz besonders, wenn Sie als Mädchen zur Welt gekommen sind, während eigentlich ein Bub gewünscht war; oder umgekehrt Sie der Bub waren, der eigentlich ein Mädchen werden hätte sollen?
Hatten auch Sie immer wieder das Gefühl, nicht genug zu sein?
Fühlten Sie sich nicht richtig?
Waren Sie in Ihrem So-Sein nicht wirklich erwünscht?

Ich denke, wir sollten unseren Eltern – und hier vor allem unserer Mutter – deshalb keine Vorwürfe machen. Niemand kann mehr geben, als er hat. Vor allem laufen alle diese Verhaltensmuster ja unbewusst ab!

Was wir meiner Ansicht jedoch tun sollten, wenn uns all diese Mechanismen klar werden, ist, uns selbst nun all das zu geben, was uns als Kind abgegangen ist: Liebe, Fürsorge, Wertschätzung, Achtung, Rückhalt, Geborgenheit, Bestätigung, Ermutigung, Schutz, Lob, Anerkennung und ein herzliches Willkommen...

Wie wäre es, wenn Sie Ihre eigene Geburt in einer neuen, glücklicheren Version durchspielten und sich darin selbst so, wie Sie sind, willkommen hießen?

Dann sind Sie nämlich auch viel eher bereit und imstande, eine gesunde, erfüllende und zufriedene Beziehung mit einem anderen

Menschen zu führen, weil Sie nicht mehr ständig den verlorenen Zwilling suchen.

Am ehesten funktionieren unsere Beziehungen – wie leicht nachvollziehbar ist – mit anderen Halbzwillingen! Und natürlich haben Alleingeborene eine starke Resonanz zu ebensolchen; daher finden sie einander instinktiv und gehen voller Liebe eine Beziehung ein.

Die klarerweise umso eher glücken wird, je bewusster die beiden sich ihrer Anlage sind!

Jedoch gestalten sich auch diese zuweilen prekär, so lange den beiden die Bewusstheit ihres So-Seins noch fehlt und daher noch keine Heilung stattfinden konnte. Dann projizieren beide ihren verlorenen Zwilling jeweils auf ihr Du.

Idealerweise sollten also beide Partner sich ihrer Anlage bewusst sein. Dennoch kann eine innige Beziehung mit einem bewussten Halbzwilling auch den seiner Anlage noch nicht bewussten anregen, sich seines Ur-Traumas klar zu werden. Und dann kann gerade in einer erfüllten Beziehung relativ rasch und leicht Heilung geschehen.

Liebe ist meinem Gefühl nach das Allheilmittel, wird also auch hier Wunder wirken! Ja, ich bin fest davon überzeugt, dass Liebe alles zu heilen vermag – besonders dann, wenn es bewusste Liebe ist! Also Liebe in voller Bewusstheit und Liebe aus der Bewusstheit! Denn dann ist es Liebe, in der Verständnis mitschwingt!

So wird meines Erachtens ein bewusster Halbzwilling einem noch nicht bewussten Alleingeborenen einen ganz anderen Grad an Verständnis entgegenbringen können als jeder andere Mensch.

Ein interessantes Phänomen in Beziehungen ist auch der Zweifel, ob man sich eine andere Beziehung überhaupt erlauben darf. Ich kann erst heute den Grund für den recht bedrohlich wirkenden Erstickungsanfall während meiner ersten Hochzeit nachvollziehen.

Damals dachte ich, ich hätte mich einfach verschluckt. Aber je mehr ich mich mit diesem Thema auseinandersetze, umso mehr von all den Zeichen und Hinweisen kann ich erkennen, die mich offenbar mein Leben lang auf meine Anlage als Alleingeborene hinweisen wollten.

So weiß ich heute, dass etwas in mir nicht bereit war, diese Ehe einzugehen, weil es den Eindruck hatte, damit meinen verlorenen Bruder Jascha zu verraten, ihm untreu zu werden – vielleicht auch irgendein Gelübde zu brechen.

Kennen Sie den Film: „Die Braut, die sich nicht traut"? Ist das nicht das klassische Beispiel einer noch nicht geheilten Alleingeborenen?

Und haben Sie sich schon einmal über all die Videos über `Missgeschicke´ bei Hochzeiten amüsiert?

All das sind aus meiner Sicht deutliche Anzeichen für eine unbewusste Selbstsabotage.

Spezialfall: Dritteldrillinge

Wie vorhin bereits kurz erwähnt, resultiert eine ganz spezielle Variante von Eifersucht daraus, wenn bei Drillingen ein oder zwei Geschwister verloren gehen. Wenn ein Drilling früh wieder heimkehrt und zwei Kinder geboren werden, spielt Eifersucht auf die jeweiligen Partner eine besondere Rolle.

Aber auch die für alle Beteiligten stressvolle Thematik der Dreiecksbeziehungen wird hier sehr aktuell – zumindest so lange die beiden geborenen Dritteldrillinge sich dieser Dynamik nicht bewusst sind. Diese beruht auf dem unbewussten Wunsch, die ursprüngliche Dreiheit wieder herzustellen; was natürlich enorme Probleme mit sich bringt, wie jeder weiß, der so etwas schon einmal erlebt hat.

Drillinge sind einander natürlich auch sehr nahe, aber in den meisten Fällen sind zwei davon einander noch näher (oft sind diese eineiig) und haben zum dritten (meist zweieiigen) Geschwister etwas mehr Distanz. Dabei scheint auch der Zeitpunkt des Verlustes eine Rolle zu spielen.

So ist mir mein Bruder Jascha näher – und war auch rascher zugänglich – als sein in einem viel früheren Stadium verlorener eineiiger Zwilling. Offenbar prägen und vertiefen die gemeinsam im Mutterleib verbrachten Wochen bis Monate die Beziehung auch bei nicht eineiigen Mehrlingen stark.

Das mag unter anderem auch daran liegen, dass das Loch in der Aura des Alleingeborenen umso größer ist, je später das Geschwister stirbt. Ich denke, da wird noch einiges an Forschungsarbeit nötig sein, um all die zusammen wirkenden Faktoren zu klären.

Mir haben jedenfalls die Sitzungen bei meiner Aura-Therapeutin nicht nur die Augen geöffnet, sondern auch geholfen, meine Aura wieder zu heilen. Und ich würde jedem Menschen, der sich als Alleingeborener identifiziert, dringend ans Herz legen, eine solche Spezialistin / einen solchen Spezialisten zu konsultieren! Damit ist es aus meiner Sicht noch nicht getan; aber die Heilung auf energetischer Ebene ist enorm hilfreich, um dann auch die emotionale und mentale Heilung möglich zu machen.

Wenn der distanzierte Drilling heimkehrt, werden bei den beiden eng miteinander verbundenen Dritteldrillingen (die im Grunde genommen ja Zwillinge sind) namenlose Schuldgefühle überwiegen und sich wahrscheinlich besonders viele selbst zerstörerische oder zumindest selbst sabotierende Muster zeigen. Einfach weil sie unbewusst annehmen, ihre enge Verbundenheit hätte ihren verstorbenen Drilling ausgeschlossen und so quasi heimgeschickt. Und sie werden genau wie Halbzwillinge in all ihren Partnern ihr verlorenes Geschwister suchen.

Stirbt jedoch einer der beiden enger miteinander verbundenen Drillinge, wird es zwischen den beiden Geborenen eine besonders starke Thematik der Eifersucht geben – so wie prolongiert aus der frühen Schwangerschaft. Jener, der sein eineiiges Geschwister verloren hat, wird vermutlich mehr unter diesem Verlust und dem starken Gefühl der Einsamkeit leiden als der andere; bei dem vermutlich die Schuldgefühle überwiegen werden. Aber beide werden zu Dreiecksbeziehungen neigen.

Ich kenne Zwillinge, deren jede in einer fatalen Beziehung mit einem gebundenen Mann gefangen scheint, weil sie genau diesem Muster folgen. Und sie sind jeweils extrem eifersüchtig auf den Partner der anderen (ohne es jedoch zugeben zu wollen), der jeweils als Surrogat für den verlorenen Drilling dient. Somit wiederholen beide in ihrem Leben diese Dreiecksthematik.

Wenn zwei eineiige Zwillinge mit etwas zeitlichem Abstand nacheinander sterben und nur der zweieiige Drilling geboren wird, kommt bei diesem besonders die Thematik des sich ausgeschlossen Fühlens zum Tragen. Er hat sich den beiden Geschwistern natürlich nahe gefühlt und wollte so gerne dazu gehören.

Daher bestand nach dem frühen Heimgang eines der beiden die Tendenz, sich in der verbleibenden gemeinsamen Zeit besonders stark auf das erst später verstorbene Geschwister zu fixieren. So als wollte er dieses über den Verlust seiner zweiten Hälfte trösten. Zugleich aber auch diese ersetzen – was natürlich nicht möglich ist. Bei diesen Menschen wird das Thema Ausgeschlossenheit besonders stark sein und allzu oft in Mobbing resultieren.

Das heißt für mich, dass Menschen, die solches (beruflich oder privat im Freundes- oder Familienkreis) erfahren, versuchen sollten, ihrem Verhalten, das sie für Mobbing überhaupt resonant gemacht hat, auf den Grund zu gehen. Dazu fände ich es klug, zu hinterfragen, ob sie vielleicht Alleingeborene sind, die zwei eineiige Geschwister in der Schwangerschaft verloren haben.

Kennen auch Sie solche Dreiecksbeziehungen aus Ihrem eigenen Leben?
Oder aus Ihrer Umgebung?
Haben Sie bereits Mobbing erlebt – oder erfahren Sie es gerade aktuell?
Welche Rolle spielt Eifersucht in Ihrem Leben?
Wenn Sie einen gemeinsam mit Ihnen geborenen Zwilling haben – sind Sie sehr eifersüchtig auf dessen Partner?

Dritteldrillinge, die zwei Ihrer Geschwister verloren haben, scheinen mir auch besonders fürsorglich zu sein; was vielleicht darauf zurückzuführen ist, dass meist nicht beide Früchte gleichzeitig verloren gehen, sondern in zeitlichem Abstand. Und die beiden bleibenden dürften dann – wohl aufgrund der gemeinsamen Verlusterfahrung – ganz besonders stark aufeinander fokussiert sein und die Tendenz haben, das Gegenüber über den Verlust trösten und quasi Ersatz für das heimgekehrte Geschwister bieten zu wollen.

Ist vielleicht auch bei Ihnen die Tendenz zu Fürsorge besonders ausgeprägt?

Darüber hinaus scheint mir die Vielseitigkeit, zu der wir Alleingeborenen generell neigen, bei uns Dritteldrillingen noch ausgeprägter zu sein. Wenn Sie also nicht bloß zwei oder drei Berufe erlernt haben, sondern weit mehr angesammelt haben, dann würde ich an Ihrer Stelle in die Tiefe gehen und beispielsweise mit dem `Dialog der Hände´ Klarheit schaffen.

Wobei ich annehme, dass sich auch Ihre Mehrlinge dann (ähnlich wie bei mir) erst nach und nach outen! Da kommt vielleicht erst einmal eine Ahnung hoch... dann bekommen Sie den einen oder anderen Hinweis... die eine oder andere Bestätigung... und dann erst finden Sie Ihre Gewissheit.
Möglicherweise braucht es dazu auch die aura-therapeutische Aufklärung und energetische Heilung!

Wie viele Geschwister haben Sie tatsächlich verloren?
Fühlen Sie sich als Halbzwilling?
Oder nach dem Lesen dieses Kapitels doch eher als Dritteldrilling?

Harmonie-Sucht in Beziehungen

Vielleicht kennen Sie die Bezeichnung `Harmonie-Wachtel´, die genau das anspricht: Konflikte, Gegeneinander und Konkurrenz verursachen Alleingeborenen massiven Stress – ich bin im Kapitel zum Beruf bereits darauf eingegangen. Solche Menschen fühlen sich nur in Harmonie, im Miteinander und in Win-win-Situationen wohl.

Daher mögen sie meist auch keine Spiele, bei denen nur einer gewinnen kann, während andere verlieren. So nehme ich an, dass die `New Age Spiele´, in denen es kein Gegeneinander gibt, sondern immer miteinander gespielt wird, Erfindungen von Halbzwillingen sind.

Daher sind auch Konflikte in Partnerschaffen schmerzhaft und kaum auszuhalten, weil immer massive Verlustangst mitschwingt! Der Alleingeborene hat panische Angst, durch Streit und Konfrontationen die Zuneigung, Liebe und Wertschätzung seines Du zu verlieren. Lieber nimmt er sich zurück, als für sich selbst einzustehen. Tief in ihm wirkt die Überzeugung nach, er wäre verantwortlich für den Tod seines Zwillings – vielleicht, weil er zu wenig auf ihn eingegangen ist; oder weil er irgendetwas falsch gemacht und ihn damit enttäuscht hat; sodass dieser lieber gestorben ist, als bei ihm zu bleiben. Und genau das möchte er nie wieder erleben!

Das mag aus heutiger Sicht absurd klingen, aber solche Schlüsse resultieren aus dem massiven Stress dieses Verlustes und der ewigen Frage:

„Warum???"
„Warum musste ich alleine zur Welt kommen?"
„Warum hat mich mein Zwilling verlassen?"
„Warum haben mich meine beiden Drillinge verlassen?"
„Was habe ich falsch gemacht?"
„Warum?"

Diese Fragen begleiten Alleingeborene ihr ganzes Leben. Aber auch diese Fragen wirken im Unbewussten, was es bis zur Klärung unmöglich macht, die immer noch mehr stressenden Annahmen, die daraus resultieren, mit vernünftigen Argumenten zu entkräften.

Ungleichgewicht zwischen Geben und Nehmen

Ein weiteres wichtiges Thema ist das Ungleichgewicht zwischen Geben und Nehmen. Auch dieses ist bei bewussten Alleingeborenen ausgeglichener als bei jenen, die sich ihrer Anlage noch nicht bewusst sind.

Kennen Sie dieses zwanghafte Geben, dem die Unfähigkeit, oder zumindest die große Schwierigkeit im Annehmen gegenüber steht, von sich selbst?
Können Sie auch viel besser geben als annehmen?
Oder beobachten Sie ein solches Verhalten bei anderen in Ihrer Umgebung?

Sie erinnern sich: oft fällt uns unser eigenes Verhalten, das wir verdrängen, an anderen leichter auf.

Wenn auch Sie besser geben als annehmen können, sind Sie damit nicht alleine! Auch diese Tendenz resultiert aus dem Schuldgefühl, alleine überlebt zu haben und dem daraus resultierenden Mangel an Selbstwertgefühl. Und sie reicht von der automatischen Ablehnung von Einladungen und nett gemeinten Komplimenten bis zur geradezu reflexartigen Zurückweisung von Geschenken.

Dahinter liegt ganz klar das komplexe Gefühl von:
„Ich bin es nicht wert, dass man mich lobt; ich bin es nicht wert, dass man mich verwöhnt; ich bin es nicht wert, dass man sich mir widmet; ich bin es nicht wert, dass man mich wertschätzt: ich bin es nicht wert, dass man etwas für mich tut; ich bin es nicht wert, geliebt zu werden – ich habe all das nicht verdient!"

Ich werde im Zusammenhang mit unserer Atmung noch einmal auf dieses Thema zurückkommen – weil es eng mit dieser körperlichen Funktion zusammenhängt. Hier sei nur Folgendes vorweg genommen: So wie Sie einatmen müssen, um ausatmen zu können, so braucht es zuerst die Ausatmung, um Raum für die Einatmung zu schaffen.

Aus meiner Sicht sollten Geben und Nehmen in einer Beziehung möglichst ausgeglichen sein – wobei die beiden Partner natürlich abwechselnd ihre jeweiligen Stärken einbringen können. Und es mag phasenweise auch unterschiedliche Schwerpunkte geben; aber im großen Überblick sollte es einen harmonischen Ausgleich geben!

Um diesen zu erkennen, braucht es etwas mehr Bewusstheit, als wir im Alltag üblicherweise leben. Die folgenden Fragen können im Sinne dieser Bewusstseinserweiterung wertvoll sein:

Wie geht es Ihnen mit Komplimenten?
Wie reagieren Sie, wenn jemand Sie und Ihre Leistungen lobt?
Wie gut können Sie Geschenke annehmen?
Können Sie Einladungen annehmen?
Und sich helfen lassen?
Und wie sieht es im umgekehrten Fall aus?
Geben Sie gerne Komplimente?
Wie geht es Ihnen, wenn diese zurückgewiesen werden?
Loben Sie gerne?
Wie geht es Ihnen, wenn Ihr Gegenüber dieses Lob nicht annehmen kann?
Schenken Sie gerne?
Wie geht es Ihnen, wenn jemand Ihr Geschenk zurückweist?
Laden Sie gerne andere ein?
Wie geht es Ihnen, wenn Ihre Einladung nicht angenommen wird?
Helfen Sie gerne?
Wie geht es Ihnen, wenn Ihre Hilfe zurückgewiesen wird?
Welche Fragen zu diesem Thema fallen Ihnen noch ein?
Was würden Sie eine andere Person fragen, bei der Ihnen ein solches Verhalten auffällt?

Sexualität

Auch das Thema Sexualität ist aus meiner Sicht nicht unwesentlich und kann sehr ambivalente Züge annehmen. An sich könnte man Alleingeborene als 'gute Liebhaber' bezeichnen – sofern so ein solcher Begriff überhaupt berechtigt ist.

Nicht nur weil sie zu außerordentlicher Innigkeit, Intimität und Nähe fähig sind, weil sie sich ganz und gar hingeben und dabei besonders zärtlich und sinnlich sein können; sondern auch weil sie in ihrer ausgeprägten Einfühlungsfähigkeit und Aufmerksamkeit die Wünsche und Vorlieben ihres Du oft noch vor diesem ahnen.

Und wenn sie von ihrem Ur-Trauma geheilt sind, erlauben sie sich, ihre starke Sinnlichkeit und ihr ausgeprägtes Lustbedürfnis, das wohl aus der frühen körperlichen Nähe zu einem geliebten Wesen resultiert, auch voll auszuleben.

Und es ist ähnlich leicht nachvollziehbar, dass für Einlinge diese stark ausgeprägte Leidenschaftlichkeit, die oft geradezu ekstatische Sinnlichkeit und der intensive Wunsch nach Verschmelzung, Durchdringung und Einswerdung leicht zur Überforderung werden können.

Wie heute im Ultraschall nachweisbar ist, interagieren Zwillinge im Mutterleib intensiv miteinander. Sie berühren und streicheln einander. Sie erleben also sehr früh schon (viel früher als Einlinge!), intensiven körperlichen Kontakt in inniger Nähe und Verbundenheit. Und es scheint sogar eine erotische Komponente mitzuspielen, weil einige Gynäkologen im Ultraschall bei männlichen Feten Erektionen erkennen konnten.

Daher sind für Alleingeborene körperliche Leidenschaft, Erotik und Sexualität besonders wesentliche Lebensbereiche. Nachhaltig erfüllend aber erst dann, wenn sie die Tatsache, dass sie zu Beginn ihres Lebens nicht alleine gewesen sind, erkannt und anerkannt haben. Damit befreien sie sich aus der Enge des Traumas und ebnen sich den Weg zu erfüllender Ekstase mit einem entsprechenden Gegenüber – idealerweise einem zweiten Halbzwilling!

Das klingt nur leider viel versprechender, als es sich oft lebt. Denn bei den meisten wird diese tiefe Sehnsucht nach inniger

Verschmelzung nicht oder nur in kurzen Phasen erfüllt. Dann besteht die Tendenz, Sexualität aus Angst vor weiteren Enttäuschungen abzulehnen und lieber platonische Beziehungen zu leben. Diese scheinen eher dem hohen Ideal zu folgen und bringen daher nicht so sehr die Gefahr von Enttäuschungen mit sich.

Das folgende Gedicht scheint mir ein schönes Beispiel für die Innigkeit zu sein, zu der Halbzwillinge fähig sind:

Dein Blick

Dein Blick glüht lange noch
in meiner Tiefe nach
wenn du gegangen bist ...

Und deiner Stimme Klang
schwingt lange nach in mir
wenn dein „ich lieb dich"
längst verklungen ist ...

Das Streicheln deiner Hände
ist zärtlich noch zu spüren
hast du aus meinen Armen dich gelöst ...

Dein Atem spielt auf meiner Haut
erregend und vertraut
wenn unsere Leidenschaft zur Neige geht ...

Ich nehm´ den Duft
der so sehr deiner ist
in meinen Alltag mit
bin längst in ihm daheim ...

Dein Blick glüht lange noch
in meiner Tiefe nach
wenn du gegangen bist ...

Lebenslange Suche / ewiges Warten

Alleingeborene sind ihr Leben lang auf der Suche:
Auf der Suche nach ihrem verlorenen Geschwister.
Auf der Suche nach ihrer `Dual-Seele´.
Auf der Suche nach ihrem `Seelen-Gefährten´.
Auf der Suche nach ihrer `Zwillings-Flamme´.
Auf der Suche nach Antworten auf die unzähligen Fragen, die ihnen durch den Kopf gehen.
Auf der Suche nach Heilung und Erleichterung.
Auf der Suche nach der endlichen Erlösung!

Und daher sind sie nach allen Richtungen offen, aus denen Antworten und Erklärungen kommen können. So durchlaufen viele von ihnen eine Therapie nach der anderen; besuchen ein Seminar nach dem anderen; absolvieren ein Studium nach dem anderen; bereisen ein fernes Land nach dem anderen; durchlaufen eine Beziehung nach der anderen; verschlingen ein Selbsthilfebuch nach dem anderen und lieben es, Austausch zu all dem, was sie beschäftigt, zu pflegen – allerdings vorwiegend mit Menschen, die ebenso interessiert und offen sind wie sie.

Jenen gegenüber, von denen sie sich nicht verstanden fühlen, verschließen sie sich – nach vielen enttäuschenden und schmerzhaften Erfahrungen des sich unverstanden Fühlens. So wie sie sich schon als Kind gerne in ihren elfenbeinernen Turm zurückgezogen haben.

Der Austausch mit Therapeuten hat den Vorteil, dass diese zumindest Verständnis spielen, oft aber auch tatsächlich einbringen können. Viele von ihnen sind ja ebenfalls Alleingeborene, wiewohl die meisten sich dessen noch nicht bewusst sind. Einfühlsame Therapien sind wohltuend in der Resonanz mit der therapierenden Person, die der Halbzwilling in seiner Hochsensibilität sehr rasch als Leidensgenossin oder Leidensgenosse erahnt. Zuweilen gilt das auch für die Therapeuten selbst.

Der Wunsch nach Ähnlichkeit ist bei Mehrlingen besonders stark ausgeprägt. Wenn Sie sich einen kleinen Rückblick auf Ihr Leben erlauben, werden Sie mir das bestätigen können, nicht wahr? Je mehr Ähnlichkeit Sie zu einer anderen Person wahrnehmen konnten, umso angenehmer war Ihnen deren Gegenwart. Das geht bis zum Partnerlook, den Alleingeborene besonders lieben.

Wenn Sie nach meiner Beschreibung nun den Eindruck haben, Sie hätten etwas versäumt, wenn Sie sich noch nicht mehrere Therapien und eine ganze Reihe von Seminaren zur Selbsterfahrung und Persönlichkeitsentfaltung gegönnt haben, dann kann ich Sie beruhigen! Sie können all das auch alleine schaffen, wenn Sie bewusst auf all die Signale und Synchronizitäten achten, die Ihre Seele Ihnen vermittelt. Es gibt durchaus ein paar wertvolle Techniken, deren ich jene, die mir und vielen anderen geholfen haben, hier beschreibe. Aber das wichtigste Heilmittel ist aus meiner Sicht ohnehin Ihre Liebe zu sich selbst.

Und das Schöne ist: Sie haben Liebe in all ihren Facetten jederzeit zur Verfügung! In Form von Fürsorge, Aufmerksamkeit, Achtung, Bewunderung, Wertschätzung, Anerkennung, Bestätigung, Trost, Verwöhnung, Ermutigung ...

Vielleicht haben Sie auch schon gehört oder gelesen, dass Sie eigentlich alles, was Sie zu Ihrem Glück brauchen, in sich haben. Und das schließt natürlich Ihre Heilung mit ein! Natürlich können Seminare ergötzlich sein, und ich möchte jene, die ich besucht habe, großteils nicht missen. Aber wirklich notwendig – im Sinne meine Not wendend – war kaum eines; einfach weil kein einziges mein Grundproblem angesprochen hat. Die allerwichtigsten Impulse kamen immer aus meiner Seele: in Form von Hinweisen, Signalen, Synchronizitäten, Zeichen, Aphorismen, Orakelsprüchen. Und über den `Dialog der Hände´ von meinem Vater und meinem Bruder!

Ich meine damit, wenn wir Alleingeborenen ein Leben lang auf der Suche sind und unseren vielseitigen Interessen nachgehen, dann sollten wir das nicht aus der Not unseres Ur-Traumas – im weg Streben vom Schmerz des `ich bin nicht genug´ – tun, sondern aus dem einfachen Wunsch, unseren Horizont zu erweitern. Also im Streben nach einem auf allen Ebenen erfüllten und erfüllenden Leben.

Die Frage bei all dem ist ja vor allem die Motivation: Also warum suchen wir überall nach Rettung, Heilung oder zumindest Linderung? Möchten wir all diese Seminare aus Interesse und Lust an der Begegnung mit neuen Menschen besuchen? Oder wollen wir teilnehmen, weil wir glauben, sie unbedingt zu brauchen, weil uns etwas fehlt; weil wir ohne sie nicht gut genug sind, nicht perfekt, nicht zufrieden stellend – für welches Maß auch immer? Denn in einem solchen Mangelbewusstsein wird auch das beste Seminar nicht viel bringen.

Daher geht die Suche ja ständig weiter. Weil wir entweder gar nichts für uns Verwertbares finden. Oder aber weil das, was wir finden, letztlich kaum je die erhoffte Befreiung und Heilung bringt. Zumindest nicht auf Dauer!

Wir können diese nicht im Außen finden.

Erst wenn uns klar ist, was die Ursache für unseren Ur-Schmerz ist, können uns all die Methoden, die ich durchaus als wertvoll erachte und nicht missen möchte, tatsächlich gute Dienste erweisen. Aber ohne die entsprechende Klarheit werden sie uns nicht nachhaltig den gewünschten Erfolg bescheren.

Vielleicht kennen Sie das Phänomen, dass wir nach einem solchen Wochenendseminar energetisch aufgeladen und voller Begeisterung heimkommen. Aber bald schon holt uns der Alltag wieder ein. Und all die alten Muster, die wir dachten, nun endlich bewältigt zu haben, nehmen uns bei der ersten Gelegenheit wieder gefangen.

Ich kenne diese Erfahrung übrigens aus der Sicht beider Seiten! Einerseits habe ich auf meiner eigenen Suche unzählige solcher Seminare besucht; andererseits aber dreißig Jahre lang selbst Seminare zur Persönlichkeitsbildung gehalten. Und für mich war beides ungemein frustrierend: sowohl meine eigenen Rückfälle in altes Verhalten, das ich so intensiv bearbeitet hatte! Als auch jene meiner Teilnehmer und Teilnehmerinnen – für die ich mich in typischer Alleingeborenen-Manier natürlich verantwortlich fühlte.

Was habe ich falsch gemacht?
War ich nicht gut genug?
Warum ist der Effekt nicht nachhaltig?
Warum konnte ich diesen Menschen nicht helfen?
Was muss ich anders machen?

Und dann war ein einziges kritisches Feedback nur Wasser auf die Mühlen meines inneren Saboteurs; während all die positiven Rückmeldungen irrelevant schienen.

Kennen Sie solche und ähnliche Erfahrungen?
Fragen Sie sich auch ständig, was Sie falsch gemacht haben, wenn es anderen nicht gut geht?

Fragen Sie sich auch, wo Ihr Fehler liegt, wenn andere unzufrieden sind?
Zweifeln Sie auch stets daran, ob Sie gut genug sind?

Das Problem bei unbewussten Alleingeborenen liegt ja darin, dass sie gar nicht genau wissen, wonach sie suchen. Einfach weil sie sich der Ursache dieser Suche und des Grundes für ihre latente Unzufriedenheit nicht bewusst sind. Also können sie gar nicht fündig werden. Das heißt, selbst wenn sie Wertvolles und Hilfreiches für sich gefunden haben, können sie es gar nicht so recht integrieren und für ihre Heilung verwerten; weil sie im Grunde gar nicht wissen, was überhaupt der Heilung bedarf.

Was wir suchen, ist unser in Wahrheit scheinbar (und körperlich tatsächlich) verloren gegangenes Geschwister.
Und was es zu heilen gilt, ist unsere daraus resultierende Wunde.
Das zu wissen, ist entscheidend!

So mag nun für Sie eine neue Lebensphase beginnen. Wir könnten auch sagen: Sie beginnen eine neue Windung auf der nächsten Ebene Ihrer Entwicklungsspirale. Und das ist ähnlich wie auf einem Berg: Je höher Sie steigen, umso weiter können Sie sehen; umso weiter reicht Ihr Überblick. Mit dem neuen Wissen, der neuen Einsicht können Sie sich nun um vieles wirksamer und rascher helfen und sich Ihrer Heilung hingeben.

Wie bereits erwähnt, ist ein stark wirksames Charakteristikum von Alleingeborenen der Wunsch, alles kontrollieren zu wollen. Und dieser Kontrollzwang kann nun mit der erhellenden Einsicht in Ihre Anlage langsam wegfallen. Erinnern Sie sich: „Nicht machen, sondern bereit machen!" ist die Devise.

Auf diesem Weg darf durchaus ab und zu etwas Selbstmitleid aufkommen. Eine meiner Energetikerinnen hat mir empfohlen, mein Selbstmitleid als ersten Schritt in die richtige Richtung zu sehen – in Richtung bedingungsloser Selbstliebe. Ich finde, das klingt klug!

Geben Sie sich die ausdrückliche Erlaubnis dazu! Trachten Sie jedoch immer danach, sich dessen auch bewusst zu sein. Wenn Sie tatsächlich ein kleines `Bad im Selbst-Mitleid´ ☺ nehmen, dann tun Sie das bitte sehr bewusst und mit Humor! Schauen Sie sich dabei selbst über die Schulter und zelebrieren Sie das möglichst nicht allzu lange!

Im allzu langen Bad in Ihrem Selbstmitleid laufen Sie zwar nicht Gefahr, sich zu verkühlen ☺; aber auf Dauer ist das ein Zustand, der Sie energetisch hinunterzieht. Was sofort wieder rückgängig gemacht wird, wenn Sie sich – wohlgemerkt liebevoll! – über sich selbst amüsieren können.

Leider ist Humor a priori nicht eine der großen Stärken bei Menschen mit dieser Prägung, einfach weil sie ihr Leben zumeist als ernst und schwer empfinden.

Sehen Sie viele lachende Gesichter, wenn Sie sich alte Fotos aus Ihrer Kindheit anschauen?
Haben Sie als Kind so viel gelacht, wie es eigentlich wünschenswert wäre?

Alleingeborene sind in ihrer Kindheit meist ernst.

Zumindest wird das Leben als ernst und schwer empfunden, solange das Ur-Trauma noch nicht geheilt ist. Humor braucht eine gewisse Leichtigkeit, zu der die meisten von uns nicht so leicht Zugang haben; obwohl wir uns im Grunde nichts mehr wünschen als diese! Humor ist eine Funktion des Stirnlappens in unserem Gehirn, der unter Stress ja durch Minderdurchblutung ausgeschaltet ist.

Die medizinische Erklärung wäre also, dass Alleingeborene die meiste Zeit ihres Lebens unter Stress stehen, sich also erst über die Entstressung wieder Zugang zu Ihrem Humor erspielen müssen.

Das Spiel `Abheben und darüber Stehen´ kann dabei übrigens sehr hilfreich sein, weil es uns etwas aus der Erdenschwere hebt!

Die gute Nachricht ist jedenfalls, dass wir in entstressender Heilung auch unseren Humor und unsere Leichtigkeit wieder finden können – schon alleine dafür lohnt es sich doch, uns für Heilung bereit zu machen, nicht wahr?

Wenn uns klar geworden ist, dass das, was wir ein Leben lang vergeblich gesucht haben, unser verlorenes Geschwister ist, dann können wir diese Suche gezielt angehen. Indem wir uns bewusst für die Wahrnehmung unseres bisher vermissten Zwillings (oder Drillings) öffnen, können wir ihn in verschiedener Form wahrnehmen. So kann es sein, dass wir eine Weile unwillkürlich Ausschau halten nach in etwa gleichaltrigen Männern oder Frauen (je nach dem

Geschlecht unseres verlorenen Mehrlings), während wir unterwegs sind.

Wie sehen die Menschen aus, bei denen Sie trotz tatsächlicher Fremdheit eine merkwürdige Vertrautheit spüren?
Bei wem haben Sie den Eindruck, Sie würden sie oder ihn seit ewigen Zeiten kennen, obwohl Sie diesen Menschen nie zuvor gesehen haben?
Wer fesselt Ihren Blick, obwohl Ihnen gar nicht klar ist, wieso?
Vielleicht gibt es da Ähnlichkeiten zu Ihrem verlorenen Geschwister?

Oft fragen wir uns, wie unser verlorenes Geschwister jetzt wohl aussehen würde, wäre es nicht so früh schon heimgegangen, sondern mit uns gemeinsam zur Welt gekommen. Wahrscheinlich finden wir kein genau passendes Pendant, das uns so ähnelt; aber alleine unsere wache Aufmerksamkeit scheint mir wertvoll zu sein.

Eine interessante Möglichkeit könnte auch sein, unser Bild seitenverkehrt zu spiegeln – vielleicht sähe so unser Zwilling (Drilling) aus? Das ist allerdings meist nicht so verblüffend, weil wir uns im Spiegel ja selbst seitenverkehrt sehen.

Viel erstaunlicher ist es, unsere beiden Gesichtshälften jeweils in einem eigenen Bild zu verbinden. Dazu kopieren wir ein Gesicht aus jeweils zwei linken und eines aus jeweils zwei rechten Hälften zusammen; in einem Programm zur digitalen Bild-Bearbeitung ist das mit entsprechendem Wissen gar nicht so schwierig. Wichtig ist dabei nur, dass Sie ein frontal aufgenommenes Bild haben, bei dem die Nase möglichst im Lot ist, damit Sie diese gut teilen können.

Das Ergebnis wird natürlich umso verblüffender sein, je unterschiedlicher die beiden Hälften Ihres Gesichts sind. Es gibt sehr ebenmäßige Gesichter, bei denen diese beiden einseitigen Gesichter einander dann recht ähnlich sehen; aber meist ist das Ergebnis doch erstaunlich.

Hier einige Beispiele aus meinem Archiv – zwei mit jeweils sehr unterschiedlichen Gesichtshälften:

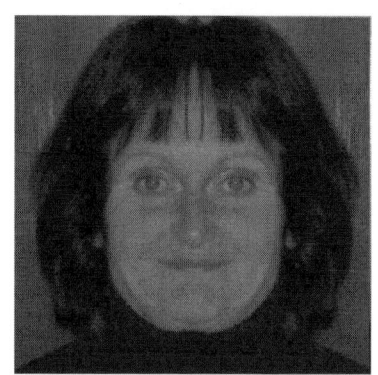
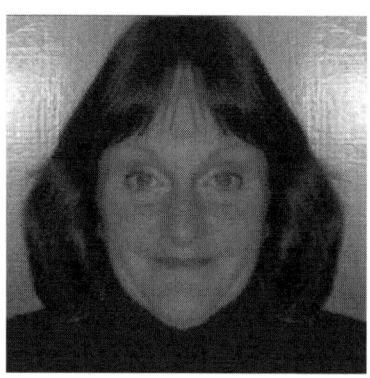

 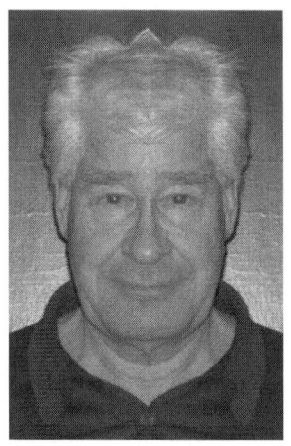

Und hier folgt ein Beispiel mit zwei zwar ähnlichen, aber doch im Ausdruck etwas unterschiedlichen Gesichtshälften:

Wenn Sie solche Bilder aus einer Ihrer Fotografien in Frontalansicht gestaltet haben, können Sie sich fragen, mit welchem der beiden Bilder Ihr Bruder oder Ihre Schwester mehr Ähnlichkeit gehabt hätte.

Eine andere Möglichkeit, unsere verlorene zweite Hälfte wahrzunehmen, ist als Energiewesen. Diese Variante eignet sich vor allem für Menschen, die nicht so stark auf ihren Gesichtssinn fokussiert sind, sondern sich mehr auf das Hören oder Fühlen konzentrieren. Dennoch können diese auch als sichtbare `Orbs´ in unseren digitalen Fotos auftauchen – und hellsichtige Menschen können sie auch optisch als Energiegestalten wahrnehmen! Meine Tochter hat als kleines Mädchen ihren `Bub´ offenbar gesehen, denn sie hat ihn sogar für mich gezeichnet. Dieses kleine Bild hängt heute noch auf meinem Bildschirm.

Darüber hinaus können wir uns auch fragen, wie es sich anfühlen würde, unseren Zwilling energetisch in unserer Nähe zu haben; ihn oder sie zu umarmen; seine oder ihre Arme um unsere Schulter zu fühlen; unsere Herzen aneinander zu legen.

Und wenn uns die Stimme einer uns unbekannten Person auffällt, können wir uns fragen, ob das daran liegt, dass sie der unserer anderen Hälfte ähnelt.

Wessen Umarmung fühlt sich für Sie ganz anders an als alle anderen?
Wessen körperliche Nähe berührt Sie besonders tief?
Welche Stimme bringt etwas in Ihnen zum Schwingen?
Klingt diese eher hoch oder eher tief und sonor?
Welches Timbre berührt Ihr Herz?
Vielleicht wäre das die Stimme Ihres verlorenen Zwillings gewesen?

All das sind wertvolle Rituale; denn ob wir nun tatsächlich das entsprechende Aussehen, die passende Stimme oder auch das stimmige Gefühl identifizieren, ist gar nicht so wichtig wie die Tatsache an sich, dass wir eine Weile bewusst mit diesen Eindrücken spielen. Damit schenken wir unseren verlorenen Geschwistern unsere Aufmerksamkeit. Und bekanntlich folgt Energie der Aufmerksamkeit – was besonders beglückend sein wird, wenn Sie Ihre Aufmerksamkeit mit Liebe aufladen.

Meiner Erfahrung nach bekommen wir immer wieder Hinweise von `drüben´, wenn wir eine Weile mit all dem spielen. Dann werden wir vielleicht sogar tatsächlich auf eine Person aufmerksam, die uns einen etwaigen Eindruck unseres Geschwisters vermitteln kann.

Auch die `Liebesbrücke´, die ich Ihnen etwas später ans Herz legen werde, ist ein wertvolles Ritual, um unserem verlorenen Zwilling einen würdigen Platz in unserem Leben einzuräumen; ohne uns damit in unserer Entwicklung zu sabotieren! Denn es gilt für uns nun definitiv nicht mehr, dessen Leben für ihn mit zu leben; sondern uns zwar seiner Existenz gewahr zu sein, jedoch zu akzeptieren, dass wir diejenigen sind, die auf die Welt gekommen sind – und auf die Welt kommen sollten!

Und dies mit einer komplexen Lebensaufgabe, die wir nur dann zur Zufriedenheit aller erfüllen können, wenn wir unsere gesamte Energie in unsere eigene Entwicklung und Selbstverwirklichung investieren. Das ist uns natürlich nicht möglich, wenn wir ständig das Gefühl haben, wir hätten etwas falsch gemacht und seien für die frühe Heimkehr unserer anderen Hälfte verantwortlich; wenn wir uns in Energie raubenden Schuldgefühlen ergehen und ständig damit beschäftigt sind, das Leben unserer verlorenen Geschwister für sie mit zu leben, anstatt unser eigenes.

Wenn unsere früh heimgekehrten Zwillinge (oder Drillinge) sich etwas von uns wünschen, dann ist es sicher nicht, dass wir ihr Leben für sie mit leben, sondern dass wir unser eigenes Leben für sie mit leben! Verstehen Sie, wie ich das meine? Unsere Geschwister im Jenseits begleiten uns in Liebe! Aber sie begleiten uns in unserem eigenen Leben, nicht in dem, was wir als Ersatzleben für sie mit zu leben versuchen. Es geht doch vor allem um unsere sehr persönliche Lebensaufgabe; und die ist für uns eine andere als die unserer zweiten Hälfte. Und diese gilt es so gut und erfüllend und glücklich und effizient und authentisch wie möglich zu erfüllen – meinen Sie nicht? Aus meiner Sicht tun wir damit auch unseren verlorenen Mehrlingen etwas Gutes.

Wenn wir Alleingeborenen unser Leben mit Begeisterung und Erfüllung und Freude und Genuss und Zufriedenheit und Intensität und Authentizität leben, dann ist das auch für unsere Geschwister im Jenseits ein Geschenk – davon bin ich fest überzeugt, und das haben meine Brüder mir auch bestätigt. Sie sind so innig mit uns verbunden, dass all das, was uns erfüllt, auch sie erfüllt. Und dies vermutlich in viel reinerer Form, als es uns möglich ist; vor allem weil deren Wahrnehmung nicht durch Schuldgefühle, Selbstzweifel und Ängste getrübt ist!

Haben Sie Lust, sich einmal in Ihren Zwilling oder Drilling hineinzuversetzen, der auf Seelen-Ebene entschieden hat, Sie in die Inkarnation zu begleiten, um dann jedoch bald wieder heimzukehren?
Was würden Sie sich von Ihrem am Leben gebliebenen Geschwister wünschen?
Was würden Sie sich für ihn wünschen?

Ich glaube, unsere Mehrlinge im Jenseits nehmen alles wahr, was wir erleben. Also sollten wir uns liebevoll behandeln und glücklich sein! Wenn wir jedoch – so wie es meist der Fall ist, so lange wir uns dieser Tatsache noch nicht bewusst sind und unser Trauma daher noch nicht geheilt ist – unbewusst ihr Leben für sie mit leben wollen, statt unser eigenes Leben zu führen, dann wird das immer nur ein Ersatzleben sein; dem jegliche Authentizität fehlt. Und das daher weder von Zufriedenheit getragen ist, noch in Begeisterung schwingt und schon gar nicht erfolgreich ist!

Wir können das mit einem Handschuh vergleichen, der nicht genau passt; oder mit einer Rolle, die für uns nicht stimmig ist. So etwa wenn wir als nicht mehr ganz junge Frau den Romeo spielen wollen oder als junger Mann die Mutter Courage. Natürlich gibt es unter den `modernen Regien´ alle möglichen Verdrehungen – und ich möchte das jetzt gar nicht werten; aber das ändert nichts an der Tatsache, dass den Romeo besser ein romantischer junger Mann spielt; die Mutter Courage jedoch eine reifere Schauspielerin mit der entsprechenden kraftvollen und gut geerdeten Ausstrahlung.

Ähnlich geht es bei der Entfaltung unseres Potenzials um die Wahrhaftigkeit, die Echtheit, die Stimmigkeit, die Authentizität. Und diese Faktoren sind im eigenen Leben natürlich eher gegeben, als wenn wir versuchen, in eine andere Rolle zu schlüpfen, die nicht wirklich zu uns passt – sei sie uns auch noch so seelenverwandt.

Auch tatsächlich gemeinsam geborene Mehrlinge haben ja ihren je eigenen Lebensweg. Und auch wenn es darin immer wieder Parallelen gibt, so sind das doch zwei verschiedene Seelenpläne. Wobei wir einen solchen meiner Ansicht nach nicht als etwas Starres, Fixfertiges sehen sollten. Er scheint mir eher so wie ein Rahmen mit wesentlichen Punkten zu sein, die erfüllt oder auch erreicht werden sollten: also das Was. Das Wie liegt zu einem großen Teil an uns.

Ich glaube, es ist unserer Kreativität freigestellt, wie wir unseren Seelen-Plan erfüllen; und jede Art und Weise hat ihren eigenen Wert! Vielleicht können wir das mit der Route eines großen Schiffes vergleichen: Sowohl der Hafen, von dem es ausläuft, ist fix – mit allen damit verbundenen Bedingungen –, als auch der Zielhafen, den es anlaufen soll. Darüber hinaus scheinen mir einige Stationen auf dem Weg zwischen diesen beiden Punkten in unserem Seelen-Plan verankert zu sein – für unsere Entwicklung wesentliche Erfahrungen und Begegnungen. Ebenso sollen bestimmte Lebenszyklen mit großer Wahrscheinlichkeit aufeinander folgen.

Aber wie wir unsere Lebensreise gestalten und wie wir sie erleben – etwa auch wie wir uns dabei fühlen –, bleibt weitgehend uns überlassen. Dies hängt natürlich sehr stark von unserer Einstellung zu den verschiedenen Erfahrungen und Begegnungen ab.

Wenn wir uns stets auf der Suche befinden, ohne zu wissen wonach, wird unser Weg unsicher und viel mehr den Stürmen und Gezeiten ausgeliefert; als wenn wir gezielt unseren eigenen Weg der Selbstverwirklichung verfolgen.

Wenn Sie ein Alleingeborener sind, geht Ihnen unbewusst etwas ab, und Sie wissen die längste Zeit nicht, was das ist. Daher suchen und warten Sie Ihr Leben lang; zumindest so lange, bis Sie die Ursache dieses oft verzweifelten Sehnens erkannt haben. Sie suchen in allem, was sich auch nur halbwegs lieben lässt, die Nähe mit Ihrer verlorenen zweiten Hälfte; und wünschen sich Verschmelzung.

Diese Suche äußert sich neben der Projektion auf Ihre Partner auch auf die eigenen Kinder – und weil dieses Thema meist familiär gehäuft auftritt, kommt es dann nicht selten zu gegenseitiger Projektion. Da projiziert der Vater seine verlorene Schwester auf die Tochter; die ihren verlorenen Bruder wiederum auf den Vater projiziert. Da projiziert die Mutter, die ihren Bruder verloren hat, diesen auf ihren Sohn; oder wenn sie keinen solchen hat, auf andere junge Männer. Die sich daraus ergebende Familiendynamik ist sehr komplex, weil sich diese Ersatzpartnerschaften natürlich auch auf die ehelichen Beziehungen beider auswirken.

Und dieses Spiel erstreckt sich oft (mit teilweise unterschiedlicher Färbung) auf mehrere einander folgende Generationen. Denn die Liebe einer Mutter, die ihren Zwillingsbruder verloren hat und ihre Liebe auf ihre Tochter projiziert, die auch ihren Bruder verloren hat, wird natürlich eine andere Qualität haben als die zwischen Vater und Tochter oder Mutter und Sohn.

Jedenfalls ist die Liebe von allein geborenen Müttern ihren Kindern gegenüber generell besonders umfassend und innig – ja oft sogar bis zu einem gewissen Grad bedingungslos. Egal ob sie sich nun dieser Tatsache bewusst sind oder nicht; und ob die Kinder nun auch Alleingeborene sind oder nicht. Einfach weil Menschen, die zu mehrt inkarnieren, auf einem anderen Liebeslevel schwingen!

Co-Abhängigkeit

Ein weiteres wichtiges Thema in Beziehungen Alleingeborener ist ihre Tendenz zur Co-Abhängigkeit! Und weil ich vorhin Seelenpläne erwähnt habe, möchte ich hier ein Beispiel beleuchten.

Die Option des Suizids ist vielen von ihnen – mehr oder weniger bewusst – stets als `Ausweg´ präsent. Aber ich habe den Eindruck, dass ein solcher erst dann tatsächlich gelingen kann, wenn unsere Seele damit einverstanden ist und quasi ihr O.K. gibt; weil aus ihrer Sicht die Lebensaufgabe nun halbwegs abgeschlossen ist. Oder weil nicht mehr zu erwarten ist, dass dies in dieser Inkarnation geschafft werden kann. So wie wir ja auch eine Klasse wiederholen können, wenn wir in der Schule einen Durchhänger haben.

Allerdings weiß ich aus einigen Erfahrungen in meinem Umfeld, dass jene, die sich wirklich selbst töten wollen (und mit dieser weit reichenden Tat nicht nur einen Hilferuf von sich geben möchten), es so lange immer wieder versuchen, bis es ihnen eines Tages tatsächlich gelingt. Aber wer weiß, vielleicht bieten die Wochen, Monate oder auch Jahre an weiterem Leben im Hier und Jetzt, die durch die Verhinderung der früheren Suizidversuche gewonnen wurden, diesem Menschen die Möglichkeit zu jener Reifung, die er (aus Sicht seiner Seele) gebraucht hat, um dieses Leben in Frieden abzuschließen?

Das mag von außen gesehen natürlich ganz und gar nicht so aussehen und für die Zurückbleibenden wenig Trost sein, aber ich habe immer wieder dieses Gefühl gewonnen, wenn ich so etwas miterlebt habe.

Ein weiterer Ausgang ist natürlich immer auch der Sturz in die Hilflosigkeit und Abhängigkeit, wenn der Suizidversuch nicht gelingt. So war mein erster Gedanke, als ich vor einigen Jahren hörte, dass mein Ex-Mann aus dem Fenster gesprungen ist: „Das hätte bei einem Sprung aus dem zweiten Stock auch schief gehen können!"

Und dieser Gedanke scheint mir gar nicht so abwegig, denn so etwas kommt immer wieder vor. Dann nämlich, so glaube ich, wenn die Seele noch Entwicklungspotenzial sieht und diesem Menschen die Chance geben möchte, eine neue Einstellung zu seinem Leben zu gewinnen. Was dieser in der Situation der Rettung selbst meist nicht gleich als Chance sieht; sondern in seiner Verzweiflung als entsetzliches Scheitern empfindet. Ich habe immer wieder gescheiterte Selbstmörder erlebt, die an ihrer Rettung verzweifelt sind; während ihre Retter überglücklich waren.

Manchmal kann dann aber doch Reifung erfolgen: Es gibt Menschen, die sich in großer Würde mit ihrem Leben im Rollstuhl abfinden und dann sogar dankbar sind für diese Wendung, obwohl sie sich zuvor noch selbst töten wollten.

Bei meinem Ex-Mann schien mir der Zeitpunkt gekommen zu sein, an dem seine Seele einverstanden war, ihm das zu ersparen, was ihn im Weiterleben in seiner schweren Krankheit erwartet hätte. Ich erinnere mich jedoch, dass er schon in sehr jungen Jahren immer wieder mit dem Gedanken gespielt hat, sich das Leben zu nehmen. Und dies nicht nur, wie ich damals angenommen habe, um mich zu manipulieren!

Zu jener Zeit hatte ich noch keine Ahnung von der Thematik der Alleingeborenen, die sowohl für ihn als auch für mich relevant war; und unsere Beziehung natürlich stark geprägt hat. Natürlich hat er mich damals mit seinen immer wieder formulierten Suiziddrohungen erschreckt und in unserer Beziehung festgehalten; offenbar weil er panische Angst vor unserer Trennung hatte. Daher hat er sich nach unserer Trennung auch sehr rasch mit einer neuen Ehe getröstet; weil er wie viele Alleingeborene einfach nicht alleine leben wollte und konnte.

Dass er mich mit seinen Suiziddrohungen immer wieder so gestresst hat, lag aber vor allem auch daran, dass er mich damit gespiegelt hat. Ich habe ihm zwar nicht damit gedroht, aber auch ich habe immer wieder mit diesem Gedanken gespielt – wie fast jeder Alleingeborene, den ich kenne. So habe ich diesen Gedanken natürlich auch über mein Feld ausgestrahlt; und er konnte ihn in unserer Symbiose empfangen. So haben wir uns damals gegenseitig aufgeschaukelt. Sein Lied „Komm, großer schwarzer Vogel" spricht ja Bände!

Offenbar konnte ich schon damals mit meinen eigenen Depressionen um vieles besser umgehen, als mit denen anderer, vor allem mir nahe stehender Menschen! Auch das ist sehr typisch für uns.

Übrigens habe ich in dieser Ehe in perfekter Co-Abhängigkeit mit meinem Mann gelebt. Sein Problem mit Alkohol und anderen Drogen hat mir damals entsetzliche Angst gemacht und mich schwer verunsichert, weil er trotz unserer symbiotischen Beziehung für mich nie wirklich fassbar war.

Einerseits hat er in seinen Rauschzuständen immer für mich vollkommen unberechenbar reagiert – was für einen Menschen, der stets die Kontrolle behalten will, nicht leicht zu verdauen war. Andererseits haben seine Süchte mein schon früh aktives Helfersyndrom erweckt. Ich dachte, es wäre meine Aufgabe, ihn zu retten, ihn aus der Sucht zu befreien und ihm wieder festen Boden unter den Füßen zu verschaffen.

Und weil ich zu jener Zeit noch nichts von meinem Ur-Trauma wusste, haben dann auch in meiner zweiten Ehe meine Co-Abhängigkeit und der Wunsch, ein armes Ego zu retten, mitgespielt. Ich erwähne das hier so offen, da ich aus vielen ähnlichen Berichten weiß, dass Co-Abhängigkeit ein sehr verbreitetes Muster bei Alleingeborenen ist – und zwar in beiden Rollen.

Die Flucht in die Sucht ist bei vielen die kaum zu vermeidende Folge aus der Unfähigkeit, festen Boden unter den Füßen zu haben und auf dieser Realitätsebene geerdet zu sein; aber auch in der eigenen Hochsensibilität diese oft brutale Realität zu ertragen.

Kennen auch Sie die Suchtgefahr aus eigener Erfahrung?
Oder aus Ihrer Umgebung?
Und kennen Sie die Tendenz, einen Menschen, der sich als arm und hilfsbedürftig darstellt, retten zu wollen, ja gar zu müssen?

Ich konnte vor allem nie gut damit umgehen, wenn jemand sich neben mir fallen lassen und in ein sich selbst schädigendes Verhalten katapultiert hat. Was wohl vor allem daran lag, dass er mir damit gnadenlos meinen Wunsch zur Resignation gespiegelt hat. Offenbar hat sich das deshalb so entsetzlich angefühlt, weil mir dieses Mich-Zusammenreißen ganz und gar nicht leicht fiel.

Und je mehr ich diese suchtgefährdeten und teils auch süchtigen Männer retten und ihnen helfen wollte, wieder festen Boden unter den Füßen zu finden – was natürlich nicht gelingen konnte –, umso mehr wurde mir meine Hilflosigkeit und Machtlosigkeit vor Augen geführt. Die ich dann wiederum als Unfähigkeit und Scheitern empfunden habe. Was mir wiederum Schuldgefühle vermittelt und mein angeschlagenes Selbstwertgefühl weiter untergraben hat; weil es mein damals noch unbekanntes Ur-Trauma weiter getriggert hat.

Kennen Sie ein solches Muster auch von sich selbst?
Haben auch Sie schon das Phänomen der Co-Abhängigkeit in Beziehungen erlebt?
Hatten Sie mit Suizid oder mit Suizidversuchen zu tun?
Wie geht es Ihnen, wenn ein armes Ego (bewusst oder unbewusst) um Ihr Mitleid buhlt?
Wie leicht lassen Sie sich mit einem solchen Verhalten manipulieren?
Gelingt es Ihnen, sich abzugrenzen?

Eine der Eigenschaften, die die Co-Abhängigkeit fördern, ist die Tendenz zum Klammern und – zumindest aus Sicht der Einlinge – zum Kleben. Die ganz logisch darauf zurückzuführen ist, dass Alleingeborene ständig in Panik leben, die buchstäblich fast tödliche Erfahrung, das Geliebteste zu verlieren, noch einmal erleben zu müssen. Daher halten sie das so sehr geliebte Wesen auch dann fest, wenn die Beziehung alles andere als beglückend ist; und tun alles, um ihr Du – in welcher Form auch immer dieses gefunden wird – ja nicht zu verliere.

Das mag für Einlinge eine ziemliche Herausforderung sein (ob innerhalb einer Partnerschaft oder in einer Freundschaft), weil sie eben nicht diesen extremen Wunsch nach Nähe und Verschmelzung in sich haben! Sie sind sich alleine genug und brauchen nicht ständig ein Du um sich. So gehen auch viele gemischte Freundschaften verloren, weil die Intensität und Ausschließlichkeit des Halbzwillings den Einling einfach überfordert.

Und so gehen immer wieder Partnerschaften in die Brüche, wenn Alleingeborene sich mit Einlingen zusammentun. Denn je mehr der Einling versucht, sich aus der bedingungslosen und co-abhängigen Umklammerung des Alleingeborenen zu befreien, umso panischer sucht dieser Nähe, Innigkeit, Intimität – und Verlässlichkeit. Dies raubt dem Einling gefühlsmäßig den Atem. Und er zieht sich umso mehr zurück, je intensiver der Halbzwilling die Verschmelzung sucht; die er so dringend für sein Seelenheil braucht.

Ein Drama, das in gewissem Sinne das Erleben im Mutterleib wiederholt, denn solche Beziehungen können auf Dauer nicht halten. Zumindest funktionieren sie so lange nicht, bis der Alleingeborene sein Ur-Trauma erkannt hat und sich der Verbindung mit seinem Geschwister im Jenseits bewusst geworden ist. Bis er also in sich

Frieden gefunden hat und sein verlorenes Geliebtestes nicht mehr zwingend in seinem überforderten Gegenüber sucht.

Denn auch wenn er alles in seiner Macht Stehende für den anderen tut, ja sogar wenn er sich und seinen Anspruch auf Nähe und Innigkeit verleugnet und mit aller Kraft versucht, sein Du loszulassen und ihm die gewünschte Freiheit zu gewähren, strahlt er diese extreme Ambivalenz über sein Herzfeld aus.

Da ist auf der einen Seite dieses tief verwurzelte Bedürfnis nach Verschmelzung und im Widerspruch dazu der auf lange Sicht vergebliche Versuch, klug zu reagieren, um seinem Du ´die lange Leine zu lassen´; damit dieses sich ja nicht eingeschränkt fühlt. Irgendwann explodiert die Situation, und die Beziehung geht in die Brüche.

Und damit erlebt der Alleingeborene genau das, was er nie wieder erleben wollte; was er so befürchtet und mit seinem Verhalten dann letztlich angezogen hat. Was er aber nicht verstehen kann, weil er doch alles in seiner Macht Stehende getan hat, um sein geliebtes Du zufrieden zu stellen.

„Warum???", so fragt er sich immer wieder fassungslos und kann die Welt nicht mehr verstehen.

Diese Dramen spielen sich oft auch mehrmals im Wechsel der Phasen von Trennung und neuerlicher Vereinigung ab. Der Alleingeborene versucht in seiner Panik wirklich alles und noch mehr, um den anderen glücklich zu machen und mit totalem Einsatz in der Beziehung zu halten. Was diesem natürlich schmeichelt und bis zu einem gewissen Grad wohl tut; oft hingegen auch als Manipulation empfunden wird.

So gibt es viele Fälle, in denen es zu dramatischen Trennungen kommt, denen ein neuerlicher Versuch folgt, diese Beziehung doch zu leben. Der früher oder später wieder im Chaos endet und nach einer quälenden Leidenszeit für beide zur Trennung führt; die auch wieder nicht auf Dauer durchgehalten werden kann...

Co-Abhängigkeit wird ja meist beidseitig gelebt.

Halbzwillinge brauchen Nähe und Innigkeit und Tiefe so wie sie Luft zum Atmen benötigen – das ist keine Marotte, die man hinweg therapieren kann und soll, sondern ein fundamentales Bedürfnis! Ein

Grundbedürfnis, dessen sich viele allerdings erst wieder bewusst werden müssen.

Für den Einling hat diese hundertprozentige Aufmerksamkeit durchaus auch ihren Reiz; daher fühlt auch er eine gewisse Ambivalenz. Einerseits fühlt er sich eingeengt und überfordert; andererseits von diesem Übermaß an unbedingter Liebe, das sein Du ihm schenkt, fasziniert. Daher geht das Stopp-and-Go in solchen Beziehungen nicht nur vom Alleingeborenen aus, sondern durchaus von beiden!

Der folgende Text spiegelt ein solches Muster in destruktiven Beziehungen, die nur in der Co-Abhängigkeit halten.

Und doch

nein
ich will dich nie wieder sehen
jetzt ist endgültig Schluss
viel zu oft hab ich nachgegeben
und du hast mich gequält
gepeinigt
betrogen
gedemütigt hast du mich
hast in meinen Wunden gebohrt
mich wie ein Tier getreten
warst so gemein zu mir

aber du hast mich gebraucht
und jeden Versuch unterbunden
mich endlich von dir zu befreien
und ich war so blind zu glauben
dass ich nicht ohne dich leben kann

nein
damit ist jetzt Schluss
ich will dich nie wieder sehen
muss endlich erkennen
dass ich auch ohne dich
auf eigenen Beinen stehen kann

ich hab tief in mir
so unendlich viel Kraft

werd lernen an mich zu glauben
und mit angstlos aufrechtem Gang
meine eigenen Wege gehen
mit weit geöffneten Armen
einer helleren Zukunft entgegen
befreit endlich befreit

von dieser dunklen Liebe
die mir das Herz zerreißt
die mir den Atem raubt
die mich in Angst versetzt
die mich so sehr beklemmt
und die mich eines Tages
wahrscheinlich töten wird

und doch
ich liebe dich so sehr
ich liebe dich
liebe dich
Liebe?

Immer wieder beklemmend, das hier so klar ausgedrückt zu lesen! Und ich war sicher nicht die Einzige, die so etwas in dieser oder ähnlicher Form mehrmals erlebt hat.

Diese Sucht ist vor allem deshalb so fatal, weil bei jeder dieser Trennungen – auch wenn sie meist nur auf Zeit sind – das alte Trauma wieder und immer wieder getriggert wird. So wird die Wunde immer tiefer und noch tiefer; und dazu auch noch weiter in die Tiefe verdrängt. Damit ist sie noch schwieriger zu erkennen und zu heilen.

Ob Sie nun auch von diesem Muster betroffen sind oder nicht – schauen Sie einmal aufmerksam um sich! Sie werden sehen, eine solche Co-Abhängigkeit ist ein sehr weit verbreitetes Phänomen – vor allem bei Alleingeborenen in der Paarung mit Einlingen.

Interessanterweise aber oft auch mit Fluchtzwillingen, die diese Nähe oft noch weniger aushalten als Menschen, die von vorneherein alleine inkarniert sind. Sie haben ihren Wunsch danach so tief in sich vergraben, dass er bewusst gar nicht mehr wahrnehmbar ist.

Gibt es solche Erfahrungen auch in Ihrer Biographie?
Oder in Ihrer Umgebung?

Alleingeborene haben die Tendenz, in ihrer endlosen Suche viele verschiedene Erfahrungen auszuloten. Daher würde es mich nicht wundern, wenn auch Sie solche Beziehungen im Stopp-and-Go erlebt hätten – oder gar noch in einer solchen feststecken.

Die Lösung für dieses Dilemma ist aus meiner Sicht einerseits, dass der Halbzwilling sich bewusst wird, dass er im anderen etwas sucht, was er hier nicht finden kann. Diese andere Person kann ihm das, was er sich wünscht, nicht bieten – nämlich seinen verlorenen Zwilling. Das ist ein wichtiger erster Schritt, der aber nicht unbedingt bedeuten muss, dass der Alleingeborene nun auch tatsächlich eine auf allen Ebenen erfüllende Beziehung auf Augenhöhe mit einem Einling führen kann.

Einerseits ist es nötig, dass dieses Wissen auch im Herzen erfahren und geheilt wird. Haben Sie auch schon die Erfahrung gemacht, dass Wissen alleine uns meist noch nicht die Veränderungen bringt, die es braucht? Das Aha-Erlebnis ist natürlich Voraussetzung für den Heilungsprozess, aber dieser kann nicht umgangen werden.

So wird es auch nicht alleine helfen, wenn eine Aura-Therapeutin Ihr Energiefeld klärt und das Loch in Ihrer Aura schließt. Meine mittlerweile zur lieben Freundin gewordene Energetikerin hat mir das bestätigt und beklagt, dass die Menschen, die zu ihr kommen, meinen, mit ihrem Eingreifen wäre nun alles erledigt. Dieses ist durchaus hilfreich; und war es sicher auch bei mir. Und ich empfehle es auch Ihnen, geschätzte Leserin, geschätzter Leser. Aber darüber hinaus braucht es aus meiner Sicht die emotionale Heilung auf Herzensebene – und das kann nur eine Selbstheilung in Liebe sein!

Und für diese Selbstheilung gilt es aus meiner Sicht, uns bereit zu machen, indem wir die Verbindung mit unserem Geschwister jenseits des Schleiers aufnehmen – wieder aufnehmen genau genommen. Und noch stimmiger wäre es, zu sagen: indem wir uns der durchgehenden Verbindung zu unserem Mehrling im Jenseits, die in Wahrheit ja nie unterbrochen war, wieder bewusst werden. Damit beginnt meiner Erfahrung nach die Selbstheilung!

Dabei können wir uns durchaus die Hilfe mitfühlender Menschen holen – idealerweise von anderen Alleingeborenen, weil diese uns naturgemäß viel besser verstehen können. Sie können uns wertvolle Hinweise geben und uns in unserer Bereitschaft, die Verbindung zu unserem Pendant im Jenseits aufzunehmen, bestärken. Und sie können und werden uns ermutigen und liebevoll trösten, wenn der uralte Schmerz wieder aufbricht.

Weil sowohl Abhängigkeit als auch Co-Abhängigkeit so weit verbreitet sind unter Alleingeborenen (zumindest so lange ihr Ur-Trauma noch nicht geheilt ist), glaube ich, dass die meisten Entwöhnungskuren in Wahrheit erst dann nachhaltig wirksam sein können, nachdem das Ur-Trauma erkannt, anerkannt und geheilt wurde. Denn die allermeisten Süchtigen – um welche Sucht auch immer es sich dreht – scheinen mir Halbzwillinge oder Drittteldrillinge zu sein. Daher sollte diese Thematik natürlich auch in ihre Heilung einfließen. Was voraussetzen würde, dass mehr Therapeuten sich für dieses Thema öffnen!

Die Befreiung aus einer Co-Abhängigkeit (sowie die Vermeidung einer weiteren solchen!) mag uns natürlich leichter gelingen, nachdem wir uns derer Ursachen klar geworden sind. Dennoch wird es auch dann nicht leicht sein, uns aus einer solchen Beziehung zu lösen, aus der ja letztlich beide zu ʼprofitierenʼ scheinen. Wobei dieser Gewinn natürlich zweischneidig ist, weil er letztlich beide Partner in einem destruktiven Teufelskreis gefangen hält.

Aber wenn ein Alleingeborener auf dem Weg seiner Selbstheilung seine Schuldgefühle auflöst und sein Selbstwertgefühl wieder aufbaut, wird er auch bereit, sich für eine fruchtbare Beziehung auf Augenhöhe zu öffnen. Und dazu braucht es zuvor die Befreiung aus destruktiven Abhängigkeiten.

Das hoch effiziente Spiel mit der <u>Quantenwelle</u> finde ich hierfür besonders wertvoll! Aber auch ʼ<u>EFT</u>ʼ mag hilfreich sein, ebenso wie die Beobachterposition im „<u>Abheben und darüber Stehen</u>", aus der Sie Ihr Verhalten gegebenenfalls leichter erkennen können. Und natürlich empfehle ich Ihnen auch hier die Vergebung mittels ʼ<u>Hoʼoponopono</u>ʼ.

Bedingungslosigkeit

Bedingungslosigkeit in der Liebe ist zweischneidig. An sich ist es doch eine schöne Fähigkeit, sein Du lieben zu können, ob dieses nun die eigenen Erwartungen erfüllt oder auch nicht. Vor allem unseren Kindern gegenüber scheint mir diese Einstellung durchaus natürlich zu sein. Dennoch kann sie oft zu weit gehen. Und besonders destruktiv wird sie dann, wenn sie mit Co-Abhängigkeit vergesellschaftet ist.

Dieses: „Ich lasse mir absolut alles von dir gefallen, was auch immer du mit mir tust und was auch immer du mir antust!", in dem Wunsch, die Beziehung um jeden Preis – auch den der völligen Aufgabe der eigenen Ansprüche, ja der eigenen Persönlichkeit – erhalten zu wollen, ist sicher nicht gesund. Aber es ist eine sehr häufige Facette in der Liebe von Menschen, die ihren Zwilling verloren haben.

Vielleicht möchten Sie diesen Impuls aufgreifen und das einmal in Ihrem Leben überprüfen?
Können Sie da nicht auch Phasen entdecken, in denen Sie jemand geliebt haben, wiewohl diese Liebe eigentlich unverständlich war, weil diese andere Person sich Ihnen gegenüber ganz und gar nicht besonders liebenswert verhalten hat?
Hat Ihre Freundin oder ein Freund Sie schon einmal genau auf diese Tatsache hingewiesen?
Haben Sie es auch schon erlebt, dass andere fassungslos den Kopf geschüttelt haben angesichts all dessen, was Sie sich von einer geliebten Person alles bieten haben lassen?

Ich selbst habe drei Jahre lang ein ˋschweizer Phantom´ geliebt. Diesen Mann habe ich nie persönlich gesehen; aber er hat mir das Blaue vom Himmel versprochen und mit den richtigen Worten meine Liebe geweckt und aufrechterhalten. Und ich wollte einfach nicht wahrhaben, dass er nicht den Mut zu dieser Beziehung haben würde. Wiewohl mir das im Kopf klar war, habe ich nicht aufgehört, ihn zu lieben, weil – so argumentierte ich jenen gegenüber, die mein Verhalten ganz und gar nicht nachvollziehen konnten – „ich keinen Schalter habe, um meine Liebe abzudrehen".

Und obwohl das nun Jahre her ist, kann ich immer noch tief in mir diese Liebe wahrnehmen. Nicht mehr so brennend; aber ich habe diesem Mann vergeben, weil er wie wir alle offenbar nicht mehr geben konnte, als er hatte. Mit meinem heutigen Wissen kann ich ihn eindeutig als Alleingeborenen diagnostizieren, der sich einer erfüllten Partnerschaft mit mir wohl genauso wenig als wert erachtet hat wie ich mir das zum damaligen Zeitpunkt erlauben hätte könnte! So hat er mir wie alle anderen Partner davor und danach letztlich einen zwar nicht angenehmen, dennoch aber sehr wertvollen Spiegel vor Augen gehalten! Er hat mir in dem, was ich mit mir machen habe lassen, gezeigt, wessen ich mir wert bin.

Kennen Sie diesen Gedanken von Hans Kruppa?
"Ich bin dafür verantwortlich, was ich dir erlaube, mit mir zu tun!"

Da ich diesen aus tiefstem Herzen unterschreibe, trachte ich immer danach, die Spiegelung all dessen, was andere mit mir tun, mithilfe von Byron Katies `The Work´ zu bespielen und für die Befreiung aus meiner Selbstsabotage zu nützen.

Bei dieser Geschichte kam übrigens noch ein weiterer unter Alleingeborenen verbreiteter Faktor hinzu: die `nicht Erreichbarkeit´ des geliebten Objektes. Fern- oder Dreiecksbeziehungen (besonders bei Drillingen!) werden oft unbewusst gewählt. Einerseits weil damit die Verwirklichung – und damit möglicherweise verbundene Enttäuschungen – ausgeschlossen werden. Andererseits um die vorgeburtliche Dreierkonstellation zu wiederholen, oder wie Psychologen es nennen: zu `re-inszenieren´.

Übrigens habe ich mir damals – wohl um meinen sich gegen diese Liebe immer wieder auflehnenden Kopf zu beruhigen – ein Konzept zurechtgelegt, das vielleicht gar nicht so falsch ist. Mir hat es jedenfalls geholfen, diese nicht gerade leichte Zeit zu überstehen! Ich habe mir vorgestellt, dass ich meine Liebesenergie in das transpersonale Beziehungsnetz zwischen diesem Mann und mir einspeise. Und dass wir beide diese Liebe vielleicht auf einer anderen Realitätsebene, auf der wir tatsächlich eine Beziehung leben, brauchen können, um mehr Harmonie zwischen uns zu erleben.

Ich glaube, dass wir auf transpersonaler Ebene tatsächlich immer mit all unseren parallelen Selbsten und deren Beziehungen verbunden sind. Somit wirkt sich letztlich alles, was wir in unserem Hier und Jetzt erleben, bei entsprechender Resonanz immer auch dort aus; und umgekehrt.

Vielleicht leben wir auf verschiedenen parallelen Realitätsebenen tatsächlich Beziehungen in ganz unterschiedlicher Ausprägung mit jenen, die uns auch hier nahe kommen – in welcher Form auch immer? Wenn dem so ist, wirkt sich unsere Liebe, ob sie nun erfüllt ist oder nicht, und unser Umgang damit natürlich auch auf den parallelen Ebenen aus.

Hoffentlich positiv, befruchtend und heilsam!

Das ist übrigens ein Konzept, das wir im Spiel mit der Quantenwelle sehr bewusst auch einsetzen können. Da können wir uns mit unseren parallelen Selbsten verbinden, um mit diesen Ressourcen auszutauschen.

Könnte es nicht sein, dass eines meiner parallelen Selbste sein Thema des verlorenen Mehrlings schon geheilt hat? Dann könnte ich mir doch dessen Ressourcen leihen. Und ihm im Austausch dafür etwas bieten, was ich in meinem Hier und Jetzt als Stärke, Talent oder besondere Fähigkeit entwickelt habe.

Ich werde etwas später auf das Spiel mit der Quantenwelle eingehen; so weit dies im Rahmen dieses Buches möglich ist.

Oft suchen Alleingeborene ihre verlorenen Geschwister übrigens auch in abgöttisch geliebten Tieren, die bedingungslos zu lieben uns oft leichter fällt als Menschen, weil diese zuweilen allzu menschlich sind ☺. Und wenn diese eines Tages dann sterben, ist das fast nicht zu ertragen; weil natürlich auch dieser Verlust die alte Wunde triggert. Eine solche Trauer kann Jahre dauern.

Oder sie projizieren ihre früh heimgekehrten Mehrlinge auf ihre Freunde, wie ich bereits erwähnt habe. Was vor allem dann gut gehen kann, wenn der oder die andere auch Alleingeborener ist. Einlinge hingegen ertragen auch in ihren Freundschaften diese Enge nicht auf Dauer und empfinden diesen extremen Wunsch nach Nähe und Intimität dann als Klammern und Kleben.

Was hingegen nichts mit Energievampirismus zu tun hat! Alleingeborene sind zwar bis zu einem gewissen Grad bedürftig, aber sie saugen andere nicht aus, im Gegenteil – vor allem weil sie ja eher die Gebenden sind; und zu echter Hingabe fähig sind. Hingabe ist im Grunde ja ihre große Stärke; oft mündet sie allerdings (so wie die Bedingungslosigkeit) in einer Gratwanderung, die in vollkommene Selbstaufgabe ausarten kann.

Ein schönes Beispiel für Hingabe in einer gesunden Form ist übrigens folgende Vision, in die Sie sich, wenn Sie sich davon angesprochen fühlen, hinein versetzen können:

> *... im Durchgehen durch das Tor löse ich mich zu einer Art Geistwesen auf ... ähnlich einer aufsteigenden Rauchsäule ... weiß mit violettem Schimmer ... wie der Rauch eines Räucherstäbchens mit leicht tänzerischen Bewegungen hochziehend ... ja, das bin ich ... das ist der Duft, der aufsteigt, wenn mein Ego in LIEBE verbrennt ... und dieser Rauch beginnt nun zu spielen ... er tanzt den Tanz der Rauchsäule ... breitet sich aus wie eine Blüte, wird wieder schmal und zart ... teilt sich auf in mehrere Strahlen ... zuckt unruhig, stark bewegt, wie leidenschaftlich um etwas ringend ... wird dann wieder ruhig ... eine gerade hochstrebende, fast unbewegte schlanke, fein gegliederte Säule, in sich stark und unbehelligt von allen äußeren Einflüssen ... gerät dann wieder leicht in Bewegung, auf dass diese Ruhe nicht zur Starrheit wird ... ganz leichte, spielerische Wellenbewegungen sind das ... so als hätte LIEBE diese Rauchsäule berührt ... ja, sie beginnt, in LIEBE zu tanzen ... sie tanzt ihren LIEBESTANZ ... und wie davon gerufen, taucht nun eine zweite Rauchsäule auf ... nähert sich ... und dann beginnen die beiden miteinander zu tanzen ... in einem weichen Miteinander-Verschwimmen ... um dann wieder Abstand voneinander zu gewinnen ... erst zögerndes Zusammenfügen ... dann ein gemeinsames Beben, intensiv und leidenschaftlich ... und dann ganz zart und sanft wieder die Lösung, das Auseinander-Streben, nur um erneut wieder zueinander finden zu können ... wunderschönes, tief bewegendes Bild ... die LIEBE zweier Rauchsäulen ... erst schmiegt sich die eine an die andere, die ganz ruhig erscheint ... dann schmiegt sich diese wieder an die erste, die nun ihrerseits ruhig wird ... dann von neuem ein ganz starkes gegenseitiges Aufeinander-zu-Streben ... zuckend, berstend fast, wie in einer Zueinander-Explosion, ein sich in den anderen Hinein-Ergießen, sich ergeben ... und immer wieder zwischendurch die ganz sanfte Lösung, die dann wieder die neuerliche Begegnung möglich macht ... sanft und stark ... zärtlich kosend ... sich ganz und gar annehmend und in dieser Selbst-Annahme hingebend ... ekstatisch und voller LIEBE in tiefer Innigkeit ...*

Spezialfall: Fluchtzwillinge

Neben den stets nach Berührung hungrigen Schmelzzwillingen, die sich stark nach Nähe, Intimität, Innigkeit, Verschmelzung und körperlicher Berührung sehnen, gibt es auch jene, die ich bereits als Fluchtzwillinge erwähnt habe. Sie konnten offenbar den Schock des frühen Verlustes nicht verwinden und wollen daher nie mehr echte und aus ihrer Sicht gefährliche Nähe zulassen; die Angst, das geliebte Wesen wieder zu verlieren, ist bei ihnen zu übermächtig. In ihrer Kindheit leben diese Menschen noch viel zurückgezogener als andere und fühlen sich noch einsamer und mehr fehl am Platz.

Viele von ihnen bleiben im Erwachsenenalter tatsächlich alleine, leben teilweise oder ihr ganzes Leben im Zölibat und sind Eremiten inmitten der Gesellschaft. Oder sie ziehen sich tatsächlich in einem Kloster zurück oder leben an anderen Orten des totalen Rückzugs. Andere jedoch gehen zwar Beziehungen ein, ohne sich jedoch wirklich für ihr Du zu öffnen. Unwillkürlich suchen sie verschiedene Arten der Unerreichbarkeit, die jedoch nie wirklich erfüllend sein können; weil tief im Inneren das Verlangen nach Nähe zwar unterdrückt, niemals aber ausgelöscht werden kann. Die Folge ist ein frustrierender Rückzug in die Innenwelt innerhalb einer Scheinbeziehung.

Diese Anlage kann sich zwar in einem höchst interessanten künstlerischen Ausdruck manifestieren – die ausgeprägte Kreativität Alleingeborener habe ich ja bereits erwähnt. Aber eine solche Ersatzbefriedigung mündet letztlich in quälender Dauerdepression mit nicht selten suizidalen Phasen. Grund dafür ist, dass unbewusst immer der Ruf des Zwillings im Jenseits lockt.

Dieser Ruf möchte sie allerdings nicht hinüber rufen, weil ihr Leben noch nicht abgeschlossen ist! Sondern er möchte sie in die Bewusstheit erwecken, dass ihr scheinbar verlorener Mehrling auf geistiger Ebene nach wie vor für sie präsent ist. Die früh Heimgekehrten versuchen scheinbar immer wieder, ihr immer noch inkarniertes Geschwister auf sich aufmerksam zu machen.

Diese hingegen interpretieren das, was als Weckruf gemeint war, als Lockruf in ein ungreifbares Daheim. Eines, das sie nicht genau identifizieren können, weil das in Wahrheit kein Ort ist; sondern eine Einsicht und die damit verbundene Heilung. Diese Menschen fühlen sich hier so lange fehl am Platz, bis sie die wahre Bedeutung dieser numinosen Sehnsucht nach dem Jenseits erfassen – ab diesem Moment kann Frieden einkehren.

Kennen Sie den Gedanken, dass Künstler umso besser sind, je ärmer sie sind und je mehr sie leiden? Diese Armut bezieht sich ja nicht nur auf die finanzielle Situation, sondern auch auf das emotionale Leid. Mir scheint, diese Sichtweise stammt ursprünglich auch von einem Alleingeborenen.

Ich meine, dass wir unser Leid durchaus durch unsere Kunst kanalisieren und transformieren können – auch das weiß ich aus eigener Erfahrung. Aber ich möchte betonen, dass authentische Kunst nicht Leid braucht. Nur weil viele große Künstler zugleich auch große Leidende waren, heißt das aus meiner Sicht nicht, dass nur große Leidende große Künstler sein können!

Der von mir sehr geschätzte österreichische Allroundkünstler André Heller hat in einem Interview einmal eindringlich betont, dass er fest daran glaubt, dass wir auch im Glück wachsen, lernen und unser Potenzial entfalten können. Ja, das glaube ich auch!

Fluchtzwillinge scheinen beruflich erfolgreicher zu sein als Schmelzzwillinge. Das mag daran liegen, dass sie ununterbrochen danach trachten, ihre quälende innere Unzufriedenheit (innerhalb ihres elfenbeinernen Turms) durch außerordentliche Leistungen zu kompensieren. In der unbewusst bleibenden Erinnerung an das zu Beginn erlebte Einssein in der gemeinsam erlebten Ur-Geborgenheit des Mutterleibes sind sie ihr ganzes Leben lang vergeblich auf der Suche nach etwas unerreichbarem Numinosen, Großen, Heiligen. Und das befähigt sie tatsächlich zu außergewöhnlichen Leistungen.

Für diese Menschen mag die Offenbarung ihres frühen Traumas eine besonders große Herausforderung sein, gegen die sie sich daher meist vehement wehren. Aber wenn diese innerhalb ihres Schutzpanzers besonders einsamen Alleingeborenen eines Tages doch bereit sind, ihre spezielle Anlage zu erkennen und dann auch anzuerkennen, kann tiefgehende Heilung ihnen erstmals im Leben eine wohltuende Zufriedenheit schenken. Und bei entsprechender Offenheit eine glückliche und auf allen Ebenen erfüllende Partnerschaft mit einem ähnlich schwingenden Du!

Sie würden sich wundern, könnten Sie in viele scheinbar harmonische Beziehungen hineinsehen, was da an Einsamkeit herrscht! Wobei dies heutzutage nicht mehr so extrem häufig sein mag, weil Trennungen und Scheidungen – vor allem aufgrund der nicht mehr so starken Abhängigkeit der Frauen – doch um vieles einfacher geworden sind. Dennoch gibt es unzählige Ehen und andere Partnerschaften, in denen jeder für sich auf seinem eigenen Planeten, in seiner eigenen Welt in der inneren Emigration lebt.

Wobei ich das hier natürlich nicht werten möchte. Aber die Feststellung sei mir doch gestattet: Ich finde das sehr schade! Im Grunde schlummert doch in jeder Beziehung das Potenzial zur Heilung – wenn auch oft nur in Form einer Trennung. Wirtschaftliche Erwägungen sollten aus meiner Sicht kein legitimes Alibi für die Weigerung sein, die zur Verwirklichung bereit stehenden Potenziale zu entfalten! Und oft steht die aktuelle Beziehung dieser im Weg. So kenne ich eine Menge Frauen und Männer, die nach einer Trennung wie Orchideen aufblühen, wiewohl sie zuvor dachten, sie würden diese nicht überstehen.

Ein weiteres Problem ist, dass einige Fluchtzwillinge ihre latente Unzufriedenheit, die nicht selten in tiefem Hass mündet, auch in moralisch ungesunder Form ausagieren. Um es klar zu sagen: Viele Menschen, die Verbrechen begehen, sind aus meiner Sicht allein geborene Halbzwillinge oder Dritteldrillinge, die nie mit ihrem Ur-Trauma fertig geworden sind – was ihre Taten natürlich nicht entschuldigt! Dennoch verdienen sie aus meiner Sicht ein gewisses Verständnis und bräuchten eher professionelle Aufklärung und Heilung als bloßes weg gesperrt Werden. Für mich birgt diese Thematik tatsächlich auch eine große soziale Brisanz in sich!

Als ich begonnen habe, mich intensiv mit dem Thema Alleingeborener zu befassen, dachte ich, wir seien eine kleine Minderheit von Menschen mit einer besonderen Anlage. Mehr und mehr scheint es mir jedoch, als gäbe es weit mehr von uns. In meiner Generation mögen es wohl noch keine 80% der Geburten gewesen sein, die nach einem Splitting erfolgt sind. Und wie hoch auch immer die tatsächliche Zahl sein mag, in den nächsten Generationen scheinen es immer mehr zu werden. Der Unterschied im Ausdruck liegt vor allem in der Art und Weise, wie mit dieser Wunde umgegangen wird.

So geht jeder Betroffene individuell damit um – manche können ihr Manko besser kompensieren als andere. Aber auch bei ihnen kann sich der verlorene Zwilling eines Tages `aus heiterem Himmel melden´ und das Verlusttrauma nach Aufmerksamkeit und Heilung verlangen, auch dann, wenn das Leben bis dahin scheinbar gut war.

Dann kann sich diese Wunde zum Wunder transformieren, wenn die betroffene Person bereit ist, sich für diese Offenbarung zu öffnen – und das ist wohl der Hauptgrund für dieses Buch. Es mag Ihnen eine kleine Starthilfe geben. Oder auch Ermutigung bieten, wenn Sie diese brauchen. Oder auch Bestätigung für das, was Sie bereits erkannt haben.

Darüber hinaus möchte ich Sie auch ein wenig in die Bewusstheit locken – mit der Aussicht auf Erfüllung all Ihrer kühnsten Wünsche und Träume und Visionen. Vor allem auch mit Ihrer Hoffnung auf die auf allen Ebenen erfüllende und erfüllte Partnerschaft mit einem ebenso liebevollen Du!

Wenn Sie, geschätzte Leserin, geschätzter Leser, sich in dieser Beschreibung als Fluchtzwilling wieder erkennen, möchte ich Ihnen wirklich ans Herz legen, im `Dialog der Hände´ Kontakt mit Ihrer zweiten Hälfte zu suchen. Auch wenn Ihnen dies derzeit noch ganz und gar absurd vorkommt.

An Ihrer Stelle würde ich mich in einem meditativen Zustand für die Vorstellung öffnen, dass Ihr Leben vielleicht tatsächlich zu zweit begonnen hat; Ihr Zwilling sich aber nach einer Weile wieder zurückgezogen hat. Dann würde ich meine Wahrnehmung für die nach wie vor bestehende Verbindung mit meiner anderen Hälfte öffnen. Die in diesem Buch auch beschriebene `Liebesbrücke` mag Ihnen dafür eine sehr hilfreiche und wohltuende Einstimmung bieten.

Jedenfalls sollten Sie, wenn Sie sich hier angesprochen fühlen, in diesem tiefgehenden Heilungsprozess ganz besonders viel Geduld mit sich selbst haben! Die Tatsache, dass Sie Ihr Bedürfnis nach Nähe und Innigkeit, ja nach Verschmelzung und Durchdringung über geraume Zeit so sehr verdrängt haben, dass es nur schwer wieder zugänglich gemacht werden kann, zeugt davon, dass hier wirklich ein schweres Trauma nachwirkt.

Vielleicht empfinden Sie Ihre Gefühle als so groß, so gewaltig, ja überwältigend, dass Sie den Eindruck haben, Sie könnten eine weitere Enttäuschung nicht mehr ertragen! Daher schützen Sie sich mit einem dichten und undurchlässigen Panzer, der Sie sicher vor Liebe in Ihren beiden Phasen – dem Ausströmen im Lieben und dem Einströmen im geliebt Werden – schützt. Aber dieser Schutz hält auch all das Wunderbare von Ihnen ab, was Sie sich tief in Ihrem Herzen wünschen.

Körperliche Symptome

Neben all den bisher besprochenen Indizien gibt es auch eine Menge körperlicher Symptome, die auf diesen besonderen Start ins Leben hindeuten, die ich Ihnen natürlich empfehle, medizinisch abklären zu lassen!

Ein recht unangenehmes Phänomen, das die allermeisten Alleingeborenen kennen, ist eine nach logischen Gesichtspunkten nicht zu erklärende phasenweise oder andauernde <u>Müdigkeit</u> und <u>Kraftlosigkeit</u>. Die Medizin hat in der Extremvariante sogar einen Namen dafür geprägt: `chronique fatigue´; allerdings noch keine plausible Erklärung gefunden.

Abgesehen davon, dass diese natürlich medizinisch abgeklärt werden sollte (Anämie...), kann diese Energielosigkeit aus meiner Sicht mehrere Ursachen haben. Der wichtigste Grund scheint mir wohl der kontinuierliche Energieverlust durch die verschiedenen Ambivalenzen zu sein. Wir schwingen die meiste Zeit unseres Lebens in einem Kräfte zehrenden Stopp-and-Go von Leben und Sterben, von Erfolg und Erfolglosigkeit, von Hingabe und Rückzug, von Liebe und Angst, von Alles-oder-Nichts. Ich bezeichne das gerne als `mit angezogener Handbremse Vollgas fahren´. Das kostet einfach sehr viel Kraft und raubt uns kostbare Energie, die uns dann in der Bewältigung unseres Alltages fehlt.

Ein zweiter Grund für dieses `nur die halbe Kraft zur Verfügung haben´ scheint mir zu sein, dass wir uns einfach nicht die ganze Ration erlauben. So wie wir immer die Tendenz haben, das Leben unseres verlorenen Zwillings für diesen mit zu leben – wie so vieles unbewusst – und uns selbst dabei immer zu vernachlässigen, so gönnen wir uns oft auch nicht den vollen Ausdruck unserer Vitalität.

Viele haben auch das unbestimmte Gefühl, es müsse noch etwas ganz Großes in ihrem Leben kommen und wollen sich ihre Kraft dafür aufsparen. So als könnten sie sich eine Energiereserve für besondere Anlässe anlegen – für dieses nicht greifbare Numinose, worauf sie ein Leben lang warten.

Kommt Ihnen dieses Verhalten bekannt vor?
Kennen Sie dieses Warten ohne zu wissen, worauf?

Solche Zeiten außergewöhnlicher chronischer Müdigkeit und Energielosigkeit könnten uns übrigens ähnlich wie die suizidalen Phasen wachrütteln. Vor allem dann, wenn sie sich zu einem bestimmten Zeitpunkt besonders massiv bemerkbar machen. Das können Signale unserer Seele sein, dass sie sich hier und jetzt Heilung wünscht; dass jetzt also ein besonders guter Anlass wäre, genauer hinzusehen und die Tatsache, dass wir anfangs zu zweit gewesen sind, dann aber unseren Zwilling verloren haben, zu erkennen und anzuerkennen. Um dann im bewusst wieder aufgenommenen Kontakt zu unserer anderen Hälfte in uns selbst die nährende Liebe zu finden, nach der wir ein ganzes Leben lang vergeblich gesucht haben!

Denn Liebe energetisiert!

Erinnern Sie sich, als Sie das letzte Mal so richtig verliebt waren?
Konnten Sie da nicht `von Luft und Liebe leben´?
Schien da nicht jegliche Müdigkeit verflogen?
Haben Sie in dieser Zeit auch viel weniger Schlaf gebraucht?
Und hätten Sie da nicht Bäume ausreißen können?

Einfach weil Liebe in all ihren Phasen und Facetten unser Energielevel anhebt!

Vielleicht erlauben wir uns auch nicht, unsere ganze Vitalität zu leben, weil wir glauben, damit damals unseren Zwilling getötet zu haben. Etwa weil wir zu kräftig waren und überlebt haben, während wir unserer anderen Hälfte nicht die Chance dazu gegeben haben. Und nun glauben wir, uns diese tödliche Kraft versagen zu müssen.

Kennen Sie diese unsagbare Müdigkeit von sich selbst?
Oder kennen Sie andere mit dieser aus Sicht der Medizin unerklärlichen Symptomatik?

Neben der chronischen Müdigkeit, die mit fortschreitendem Alter natürlich immer deutlicher spürbar und mühsamer wird, ist auch Bluthochdruck ein Indiz für dieses Phänomen. Auch diese Symptomatik (Hypertonie ist nicht unbedingt eine spezifische Erkrankung, sondern vielmehr eine Symptomatik aus verschiedenen Ursachen) nimmt generell an Häufigkeit zu – sowohl allgemein als auch mit fortschreitendem Alter. Aber ebenso wie der Mangel an Energie ist auch die Hypertonie durchaus eine Spezialität Alleingeborener.

Diese beiden Zustände scheinen einander zu widersprechen – Hochdruck und Kraftlosigkeit wirken ja wie zwei Gegensätze. Dennoch sind sie eng miteinander verbunden, was Ihnen klar wird, wenn Sie etwas genauer hinsehen.

Halbzwillinge und Dritteldrillinge stehen ihr ganzes Leben unter Druck! Sie leiden unter Schuldgefühlen. Sie quälen sich mit ihrem Perfektionismus und ihrem Anspruch an sich selbst, immer das Doppelte von anderen leisten zu müssen. Sie sind hin und her gerissen zwischen ihrer Todessehnsucht und den diesbezüglichen Gewissensbissen. Sie unterdrücken ihre eigenen Ansprüche und tun alles und noch mehr in dem Wunsch, alle anderen zufrieden zu stellen; um ja nicht deren Zuneigung, Wertschätzung und Liebe zu verlieren. Sie warten ihr Leben lang und wissen eigentlich nicht, worauf. Sie suchen ein Leben lang, ohne genau zu wissen, wonach. Und sie haben mehr Ängste als alle anderen.

Angst, Geliebtes zu verlieren; nächtliche Ängste; Angst vor Fehlschlägen; Angst vor Zurückweisung; Angst vor Krankheiten; Angst, andere zu enttäuschen oder selbst enttäuscht zu werden; Angst vor Einsamkeit; Angst, ausgeschlossen oder ausgestoßen zu werden; Angst vor neuerlichen Verletzungen – vor allem in nahen Beziehungen. Und sie stressen sich massiv mit ihren ständigen Worst Case-Szenarien.

Darüber hinaus reißt jeder Verlust, jedes Loslassen tiefe Wunden und bricht die alte Wunde immer wieder auf.

Steigt Ihr Puls schon alleine beim Lesen all dessen?
Erkennen Sie vieles von all dem wieder?
Geht es Ihnen ähnlich?

Ist es dann ein Wunder, wenn dieses 'ein Leben lang unter massivem Druck Stehen´ letztlich Bluthochdruck hervorruft? Und damit zugleich eine quälende Erschöpfung?

In extrem stressigen Situationen kommt es dann oft auch zu Panikattacken mit rasendem Herzen und kaum zu beherrschender mentaler Einengung.

Oft, sehr oft ist damit auch Enge und Druck in der Brust verbunden. Eine solche Symptomatik sollte unbedingt ärztlich geklärt werden, denn es kann sich schon um eine beginnende Angina Pectoris handeln, also ein tatsächlicher somatischer Niederschlag in der Durchblutung der Herzkranzgefäße. Aber es kann, speziell bei bei jüngeren Halbzwillingen, auch 'bloß' die körperliche Spiegelung ihrer psychischen Einengung sein.

Diese Enge ist nicht selten verbunden mit <u>Atemschwierigkeiten</u> – dem Gefühl, nicht richtig durchatmen zu können – ohne einem echten medizinische Hintergrund. Da kann man immer nur bis zu einem bestimmten Punkt einatmen, nach dem es eine kaum erklärliche Blockade gibt. Das ist ähnlich wie bei einem Hexenschuss, bei dem der Schmerz den Atemstopp gebietet, extrem frustrierend.

Ein weiteres interessantes Phänomen kennen Sie vielleicht auch von sich – möglicherweise ohne dass es Ihnen je bewusst aufgefallen wäre. Beobachten Sie einmal, in welcher Atemphase Sie Ihre Ruhephase haben. Normalerweise atmen wir ja nicht ununterbrochen; vor allem wenn wir uns konzentrieren, halten wir meist den Atem an!

Ist Ihnen das schon einmal bewusst aufgefallen?
Achten Sie einmal darauf, wenn Sie sich das nächste Mal intensiv konzentrieren.
Es gibt normalerweise immer Pausen zwischen der Ein- und der Ausatmung.
In welcher Phase liegt üblicher Weise Ihre Pause?
Nach der Einatmung oder nach der Ausatmung?
Beobachten Sie das vor allem nachts – vielleicht wachen Sie auf und merken, dass Sie nach Luft schnappen, weil Sie wieder für eine Weile zu wenig Atem geholt haben.

Meiner Erfahrung nach ist diese Pause bei Halbzwillingen meist nach der Ausatmung – was mit unserer Neigung korreliert, besser Geben (= Ausatmen) als Annehmen (= Einatmen) zu können. Dann atmen wir erst wieder ein, wenn unsere Sauerstoffrezeptoren Not signalisieren.

Wenn Sie sich selbst dabei ertappen, viel zu lange in der Ausatmung zu verharren, ehe Sie wieder Luft holen – und davon dann auch noch meist viel zu wenig, weil Ihre Atmung generell zu flach ist –, dann atmen Sie einmal ganz bewusst und möglichst langsam ein, so lange wie es Ihnen möglich ist! Dabei wird Ihnen wahrscheinlich auffallen, dass Sie um vieles weiter einatmen können, als Sie es üblicherweise tun. Das heißt, Sie nützen den wertvollen Sauerstoff, der Ihnen eigentlich zur Verfügung stünde, viel zu wenig.

Manches Mal frage ich mich, ob wir mehr atmen würden, wenn wir für den Sauerstoff bezahlen müssten.

Auch diese Tendenz sollten Sie, wenn Sie sich dabei ertappen, liebevoll nachsichtig erkennen und sich deswegen nicht gleich wieder Vorwürfe machen! Erkennen Sie, welches Muster hier wirkt, und dann ändern Sie Ihren Atemrhythmus – möglichst mit viel Geduld! Denn das zu ändern, wird nicht von einem Tag auf den anderen gehen; in liebevoller Selbstannahme wird es Ihnen jedoch leichter fallen, diese neue Einsicht auch tatsächlich umzusetzen.

Und fragen Sie die Menschen in Ihrer Umgebung, in <u>welcher Phase</u> ihrer <u>Atmung</u> diese <u>pausieren</u>. Die Antworten werden Sie wahrscheinlich wundern, denn die Phase, in der die Atmung ruht, ist meist ein deutliches Indiz für einen Halbzwilling – oder eben einen Einling.

Wobei ich hier schon hinzufügen möchte, dass das damit meist in Korrelation stehende viele, oft geradezu zwanghafte Geben durchaus auch Gewinn bringt. Wir fühlen uns dadurch besser, gewinnen für Augenblicke eine Spur von Wert und bestätigen uns damit unsere Lebensberechtigung! Bestärkt werden wir in unserem einseitigen Verhaltensmuster dann auch noch von weit verbreiteten Sprichwörtern wie: „Geben ist seliger denn nehmen". Eine Aussage, die übrigens auch von einem Alleingeborenen stammen dürfte!

Jedenfalls möchte ich Sie, meine Leser und vor allem Leserinnen – denn meiner Erfahrung nach ist das schon ein Muster, das bei Frauen noch häufiger ist als bei Männern! – dazu anregen, bei Ihrer Atmung zu beginnen. Atmen Sie sehr wohl auch bewusst aus, um möglichst viel Raum für frische, mit Sauerstoff gesättigte Luft zu schaffen. Dann atmen Sie aber ebenso bewusst und mit viel Genuss langsam – ganz langsam, damit Ihre Lunge sich wieder an die neue Ausdehnung gewöhnen kann – ein. Gewöhnen Sie sich an, immer wieder Pausen in Ihren Alltag einzuschalten, in denen Sie eine Weile bewusst atmen: möglichst tief aus und dann möglichst tief ein. Und wundern Sie sich ruhig über das ungeahnte Fassungsvermögen Ihrer Lunge.

Als kleine Erinnerungshilfe könnten Sie an Stellen, die Ihnen immer wieder ins Auge fallen, kleine Zettelchen mit dem Wort „Atmen!"

anbringen. Allein das Schmunzeln, das dadurch vermutlich ausgelöst wird, ist schon heilsam! Ich weiß das aus eigener Erfahrung, weil meine Tochter das bei mir mit der Aufforderung „Schultern runter!" gemacht hat. Haben auch Sie die Schultern hochgezogen, wenn Sie an Ihrem Computer sitzen? Meinen Vater hat sie übrigens mit unzähligen Zettelchen mit den Worten „Wasser trinken!" verwöhnt, weil auch er (wie wohl die meisten von uns!) immer viel zu wenig Wasser getrunken hat.

Und immer wenn Ihnen so ein – vielleicht hübsch verzierter – Zettel auffällt, atmen Sie für einige Augenblicke bewusst etwas tiefer als sonst! Stellen Sie sich dabei vielleicht vor, dass Sie im Ausatmen Liebe geben – einem bestimmten Gegenüber, das Sie vor Ihrem geistigen Auge sehen, oder auch allgemein der Welt, der Menschheit, dem Universum. Und im Einatmen nehmen Sie Liebe an! Auch diese Liebe kann von einer geliebten Person kommen, die Sie sich in der Vorstellung vergegenwärtigen, oder über die `Liebesbrücke´ von einer Ihnen vorangegangenen Person – am besten von Ihrem jenseitigen Zwilling!

Meiner Ansicht nach steht uns in jedem Augenblick unseres Lebens nicht nur ein unermessliches Angebot an Sauerstoff, sondern auch an Liebe zur Verfügung. Aus dem wir jederzeit, in jeder Situation, bei jeder Gelegenheit schöpfen können, wenn wir uns dafür empfänglich machen. Und dazu eignet sich die Phase der Einatmung geradezu ideal! Und wie gesagt, hebt das auch unseren Energiepegel.

Natürlich spricht nichts dagegen – außer vielleicht Ihrem inneren Saboteur – in der Ausatmung auch sich selbst Liebe zu schenken und in der Einatmung diese Eigenliebe dann auch anzunehmen!

Klingt das alles zu absurd in Ihren Ohren?
Können Sie sich selbst Liebe schenken?
Warum sollten Sie das nicht tun?
Wer oder was spricht dagegen?

Wenn Ihnen dies in der erwachsenen Form schwer fällt, dann denken Sie dabei an Ihr inneres Kind! Sehen Sie ein Foto aus Ihrer Kindheit vor sich und schenken Sie dem kleinen Mädchen, dem kleinen Buben all Ihre Liebe. Sie nehmen damit niemandem etwas weg.

Des Weiteren möchte ich Sie dazu anregen, sich im Alltag sehr aufmerksam zu beobachten – nicht nur in der Atmung. Sondern sehen Sie sich selbst zu und fühlen Sie sich in sich selbst ein, wenn Sie sich gerade wieder im `Gebe-Krampf´ (ja, so möchte ich das bezeichnen!) ertappen. Dann allerdings seien Sie sich nicht gram, sondern ganz im Gegenteil! Freuen Sie sich, dass Sie wieder eine dieser uralten und destruktiven Reaktionen entdeckt haben! Seien Sie stolz auf Ihre Aufmerksamkeit und Bewusstheit, klopfen Sie sich meinetwegen mit einem ehrlichen: „Bravissimo!" auf die Schulter – damit machen Sie Ihrem inneren Kind eine riesige Freude! Nehmen Sie sich liebevoll in Ihrem derzeitigen So-Sein an!

Dann – und wirklich erst dann – erlauben Sie sich, sich neu zu programmieren. In dem Augenblick, wo Sie erkannt haben, dass Sie in alter Manier und nicht besonders liebevoll sich selbst gegenüber reagiert haben, und sich dennoch oder gerade deshalb selbst Ihre innigste Liebe schenken, kann und wird Heilung geschehen.

Buddha sagte:
„Was immer du tust, liebe dich dafür, dass du es tust!"

Manchmal dürfen wir uns sogar dafür lieben, dass wir uns im Augenblick nicht lieben können ☺…

Empfänglichkeit ist eine sehr natürliche Qualität, die uns zwar angeboren ist, uns jedoch im Laufe unserer Erziehung nach und nach ab erzogen wird! Und hier geht es nicht nur um materielle Geschenke – eben auch Sauerstoff! –, sondern parallel dazu auch um emotionale und mentale Geschenke.

Mit emotionalen Geschenken meine ich Liebe, Wertschätzung, Dankbarkeit, Fürsorge, Bewunderung und Achtung.

Wie viel von all dem nehmen Sie an?

Mentale Geschenke könnten positives Feedback, Anerkennung, verbale Bestätigung, Ermutigung und Lob sein; vor allem also in Form von Worten. Aber das können durchaus auch bloß gedachte Worte sein, denn auf Seelen-Ebene nehmen wir auch diese wahr. Daher gibt es da auch keine Lügen und Unwahrheiten!

Wie geht es Ihnen mit verbaler Wertschätzung?

Jedes Mal, wenn Sie sich dabei ertappen, ein liebevolles Angebot auszuschlagen, werden Sie sich dessen einfach bewusst! Ebenso wenn Sie etwas zurückweisen, das man Ihnen geben oder für Sie tun möchte. Oder wenn Sie ein Kompliment nicht annehmen. Je nachdem wie Ihre Annehmblockade sich eben zeigt.

Nehmen Sie sich in all diesen Reaktionen liebevoll an, vergeben Sie sich mit der Nachsicht, die Sie auch anderen selbstverständlich zukommen lassen würden! Schenken Sie sich all Ihre Liebe, Bewunderung, Zuneigung, Anerkennung, Fürsorge, Wertschätzung, Bestätigung und Hochachtung, derer Sie fähig sind!

Und nehmen Sie all das dann auch offenen Herzens an! Auch und gerade von sich selbst!

Am besten machen Sie das vor einem Spiegel – auch wenn Sie sich dabei höchst merkwürdig vorkommen. Tun Sie das möglichst nicht in Form von Behauptungen, sondern lieber in der Frageform. Ich nenne das `Affragen´ und werde in einem eigenen Kapitel auch auf dieses Thema noch einmal zurückkommen.

So kann und wird nach und nach Heilung geschehen.

Wenn Sie zwischendurch Rückfälle haben und ab und zu wieder aus Ihrer Eigenliebe fallen und Ihnen die Fähigkeit, sich selbst in Ihrem So-Sein anzunehmen abhanden zu kommen scheint, heißt das nicht, dass Sie gescheitert sind! Das sind bloß kleine Rückfälle, die Sie sich nachsehen sollten.

Werden Sie nicht wieder Opfer Ihres Perfektionismus! Erkennen Sie das Muster dahinter, vergeben Sie sich, dass Sie nicht immer all das, was Sie wissen, leben und eins zu eins umsetzen können! Geben Sie sich auch einmal mit neunzig Prozent zufrieden!

Nach diesem kleinen Ausflug in den mit der Atmung assoziierten Ausgleich zwischen Geben und Nehmen lassen Sie uns nun wieder zurückkehren zu den körperlichen Auswirkungen, unter denen Alleingeborene häufig leiden.

Besonders in stressvollen Lebensphasen neigen Halbzwillinge zu diversen Störungen im Essverhalten, die in ihrer Extremform zur Magersucht oder Bulimie ausarten können. Die Magersucht ist ja im Grunde die direkte Auswirkung der Selbstablehnung aufgrund irrationaler Schuldgefühle. Spiegelt teils aber auch die Unfähigkeit, sich in der eigenen Geschlechterrolle anzunehmen, wenn der verlorene Zwillinge vom anderen Geschlecht war.

Andere essen wieder ständig für zwei – natürlich ohne sich dessen bewusst zu werden – und nehmen daher mehr zu, als ihnen Recht ist. Ganz so, als würden sie für zwei futtern. So glaube ich, dass vielen chronisch Übergewichtigen mit dieser Offenbarung ebenso geholfen werden könnte wie anorektischen Menschen.

Empfohlen wäre hier wieder, die Ursache dieses selbst zerstörerischen Essverhaltens zu erkennen und anzuerkennen. Es geht ja immer darum: hinsehen und wahrnehmen! Und dann wäre auch hier Liebe zu sich selbst – auch und gerade mit diesem zu dicken, oft aber auch ausgemergelten Körper – das probate Heilmittel.

Die liebevolle optische Erkundung des eigenen Körpers vor dem Spiegel, die ich Ihnen etwas später empfehlen werde, wird für diese Menschen eine ganz besondere Herausforderung sein; dennoch wäre meiner Ansicht nach gerade sie das Mittel der Wahl. Ebenso das liebevolle taktile in Besitz Nehmen der eigenen Körperformen – da ich diese ohnehin mit geschlossenen Augen empfehle, fällt sie solchen Halbzwillingen vielleicht etwas leichter.

Auch bei diesen Menschen ist das Gleichgewicht von Geben und Nehmen meist schwer gestört. Viele von ihnen kochen leidenschaftlich gerne für andere, zelebrieren geradezu Fütterungsrituale, während sie selbst dabei leer ausgehen – zumindest in der anorektischen Form. Menschen mit Bulimie schlingen ja Unmengen von Essen in sich hinein – meist jedoch alleine –, trachten dann aber sofort wieder danach, sich davon zu entledigen!

Wiewohl diese Störungen generell als schwer bis kaum therapierbar gelten, eröffnet meiner Ansicht nach das Erkennen und Anerkennen der Ursache – wenn es tatsächlich um eine Zwillings- oder Drillingsthematik geht – sehr wohl die Möglichkeit einer Heilung.

Häufig berichten Alleingeborene auch von <u>Schwindelepisoden</u>, für die oft keine medizinische Ursache gefunden werden kann. Das Gleichgewichtsorgan ist intakt, dennoch kommt der Schwindel immer wieder – oft auch mit Angst vergesellschaftet. Auch dies könnten wir als Hinweis der Seele interpretieren, dieses Thema nun bewusst anzusehen!

Ein weiteres Thema sind ernste Erkrankungen (wie <u>Krebs, Multiple Sklerose, Epilepsie, Hirntumoren, rheumatische</u> und <u>Autoimmun-</u>

Erkrankungen...); aber auch schwere Unfälle mit lebensgefährlichen Verletzungen, die bei Alleingeborenen gehäuft vorkommen! Oft wird auch der Schutz gegen Aids `vergessen´.

All das scheint einerseits eine Art Selbstbestrafung zu sein; andererseits beruht es wohl auf dem unbewussten Wunsch, sich möglichst bald wieder mit der geliebten zweiten Hälfte zu verbinden. Die Betroffenen fühlen sich hier fehl am Platz, sind oft schwer depressiv und ertragen ihre Einsamkeit – auch inmitten anderer – nicht mehr. Oft gibt es ein auslösendes Ereignis wie einen schweren Verlust; aber nicht selten reicht auch eine scheinbare Kleinigkeit, um das ursprüngliche Trauma zu triggern.

Erstaunlich in diesem Zusammenhang ist die gleichzeitige Zähigkeit dieser Menschen. Denn sie überleben auf teils unfassbare Art und Weise Verletzungen und Krankheiten, bei denen viele andere keine Chance hätten.

Dies gilt auch für die nicht seltenen Suizidversuche, die oft – allzu oft nach ihrem Ermessen – fehlschlagen. Und manche versuchen es immer wieder, so lange bis es ihnen letztlich doch gelingt. Zu groß ist der Wunsch, sich selbst sterben zu lassen, heimzufinden in den seit langem vermissten Urzustand des liebevollen Gehaltenwerdens, des Miteinander in der wohltuenden Präsenz des geliebtesten Wesens – das in diesem Leben scheinbar unerreichbar ist.

Ein häufiges Symptom Alleingeborener ist interessanterweise auch die Schwerhörigkeit – dieses nicht hören Wollen mag auf den Schock zurückzuführen sein, der durch das Aussetzen des Herzschlages des gestorbenen Zwillings entsteht. Wobei dieses Aussetzen sehr plötzlich eintreten kann; aber der Puls des sterbenden Embryos kann auch nach und nach schwächer werden und dann erst aussetzen. Beides ist für den am Leben bleibenden Zwilling eine kaum zu ertragende Katastrophe – nicht zuletzt weil der Gehörsinn ja der erste ist, der in Funktion tritt, also in einem sehr frühen und sensiblen Stadium dieses Lebens bereits aktiv ist.

Viele weibliche Halbzwillinge haben auch Probleme mit ihrer Weiblichkeit wie Endometriose, Menstruationsschmerzen, Früh- und Fehlgeburten, Eierstockzysten (nicht selten auch Dermoidzysten, wenn der abgestorbene Zwilling integriert wurde), Myome, Eileiter- oder Bauchhöhlen-Schwangerschaften, aber auch Probleme während einer intakten Schwangerschaft sowie diversen Infektionen im Genitalbereich.

Diese Symptome sind wohl einerseits auf die generelle Ablehnung der eigenen Weiblichkeit zurückzuführen – vor allem bei jenen, die eigentlich ein Bub werden hätten sollen. Beruhen andererseits aber auf dem starken Stress im Zusammenhang mit der Fortpflanzung! So gibt es bei einem Teil der Frauen gar keinen Wunsch nach einem eigenen Kind, bei anderen meldet er sich relativ spät – oft auch erst zu spät. Viele sind überhaupt unfruchtbar.

Die Probleme in der Schwangerschaft sind vor allem auf die innere Ambivalenz bezüglich der Rolle als Mutter zurückzuführen. Einerseits haben natürlich auch weibliche Halbzwillinge einen instinktiven Wunsch nach einem Kind oder Kindern. Wenn dieses Thema jedoch aktuell wird, dann tauchen sofort allerlei Ängste aus der Tiefe hoch:
„Werde ich das überhaupt schaffen?"
„Kann ich meiner Rolle als Mutter je gerecht werden?"

Da meldet sich gnadenlos der Perfektionismus zu Wort und macht der werdenden Mutter bereits in frühen Stadien der Schwangerschaft das Leben zur Hölle. Hoch alert achtet sie auf alle möglichen Anzeichen von Problemen und setzt sich selbst unter Stress. Dieser wirkt sich wiederum störend auf die Schwangerschaft und das werdende Kind aus, weil die Stresshormone der Mutter ja die Plazenta passieren und sofort in den kindlichen Kreislauf gelangen. Und natürlich schwingt immer die große Angst mit, das geliebte Kind vor, während oder nach der Geburt zu verlieren – ähnlich wie dereinst den Zwilling.

Die allseits gefürchtete `Wochenbett-Depression´ ist bei diesen Müttern noch viel ausgeprägter als bei Einlingen; in diesem Zustand scheint sich die Mutter gar nicht über ihr Kind freuen zu können. Dies ist bis zu einem gewissen Grad sicher auch auf den abrupten Hormonabfall nach der Geburt zurückzuführen; aber nicht nur! Viel wesentlicher scheint mir die Leere zu sein, die die geboren habende Mutter dort fühlt, wo sie zuvor noch ihr geliebtes Kind wahrnehmen konnten. Auch damit werden die uralten Verlustgefühle reaktiviert.

Und da, wie ich bereits erwähnt habe, dieses Phänomen meist familienimmanent ist, sind bei Alleingeborenen Mehrlinge – oft auch mit dem Verlust eines oder mehrerer – besonders häufig. Denn je mehr Stress die werdende Mutter in ihrer oft an Hypochondrie grenzenden Überaufmerksamkeit hat, umso mehr Stresshormone gelangen zu den Kindern; und umso eher ist zu erwarten, dass zumindest eines verloren geht. Womit die Thematik des verlorenen Zwillings von Generation zu Generation weitergeht.

Empfehlung wäre bei all dem wieder, das Trauma zu erkennen und anzuerkennen, Kontakt mit dem eigenen verlorenen Zwilling aufzunehmen und sich in liebevoller Selbstannahme der Selbstheilung zu überlassen. Damit ist die Chance auf eine gesunde und problemlose Schwangerschaft und Geburt durchaus gegeben.

Wenn eine Alleingeborene ein Kind abtreibt, kann sie sich das nie wirklich vergeben und bleibt über lange Zeit in ihrem Kummer gefangen – der in seiner Unerträglichkeit wieder ins Unbewusste verdrängt wird und hier das Ur-Trauma noch weiter verstärkt.

Wichtig sind auch hier Einsicht und Klarheit. Es gilt einfach, alle Frauen mit den oben angesprochenen Symptomen behutsam darauf aufmerksam zu machen, dass sie möglicherweise ihren Zwilling verloren haben; und ihnen zu zeigen, wie sie ihr frühes Trauma in die Heilung bringen können. Das scheint mir nicht zuletzt deshalb so wichtig zu sein, damit das Ahnenthema nicht wieder auf die nächste Generation übergeht!

Im energetischen Bereich können aurasichtige Menschen, wie bereits erwähnt, ein Loch in der Aura wahrnehmen (durch den Verlust des Geschwisters). Dadurch werden Alleingeborene wie magnetisch für familiäre Verstrickungen. In einer guten Familienaufstellung kann dies geklärt und dann liebevoll geheilt werden.

Große Geschenke aus dieser Anlage!

Nachdem wir uns nun recht ausführlich mit all den meist nicht besonders angenehmen Symptomen und Indizien befasst haben, und ehe wir uns bereit machen für die Heilung unseres Ur-Traumas, möchte ich Ihnen hier vor Augen führen, welch wertvolle Geschenke mit dieser Anlage verbunden sind. Und welchen Gewinn wir haben, wenn wir uns endlich in unserem So-Sein annehmen und uns erlauben, unsere wundervollen Anlagen zu leben.

Denn wie immer gilt es, bewusst hinzuschauen, um all das Positive auch tatsächlich zu sehen und für eine erfüllte und erfüllende Lebensgestaltung nützen zu können!

Wie bereits erwähnt, schwingen Alleingeborene über weite Strecken ihres Lebens im Überlebensmodus. Allerdings ändert sich dies, wenn sie Heilung erfahren. Das geht nicht von heute auf morgen, aber es ist möglich! Nach der Offenbarung lichten sich nach und nach die Nebel, die uns blind gemacht haben für die Wahrnehmung der immer währenden Verbindung mit unserer zweiten Hälfte. Dann wird diese uns liebend gerne in die Heilung begleiten.

Das mag anfangs nicht auf Anhieb funktionieren, denn auch nach dem ersten großen Aha werden uns immer wieder die alten Zweifel – und da vor allem die Selbstzweifel – einholen. Sie sind einfach sehr stark in unserem mentalen System eingeprägt. Aber mit der nötigen Geduld werden sie mehr und mehr in den Hintergrund treten und einem neuen Vertrauen – und Selbstvertrauen – Platz machen.

Ein ganz wichtiger Punkt wird dabei sein, die nagenden Schuldgefühle als großes Missverständnis zu erkennen, das aus einer sehr frühen, vorbewussten Fehlinterpretation entstanden ist; und sich diese dann liebevoll zu vergeben. Wobei es genau genommen gar nichts zu vergeben gibt, denn wir haben uns ja nicht absichtlich mit unseren Gewissensbissen gequält!

Daher spreche ich auch lieber von Versöhnung! Ja, versöhnen wir uns mit uns selbst, finden wir Frieden mit unserer früheren Version und damit die Bereitschaft zu einer, für die meisten von uns, vollkommen neuen Zufriedenheit.

Wir haben weder unser Liebstes aus der Gebärmutter ´hinausgetreten´, noch haben wir ihm die ´Nahrung versagt´ oder den `Lebensraum geraubt´! Dass unsere zweite Hälfte sehr früh schon heimgekehrt ist, sollte genauso sein, weil es dazu wohl einen entsprechenden Seelen-Plan gibt. Und in diesem ist auch vorgesehen, dass wir für dieses Leben bestimmt sind – mit einem ganz besonders reichhaltigen Potenzial, das nach und nach freudig zu erfüllen unsere Aufgabe ist.

Erkennen wir daher, dass wir niemandem etwas Gutes tun, wenn wir uns das Leben unserer Wünsche versagen! Ganz im Gegenteil bereichern wir diese Welt, indem wir all das leben, was unsere Besonderheit ist:

☺ Die mit dieser Anlage verbundene Hochsensibilität und Hochsensitivität – oft auch Hochbegabung oder Vielbegabung.

☺ Die unendlich tiefe Liebesfähigkeit, die nicht selten gar in Bedingungslosigkeit gelebt werden kann.

☺ Die enge Verbundenheit und echte Bereitschaft zu Hingabe im Miteinander mit einem Du.

☺ Die nicht enden wollende Bereitschaft zu geistigem Wachstum und persönlicher Weiterentwicklung.

☺ Das wache Interesse für die Seelenlandschaften unseres Gegenübers.

☺ Die stets offene Aufmerksamkeit für die Bedürfnisse anderer.

☺ Der immer und überall präsente Wunsch, wertvoll zu sein, zu helfen, zu heilen.

☺ Die außergewöhnliche Empathie.

☺ Die ausgeprägte Kreativität.

☺ Die enorme Vielseitigkeit.

☺ Die damit verbundene stete Neugierde und geistige Offenheit.

Diese beiden Eigenschaften erwachsen ursprünglich aus der meist unbewussten Suche nach der zweiten Hälfte; allerdings werden sie auch dann nicht versiegen, wenn wir unser Du gefunden haben und die auf allen Ebenen erfüllende und erfüllte Liebesbeziehung leben, die wir uns so wünschen und die uns zusteht.

Wenn unsere innere Getriebenheit, die lebenslange Suche und das Warten, ohne genau zu wissen worauf, in der Heilung mehr und mehr zur Ruhe kommen, münden sie in ein natürliches Bedürfnis, möglichst vieles in diesem Leben zu erfahren und zu erleben – ähnlich wie die `Beschleuniger´ in den „Archetypen der Seele", die Varda Hasselmann in ihrem gleichnamigen Buch beschreibt.

Und ich habe den Eindruck, dass diese Tendenz bei Dritteldrillingen noch stärker ist als bei Halbzwillingen; sie scheinen zu glauben, das Leben beider früh heimgekehrten Geschwister für diese mit leben zu müssen.

Natürlich können wir unsere äußerst vielseitige und zuweilen anspruchsvolle Anlage als Last empfinden. Aber ist das eine sinnvolle Sichtweise? Wie wäre es, wenn wir sie als ungemein wertvolles Geschenk anerkennen könnten? Ein Geschenk für uns und ein Geschenk an die Welt!

Wie wäre es, wenn wir überhaupt lernen würden, uns selbst als Geschenk für diese Welt zu sehen? Auf diese Sichtweise komme ich noch einmal zurück und möchte sie uns allen wärmstens ans Herz legen!

Ich denke, es geht vor allem darum, unser Leben in einem neuen, helleren, klareren und vor allem liebevolleren Licht zu sehen.

Jenen unter Ihnen, für die diese Eröffnungen vollkommen neu sind, und die sich beim Lesen zuweilen fragen, warum Ihnen dieses Buch eigentlich jetzt in die Hände gefallen ist, möchte ich empfehlen, besonders behutsam, geduldig und nachsichtig mit sich selbst umzugehen! Diese aufwühlenden Erkenntnis- und Einsichtsprozesse werden Sie unweigerlich fordern. Aber sie werden Sie auch fördern, wenn Sie all dem Raum geben, was sich auf Ihrem Weg in die Heilung alles auftut an Emotionen, an Schmerzen, an Zweifeln auch.

All das darf sein! Lassen Sie es einfach vorüberziehen so wie Wolken, die nur vorübergehend die Sonne verschleiern! Was bleiben wird, ist eine wundervolle Klarheit, tiefe Selbstliebe und ehrliche Selbstwertschätzung in einer neuen, bisher nicht gekannten aufrechten Haltung; die Sie im Blick in den Spiegel immer wieder überraschen mag.

Aus dem zwanghaften Helfersyndrom mit der Notwendigkeit, ständig andere und die ganze Welt retten und alle möglichen Katastrophen vermeiden zu müssen, wird in der Heilung aufmerksame, liebevolle und fürsorgliche Empathie. Dann sind wir begnadete Heilende oder Berater, weil wir uns besonders gut in unser Gegenüber einfühlen und vor allem auch gut zuhören können. Auch weil wir in unserer Arbeit jene Verbundenheit einbringen, die für einen als Einling geborenen Menschen niemals so ursprünglich und natürlich da ist.

So eignen wir uns generell für andere Berufe und folgen einer anderen Berufung als jene Menschen, die im Einzel inkarniert und zur Welt gekommen sind. Und das ist gut so, denn unsere Gesellschaft braucht beides!

Wie sieht das bei Ihnen aus?
Was von all dem finden Sie in Ihrer Vita wieder?
Was von all dem verwirklichen Sie schon?
Welche Ambitionen warten noch auf Verwirklichung?

Der größte Gewinn ist jedoch – erlauben Sie mir, Sie daran zu erinnern! – die äußerst tiefe, intensive, innige und bedingungslose Liebe, zu der Zwillinge fähig sind. Und dies sowohl als zu zweit hier Ankommende als auch als früh geteiltes Paar. Kein Einling ist zu einer so hingebungsvollen Liebe fähig! Und das ist auch einer der Gründe, warum sich mehr und mehr inkarnierende Seelen für diese Option entscheiden.

Sowohl bei Hochsensiblen und Hochsensitiven als auch bei Alleingeborenen (und ganz besonders in der extrem häufigen Kombination dieser beiden Anlagen!) schwingt im ersten Erkennen dieser Anlage anfangs immer ein gewisses Maß an Selbstmitleid mit herein. Und ich meine, das darf sein!

Dann können wir nach und nach unsere spezielle Anlage und den damit verbundenen besonderen Lebensweg nicht nur erkennen, sondern auch aus vollem Herzen anerkennen. Und dann lernen wir, uns in unserem speziellen So-Sein wertzuschätzen. Denn das ist wohl der wichtigste Punkt in diesem Integrationsprozess, der hoch notwendig ist, um das umfangreiche Potenzial, das uns in dieser Doppelanlage zugänglich wird, auch tatsächlich zu entfalten und für uns selbst und die Welt zu nützen.

Lassen Sie es mich noch einmal wiederholen: Erkennen Sie sich bitte als das Geschenk, das Sie für diese Welt sind! Im Kapitel über `EFT´ werde ich Ihnen einen entsprechenden Text anbieten, mit dem Sie die entsprechenden Punkte klopfen können.

Auch die Tatsache, dass wir das Leben unserer verlorenen Zwillinge mit leben wollten, hatte ihren Wert! Dadurch kamen wir in den Genuss, viel mehr Erfahrungen zu sammeln als die meisten anderen Menschen. So konnten wir unseren geistigen Horizont um vieles mehr erweitern, als in unserem Umfeld üblich ist. Auf diese Art haben wir eine Vielzahl an bunten Mosaiksteinen gesammelt, um damit nun unser Lebensmosaik zu gestalten.

Seien wir zufrieden mit unserem So-Sein, erlauben wir uns, stolz zu sein auf all das, was wir unter diesem enormen Druck, den wir uns selbst auferlegt haben, alles geschafft haben! Feiern wir unsere Heilung in der neuen Bewusstheit! Und erlauben wir uns, zukünftig etwas leichtfüßiger durch unser Leben zu gehen – ohne jedoch unsere Vielseitigkeit aufzugeben! Diese soll ab nun aber viel mehr aus Interesse erwachsen als aus dem Druck, unter den wir uns bisher gesetzt haben.

Legen Sie auch so gerne Puzzles? Ich glaube, auch diese Vorliebe könnte ein Indiz für Alleingeborene sein – dieses `Zusammenfügen dessen, was zusammen gehört´ macht uns glücklich. Und am Ende dann das ganze Bild betrachten zu können, ist ein sehr erfüllendes Erlebnis.

Wie Sie wissen, gibt es Puzzles mit dreißig Steinen und solche mit dreitausend – und alle können schön sein und Freude bereiten. Die meisten von uns haben sich für die Variante der dreitausend Steine mit anspruchsvoller Abbildung entschieden ☺!

Ist das nicht wunderschön?
Ist das nicht zutiefst beglückend?

Wege in die Heilung

Wenn Sie dieses Buch lesen, nehme ich an, dass irgendein Trigger Ihre uralte Wunde aktiviert hat. Oft ist das ein schwerer Verlust, eine große Enttäuschung, ein tief gehender Schmerz, der Sie dem Resonanzgesetz folgend vielleicht in die Tiefe gezogen hat – wo ein noch viel schwererer Verlust, eine noch größere Enttäuschung, ein fast nicht zu ertragender Schmerz auf Entdeckung, Offenlegung und dann Heilung wartet.

Ein solcher Auslöser ist oft auch eine Trennung: die Trennung von einem Partner, der Tod eines geliebten Menschen oder eines Tieres, der Verlust einer Freundschaft, eine Kündigung – einfach weil all das eine ähnliche Schwingung erzeugt, die in die Tiefe wirkt und hier Resonanz erzeugt. Dadurch bricht die alte Wunde auf und wird zur Bewusstheit `erweckt´.

Dieses Mitschwingen aus der unbewussten Tiefe, das den aktuellen Schmerz oft in die Unverständlichkeit übertreibt, ist ein Signal dafür, dass nun Heilung geschehen kann und soll. Bei mir war der aktuelle Auslöser tatsächlich eine Kleinigkeit im Vergleich zu dem, was sich mir dann in meiner Tiefe offenbart hat. Das kam mir zwar merkwürdig vor, aber da die Auslösung des Triggers mich für einige Stunden emotional und mental gelähmt hat, ist mir im Augenblick selbst nicht klar geworden, was da gerade abläuft.

Erst tags darauf beim Laufen kam dieser Prozess des In-die-Tiefe-Tauchens dann so richtig in Gang. Hinaus zu gehen in die Natur war eher eine unwillkürliche Reaktion; allerdings weiß ich aus Erfahrung, dass Bewegung im Freien meine Gehirnrinde aktiviert.

Und das ist auch gleich ein wichtiger Hinweis: körperlich in Bewegung zu sein, unterstützt die emotionalen und mentalen Bewegungsprozesse und hilft daher oft, die anfängliche Starre zu lösen.

Was ich aber sehr wohl im Augenblick selbst erkennen konnte (und was Ihnen auch auffallen dürfte!), war die unverhältnismäßige Intensität meiner Reaktion, die dem Anlass ganz und gar nicht entsprach. Eine solche mag auch bei Ihnen die in der Tiefe schlummernden Wurzeln dieses extremen Schmerzes ahnen lassen.

Diese Divergenz war mir rasch klar, aber dann kam eben die emotionale und mentale Lähmung über mich, und ich habe mich gefühlt wie ein hypnotisiertes Kaninchen vor einer unsichtbaren Schlange. So hat es eine Weile gedauert, bis ich bereit war, mir das aus der Tiefe hoch brandende, anfangs überwältigende Weh auch tatsächlich zu erlauben und in seiner Tragweite wahrzunehmen.

Daher möchte ich Ihnen an dieser Stelle empfehlen: Wenn eine Kleinigkeit Sie scheinbar völlig aus der Fassung bringt und Ihre Reaktion in keinem vernünftigen Verhältnis zum Anlass steht, dann halten Sie bitte inne und erlauben Sie sich, sich ganz behutsam in die Tiefe fallen oder gleiten zu lassen!

Mir fällt dazu das Bild einer Wurzelbehandlung beim Zahnarzt ein. Auch da ist in der Tiefe eine entzündete Wunde, die vielleicht schon seit längerem geschwelt hat, aber irgendwann keinen Aufschub mehr erlaubt und volle Aufmerksamkeit verlangt. Da sind die Schmerzen so wild geworden, dass wir sie einfach nicht mehr ertragen und damit verleugnen können. Und dann muss in die Tiefe gegangen und hier saniert werden.

So ähnlich ist es, wenn wir uns erstmals klar werden – und zwar nicht nur im Kopf! –, dass wir unseren Zwilling verloren haben. Das tut sehr, sehr weh. Und diesen Schmerz dürfen wir uns auch erlauben! Wie Sie vielleicht wissen, wirkt beim Zahnarzt die örtliche Betäubung nicht, wenn das umgebende Gewebe entzündet ist. Die chemische Erklärung dafür ist, dass das Milieu dann zu sauer ist, um auf die narkotisierende Wirkung des Mittels zu reagieren.

Analog dazu gibt es auch im Erkennen, dass wir Alleingeborene sind, meist einen intensiven Schmerz, der kaum zu unterdrücken ist; den wir also fühlen müssen. Der meiner Ansicht nach einfach gefühlt werden möchte. Der nicht nur erkannt, sondern anerkannt und tatsächlich auch voll und ganz wahrgenommen werden möchte.

Dafür dürfen wir uns ruhig Zeit lassen – und dabei sollten wir uns alle Fürsorge und Liebe schenken, derer wir fähig sind!

Wobei sich dieser Schmerz recht unterschiedlich ausdrücken wird. Nicht alle von Ihnen müssen Tränen des Verlustes, des Schmerzes, der Trauer vergießen. Aber für viele wird das sehr reinigend sein. Es mag jene geben, die dieses Leid nur mit lautem Wehklagen und Herz zerreißendem Schluchzen angemessen ausdrücken können –

und das ist durchaus legitim in Anbetracht dessen, was da in einem so frühen Stadium der Inkarnation erfahren wurde.

Andere werden ihre Trauer eher in der Stille zelebrieren; eher wie eine tiefe Wehmut in der unermesslichen Sehnsucht nach dem verlorenen Liebsten; oft auch in Form einer langjährigen schweren Depression.

Für wieder andere mag Aggression die passende Ausdrucksform sein – wobei diese natürlich nicht zum Schaden anderer oder der eigenen Person ausgelebt werden sollte. Aber Wut kann durchaus auch ein legitimer Ausdruck von Schmerz sein. Vor allem bei Menschen, die sich niemals ihre Wut erlaubt, sondern diese ein Leben lang in sich hinein geschluckt haben. Gerade sie werden oft so von diesem aus der Tiefe hoch brandenden Schmerz übermannt, dass sie gar nicht anders können, als dieser Wut ein Ventil zu bieten.

Es gibt Orte, an denen wir auch einmal ungestört schreien, ja uns den Schmerz vom Herzen brüllen können. Und es gibt die Möglichkeit, auf einen Polster zu schlagen oder andere nachgiebige Materialien zu malträtieren.

Auch die Blasebalgatmung aus der Yogatradition kann da sehr hilfreich sein: Nachdem Sie tief eingeatmet haben, schürzen Sie die Lippen und atmen Sie stoßweise (eben wie ein Blasebalg oder wie eine Dampflokomotive) und in Schüben aus, indem Sie immer wieder ruckartig das Zwerchfell anspannen. So weit, bis Sie alle Luft aus Ihren Lungen heraus gestoßen haben. Dann atmen Sie wieder tief ein und wiederholt dies einige Male. Dabei kann durchaus Schwindel entstehen – also übertreiben Sie bitte nicht! Aber diese Atmung wirkt ungemein befreiend; und ich wende sie oft unwillkürlich an, wenn etwas oder jemand mich sehr erschreckt oder anders gestresst hat.

Nachdem dem Schmerz die Spitze gebrochen ist und das hoch lodernde Weh ausgedrückt, heraus geschrieen, geweint, geatmet oder gehechelt wurde, können wir uns dann langsam der Heilung öffnen.

Ein ganz wichtiger Punkt dabei scheint mir die Kontaktaufnahme mit unserem auf körperlicher Ebene verlorenen Zwilling oder Drilling; der aus meiner Sicht ja nicht wirklich verloren ist; denn auf geistiger Ebene können wir uns mit ihm verbinden! Und ich möchte Ihnen hier einige Wege empfehlen, wie Sie das machen können.

Alleingeborenen-Meditation

Als Erstes möchte ich Ihnen eine Visualisierungsübung ans Herz legen, mit der Sie Ihr frühes Trauma noch einmal durchleben können. Diesmal aber in der bewusst wieder aufgenommenen geistigen Verbindung mit Ihrem auf materieller Ebene verlorenen Zwilling oder Drilling.

Gehen Sie dabei kurz, aber mit voller Aufmerksamkeit, in dieses traumatische Erleben hinein, nehmen Sie den Trennungsschmerz wahr und verbinden Sie sich dann sehr bewusst mit Ihrem heimgekehrten Mehrling. In dem Augenblick, wo Sie sich öffnen, kommt Ihnen meiner Erfahrung nach unmittelbar die Antwort Ihrer zweiten Hälfte entgegen. Ich nehme an, dass das deshalb meist so spontan funktioniert, weil es auf der geistigen Ebene keine lineare Zeit gibt. Und wenn Sie diese Verbindung erkennen, weil Sie sie tief in Ihrem Herzen spüren können, dann kann der Schmerz langsam in die Heilung gehen.

Damit schaffen Sie einen großen Schritt in Richtung Genesung!

Lassen Sie sich vom folgenden Text inspirieren und gestalten Sie Ihre sehr persönliche Fassung davon, sprechen Sie diese auf Band oder bitten Sie eine Person Ihres Vertrauens, sie Ihnen vorzulesen, während Sie durch dieses Erleben gehen.

Wenn Sie sich als Dritteldrilling identifiziert haben und beide Geschwister verloren haben, dann können Sie diese Meditation in zwei Phasen machen und (mit den entsprechend angepassten Worten) einen Mehrling nach dem anderen verabschieden – und wieder willkommen heißen!

„Stell dir vor, du lebst als frisch inkarnierter Seelen-Funke in annähernd der engsten Symbiose, die du dir vorstellen kannst, mit deinem Zwilling, deiner anderen Hälfte – denn genauso empfindest du das! Ihr fühlt einander, könnt einander hören und berühren. Ihr seid wundervoll geborgen in dieser liebevollen Einheit. Das warme Fruchtwasser trägt euch in der wohltuenden Schwerelosigkeit, und ihr seid euch ununterbrochen dieses Miteinanders bewusst, dieser selbstverständlichen Einheit ... irgendwo in scheinbarer Ferne könnt ihr den Herzschlag eurer Mutter hören, vielleicht auch ihre Stimme

oder die eures Vaters ... ihr könnt auch die Emotionen eurer Mutter wahrnehmen, wisst, wie es ihr in der Erwartung ihrer neuen Rolle geht, wie sie auf euren Vater und andere Menschen in ihrem Umfeld reagiert... aber am wichtigsten von all dem ist eure Verbindung in diesem ursprünglichen Wir-Gefühl: du und dein Zwilling ... lass dir eine Weile Zeit, um diese Verbindung, diese wohltuende Einheit wahrzunehmen und zu genießen ...
Und dann hörst du den Herzschlag deiner zweiten Hälfte langsamer werden und aufhören ... du nimmst wahr, dass dein Zwilling sich kaum mehr bewegt ... dann gar nicht mehr ... auf einmal geht dir deine andere Hälfte verloren ... scheinbar verloren, aber das weiß nur dein Höheres Selbst, deine Seele ...
Dein kleines Ego, das sich gerade auf die Menschwerdung vorbereitet, spürt einfach diesen unermesslichen Verlust ... diesen alles durchdringenden Schmerz ... diese tiefe, kaum zu ertragende Wunde des alleine gelassen Werdens ... erlaube dir für einige Augenblicke, diesen Schmerz zu fühlen ...
Aber dann nimmst du etwas wie einen fernen Ruf wahr ... unendlich liebevoll ... trostreich ... heilsam ... öffne deine Wahrnehmung für deinen Zwilling, der dir auf materieller Ebene zwar verloren gegangen ist, auf geistiger Ebene aber ganz nahe ist ... wie ein kleines Licht inmitten dieses scheinbar undurchdringlichen Nebels aus Schmerz und Weh und Angst ... ein Licht, das immer stärker wird und unendlich heilsam wirkt, wenn du dich diesem Ruf hingeben kannst. Höre ihn in deinem Herzen und spüre deutlich, dass deine zweite Hälfte nach wie vor da ist ... anders als zuvor, aber deutlich spürbar, wenn du dich dieser Wahrnehmung öffnest ...
Und da passiert Heilung ... im Wahrnehmen der weiter bestehenden Verbindung zu deinem Zwilling beginnt dein Schmerz sich zu lösen ... in der wieder gefundenen Einheit beginnt die Wunde zu heilen ... Du weißt, dass du nicht mehr alleine bist, weil deine zweite Hälfte bei dir ist ... und bleibt ... du wirst nie mehr alleine sein und dein vielleicht seit Jahren schon so vertrautes, quälendes Gefühl der Einsamkeit weicht ein für alle Mal dieser wohltuenden Gewissheit dieses Wir, das euch beide über die Grenzen hinweg vereint ... du und dein Zwilling ihr seid eins ... für immer verlässlich verbunden auch über die Grenze hinweg ..."

Es kann sein, dass Ihr Schmerz bereits nach einem einzigen Durchgang dieser Meditation ein für allemal gegangen ist; weil die einmalige bewusste Wahrnehmung der nachhaltigen Verbundenheit auch in der körperlichen Trennung bereits ausreicht, um diese Wunde zu heilen.

Dennoch mag es wertvoll sein, sich diese transpersonale Verbindung immer wieder zu vergegenwärtigen. Dazu versetzen Sie sich noch einmal in den Mutterleib und setzen Sie dort an, wo Sie die geistige Verbindung zu Ihrer zweiten Hälfte (oder beiden auf körperlicher Ebene verlorenen Drillingen) wieder wahrnehmen können, obwohl diese sich nicht mehr bewegt und Sie deren Herzschlag nicht mehr hören können.

Wenn Sie als Dritteldrilling mit einem Geschwister geboren wurden, also nur ein Geschwister verloren haben, dann passen Sie den Text, den Sie für diese Meditation verwenden, entsprechend an. Und dann würde ich Ihnen empfehlen, diese Visualisierung gemeinsam mit Ihrem lebenden Drilling zu zelebrieren – spüren Sie gemeinsam den Verlust Ihres Geschwisters und nehmen Sie es auf geistiger Ebene auch gemeinsam wieder in Ihre Bewusstheit auf! Wenn dies in der Realität nicht möglich ist, dann können Sie das auch `bloß´ in Ihrer Vorstellung tun!

Eine zweite Variante der Verbindung ist die über die `Liebesbrücke´, die ich im Folgenden beschreibe.

´Liebesbrücke´

Die ´Liebesbrücke´ (oder der ´Liebesbogen´ in Anlehnung an einen Regenbogen) ist eine weitere wunderschöne Möglichkeit, sich mit Ihrem Zwilling im Jenseits zu verbinden. Sie ist eine Anregung meines verstorbenen Vaters aus seinem Buch „Seelen jenseits des Regenbogens"!

Vergegenwärtigen Sie sich einen lieben Verstorbenen und sehen Sie das Gesicht oder die ganze Gestalt dieser Person vor Ihrem geistigen Auge. Dann stellen Sie sich vor, wie Ihr Herz sich ganz weit öffnet und wie eine Art Liebeslichtbogen in Richtung dieses geliebten Menschen aussendet. Diese kann aus weißem Licht bestehen oder jede andere Farbe haben.

Mein Lieblingsbild ist das eines Regenbogens in allen Spektralfarben, der aus meinem Herzen entspringt und den ich hin zu einem meiner Brüder oder meinem verstorbenen Vater oder meinen verlorenen Söhnen sende – je nachdem mit wem ich dieses Spiel gerade zelebriere.

Mein Vater hat dieses Spiel so bezeichnet, weil der Regenbogen, den wir beide so sehr geliebt haben, eine schöne Analogie bietet; die übrigens auch die Regenbogenbrücke anklingen lässt, die unsere beiden Ebenen ja verbindet – Sie kennen sicher den Ausdruck ´über die Regenbogenbrücke gehen´, wenn jemand stirbt, nicht wahr?

Und er hat mir versichert, dass in dem Moment, in dem wir bloß an unsere Lieben im Jenseits denken und die entsprechende Absicht haben, ihnen unsere Liebe zu schicken, sie uns augenblicklich ihre Antwort in Form eines noch um vieles intensiveren Liebeslichtes entgegenschicken.

Vielleicht kennen Sie das Bild, wenn am Himmel parallel neben einem intensiven, hell strahlenden Regenbogen ein zweiter ganz zarter, kaum wahrnehmbarer zu sehen ist. So ähnlich stelle ich mir das vor: Mein Lichtbogen ist der zarte und der mir aus dem Jenseits entgegen kommende ist der hell strahlende, intensiv in allen Farben des Spektrums leuchtende. Und wenn diese beiden Liebeslichtbögen sich vereinen, dann wird das für mich so stark spürbar, dass ich es kaum in Worten beschreiben kann!

Greifen Sie diesen Impuls auf und spielen auch Sie damit! Denken Sie an eine verstorbene Person, die Ihnen sehr nahe gestanden ist, vergegenwärtigen Sie sich diese vor Ihrem geistigen Auge, lassen Sie Ihre Liebe ganz stark und intensiv werden, öffnen Sie Ihr Herz weit, ganz weit und strahlen Sie Ihren Liebeslichtbogen aus – in den Farben Ihrer Wahl. Und dann achten Sie aufmerksam auf das, was von `drüben´ auf Sie zukommt!

Und zelebrieren Sie die `Liebesbrücke´ vor allem auch mit ihrem scheinbar verlorenen Zwilling, wann immer Sie sich einsam oder müde fühlen, wann immer jemand oder etwas Sie enttäuscht hat oder Sie traurig sind...

Seit mein Vater mir dieses Bild geschenkt hat, kann ich viel besser mit seinem Verlust umgehen! Ich zelebriere die `Liebesbrücke´ täglich morgens gleich nach dem Aufwachen und abends vor dem Einschlafen. Sie verbindet mich mit all meinen Geliebten auf der anderen Seite des Schleiers und tut mir unendlich wohl! Dieses Ritual dauert nur wenige Augenblicke, aber es vermittelt mir vor allem abends ein wohltuendes Gefühl der Geborgenheit und lädt mich morgens energetisch auf.

Liebe ist ja eine ganz starke, aufrichtende und emotional nährende Energie, wie wir alle wissen!

Glauben Sie mir, dieses Spiel wird Ihnen eine tief greifende und höchst beglückende Erfahrung schenken – aber bitte glauben Sie mir nicht nur, probieren Sie es gleich aus!

__Liebesbrücke__

Ich vergegenwärtige mir meinen Zwilling im Jenseits und stelle mir vor, wie mein Herz sich ganz weit öffnet und ihm meinen Liebesbogen entgegen sendet.
Dieser kann jede Farbe haben, die ich möchte, aber auch wie ein Regenbogen in allen Spektralfarben leuchten.
Nun kommt mir von meinem Zwilling ein ähnlicher Liebesbogen entgegen und verbindet sich mit meinem.
Ich nehme aufmerksam wahr, wie sich das anfühlt!

`Dialog der Hände´

Die `Liebesbrücke´ eignet sich nicht nur zur Tageseinstimmung und zur guten Nacht, sie ist auch eine hervorragende Einstimmung auf den `Dialog der Hände´. Ich habe ihn bereits mehrfach erwähnt und möchte ihn hier nun näher beschreiben.

Diese geniale Technik zur Bewusstseinserweiterung hat allgemein großen Wert; ich möchte sie Ihnen hier jedoch vor allem empfehlen, um mit Ihrem früh heimgekehrten Zwilling oder Drilling auch verbal zu kommunizieren.

Ihre zweite Hälfte auf der anderen Seite des Schleiers ist – so glaube ich – immer für Sie da. Sie ist jederzeit bereit für den Kontakt mit Ihnen und wartet nur darauf, dass auch Sie sich dafür öffnen. Wir könnten also sagen: sie ist immer auf Sendung und zugleich auf Empfang eingestimmt – das bestätigen mir meine Lieben im Jenseits immer wieder! Einfach weil es auf dieser Ebene weder lineare Zeit noch einschränkenden Raum gibt.

Und haben Sie keine Sorge: Sie können Ihr Geschwister im Jenseits nicht bei irgendetwas stören – es ist multidimensional (bei uns hieße das multitasking). Aber erst wenn auch Sie auf Empfang eingestimmt sind, indem Sie ihm beispielsweise Ihrer `Liebesbrücke´ entgegen schicken, kann Liebesenergie frei und in Fülle in beiden Richtungen fließen; und ebenso transpersonale Kommunikation.

Analog dazu werden Sie die Radiowellen Ihres Wunschsenders (die ja auch durchgehend gesendet werden) erst dann akustisch wahrnehmen können, wenn Sie Ihr Empfangsgerät einschalten und auf die entsprechende Frequenz einstellen.

Daher möchte ich Ihnen diese Technik so sehr ans Herz legen! Sie wird Ihnen helfen, direkt Kontakt mit Ihrem verlorenen Zwilling auf-zunehmen – und zwar nicht nur verbal, sondern auch in Ihrem Emp-finden.

Anfangs mögen sich Zweifel melden; aber keine Sorge, das habe ich auch erlebt. Aber ich bin zuversichtlich, dass die emotionale Rüh-rung, die Sie in diesem Spiel höchst wahrscheinlich erfassen wird, Ihnen helfen wird, diese Zweifel zum Schweigen zu bringen!

In meinen Seminaren gab es während der Links-Rechts-Korrespondenz mit lieben Verstorbenen immer wieder Tränen oder zumindest feuchte Augen. Wobei die Reaktion oft gerade bei jenen so emotional ausfiel, die mich während der Vorstellung dieser Technik voller Skepsis angesehen hatten.

Wenn dieses Spiel Sie auf den ersten Blick nicht anspricht, empfehle ich Ihnen, es dennoch möglichst unvoreingenommen zu versuchen. Auch ich habe anfangs gezögert, mich darauf einzulassen; aber dann waren die Ergebnisse so erstaunlich und wertvoll, dass der `Dialog der Hände´ seither einen festen Platz in meinem Leben hat.

Und glauben Sie mir, auch Sie werden eine ganze Menge von dieser speziellen Kommunikation mit Ihrem früh verlorenen Geschwister profitieren. Aber auch mit anderen Verstorbenen, mit denen Sie noch etwas zu klären haben, weil noch etwas offen geblieben ist.

Und nicht nur das: Dieser zweihändige Dialog schenkt Ihnen generell Zugang zu Bewusstseinsinhalten, die Ihnen bisher verborgen waren, weil Sie diese mit Ihrer rechten Hand nicht erreichen konnten.

Die Technik an sich beruht auf der Tatsache, dass wir zwei Gehirnhälften haben, die jeweils eigene Funktionsbereiche erfüllen. Natürlich sind diese über den so genannten Balken (das Corpus Callosum) miteinander verbunden. Allerdings ist bei den meisten von uns das Hirn nicht in idealer Weise integriert. Das heißt, der Informationsaustausch zwischen links und rechts funktioniert nicht so durchgehend, wie es eigentlich zu wünschen wäre. Daraus folgt, dass unsere beiden Gehirnhälften einander auch nicht so ergänzen können, wie es eigentlich sein sollte.

Der `Dialog der Hände´ ist eine wundervolle Möglichkeit, unsere beiden Gehirnhälften – und damit zugleich die zwei Pole unserer Persönlichkeit – miteinander zu verbinden; also unser Gehirn zu integrieren. Wenn Sie sich weitere theoretische Grundlagen zu diesem Thema wünschen, finden Sie diese und viele praktische Anwendungsmöglichkeiten dieser Technik im Band 5 meiner Reihe „Hochsensibel das Leben meistern" oder im Buch „Körperbriefe".

Nehmen Sie möglichst bald Kontakt zu Ihrem Geschwister auf! Vielleicht wissen Sie ja bereits das Geschlecht und haben sogar einen Namen. Fokussieren Sie sich auf das Bild, das vor Ihrem geistigen Auge entsteht, wenn Sie sich dazu bereit machen.

Wenn Sie nicht wissen, ob es ein Bruder oder eine Schwester gewesen wäre, dann bitten Sie um Klärung. Und wenn Sie nicht wissen, wie Ihre andere Hälfte geheißen hätte, dann fragen Sie einfach nach ihrem Namen!

Schreiben Sie Ihrem Geschwister mit Ihrer rechten Hand, wenn Sie Rechtshänder sind, oder mit Ihrer linken, wenn das Ihre dominante Schreibhand ist. Stellen Sie sich vor, Ihr Gegenüber sei lebendig (was es meinem Gefühl nach tatsächlich ist!) und schreiben Sie ihm, was Ihnen am Herzen liegt. Dann leihen Sie ihm Ihre linke Hand (auch wenn Sie Linkshänder sind, ist das meist die bessere Möglichkeit, denn die linke Hand kommt sprichwörtlich `vom Herzen´ und ist mit der rechten Gehirnhälfte verbunden) und lassen Sie es Ihnen antworten.

> *„Dialog der Hände mit meinem Zwilling"*
>
> **Ich schreibe mit meiner rechten Hand einen Brief an meinen (scheinbar) verlorenen Zwilling jenseits der Regenbogenbrücke und lasse diesen mir über meine linke Hand antworten!**

Was Sie Ihrer verloren gegangenen zweiten Hälfte schreiben, ist natürlich Ihre Entscheidung – lassen Sie dabei Ihrer Phantasie freien Lauf! Sie können jede Frage stellen, die Ihnen in den Sinn kommt, und werden erfahrungsgemäß die erstaunlichsten Antworten bekommen. Erwarten Sie keine bestimmten Antworten, denn Sie werden umso reicher beschenkt, je offener Sie dieses Spiel angehen.

Und erlauben Sie sich alle Emotionen, die durch dieses Spiel ausgelöst werden. Diese mögen subtil und scheinbar leicht sein; aber sie können Sie auch überwältigen und für eine Weile aus der Fassung bringen; weil sie so unvermutet aus Ihnen heraus explodieren. Nicht selten ist das auch eine Art Cocktail aus mehreren verschiedenen Gefühlen, Emotionen und Wahrnehmungen. All das ist erlaubt und wirkt reinigend, befreiend, lösend, heilsam ...

Was möchte Ihr verlorener Zwilling Ihnen mitteilen?
Oder haben auch Sie zwei Ihrer Drillinge verloren und bekommen nun Botschaften von ihnen?

Möglicherweise wollen Sie nach den ersten Eindrücken gar eine Art Brieffreundschaft mit Ihrem Geschwister im Jenseits beginnen – warum nicht?

Kennen Sie das Lied „Großvater" der österreichischen Musikgruppe „STS"? Darin wünscht sich der Sänger, sein geliebter, verstorbener Großvater möge doch „herunterkommen auf einen schnellen Kaffee".

Wer weiß, vielleicht haben auch Sie so einen weisen Großvater oder eine liebevolle Großmutter auf der anderen Seite des Schleiers; einen weisen Ratgeber oder eine kluge Ratgeberin? Natürlich spricht nichts dagegen, über den `Dialog der Hände´ Kontakt auch mit diesen oder anderen lieben Verstorbenen aufzunehmen!

Aber keine dieser Korrespondenzen wird Sie so tief berühren und so wertvoll sein wie die mit Ihrem verlorenen Zwilling oder Drilling, wenn Sie sich dieser Erfahrung mit offenem Herzen hingeben!

Natürlich bin ich nicht der Ansicht, dass Ihr früh verstorbenes Geschwister wie mit unsichtbaren Fäden Ihre linke Hand führen wird, während Sie ihm diese leihen! Und zu hundert Prozent kann ich Ihnen die Funktionsweise dieses Spiels tatsächlich nicht erklären. Ich weiß allerdings auch nicht, wie elektrischer Strom oder gar mein Computer funktionieren, und verwende sie dennoch. Einfach weil sie mir helfen, mein Leben besser und leichter zu meistern. Und unzählige eigene und miterlebte Erfahrungen haben mich immer wieder darin bestätigt, wie ungemein wertvoll der `Dialog der Hände´ gerade auch für den Kontakt mit Verstorbenen ist!

Was ich Ihnen dazu sagen kann – und das ist ein Faktum! –, ist, dass die Nerven zwischen Ihrem Körper und Ihrem Gehirn im Hals die Mittellinie kreuzen, sodass Ihre linke Hand mit Ihrer rechten Gehirnhälfte verbunden ist. Anders ausgedrückt finden Sie über Ihre linke Hand Zugang zu Bewusstseinsinhalten Ihrer rechten, kreativen, zeitlosen, ganzheitlich wahrnehmenden und in Bildern und Metaphern spielenden Gehirnhälfte.

Und diese ist nicht nur stärker mit Ihrem Herzen verbunden, sondern hat offenbar auch einen direkteren Zugang zu Ihrem transpersonalen Potenzial als Ihre linke Gehirnhälfte – und damit auch zum Hyperraum, der All-Einheit, von der Quantenphysiker heute ebenso ausgehen wie alle großen Weisheitslehren.

Ich weiß nicht, wie Sie das halten? Ich persönlich liebe es, wenn mir zu etwas Neuem auch gleich die entsprechenden Erklärungen mitgeliefert werden; sodass ich es im Kopf verstehen kann. Damit ist dann nämlich auch meine linke Gehirnhälfte befriedigt und befriedet; und lässt mich in Ruhe damit spielen! Aber ich bin durchaus auch bereit, Anregungen, die mir weiterhelfen, anzunehmen und zu nützen; wiewohl ich sie (vielleicht nur noch) nicht verstehen kann.

Meine komplexen Hirnfunktionen sind ein weiteres Beispiel für etwas, was ich mit Freude nütze, obwohl ich sie noch nicht zu hundert Prozent verstehen kann; wiewohl ich eine jahrelange und fundierte medizinische Ausbildung genossen habe und vor allem die Hirnphysiologie mich seit eh und je – und nach wie vor – fasziniert!

Daher rate ich Ihnen, den `Dialog der Hände´ einfach einmal zu versuchen. Tun Sie das bitte möglichst unvoreingenommen! Ich bin fest davon überzeugt, das Schreiben mit der linken Hand wird Ihnen – vielleicht nach anfänglichem Zögern – die eine oder andere sehr hilfreiche und wohl auch tief berührende Überraschung bieten.

Wenn Sie übrigens Lust haben, in meinen Dialog mit meinem Bruder Jascha hineinzulesen, dann finden Sie am Ende dieses Buches einige Kostproben. Viele dieser Einsichten können auch für Sie wertvoll sein – und wer weiß, vielleicht bekommen Sie ja zur Bestätigung ähnliche Antworten von Ihren jenseitigen Geschwistern.

Lesen Sie meine Beispiele aber erst nach Ihrem eigenen Dialog mit Ihrer zweiten Hälfte, weil Sie sonst vielleicht den Eindruck gewinnen, sie hätten sich allzu sehr von mir inspirieren lassen. Glauben Sie mir, Ihr innerer Saboteur ist stets aktiv!

Besonders faszinierend fand ich übrigens, dass mein zweiter Bruder Ramon, den ich erst viel später entdeckt habe, mich mit einem vollkommen neuen Schriftbild überrascht hat; wiewohl ich schon seit vielen Jahren mit dieser Technik spiele. Das war wirklich eine verblüffende Erfahrung, die meine anfänglichen Zweifel an meiner Existenz als Dritteldrilling rasch zerstreut hat.

Übrigens wird auch das neuerliche Lesen Ihrer beidhändigen Dialoge – vor allem auch mit etwas zeitlichem Abstand – sehr interessant, spannend und wertvoll sein; glauben Sie mir!

`The Work´

Auch das nächste Spiel schenkt uns interessante, spannende und wertvolle Einsichten! Aus meiner Sicht ist `The Work´ von Byron Katie ein untrüglicher und ungemein hilfreicher Weg, um Spiegelungen zu erkennen: Alles, was uns an anderen oder an der Welt stört, hat ja mit uns zu tun. Und ich kenne kein besseres Werkzeug, um all dem auf den Grund zu gehen; daher nütze ich `The Work´ praktisch täglich (ähnlich wie `Ho´oponopono´) und erkenne in allem, was mich in irgendeiner Form tangiert, eine wertvolle Botschaft. Übrigens, und das möchte ich wirklich betonen: auch im Positiven!

Spiegel sind generell wertvoll – ob in Form von Menschen, die uns mit ihrem Verhalten etwas über uns selbst erzählen, oder als gläserne Spiegel. So habe ich als typische Alleingeborene eine Menge Spiegel in meinem Umfeld angebracht, weiß aber erst heute, woran das liegt. Unwillkürlich suche ich darin immer wieder meine verlorenen Geschwister.

Aber ganz abgesehen davon finde ich es wertvoll, mich immer wieder mit der eigenen Miene zu konfrontieren, wenn der Alltag sich wieder einmal mit Missmut, Ärger oder Trauer in meinen Zügen niederschlägt! Bisher hat es jedenfalls immer ein Lächeln oder gar ein Lachen in mein Gesicht gezaubert, wenn einer meiner Spiegel mir die hängenden Mundwinkel und tiefen Falten zwischen den Augenbrauen vor Augen geführt hat.

Vielleicht kennen Sie den köstlichen Satz:
„*Wenn du glücklich bist, informiere dein Gesicht davon!*".

Einerseits belustigt es mich immer wieder, wie finster ich dreinschauen kann, wenn eigentlich alles gar nicht so schlimm ist. Andererseits weiß ich, wie wertvoll unser Lächeln ist, weil es uns Glückshormone ausschütten lässt. Also bin ich stets auf der Jagd nach etwas, was mich lächeln, lachen oder auch bloß schmunzeln lässt – wie etwa meine zuweilen allzu ernste Miene in höchster Konzentration beim Arbeiten.

Übrigens: Wenn Sie sich selbst im Spiegel betrachten und Ihr innerer Saboteur Ihnen hässliche Dinge einflüstert, dann fragen Sie sich möglichst spontan:
„*Welcher Gedanke fühlt sich besser an?*"

Statt: *„Du meine Güte, bin ich hässlich!"* sagen Sie sich lieber: *„Schön, dass es einen Spiegel gibt, der mir zeigt, wie mein Unmut aussieht!"*

Statt: *„Ach, bin ich alt geworden!"* könnten Sie sich sagen: *„Immerhin habe ich dieses weise Alter erreicht – andere sterben früh und sehen nie ihr altes Gesicht im Spiegel!"*

Statt: *„Schrecklich, soooo viele Falten!",* denken Sie doch lieber: *„Keine einzige meiner Lachfalten möchte ich missen!"*

Ich nehme an, das wird Ihnen zumindest ein Schmunzeln in die Züge zaubern.

Wenn Sie sich näher mit `The Work´ befassen möchten, lege ich Ihnen die Bücher von Moritz Boerner oder von Byron Katie selbst ans Herz. Im Netz finden Sie auch eine Menge Seminarmitschnitte mit interessanten Einsichten in dieses Spiel. Und natürlich finden Sie die Beschreibung dieser Technik auch in anderen Büchern aus meiner Feder, weil ich sie ganz besonders schätze.

Das Prinzip dabei ist, Stress auslösende Gedanken mit einigen geradezu magischen Fragen zu relativieren und zu erkennen, dass wir all das, was andere uns `antun´, uns in Wahrheit auch selbst `antun´; zumindest aber `antun lassen´.

Ich zeige ihnen hier vor allem die Umkehrungen, dank derer wir (bei der nötigen Selbstehrlichkeit) uns und unser Verhalten uns selbst gegenüber in den Reaktionen und Handlungen anderer wieder erkennen können. Fassen Sie das, was eine andere Person Ihrer Ansicht nach anders machen sollte, in einen Sollte-Satz und dann kehren Sie diesen in alle möglichen Richtungen um: aus einem „sollte" wird ein „sollte nicht" und umgekehrt wird aus einem „sollte nicht" ein „sollte". Aus dem „er/sie mit mir" wird ein „ich mit ihm/ihr" und dann – und das ist der wertvollste Punkt! – ein „ich mit mir". Und sehr oft ist auch die Gegenüberstellung von Kopf und Herz aufschlussreich.

Wie ich an einer anderen Stelle in diesem Buch bereits erwähnt habe, hat mir vor allem mein zweiter Mann mit all dem, was er `mit mir aufgeführt´ hat, einen zwar nicht angenehmen, durchaus aber höchst wertvollen Spiegel vor Augen gehalten. Dessen verschiedene Facetten habe ich dann in den Monaten nach meiner Scheidung intensiv bearbeitet. Ja, damals habe ich das noch `Arbeit´ genannt, wiewohl es eigentlich ein höchst vergnüglicher Prozess war. Einerseits in den nicht enden wollenden Aha-Erlebnissen, andererseits in der großen Erleichterung, dass ich es letztlich doch geschafft habe, mich aus dieser destruktiven Beziehung zu befreien. Als Beispiel habe ich seine Zweifel mir gegenüber erwähnt, die mir dankenswerter Weise meine Selbstzweifel reflektiert haben, und die ich auch hier als Beispiel aufnehmen möchte.

Zuvor möchte ich jedoch eine Überzeugung hinterfragen, die viele von uns hegen:

„Mein Zwilling hätte mich nicht verlassen sollen!"
Tatsache ist jedoch, dass er mich zwar in die Inkarnation begleitet hat, dann aber sehr früh wieder heimgekehrt ist.

Daher kehre ich diese Überzeugung um:
=> *„Mein Zwilling hat mich verlassen sollen!"*
Offenbar war das in unserem Seelen-Plan so vorgesehen...

=> *„Ich hätte meinen Zwilling nicht verlassen sollen!"*
Vielleicht hätte ich auch früher schon über die Grenze hinweg mit ihm in Verbindung bleiben sollen?

=> *„Ich sollte meinen Zwilling verlassen!"*
Diese Wendung könnte ich so verstehen, dass ich nun die gelübdeartige Bindung an ihn lösen soll, die mich daran hindert, eine gesunde Beziehung mit einem lebenden Partner zu führen?

=> **„Ich hätte mich nicht verlassen sollen!"**
Heureka!!! Das ist aus meiner Sicht die wichtigste Wendung!
Da ich vor allem das Leben meines Zwillings für ihn leben wollte, habe ich mich selbst und die Entfaltung meines Potenzials vernachlässigt; habe mich also eigentlich verlassen – vor allem aber mein inneres Kind!

Aber auch die nächste Wendung scheint mir interessant:
=> *„Ich hätte mich verlassen sollen!"*
Wenn wir diese Wendung wörtlich nehmen, dann hat auch sie etwas für sich!
Auf wen hätte ich mich verlassen sollen?
Auf meinen Zwilling im Jenseits, auf seine Begleitung, seinen Schutz, seine Liebe?
Aber vielleicht hätte ich mich auch mehr auf mich selbst verlassen sollen?
=> *„Ich hätte mich mehr auf mich verlassen sollen!"*

Die nächste Wendung wäre:
=> *„Mein Kopf hätte mein Herz nicht verlassen sollen!"*
Auch dieser Gedanke scheint mir wesentlich – er gilt im Prinzip für alle Menschen, aber vor allem Alleingeborene zweifeln allzu oft an ihrer inneren Stimme und an ihrer Intuition...

Sie sehen schon an diesem Beispiel, wie wertvoll diese Umkehrungen sind, und welch tiefen Einsichten und Aha-Erlebnisse sie uns schenken! Und ich möchte betonen, dass es dabei nicht darum geht, welche Wendung richtig ist und welche falsch! Es geht vielmehr darum, zu erkennen, dass es immer mehrere Sichtweisen gibt, die durchaus alle eine gewisse Berechtigung haben.

Daher frage ich mich bei jeder der Umkehrungen immer:
Was davon hat eine gewisse Berechtigung?
Was davon könnte hilfreich sein?
Was davon eröffnet mir eine neue Sichtweise?
Was davon vermittelt mir ein Aha-Erlebnis?

Solche Einsichten können auch Sie gewinnen, während Sie all das, was die Menschen in Ihrem Umfeld mit Ihnen `anstellen´ oder auch `angestellt haben´, was sie Ihnen `antun´ oder `angetan haben´, nach den für Sie relevanten Spiegelungen hinterfragen.

Ja, ich empfehle Ihnen durchaus, auch alte, längst vergangene Beziehungen auf der Suche nach wertvollen Spiegelungen zu durchleuchten. Gerade bei diesen kann es sein, dass Sie Verhaltensweisen entdecken, die nicht mehr relevant sind; die Ihnen also alte Muster spiegeln, die Sie bereits gelöst haben! Und dann empfehle ich Ihnen, sich – und vor allem Ihrem inneren Kind! – eine Extraportion Stolz zu erlauben ☺!

Und hoffentlich brauchen Sie all diese Erfahrungen dann nicht mehr zu machen!

Wenn Sie, so wie ich, regelmäßig Ihre Stressoren mit `The Work´ bespielen, finden Sie mehr und mehr Leichtigkeit in Ihrem Leben. Und je öfter Sie erleben, wie befreiend die Hinterfragung Ihrer Überzeugungen und die daraus resultierenden Aha-Erlebnisse wirken, desto weniger fühlen Sie sich als Opfer der anderen oder der Umstände!

Oder sind Sie Ihrem Spiegel böse, wenn er Ihnen ein schmutziges Gesicht zeigt, weil Sie sich gerade mit schmutzigen Händen an die Wange gegriffen haben?

Anhand der folgenden für Alleingeborene besonders relevanten Beispiele werden Sie noch besserverstehen, worum es geht!

Eine Überzeugung lautet etwa:

„Mein Mann sollte mich nicht ständig kritisieren."
Tut er das tatsächlich?
Und wenn ja: Wie kann ein Spiegel mir etwas anderes zeigen, als ich hineinprojiziere (wie wir gleich sehen werden)?
Und würde man meinen Mann um seine Meinung fragen, wäre seine Sichtweise sicher eine andere – er würde das, was er tut, vielleicht gar nicht als Kritik bezeichnen, sondern der Ansicht sein, es wäre wichtig, seiner Frau Feedback zu geben.
Also hat vielleicht auch seine Sicht der Dinge eine gewisse Berechtigung – wie gesagt, es geht nicht um richtig oder falsch, sondern um wohltuende Relativierung!

Die erste Umkehrung ist in diesem Fall eine Bejahung.
=> *„Mein Mann sollte mich mehr kritisieren."*
Diese Wendung fühlt sich für mich nicht gut an, wenn wir sie wörtlich auffassen.
Aber wenn wir unsere Kreativität spielen lassen, könnten wir uns folgende Wendung ansehen:
=> *„Mein Mann sollte mir mehr Feedback geben – positives wohlgemerkt! –, mich also mehr bestätigen, wertschätzen, bestärken, ja vielleicht sogar bewundern."*
Ich denke, diese Wendung stimmt praktisch immer.

Nun gehen wir in die andere Richtung:
=> *„Ich sollte meinen Mann nicht ständig kritisieren."*
Oho. Hier ernte ich in meinen Seminaren immer wieder ein peinlich berührtes Lächeln. Denn meist sind ja vor allem jene Menschen, die selbst gern Kritik an anderen üben, besonders empfindlich gegen Kritik von außen. Und wenn wir diesen Herrn fragen, wird er diesen Satz wahrscheinlich bestätigen, weil er sich tatsächlich immer wieder von seiner Frau kritisiert fühlt.
Also hat auch diese Wendung eine gewisse Berechtigung.

Und umgekehrt:
=> *„Ich sollte meinen Mann mehr kritisieren."*

Auch diese Wendung würde ich lieber positiver formulieren:
=> *„Ich sollte meinem Mann mehr liebevolles Feedback geben."*
Wer weiß, vielleicht wünscht sich der zugehörige Herr, dass sich seine Frau mehr einbringt, ihm mehr Aufmerksamkeit und Feedback schenkt – möglichst aufbauendes natürlich.

Kennen Sie den wunderschönen Song „You raise me up" von Josh Groban? Wäre es nicht schön, wenn wir immer so miteinander – und natürlich auch mit uns selbst! – umgingen?
Auch diese Wendung hat also durchaus etwas für sich, nicht wahr?

Und dann gehen wir direkt in die Spiegelung hinein:
=> **„Ich sollte mich nicht ständig kritisieren."**
Und hier haben wir `des Pudels Kern´! Diese Wendung ist praktisch immer berechtigt – vor allem bei Alleingeborenen!
Wann immer Sie also den Eindruck haben, andere würden Sie zu viel kritisieren, dann halten Sie bitte inne und fragen Sie sich, wie überaus kritisch Sie mit sich selbst umgehen und wo Sie sich gerade wieder gnadenlos niedermachen!

Die nächste Umkehrung wäre:
=> *„Ich sollte mich mehr kritisieren."*
Nicht in der wörtlichen Bedeutung, aber wir können diese Wendung so interpretieren, dass es für die betroffene Dame ab und zu ganz sinnvoll sein könnte, sich selbst über die Schulter zu schauen und die eigenen Eigenschaften und Reaktionen einer vernünftigen Prüfung zu unterziehen.

In meinem Weltbild gibt es keine `konstruktive Kritik´, denn diese wäre meinem Gefühl nach ein Widerspruch in sich; einfach weil ich Kritik immer als stressig und damit destruktiv empfinde! Letztlich ist auch Selbstkritik immer schmerzhaft und damit Stress auslösend, weil sie uralte Überlebensängste auslöst. Und was Stress vor allem bei uns Alleingeborenen bewirkt, habe ich bereits erwähnt.

Aber im Sinne einer gesunden Einschätzung könnten wir vielleicht auch dieser Wendung etwas abgewinnen:
=> **„Ich sollte mich in meinem Sein und Tun realistischer – und möglichst liebevoller! – einschätzen."**
Nicht zuletzt meine Anlage als Halbzwilling oder Dritteldrilling erkennen und anerkennen! Das klingt doch gut, oder?

Aber es geht noch weiter:
=> **„Mein Kopf sollte mein Herz nicht ständig kritisieren."**

Diese Wendung könnten wir so deuten, dass der Kopf dieser Dame sich nicht immer wieder über die Wünsche ihres Herzens hinwegsetzen sollte; etwa in Entscheidungssituationen. Anders ausgedrückt sollte sie mehr auf ihre innere Stimme hören.
Oder aber sie kann nicht zu ihren Emotionen stehen, schämt sich vielleicht für ihre Tränen ...

Aber auch – und hier möchte ich gleich die positive Wendung nehmen:
=> *„Mein Kopf sollte meinem Herzen mehr positives Feedback geben."*
Wie wahr!!! Wie oft tun wir uns schwer, auf unser Herz zu hören oder es gar zu loben und ihm zu danken – und hier meine ich wohl auch jene Instanz, die ich als innere Stimme bezeichnen würde. Aber nicht nur! Ich finde es sehr wertvoll, auch unser körperliches Herz zu loben und dankbar zu sein, dass es seit dem 23. Tag nach unserer Befruchtung als Pumpe funktioniert und tagein, tagaus und ohne je eine Pause zu machen, verlässlich unseren ganzen Körper mit Blut und all dem, was dieses transportiert, versorgt!

Sie sehen: Bei all diesen Umkehrungen geht es einerseits um die Relativierung unseres Standpunktes und andererseits um das Erkennen der Spiegelung – vor allem unseres Umganges mit uns selbst. Andere zeigen uns in ihrem Umgang mit uns manchmal auch, wie wir mit anderen umgehen; vor allem aber auch, wie wir uns selbst behandeln.

Dies oft im übertragenen Sinn, wie Sie gesehen haben; aber bei der nötigen Kreativität finden wir immer den Schlüssel!

Geben wir also uns selbst all das, was wir uns von anderen wünschen! Und hören wir damit auf, uns selbst all das anzutun, was andere uns antun! Dann wird es nicht lange dauern, bis andere uns genau das Gewünschte geben – oder noch etwas Besseres.

Und fast immer stimmt auch die Wendung, in der wir unseren Kopf und unser Herz einsetzen: So wie andere mit uns umgehen, so behandelt meist auch unser Kopf unser Herz.

***

Auch das nächste Beispiel könnte für Sie relevant sein. Ich erwähne es in der einen Richtung und ersuche Sie, es umzukehren, wenn Sie ein Mann sind!

„*Er sollte bereit sein für eine echte Beziehung mit mir.*"
Ist er das wirklich nicht? Oder ist das bloß meine Interpretation?

=> „*Er sollte (noch) nicht bereit sein für eine echte Beziehung mit mir.*"
Wer weiß, vielleicht ist die Zeit für unsere Beziehung noch nicht reif? Und vielleicht bin ich noch gar nicht reif für diese Beziehung, weil mein Ur-Trauma noch nicht geheilt ist?

=> „*Ich sollte bereit sein für eine echte Beziehung mit ihm.*"
Bin ich wirklich schon so bereit und fähig für eine Beziehung, wie ich glaube? Spiegelt er mir am Ende nicht bloß mein eigenes – unbewusstes – Zögern?

=> „*Ich sollte (noch) nicht bereit sein für eine echte Beziehung mit ihm.*"
Könnte es nicht sein, dass ich mir tief im Herzen noch gar nicht sicher bin, ob ich eine echte Beziehung mit ihm möchte? Bin ich uneins mit mir, weil es Persönlichkeitsanteile in mir gibt, die zwar bereit sind, andere jedoch nicht?

Und wie sieht es mit meiner Beziehung mit mir aus?
=> „*Ich sollte bereit sein für eine echte Beziehung mit mir.*"
Oho ... ist das nicht eine wunderschöne Deutung dieser Spiegelung? Bin ich wirklich schon so beziehungsfähig, wie ich mich fühle, wenn ich mir selbst in Wahrheit ´fremd´ bin? Wenn ich mich selbst nicht mag? Wenn mir langweilig ist, wenn ich mit mir alleine bin? Wenn ich nichts mit mir anzufangen weiß? Wenn ich gar nicht mich selbst lebe, sondern das Leben meines Zwillings?

=> **„*Mein Kopf sollte bereit sein für eine echte Beziehung mit meinem Herzen.*"**
Wie schön!!!

***

Und hier ein ganz wichtiges Alleingeborenen-Thema: Unsere Schuldgefühle! Auch dieses Beispiel natürlich in beiden Richtungen:

„*Sie sollte mir nicht ständig die Schuld zuweisen.*"
Tut sie das? Was will mir das bloß über mich erzählen?

=> „*Sie sollte mir ständig die Schuld zuweisen.*"

Wie soll mir mein Spiegel etwas anderes reflektieren, als das, was ich ihm zeige?

=> *„Ich sollte ihr nicht ständig die Schuld zuweisen."*
Habe ich vielleicht auch die Tendenz, Schuldgefühle in anderen zu erwecken?

=> *„Ich sollte ihr ständig die Schuld zuweisen."*
Auch da braucht es wieder etwas Phantasie: Vielleicht sollte ich ihre Schuldzuweisungen zurückweisen? Sie vor allem nicht so ernst nehmen und auf mich beziehen? Und wäre es nicht sinnvoll, diese Schuldzuweisungen als Projektion zu erkennen?

Und wie sieht es mit meinem Umgang mit mir aus?
=> **„Ich sollte mir nicht ständig die Schuld zuweisen."**
Genau darum geht es doch, nicht wahr!
Alles, was andere mit uns machen, hat – sofern es uns berührt – mit uns zu tun! Und ist meist eine direkte Spiegelung unseres eigenen Umgangs mit uns selbst!

=> **„Mein Kopf sollte meinem Herzen nicht ständig die Schuld zuweisen."**
Auch das scheint mir eine interessante Wendung zu sein! Ich kenne tatsächlich Menschen – vor allem hochsensible und hochsensitive –, die ihren Emotionen die Schuld an vielem in ihrem Leben geben.

Und hier die bereits erwähnt Geschichte, die ich in der Nachlese meiner zweiten Ehe für mich hinterfragt habe:
„Er sollte nicht ständig an mir zweifeln."
Tut er das? Was will mir das bloß über mich erzählen?

=> *„Er sollte ständig an mir zweifeln."*
Ein Spiegel kann mir nur das reflektieren, was ich ihm zeige, nicht wahr?

=> *„Ich sollte nicht ständig an ihm zweifeln."*
Zumindest nicht an seiner Spiegelwirkung, denn die ist sehr akkurat!

=> *„Ich sollte ständig an ihm zweifeln."*
Da braucht es wieder etwas Phantasie: Vielleicht sollte ich an der Gültigkeit seiner Zweifel an mir zweifeln; seine Zweifel in Bezug auf mich also nicht so ernst nehmen?

Und wie sieht es mit meinem Umgang mit mir aus?

=> *„Ich sollte nicht ständig an mir zweifeln."*
Heureka! Genau darum geht es ja!

=> *„Mein Kopf sollte nicht ständig an meinem Herzen zweifeln."*
Auch diese Wendung mag interessant sein ...

***

Erinnern Sie sich? Ein ganz wichtiges Thema ist ja auch unser Mangel an Zufriedenheit – vor allem jener mit uns selbst; der sich dann oft in anderen spiegelt:

„Meine Frau sollte endlich einmal zufrieden sein mit mir!"
Ist sie das tatsächlich nicht?

=> *„Sie sollte nicht zufrieden sein mit mir."*
Weil sie mir damit einen wertvollen Spiegel vor Augen hält!

=> *„Ich sollte endlich einmal zufrieden sein mit meiner Frau."*
Ich kenne nicht viele Menschen, die mit anderen zufrieden sind, während sie mit sich selbst unzufrieden sind – meist ist das ja ein allgegenwärtiges Muster!

=> *„Ich sollte nicht zufrieden sein mit meiner Frau."*
Zumindest nicht mir ihrer Unzufriedenheit mit mir! Und wahrscheinlich auch mit sich selbst...

=> *„Ich sollte endlich einmal zufrieden sein mit mir selbst."*
Und genau darum geht es!!!

Aber auch:
=> *„Mein Kopf sollte endlich einmal zufrieden sein mit meinem Herz."*
Ja! Und nicht ständig meine Herzenswünsche zurückweisen!

***

Und da unser Selbstwertgefühl nicht gerade überschäumend ist, bekommen wir auch dieses nicht selten von anderen gespiegelt:
„Mein Chef sollte mich mehr wertschätzen!"
(*„Meine Chefin sollte mir mehr Wertschätzung entgegenbringen."*)
Bin ich sicher, dass das so ist? Oder interpretiere ich das nur hinein?

=> *„Er (sie) sollte mich nicht so wertschätzen."*

Spieglein, Spieglein an der Wand ...

=> *„Ich sollte meinen Chef (meine Chefin) mehr wertschätzen."*
Ach ja, wie sieht es eigentlich in dieser Richtung aus?

=> *„Ich sollte ihn (sie) nicht so wertschätzen."*
Zumindest nicht seine (ihre) mangelnde Wertschätzung mit gegenüber – diese sollte mir nicht so wichtig sein! Und wird es auch nicht mehr, wenn ich gelernt habe ...

=> **„Ich sollte mich mehr wertschätzen."**
... ja, wenn ich gelernt habe, mich selbst wertzuschätzen, mir selbst all die Wertschätzung entgegenzubringen, die ich verdiene!

Aber auch:
=> **„Mein Kopf sollte mein Herz mehr wertschätzen."**
Allerdings!!!

***

Auch das folgende Beispiel ist natürlich nicht geschlechtsspezifisch und funktioniert – wie alle anderen – in beiden Richtungen!

„Er sollte mich nicht betrügen."
Oder: *„Er sollte mir treu sein."*
Das ist ein weit verbreitetes Thema bei Alleingeborenen, dem wir hier gemeinsam auf den Grund gehen wollen, denn es erzählt uns eine Menge über uns selbst!

=> *„Er sollte mich betrügen und mir nicht treu sein."*
Ein Spiegel kann mir nur das reflektieren, was ich ihm zeige, nicht wahr? Und wenn dieser Spiegel auch sehr schmerzhaft sein kann – er ist unendlich wertvoll!

=> *„Ich sollte ihn nicht betrügen, sondern ihm treu sein."*
Nun, auch wenn ich sexuell treu bin, ist ein Verhalten, bei dem ich mich selbst verleugne, weil ich mich mehr oder weniger nur auf die Ansprüche meines Du fokussiere, genau genommen doch nicht authentisch, nicht wahrhaftig und eigentlich nicht Ausdruck von Treue! Oder wie sehen Sie das?

=> *„Ich sollte ihn betrügen und ihm nicht treu sein."*

Auch da braucht es wieder etwas Phantasie: Vielleicht sollte ich im Zweifelsfall mir selbst treu sein – und genau da sind wir schon beim Hauptthema angelangt!

Denn wie sieht es mit meiner Treue mir selbst gegenüber aus?
=> *„Ich sollte mich nicht betrügen und mir selbst treu sein."*
Und genau darum geht es ja!
Ich bin mir nicht treu, wenn ich alles mache, um meinen Partner zu halten, weil ich es nicht ertragen könnte, ihn zu verlieren – und damit mein Ur-Trauma zu triggern!
Aber ich bin mir auch nicht treu, wenn ich nur versuche, das Leben meines verlorenen Zwillings zu leben, anstatt mein eigenes!

Treue und Eifersucht gehören zu den Hauptthemen bei Alleingeborenen, wie ich ja bereits im entsprechenden Kapitel ausgeführt habe! Natürlich ist es nicht angenehm, wenn wir erkennen, dass die Untreue unserer Partner letztlich eine Spiegelung unserer eigenen Facette der Untreue ist – und meist der uns selbst gegenüber! Aber ich denke, diese Einsicht ist wesentlich, um zukünftig Partnerschaften anzuziehen, in denen Treue eine Selbstverständlichkeit ist und es daher gar keine Eifersucht mehr braucht!

=> *„Mein Kopf sollte mein Herz nicht betrügen, sondern ihm treu sein."*
Auch das scheint mir eine sehr wesentliche Einsicht zu sein!

***

Ich hoffe jedenfalls, ich konnte Sie mit diesen Beispielen vom Wert dieser Technik überzeugen, wenn Sie sie noch nicht kannten! Im Spiel mit `The Work´ entstressen wir vieles, womit andere uns wehtun, weil wir die Ursache dahinter erkennen.

Gerade für uns Alleingeborenen ist die Selbstehrlichkeit, die es dafür braucht, so wesentlich für den Heilungsprozess! Und Sie werden sehen, je öfter Sie damit spielen, umso leichter wird es Ihnen fallen, auch die nötige Kreativität aufzubringen; die es bei manchen Wendungen braucht, um die Botschaft dahinter zu erkennen.

Aber Sie werden sehen: mit der nötigen Übung werden Sie ähnlich wie ich Spaß daran haben und oft hell auflachen bei all dem, was Ihnen in diesem Spiel sonnenklar wird!

´Ho´oponopono´

Nicht für alle unter Ihnen mag sich dieses uralte hawaiianische Ritual zur Befriedung gut und richtig anfühlen. Einige werden es jedoch mögen, daher möchte ich es auch in dieses Buch aufnehmen. Genau wie die 2-Punkte-Methode kannte ich es bereits aus den Büchern von Serge Kahili King; hatte es jedoch vergessen, bis es mir in einer Mail, die eine Weile im Netz kursiert ist, wieder in Erinnerung gerufen wurde.

Darin berichtete Joe Vitale von den erstaunlichen Erfolgen des Dr. Len (die mir als ehemaliger Ärztin in einer psychiatrischen Klinik natürlich besonders interessant schienen), der eine ganze Abteilung geistig abnormer Rechtsbrecher geheilt hat, indem er nur deren Krankengeschichten studiert und die entsprechende Resonanz dazu in sich erkannt hat – um diese dann in einem ´Ho'oponopono´ aufzulösen.

Vor allem Bärbel Mohrs Adaptation dieses hawaiianischen Rituals auf westliches Denken (in ihrer ´doppelten Verständnistechnik´, die sie in ihrem hilfreichen Buch mit beigefügter DVD „Cosmic Ordering" beschreibt) scheint mir ungemein wertvoll zu sein, um uns mit anderen auszusöhnen. Aber auch mit uns selbst!

Ich spiele automatisch damit, wenn mir die Reaktion einer anderen Person an die Nieren geht. Aber auch dann, wenn ich mich im unguten Umgang mit mir selbst ertappe.

Im ursprünglichen ´Ho'oponopono´ geht es ja darum, meinen Anteil an all dem, was mich in der Welt stört, zu heilen – mit vier Sätzen, die ich so lange wiederhole, bis ich in mir Frieden finde:
„*Es tut mir leid!*", „*Ich vergebe mir*"", „*Ich liebe mich!*" und „*Danke!*".

In Bezug auf unser Alleingeborenen-Thema wird es vor allem darum gehen, uns selbst unseren lieblosen Umgang mit uns selbst und unserem inneren Kind zu vergeben – wie ich Ihnen in der Beschreibung der typischen Indizien ja bereits mehrmals ans Herz gelegt habe. Dazu reicht es, jeweils die entscheidende Frage zu stellen, um Verständnis zu finden.

Hier wieder einige Beispiele zur Verdeutlichung:

„Warum habe ich mich ein Leben lang mit all den Schuldgefühlen gequält?"
Nun, die Antwort ist klar: Weil ich geglaubt habe, schuld zu sein am Tod meines Zwillings oder Drillings.
Da ich das als Irrtum erkannt habe, kann ich es mir nachsehen:
„Es tut mir leid!", „Ich vergebe mir!", „Ich liebe mich!", „Danke!".

„Warum habe ich mich so mit meinem Perfektionismus unter Druck gesetzt?"
Auch die Antwort auf diese Frage ist klar: Weil ich dachte, ich müsste meine Lebensberechtigung erst beweisen und daher immer 200% meines Besten geben!
Auch das erkenne ich nun als Irrtum und sehe es mir nach:
„Es tut mir leid!", „Ich vergebe mir!", „Ich liebe mich!", „Danke!".

„Warum möchte ich immer die Kontrolle behalten?"
Auch das ist logisch nachvollziehbar: Ich glaube, dass ich mein Geschwister retten hätte können, wenn ich die Situation kontrollieren hätte können.
Auch diesen Irrtum kann ich mir nachsehen!
„Es tut mir leid!", „Ich vergebe mir!", „Ich liebe mich!", „Danke!".

„Warum kann ich nicht gut annehmen?"
Ganz einfach: Weil ich mich dessen nicht als wert erachte!
Ein fataler Irrtum, den ich mir rasch nachsehen sollte!
„Es tut mir leid!", „Ich vergebe mir!", „Ich liebe mich!", „Danke!".

„Warum bin ich so schrecklich eifersüchtig"?
Das ist kein Wunder: Auch meine Eifersucht und die ihr zugrunde liegende Verlustangst beruhen auf meiner frühen Erfahrung.
Also sehe ich sie mir nach!
„Es tut mir leid!", „Ich vergebe mir!", „Ich liebe mich!", „Danke!".

Mit diesen Beispielen möchte ich es Ihrer Phantasie überlassen, jeweils die richtigen Fragen zu Ihren persönlichen Themen zu stellen und sich selbst die entsprechende Reaktion zu vergeben.

Energetische Schutz-Hülle

Das folgende Spiel scheint mir generell wertvoll zu sein, aber vor allem noch nicht geheilten Alleingeborenen möchte ich es ans Herz legen, weil ihre Aura, wie bereits erwähnt, ein mehr oder weniger großes Loch hat; sie energetisch also ziemlich schutzlos sind. Was ganz besonders für die HSP unter Ihnen fatal sein kann.

Es gibt allerlei verschiedene Bilder, mit denen Sie in Ihrer Vorstellung spielen können: Sie können eine Lichtsäule um sich visualisieren, ähnlich wie beim `Beamen´ im `Raumschiff Enterprise´; oder Sie hüllen sich gedanklich in eine große Seifenblase ein; Sie können sich mit einer Tarnkappe unsichtbar und damit unangreifbar machen; oder Sie visualisieren eine gläserne Wand zwischen sich und den anderen... oder erfinden Sie Ihre eigene Version eines energetischen Schutzes.

Vielleicht gefällt Ihnen aber auch meine Empfehlung:

Stellen Sie sich vor, dass während des Einatmens Licht (in Ihrer Wunschfarbe) durch Ihren Solarplexus in Sie herein und entlang Ihrer Wirbelsäule hoch fließt, und bei jedem Ausatmen wie ein Springbrunnen aus Ihren Scheitel hoch schießt und sich über Ihren ganzen Körper ergießt und Sie nach und nach einhüllt. Dabei gilt es, so wie bei einer mit Glasur zu überziehenden Torte, darauf zu achten, dass Sie wirklich ganz und gar eingehüllt sind; sodass Sie nicht (wie einst Achilles an seiner Ferse) an einer Stelle Ihres Körpers schutzlos bleiben!

Bei diesem Spiel wird sich Ihr inneres Kind gerne einbringen; während Ihr innerer Saboteur es wahrscheinlich als schwachsinnig empfindet. Vielleicht können Sie ihn von der Tatsache überzeugen, dass heute wissenschaftlich nachgewiesen werden kann, dass unser Gehirn nicht unterscheiden kann, ob wir etwas `tatsächlich erleben´ oder `uns bloß vorstellen´. Abgesehen davon folgt Energie der Aufmerksamkeit, also wirkt dieses energetische Spiel tatsächlich, wenn wir es anwenden – je öfter wir damit spielen, umso stärker!

Daher empfehle ich Ihnen, es auch dann zu probieren, wenn Sie höchst skeptisch sind – der wohltuende Effekt mag Sie überzeugen.

Wenn Sie sich so wie ich als 'energetisches Schmetterlingskind' (oder auch 'emotionales Schmetterlingskind', das war eine Bezeichnung, die ich mir bereits lange vor meiner Diagnose als HSP zugeordnet habe) fühlen, sollten Sie sich wirklich die wenigen Augenblicke gönnen, die es braucht, um sich in Ihren Lichtkokon einzuhüllen, ehe Sie Ihre Wohnung verlassen, um sich beschützt zu fühlen! Vor allem dann, wenn Sie sich mit Menschen konfrontieren müssen, von denen Sie wissen, dass sie Ihnen nicht allzu wohl gesonnen sind! Der Effekt mag sie erstaunen...

Manche Menschen meinen, man sollte sich nicht schützen, weil man sonst genau das anzieht, wovor man sich schützen möchte. Dieses Argument mag durchaus eine gewisse Berechtigung haben.

Und dennoch ziehe ich mich warm an, wenn ich in die Kälte hinausgehe! Obwohl ich Menschen kenne, die auch im Winter bei Eis und Schnee mit kurzen Ärmeln unterwegs sind...

Dennoch gebe ich der Tendenz nach, mir die Ohren zuzuhalten, wenn es irgendwo zu laut ist! Obwohl ich Menschen kenne, die sich in der Disco wohl fühlen...

Dennoch halte ich mir die Nase zu, wenn es für meine Nase übel riecht! Obwohl es Menschen gibt, die kein Problem mit Gestank haben...

Und leider ist es eine Tatsache, dass es Energien gibt, die uns hochsensiblen und hochsensitiven Alleingeborenen nicht wohl tun, wenn wir uns ihnen unmittelbar aussetzen! Obwohl es Menschen gibt, denen diese Energien nichts anhaben können – scheinbar...

Ich denke, jeder muss das für sich selbst entscheiden! Aber wenn Sie das Bedürfnis haben, sich energetisch zu schützen, dann haben Sie hier ein Spiel gefunden, das schon vielen Menschen gut getan hat! Oder das Sie zu Ihrer eigenen Version inspiriert...

`Abheben und darüber Stehen´

Ich kenne kaum eine Situation, in der das hier beschriebene Spiel nicht hilfreich wäre – wenn wir tatsächlich in der Lage sind, spontan aus uns selbst heraus zu steigen und die Position eines Beobachters einzunehmen. Das mag nicht immer gelingen, aber wie bei allem wird auch hier Übung die Ergebnisse verbessern.

Daher empfehle ich Ihnen, immer wieder auch in nicht allzu stressigen Situationen damit zu spielen, damit es Ihnen immer geläufiger wird. So haben Sie es mit der Zeit auch in herausfordernden Situationen parat.

Um uns aus dem Bann unseres Überlebenszentrums zu befreien, können wir uns einiger neuer Einsichten aus der Hirnphysiologie und der Bewusstseinsforschung bedienen: Wir heben (in unserer Vorstellung) einfach ab, um in den Homo Sapiens Sapiens Modus zu gelangen.

Wir nützen also die Energie unserer Aufmerksamkeit, um uns auf eine höhere Schwingungsebene zu heben. Auf der neuen Ebene unserer Bewusstheit gewinnen wir Zugang zu einer konstruktiveren, das Leben bejahenderen und liebevolleren Einstellung – anderen, unserem Leben, vor allem aber uns selbst gegenüber! Darüber hinaus lösen wir destruktive Koppelungen aus unserem emotionalen Gedächtnis.

Wenn ich von Realitätsgestaltung spreche, meine ich die bewusste Wahl einer der verschiedenen Zukünfte, die uns in jedem Augenblick unseres Lebens zur Verfügung stehen. Ich glaube nicht, dass uns in jedem Moment unseres Lebens alle Möglichkeiten offen stehen; aber ich bin überzeugt, dass wir jeweils weit mehr Optionen zugänglich hätten, als wir glauben – und demzufolge nützen.

Vor allem während unseres Heilungsprozesses wird dieses Spiel von großem Wert sein; aber wenn es Ihnen erst einmal zur Selbstverständlichkeit geworden ist, werden Sie es nicht mehr missen wollen!

Ich glaube, dass wir viele – wenn nicht die meisten – unserer Entscheidungen unbewusst treffen; nämlich entsprechend der Einstellung, die wir anderen, unserem Leben und uns selbst gegenüber haben. Diese strahlen wir als unser sehr persönliches Schwingungsmuster über unser Herzfeld nach außen hin aus.

Näheres zu diesem Herzfeld, das unsere körperlichen Grenzen (heute messbar!) weit überragt, finden Sie in den Büchern zum Thema `Herz-Intelligenz´ von Doc Childre und seinem Team, der das `HeartMath-Institute´ gegründet hat.

Diese Schwingung macht uns resonant, also empfänglich für entsprechende Erfahrungen, Erlebnisse und Begegnungen. Indem Sie Ihre Einstellung – und damit Ihre Schwingung – bewusst verändern, wirkt das so wie das Einstellen Ihres Radioempfängers auf die Frequenz, auf der Ihr Wunschprogramm gesendet wird.

In der bewussten Neuprogrammierung Ihrer Einstellung (die sich meiner Erfahrung nach nicht immer einfach gestaltet) bietet das `Abheben und darüber Stehen´ eine schöne Möglichkeit, Ihre Frequenz auf Ihre Wunschrealität einzustimmen.

Wenn Sie ähnlich wie ich alles verstehen wollen, ehe Sie es anwenden, mag die darunter liegende Theorie für Sie interessant sein! Für mich wirken Aha-Erlebnisse immer sehr motivierend!

Emotionales Gedächtnis

Eine wesentliche Funktion unseres Gehirns ist unser emotionales Gedächtnis, aufgrund dessen bestimmte Reize jeweils eine spezifische Emotion hervorrufen.

Das kann sich positiv äußern, wenn wir etwa bei der Betrachtung eines mit schönen Erinnerungen verbundenen Bildes diese Emotionen erneut spüren. Bei schmerzhaften Erinnerungen fühlt sich die Aktivierung hingegen nicht gut an – Beispiel dafür sind all die Situationen und Erlebnisse, die unser Ur-Trauma immer wieder triggern.

Diese Verbindungen können wir jedoch in beiden Richtungen umkonditionieren: dann kann die Betrachtung eines Bildes mit einem Expartner Schmerz auslösen, weil die Beziehung vorbei ist. Umgekehrt können wir jedoch auch negative Konditionierungen umprogrammieren – und genau das wird für uns besonders wertvoll sein.

Interessant dabei ist, dass der Reiz, den wir mit einer bestimmten Erfahrung verbinden, gar nicht tatsächlich damit verbunden sein muss. Es reicht die simultane Speicherung von Reiz und Erfahrung um die Kombination wirksam werden zu lassen. Ein Beispiel dafür ist der ˋPawlow´sche Reflex´, bei dem Hunde simultan mit der Fütterung eine Glocke hören; die in weiterer Folge auch dann Speichelfluss auslöst, wenn keine Fütterung erfolgt. Psychologen sprechen auch von einem Trigger.

Ähnlich kommen Furchtkonditionierungen zustande: wenn etwa das Hören einer elektrischen Säge unsere Angst vor dem Zahnarzt triggert; oder ein Seil, das in der Wiese liegt, unsere Angst vor Schlangen aktiviert.

Dabei zählt die objektive Bewertung der Tatsache weniger als unser subjektives Erleben. So können bei uns Alleingeborenen bereits die kleinsten Trigger verheerende Auswirkungen haben, wie ich bereits mehrmals erwähnt habe. Das liegt an der Funktionsweise unseres Gehirns, das im Laufe der Evolution verschiedene Überlebensstrategien entwickelt hat, die nach wie vor in uns wirken.

Obwohl wir in einer modernen Gesellschaft leben, haben wir immer noch unser ˋSteinzeitgehirn´ inmitten unseres ˋHomo Sapiens Sapiens Gehirns´; wir sind daher lange nicht so unabhängig von unseren Gefühlsempfindungen und der Funktion unseres emotionalen Gehirns, wie wir oft annehmen.

Ähnlich abhängig sind wir von unserem unbewussten Gedächtnis! Selbst dann, wenn unsere Logik uns sagt, wir hätten bestimmte stressige Erlebnisse bearbeitet, belasten uns diese immer noch unbewusst, weil sie in unserem emotionalen Gedächtnis gespeichert sind. Die Lebensgestaltung als Alleingeborener ist ein klares Beispiel dafür.

Wenn wir eine sehr unangenehme Situation erleben (etwa wenn unser Geschwister neben uns stirbt), dann wird diese als Kombination von Erlebnis inklusive den begleitenden Sinneseindrücken in der entsprechenden Situation in unserem limbischen System abgespeichert. In einer frühen Phase unseres Lebens offenbar aber auch auf Zellebene in unserem Körpergedächtnis.

Solche abgespeicherten Informationen dienen allgemein dazu, uns in Zukunft vor einer neuerlichen entsprechenden Erfahrung zu schützen. Daher bleiben uns mit stark negativen Emotionen verbundene Ereignisse länger im Gedächtnis hängen. Unser Bewusstsein verdrängt diese Erinnerung zwar, um uns nicht ständig damit zu belasten; aber unbewusst reagieren wir mit einem Vermeidungsverhalten und verschiedenen Symptomen. Im zweiten Kapiteln über die für Alleingeborene charakteristischen Indizien sind wir bereits eingehend darauf eingegangen.

Neueste Erkenntnisse zeigen, dass Erinnerungen jedes Mal, wenn sie abgerufen werden, erneut abgespeichert werden; dafür sind Proteine nötig. Während diese produziert werden, öffnet sich ein Zeitfenster, in dem Erinnerungen vorübergehend instabil sind und in einer neuen Version abgelegt werden können – wie in einer Art Updateprozess bei Ihrem Computer.

Sie können also alte, destruktive emotionale Koppelungen lösen und durch neue, konstruktivere ersetzen und damit tatsächlich Ihre Erinnerungen umprogrammieren! Und dabei reicht – aus meiner Sicht noch Bahn brechender! – Ihre Vorstellung!

Vielleicht wollen Sie für einige Augenblicke innehalten, um sich der Tragweite dieser Entdeckung bewusst zu werden! Da Ihr Gehirn (wie bereits erwähnt) nicht unterscheiden kann, ob Sie etwas `tatsächlich erleben´ oder `sich nur vorstellen´ (oder eben über Ihre Spiegelneuronen empathisch `aus zweiter Hand miterleben´) reicht Ihre Vorstellungskraft! Ist das nicht phantastisch?

Der Verstand hat keinen Zugriff auf das emotionale Gedächtnis und solche energetischen Koppelungen, die durch Konditionierung zustande gekommen sind; daher können Sie diese auch nur über den `Sprachcode Ihres emotionalen Gedächtnisses´, den finnische Wissenschaftler herausgefunden haben, wieder lösen.

Das `Abheben und darüber Stehen´ ist dafür ein wirksamer Weg.

Unabhängig von Kultur, Geschlecht und anderen Unterschieden korrelieren bestimmte Emotionen mit bestimmten Körperempfindungen und werden jeweils an einer ganz bestimmten Stelle innerhalb unseres Körpers repräsentiert. Gedanken (Hoffnungen, Wünsche, Zweifel, Ängste, hinderliche aber auch förderliche Glaubenssätze, Annahmen) werden hingegen außerhalb unseres materiellen Körpers in unserem feinstofflichen Mentalkörper repräsentiert.

Und zwar Gedanken, die positive Gefühle auslösen, im oberen Bereich unseres Energiekörpers (unserer Matrix); Gedanken, die negative Gefühle auslösen, hingegen eher unten! Das bedeutet; je nachdem, wo wir unsere Aufmerksamkeit hin richten, haben wir die entsprechenden Gedanken – und damit Gefühle – zugänglich.

Sie kennen das sicher: es gibt nicht nur Menschen, sondern auch Situationen und Erlebnisse, die uns gefühlsmäßig hinaufziehen und solche, die uns niederdrücken, ja gar erniedrigen.

Aber probieren Sie es bewusst aus! Vergegenwärtigen Sie sich nacheinander zwei verschiedene Situationen: eine, die Sie eher als negativ und herunterziehend empfunden haben; und eine beglückende, aufbauende. Also etwa eine schwere Enttäuschung auf der einen Seite und ein Erfolgserlebnis auf der anderen Seite. Und dann achten Sie bewusst darauf, was diese Erfahrung jeweils mit Ihnen macht, wenn Sie sich ganz und gar in das damit verbundene Gefühl hinein versetzen: welche Sinneswahrnehmungen lösen diese beiden Situationen in Ihnen aus?

Es wäre gut, dabei so weit wie möglich Ihren Verstand auszuschalten, weil diese Assoziationen für Ihr logisches Denken keinerlei Sinn ergeben. Achten Sie einfach auf Ihre intuitive Antwort, während Sie sich fragen:

Vermittelt mir diese Situation eher eine leichte oder eher eine schwere Körperempfindung?
Vermittelt sie mir eher eine Empfindung von Helligkeit oder eher von Dunkelheit?
Vermittelt sie mir eher ein Gefühl von entspannter Weite oder eher von zusammen ziehender Einengung?
Vermittelt sie mir eher eine belebende, aufbauende und Kraft spendende Körperempfindung oder eher eine lähmende, Kraft raubende und auslaugende?

Erstaunt Sie das Ergebnis dieses Vergleiches?

Ich nehme an, dass Sie all das unzählige Male erlebt haben – nur sind Sie sich dessen wahrscheinlich nicht bewusst geworden.

Wenn Sie diese Erfahrung bewusst nützen, können Sie in Zukunft spielerisch Einfluss nehmen. Anfangs vielleicht nicht unbedingt inmitten einer extrem stressigen Situation; aber mit etwas Übung können Sie das durchaus lernen! Dann haben Sie ein Werkzeug in der Hand, das Ihnen in jeglicher Krisensituation hilft, abzuheben und über der Situation zu stehen – wäre das nicht fein?

Haben Sie sich oder andere nicht schon mehrmals sagen gehört:

„Wie gerne würde ich in dieser Situation einfach darüber stehen!"
„Warum kann ich da nicht darüber stehen?"
„Sag, kannst du nicht einfach darüber stehen?"
„Ich bewundere, wie ... darüber steht und so klug reagiert!"
„Steh doch einfach darüber!"

In meinen Seminaren zum Thema `Kreative Stresslösung´ habe ich meine Teilnehmenden immer gefragt, wie welches Tier sie unter Stress reagieren – und wie welches sie lieber reagieren würden. Mein ideales Stresstier wäre der Adler, der einfach abhebt und sich die schwierige Situation von oben ansieht. Aus dieser Perspektive sind unsere Stressoren lange nicht so belastend, finde ich. Wenn auch Sie den Wunsch, abzuheben und über den Dingen stehen zu können, nachvollziehen können, habe ich hier ein Spiel für Sie.

Wissen Sie übrigens, dass im Chinesischen das Wort `Krise´ sowohl `Gefahr´ als auch `Chance´ bedeutet? Wie wäre es also, wenn wir zukünftig Krisen als willkommene Chance nützen würden, abzuheben und darüber zu stehen; wenn wir uns selbst wie einst Baron Münchhausen am eigenen Zopf aus dem Sumpf ziehen – allerdings ohne Lügenmärchen ☺!

Abheben...

Im Spiel mit den hier geschilderten vier Wahrnehmungen finden Sie Zugang zu einer neuen Einstellung. Wie oft haben Sie sich schon den Zustand des darüber Stehens gewünscht, in dem all das, was Ihnen Stress bereitet hat, Sie einfach nicht mehr tangiert? Oft reich ja schon ein zeitlicher Abstand, damit die Dinge uns nicht mehr so schlimm vorkommen, wie sie in der Situation selbst scheinen!

Aber wir brauchen nicht zu warten, bis die nötige Zeit vergeht, sondern wir können uns aus der dunklen, engen, lähmenden Schwere herausziehen – `heraus beamen´ würde es im `Raumschiff Enterprise´ heißen.

Vergegenwärtigen Sie sich bitte noch einmal die Enttäuschung von vorhin – oder etwas anderes, das Sie als ähnlich belastend empfunden haben; und holen Sie sich die vier Wahrnehmungen der Dunkelheit, der Schwere, der Enge und der Lähmung.

> *Dann richten Sie Ihren Blick, der vermutlich nach unten gerichtet ist, nach oben;*
> *lassen Sie sich im Bereich der Stirn `ein Licht aufgehen´, sodass Sie Helligkeit empfinden;*
> *atmen Sie tief ein und damit zugleich sich selbst aus Ihrer Enge frei. Erlauben sie sich beim Einatmen wohltuende Weite in Ihrer Brust – bei jedem Atemzug mehr und immer mehr! Vielleicht so als würden Sie eine viel zu enge Haut um Ihre Brust sprengen. Und lassen Sie sich dabei von belebender Energie erfüllen – so wie eine ausgetrocknete Pflanze, die Wasser und Sonne bekommt und sich dankbar wieder aufrichtet!*
> *Dann heben Sie ab...*

Lassen Sie sich von Scotty in die helle, weite, kraftstrotzende Leichtigkeit hoch beamen...

Oder wenn Ihnen das Bild der Raumschiffvariante nicht so gefällt, können Sie sich auch vorstellen, Sie steigen in einen (vielleicht gläsernen, wenn Sie das möchten, um den Überblick zu wahren) Aufzug ein und lassen sich hoch tragen. Und je höher Sie kommen, umso heller wird es, umso leichter fühlen Sie sich, umso mehr Power fühlen Sie in sich und umso mehr Weite können Sie wahrnehmen – vielleicht weil die Wände Ihres Aufzugs sich auflösen – natürlich ohne Ihnen Angst zu machen...

Aber vielleicht gefällt Ihnen ja auch das Bild des Adlers besser, der sich aus eigener Kraft aus der stressigen Situation löst und sich mit Leichtigkeit in die hellen, weiten und erfrischenden Lüfte erhebt...

Oder wollen Sie sich in Ihrer Vorstellung lieber in einen Fesselballon setzen und abheben, nachdem Sie Ihren Blick nach oben in die Helligkeit gewandt, sich in die vitale Weite geatmet und die schweren Gewichte, die Ihren Ballon am Boden gehalten haben, abgeworfen haben...

Ein weiteres Bild könnte ein Engel sein, der Sie hoch trägt...

Oder ein Sonnenstrahl, der Sie magnetisch hoch zieht...

Lassen Sie nun Ihre eigene Kreativität spielen und erfinden Sie Ihr persönliches Bild, mit dem Sie sich zukünftig aus allen stressigen

Erlebnissen, Begegnungen, Ereignissen und Situationen heraus ziehen und abheben können, um ganz und gar darüber zu stehen!

Je öfter Sie damit spielen, umso fester wird diese Vorstellung in Ihren Hirnbahnen verankert; umso leichter haben Sie dieses sehr wirksame Spiel zur Stresslösung zukünftig zur Verfügung, wenn es wieder einmal eng und dunkel und schwer und ermüdend wird!

... und darüber Stehen

Aus einem höheren Stockwerk sehen Sie weiter als aus dem ersten, von der Spitze eines Berges haben Sie eine weitere Perspektive als von seinem Fuß. Und analog dazu gewinnen Sie aus Ihrer neuen Perspektive automatisch eine völlig neue Einstellung; und schwingen demzufolge in Resonanz zu einer völlig anderen Realität – Ihrer Wunschrealität! In der Analogie zum Radio hören Sie dann eine viel beglückendere Sendung.

Das Interessante dabei ist, dass Sie aus Ihrer neuen Perspektive sogar begründen können, warum Ihnen das, was Sie vorhin noch so gestresst hat, nun gar nicht mehr so wichtig ist!

Ihr Abheben hat Ihnen also nicht nur positive Gefühle zu etwas zuvor noch als stressig Empfundenen geschenkt; sondern darüber hinaus eine neue, wohltuende Einstellung, die Sie sogar argumentieren können.

Probieren Sie es aus und fragen Sie sich, wieso das zuvor noch Negative Sie nun nicht mehr tangiert!

Je höher Sie übrigens kommen, desto wahrer und objektiver wird Ihre Einstellung und desto höher ist die Qualität an Informationen, die Ihnen in Ihrer mentalen Matrix zur Verfügung stehen.

Wenn Sie auf diese Weise immer wieder mit Ihrer Gedankenenergie spielen und die Dunkelheit erhellen, die Enge erweitern, die Schwere erleichtern, den Zustand der Lähmung in einen voller Vitalität umwandeln und abheben, dann ändert sich nicht nur Ihr Energiefeld, sondern Ihr ganzes Leben – und zwar nachhaltig. Je öfter Sie dieses Spiel spielen, umso rascher und bleibender!

Nehmen wir ein für Alleingeborene wichtiges Thema: Schuldgefühle!

> *Vergegenwärtigen Sie sich ein Schuldgefühl und fragen Sie sich:*
>
> *Wie fühlt sich die damit verbundene emotionale Energie an?*
> *Fühle ich mich eher leicht oder eher schwer?*
> *Fühlt sich das Schuldgefühl eher hell an oder eher dunkel?*
> *Vermittelt es mir eher ein Gefühl von bedrückender Enge oder eher von entspannter Weite?*
> *Nehme ich es eher als belebend, aufrichtend und Kraft spendend wahr oder eher als schwächend, lähmend und Kraft raubend?*

Erinnern Sie sich bitte, dass Ihre Schuldgefühle und die damit verbundene aktuelle emotionale Energie nicht aus bewusstem Denken resultieren, sondern durch Konditionierung entstanden sind und auf einem Irrtum beruhen – dem Irrtum, Sie trügen Schuld am Verlust Ihres Zwillings.

> *Dann beginnen Sie damit, Ihren Blick, der im Fühlen Ihres Schuldgefühls unwillkürlich nach unten gewandert war, nach oben zu richten;*
> *atmen Sie tief ein;*
> *während Sie es in Ihrem Stirnhirn hell werden lassen.*
> *Darüber hinaus erlauben Sie sich mit jedem Einatmen mehr und mehr Weite;*
> *wodurch Ihnen automatisch auch leichter zumute wird.*
> *So hat die vorhin noch eher nieder drückende Energie Ihrer Gewissensbisse keinen lähmenden Einfluss mehr auf Sie;*
> *im Gegenteil, das tiefe Atmen und die Helligkeit beleben Sie merkbar!*
> *Dann versetzen Sie sich in einen Adler und heben Sie ab!*
> *Aus dieser neuen Perspektive erkennen Sie, dass Sie keine Schuld am frühen Tod Ihres Zwillings haben.*
> *Dann können Sie dankbar lächeln, weil Sie erkennen, dass Sie Ihr Geschwister gar nicht wirklich verloren haben – über die `Liebesbrücke´ sind Sie damit verbunden und über den `Dialog der Hände´ können Sie mit ihm kommunizieren!*
> *Diese Einsicht zeigt Ihnen auch deutlich, dass Ihr Stirnhirn eingeschaltet ist!*

Spiel mit ʾAffragenʾ

Mit diesem Begriff bezeichne ich meine hirngerechtere Version von Affirmationen, die meiner Erfahrung nach viel besser funktionieren als klassische Behauptungen, mit denen viele Menschen vergeblich versuchen, ihr Unterbewusstsein neu zu programmieren.

ʾAffragenʾ sind vom Prinzip her prozessorientierte Fragen, bei denen es weniger auf die verbale Antwort ankommt, als auf die mentalen und emotionalen Prozesse, die sie in uns auslösen. Und da wir diese spezielle Art von Fragen auch ähnlich verwenden können wie Affirmationen, habe ich dafür den Begriff ʾAffragenʾ geprägt.

Klassische Affirmationen behaupten ja etwas, was wir gerne hätten oder wären, jedoch noch nicht haben oder sind. Sagen genau genommen also die Unwahrheit!

Ich weiß nicht, welche Erfahrungen Sie damit gesammelt haben – meine Versuche, damit mein Leben zum Besseren zu verändern, waren jedenfalls vergebens. Und je mehr Menschen ich gefragt habe, wie es Ihnen damit geht, umso mehr ähnliche Erfahrungen wurden mir berichtet.

Wenn klassische Affirmationen für Sie funktionieren, dann bleiben Sie bitte dabei! Wenn dies jedoch nicht der Fall ist, dann empfehle ich Ihnen, einmal mit ʾAffragenʾ zu spielen – den hier angebotenen, vor allem aber auch mit Ihren eigenen, zu denen meine Beispiele Sie hoffentlich inspirieren werden!

Aber es spricht natürlich auch nichts dagegen, mein Angebot anzunehmen und eine Weile damit zu spielen, wiewohl Sie eigentlich den Eindruck hatten, Affirmationen hätten Positives bewirkt. Wer weiß, vielleicht bewirken ʾAffragenʾ ja noch weit mehr? Erklärlich wäre es, wie Sie gleich sehen werden.

Hirnphysiologie erklärt die Funktionsweise der ʾAffragenʾ!

Als ursprünglich ausgebildete Medizinerin suche ich immer nach Erklärungen für das, was vor allem auf Hirnebene in und mit mir passiert – oder auch nicht passiert. So habe ich mich immer wieder gefragt, warum Affirmationen bei mir (trotz phasenweise wirklich konsequenter Anwendung!) keinen bleibenden Effekt haben.

Im Zentrum unseres Gehirns haben wir einen entwicklungsgeschichtlich sehr alten Teil: unser Stammhirn (unser Höhlenmenschengehirn), in dem sich auch unser Überlebenszentrum befindet. Dieses reagiert sofort mit Ablehnung auf alles Neue, weil dieses ihm Angst macht. Und Angst ist (neben Schmerz und Angst vor Schmerz) ein Kriterium für das, was unbedingt vermieden werden soll, um unser Überleben zu sichern.

Das mag für unsere frühen Vorfahren durchaus sinnvoll gewesen sein, für uns ist diese Angst vor Neuem jedoch alles andere als sinnvoll! Gerade unsere Zeit verlangt doch gesunde Flexibilität und möglichst entspannte Offenheit für Neues, Neuartiges und anderes!

Dennoch bestimmt die Angst vor Neuem unser Leben, wenn wir unter Stress stehen! Und das ist – Sie erinnern sich? – gerade bei uns Alleingeborenen viel zu oft der Fall. Das heißt: Neues setzt uns unter Stress und Stress lässt uns Neues ablehnen; hindert unser Leben aber nicht daran, uns ständig mit Neuem zu konfrontieren...

Daraus erklärt sich für mich eigentlich recht logisch, warum klassische Affirmationen – zumindest für sehr viele Menschen – gar nicht funktionieren können! Sehr wohl funktionieren aber jene prozessorientierten Fragen, wie Sie bald anhand einiger Beispiele, die ich Ihnen hier zeige, erleben werden.

Viele weitere finden Sie sowohl in meinem ebenfalls in diesem Verlag erschienenen E-Book „Das Affragen-Orakel" wie auch in dem zugehörigen Kartenset, das ich gestaltet habe, um jene, die ähnliche Erfahrungen gemacht haben, in ihrer Bewusstseinserweiterung und Persönlichkeitsentwicklung zu begleiten.

Fragen empfindet unser Überlebenszentrum nicht als bedrohlich und sieht daher keine Veranlassung, uns panisch auf Kampf oder Flucht vorzubereiten! So versetzt uns das Spiel mit – wohlgemerkt positiv formulierten! – Fragen auch nicht in Stress und die daraus folgende überspannte Vermeidungshaltung!

Wer jedoch sehr wohl auf `Affragen´ anspricht – und zwar sehr positiv! –, ist unser entwicklungsgeschichtlich jüngster Hirnteil: unsere Gehirnrinde. Diese reagiert auf prozessorientierte Fragen wie ein junger Hund, dem man einen Ball hinwirft: sie stürzt sich darauf, um damit zu `spielen´, `sich Gedanken zu machen´, zu `reflektieren´, sich also in entsprechenden Gedankenassoziationen zu ergehen.

So setzen `Affragen´ einen intensiven Denkprozess in Gang, bei dem wir uns – teils bewusst, teils aber auch gar nicht mehr bewusst – genau mit dem befassen, was unsere konstruktiv formulierte Frage anspricht!

Bei Behauptungen wie den klassischen Affirmationen erkennt unser Überlebenszentrum jedoch offenbar die Unwahrheit, wittert aufgrund der inneren Diskrepanz sofort Gefahr und versetzt uns in eine gespannte Abwehrhaltung, in der unsere Gehirnrinde durch eine mangelnde Durchblutung nicht mehr funktionsfähig ist! So haben wir genau jene geistigen Ressourcen nicht mehr zugänglich, die wir bräuchten, um all die Stressoren zu meistern, mit denen wir heutzutage zu tun haben.

Der Stress, den das Aussprechen einer Unwahrheit in unserem System auslöst, lässt sich übrigens ganz leicht auch mithilfe der kinesiologischen Muskeltestung erkennen: Während Sie lügen, testet Ihr ehrlicher Muskel schwach, auch wenn Ihnen gar nicht unbedingt bewusst ist, dass Sie gerade gestresst sind.

Wir alle haben wohl schon die durch Stress bedingte Ausschaltung unserer Gehirnrinde erfahren, wenn wir etwa während einer Prüfung ein Blackout hatten; wiewohl wir wirklich unseren Stoff gelernt haben und das geforderte Wissen uns eigentlich zur Verfügung stehen hätte müssen. Aber all das angesammelte Wissen ist in unserer Gehirnrinde gespeichert und damit unter dem Stress der Prüfung nicht zugänglich.

Pointiert formuliert könnten wir also sagen: Stress macht blöd! Und das gilt für Alleingeborene ganz besonders, weil wir (Sie erinnern sich?) rascher in Stress geraten und länger darin gefangen bleiben; weil wir das Stresshormon Cortisol langsamer abbauen!

Seit mir das klar ist, achte ich tunlichst darauf, Stress vor allem in anspruchsvollen Lebenssituationen zu vermeiden! Daher habe ich auch die immer wieder erfolglos versuchten Affirmationen, die mein Überlebenszentrum offenbar ganz und gar nicht schätzt, vor längerem durch die für mich viel wirksameren `Affragen´ ersetzt!

Stellen Sie sich vor den Spiegel (was ja gern empfohlen wird) und versichern Sie sich Auge in Auge selbst, wie erfolgreich Sie sind; wiewohl Ihre professionelle Selbstsabotage Sie gekonnt daran hindert! Prompt wird sich eine Stimme in Ihrem Inneren melden, die Sie mit mehr oder weniger drastischen Worten eines Besseren belehrt! Diese Stimme können Sie Ihrem inneren Saboteur, Ihrem inneren Kritiker, ihrem inneren Antreiber, Ihrem Eltern-Ich oder wem auch immer zuordnen.

Wenn Sie sich jedoch fragen: „Warum bin ich so erfolgreich?", dann kümmert sich dieser Persönlichkeitsanteil nicht weiter darum – offenbar nimmt er Sie bei solchen Fragen nicht wirklich ernst. Ihr Überlebenszentrum springt also nicht an, Sie geraten nicht in Stress, schütten daher keine Stresshormone aus; ergo bleibt Ihre Hirnrinde voll funktionsfähig, und widmet sich mit Begeisterung der `Affrage´; und macht sich voll kindlichem Eifer daran, möglichst viele Antworten auf diese Fragen zu suchen – und diese wohl auch zu finden! Und Sie werden unwillkürlich schmunzeln! Versuchen Sie es einfach einmal!

Das beobachte ich seit längerem mit Freude nicht nur bei mir selbst, sondern auch bei all jenen, denen ich dieses Spiel als Ersatz für die auch sie frustrierenden Affirmationen ans Herz gelegt habe.

In positiver Formulierung lassen uns diese offenen Fragen nicht nur entspannt bleiben, sondern rufen darüber hinaus auch noch unser inneres Kind auf den Plan. Und glauben Sie mir, auch Ihr inneres Kind springt freudig an, weil es Fragen mag; ebenso wie es Rätsel liebt! Und Ihr Überlebenszentrum lässt Sie unbeeindruckt gewähren; offenbar gehörten Fragen nicht zum bedrohlichen Stressrepertoire der Höhlenmenschen ☺.

Bei negativ formulierten Fragen ist dies natürlich anders! Und oft bombardieren gerade Alleingeborene sich in ihren ständig ablaufenden inneren Dialogen:

☹ Warum habe ich das schon wieder falsch gemacht?
☹ Warum habe ich schon wieder so dumm reagiert?
☹ Warum war ich schon wieder so eifersüchtig?
☹ Warum bin ich so ein Versager?
☹ Warum habe ich so viel Angst?
☹ Warum bin ich ständig krank?
☹ Warum schaffe ich das nicht?
☹ Und so weiter und so fort...

Vielleicht wollen Sie an dieser Stelle einmal selbst tief in sich hinein horchen und Ihren ganz persönlichen negativen Affirmationsfragen auf die Spur kommen. Diese signalisieren praktisch immer eine Abwertung, eine Zurückweisung, eine Maßregelung, eine Kritik, eine Diskriminierung oder ein Kleinmachen – und dass dabei Ihr Überlebenszentrum anspringt und in Panik gerät, wird Sie wohl nicht weiter wundern! Daher sträubt sich alles in mir, diese Form der Selbstsabotage mit meinen aufbauenden ´Affragen´ in einen Topf zu werfen!

Wenn Sie übrigens tatsächlich vor einem Spiegel mit Ihren ´Affragen´ spielen, werden Sie unwillkürlich lächeln müssen. Das ist zwar meist auch ohne Spiegel der Fall, nur mag es Ihnen dann vielleicht nicht so auffallen! Und dieses Lächeln wird – anders als in der Anwendung klassischer Affirmationen, die Ihnen bestenfalls ein peinlich berührtes Lächeln entlocken – ein wirklich amüsiertes sein! Zumindest ist das meine regelmäßige Erfahrung.

Und das so ausgelöste Lächeln (oder gar Lachen) wird sich durch die Spiegelung noch verstärken. Sie wissen ja, wie ansteckend Lachen oder Lächeln ist – auch im Spiegel! Damit schütten Sie über einen physiologischen Regelkreis weitere Glückshormone aus, was Ihre Hirnrinde weiter aktiviert, was Sie noch mehr wertvolle Antworten finden lässt, was Ihr Lächeln oder Lachen unweigerlich weiter verstärken wird…

Damit ist jedenfalls ein nicht nur Ihre Gesundheit und Ihr Wohlbefinden, sondern auch Ihre Produktivität, Ihre Kreativität und damit die Entfaltung Ihres Potenzials in höchstem Maße fördernder Engelskreis in Gang gekommen.

Näheres zu diesem Thema können Sie auch in Büchern zum Thema Gelotologie – der Wissenschaft vom Lachen – nachlesen!

Darüber hinaus lösen auch all die aufbauenden Gedankenassoziationen, mit denen Sie sich als Reaktion auf Ihre ´Affrage´ geistig befassen, positive Emotionen in Ihnen aus. Je mehr Sie in Resonanz zum entsprechenden Thema schwingen, umso intensiver! Und weil dieses Spiel Sie in eine positive Gestimmtheit versetzt, welche Sie wiederum über Ihr Herzfeld ausstrahlen, werden Sie nach dem Gesetz der Resonanz magnetisch für genau das, was in Resonanz mit diesen aufbauenden Gedanken und positiven Emotionen schwingt.

Alles, was Ihnen beispielsweise auf die Frage, warum Sie so erfolgreich sind, mit einem breiten Lächeln einfällt – und seien dies auch bloß scheinbar ganz kleine Erfolge –, wird Ihr Gefühl, erfolgreich zu sein, immer weiter hochfahren.

Und je intensiver dieses Gefühl wird – und damit über Ihr Herzfeld weithin wahrnehmbar positiv ausstrahlt! –, umso mehr Bestätigung werden Sie auch von außen bekommen; und umso mehr weitere Argumente werden Ihnen einfallen, die Sie noch mehr darin bestätigen, dass Sie tatsächlich ein höchst erfolgreicher Mensch sind.

Auch wenn es momentan anders zu sein scheint! Denn ist nicht alles eine Frage der Einstellung? So kommt ein sich selbst verstärkender, sehr förderlicher Prozess in Gang, der Ihnen letztlich auch helfen wird, tatsächlich erfolgreicher zu werden.

Daher funktionieren prozessorientierte Fragen und daher funktioniert das, was ich als `Affragen´ bezeichne!

In dem Begriff `Affragen´ schwingt übrigens bewusst auch das Wort `Affe´ mit! Sie kennen sicher die Bezeichnung `Monkey Mind´, die Yogis unserem nicht enden wollenden Denken zuordnen; ähnlich ein Baum voller schnatternder Affen, die hektisch hin und her, auf und ab springen und niemals Ruhe geben.

Gerade Alleingeborene mit ihren hoch komplexen Hirnverschaltungen wissen, wie ungemein schwierig es ist, dieses `hektische Affentheater´ zum Schweigen zu bringen, um zu meditieren!

Wenn wir jedoch mit `Affragen´ spielen, bekommt unser quirliger `Affengeist´ genau das Futter, auf das er so gierig ist; allerdings in positiver, heilsamer, konstruktiver, wertvoller, aufbauender und unser Bewusstsein erweiternder Ausprägung!

Damit ergeht sich unser `Denkeln´ (so nenne ich das auch gerne) nicht wie sonst meist in negativen Assoziationen, sondern bleibt, angeregt durch die `Affrage´, dort fokussiert, wo es heilsam wirkt für unsere Entwicklung, unsere Gesundheit, unsere Produktivität und unser ganzes Leben.

Daher ist uns die `reflektive Meditation´ auch viel näher als der bei den meisten von uns kläglich scheiternde Versuch, Gedankenleere zu erzeugen. Bei dieser gehen wir mit einem Begriff wie `Liebe´, `Glück´, `Freude´, `Leichtigkeit´, `Dankbarkeit´ in die Meditation und bleiben in der Reflexion möglichst konsequent dabei. Wir spielen geistig damit und bringen immer wieder unsere ständig abschweifenden Gedanken sanft aber bestimmt zu diesem Begriff zurück!

Mit `Affragen´ können sie ähnlich spielen.

`Affragen´ und Herz-Intelligenz

`Affragen´ oder generell positiv formulierte prozessorientierte Fragen wirken sich nicht nur positiv auf unsere mentalen Fähigkeiten und generell unsere Hirnphysiologie aus, sondern auch auf die Physiologie unseres Herzkreislauf-Systems und auf das elektromagnetische Feld um unser Herz, unser torusförmiges Herzfeld.

Die freudvolle Beschäftigung mit konstruktiven, aufbauenden und wohltuenden Fragen löst ebensolche Gefühle und Emotionen aus und kann nach und nach sogar auch unsere Überzeugungen umprogrammieren: Wir lernen einfach durch Wiederholung. Dies allerdings nur dann, wenn uns unsere höheren Hirnfunktionen zur Verfügung stehen, weil sie nicht durch stressbedingte Minderdurchblutung ausgeschaltet sind.

Unser Gehirn ist – das wissen wir seit noch nicht allzu langer Zeit – ein extrem plastisches Organ. Damit verstärken wir in der konsequenten, stressfreien Beschäftigung mit beglückenden und aufbauenden Gedanken über eine Vermehrung der Synapsen die entsprechenden Hirnbahnen!

So verändert sich nach und nach auch unser gewohntes Denken in konstruktiver und liebevoller Richtung – sofern unser Homo Sapiens Sapiens Gehirn dabei eingeschaltet ist.

Umgekehrt funktioniert das natürlich genauso, aber dazu brauchen Sie meine Anregungen wohl nicht ☺!

Je mehr Sie sich daher mit all den positiven Assoziationen befassen, die Ihre `Affragen´ in Ihnen in Gang setzen, umso mehr nimmt Ihr Herzfeld die entsprechenden Schwingungen an. Demgemäß ziehen Sie genau jene Erlebnisse, Erfahrungen, Situationen und Menschen in Ihr Leben, die mit diesen konstruktiven Gedanken in Resonanz schwingen! So programmieren Sie nach und nach auf lustvolle Weise Ihr gewohntes Denken um und öffnen sich für ein glücklicheres Leben!

Wenn die `Affragen´, die ich Ihnen hier anbiete, Sie ansprechen, können Sie sich auch mit dem `Affragen Orakel´ verwöhnen, das Ihnen gerne ein treuer Begleiter auf Ihrem Weg in die Persönlichkeitsentwicklung sein wird.

Hier sind also einige `Affragen´ in Bezug auf unsere speziellen Themen. Wie Sie sehen, empfehle ich Ihnen, auch die Antworten als Frage zu formulieren – ich bezeichne diese als `Frantworten´ –, denn sonst hat Ihr Überlebenszentrum wieder Grund, in Panik zu geraten, weil es eine Unwahrheit wittert. Wie gesagt: Fragen dürfen sein.

Behaupten Sie nicht: *„Ich bin gesund!"*, wenn es nicht stimmt, sondern fragen Sie sich lieber:
„Warum fühle ich mich so gesund?".

Sie werden sehen, Ihr angeregtes Gehirn wird Ihnen allerlei Gründe dafür vor Augen führen, weil es einfach den Ehrgeiz hat, Ihnen Antworten auf Ihre Frage zu liefern!

„Vielleicht weil ich meine selektive Wahrnehmung nun auf all das richte, was in meinem Körper gesund ist, was ich bisher jedoch als selbstverständlich angenommen und gar nicht wahrgenommen habe; nun jedoch erkenne ich, wie gesund tatsächlich vieles in mir ist?"

Behaupten Sie nicht: *„Ich bin wertvoll!"*, wenn sich das nicht stimmig anfühlt, sondern fragen Sie sich lieber:
„Warum fühle ich mich so wertvoll?"

Glauben Sie mir, selbst wenn Ihr Selbstwertgefühl eine kleine Politur vertragen könnte, wird Ihr Homo Sapiens Sapiens Gehirn Ihnen auf diese Frage Antworten bieten; über die Sie sich in ihrer ungewohnten Selbstwertschätzung vielleicht wundern!

„Vielleicht weil ich endlich erkannt habe, welch kostbares Geschenk ich für die Welt bin?" – möglicherweise nach einer entsprechenden `EFT´-Klopfsession ☺.

Behaupten Sie nicht:
„Ich bin ein Geschenk für diese Welt!", es sei denn während des Klopfens Ihrer Energiepunkte – da sind auch Behauptungen, hinter denen wir nicht ganz stehen können, erlaubt!

Sondern fragen Sie sich lieber – am besten angesichts Ihres Spiegelbildes, damit Sie sich an Ihrem Lächeln erfreuen können:
„Warum bin ich ein Geschenk für diese Welt?"

Und dann kommen vielleicht `Frantworten´ wie:
„Vielleicht weil ich so einfühlsam bin?"

„Vielleicht weil ich so vielseitig bin?"
„Vielleicht weil ich so aufmerksam und fürsorglich bin?"
„Vielleicht weil ich stets bereit bin, meine Persönlichkeit weiterzuentwickeln?"
„Vielleicht weil ich sehr vieles zu geben habe?"
„Vielleicht weil es Menschen gibt, die mich als Geschenk empfinden? Die können doch nicht alle Unrecht haben!"
„Vielleicht weil ich dabei bin, mein Ur-Trauma zu heilen?"
„Vielleicht weil ich bereit bin, mein Potenzial zu entfalten?"

Lassen Sie Ihrer Phantasie freien Lauf!

Es mag auch ein schönes Spiel zur guten Nacht sein, sich diese Frage vor dem Einschlafen zu stellen und dann mit all diesen aufbauenden Gedanken ins Land der Träume zu schwingen...

Behaupten Sie nicht:
„Ich bin voller Vertrauen!", wenn es nicht stimmt.

Sondern fragen Sie sich lieber – je nach Vorliebe:
„Warum kann ich meinem Leben vertrauen?"
Oder: „Warum kann ich einem gütigen Universum vertrauen?"
Oder: „Warum kann ich mich vertrauensvoll meinem Leben hingeben?"
Oder: „Warum kann ich mich der Führung meiner Seele anvertrauen?"

Und dann achten Sie auf die Gedanken, die da kommen mögen:
„Vielleicht weil ich meinen Zwilling wieder gefunden habe und weiß, dass er auf mich Acht gibt?"
„Vielleicht weil meine beiden Drillinge im Jenseits mich liebevoll begleiten?"
„Vielleicht weil meine Seele mein Göttlicher Anteil ist?"
„Vielleicht weil bei näherem Hinsehen auch mein bisheriges Leben gut war?"
„Vielleicht weil ich an ein gütiges Universum glaube?"

Wenn Sie unzufrieden sind und sich mehr Zufriedenheit in Ihrem Leben wünschen, stellen Sie sich bitte nicht mit der Behauptung:
„Ich bin so zufrieden und werde von Tag zu Tag zufriedener!" vor den Spiegel, denn das ist im Moment nicht wahr und stresst Ihr ehrliches Unterbewusstsein.

Sondern fragen Sie sich lieber:

„Warum kann ich heute zufrieden sein?"

Und warten Sie auf die interessanten Einsichten, die Ihnen in den Sinn kommen, wenn Ihre höheren Hirnzentren aktiv sind!
„Vielleicht weil heute meine Verdauung gut funktioniert hat?"
„Vielleicht weil ich morgens beim Aufwachen bemerkt habe, dass ich sehen kann?"
„Vielleicht weil mir jemand ein Lächeln geschenkt hat?"
„Vielleicht weil ich heute so ein schönes Feedback bekommen habe?"
„Vielleicht weil ich heute all das, was ich mir vorgenommen habe, geschafft habe?"
„Vielleicht weil ich heute freundlich aber bestimmt `nein´ sagen konnte?"
„Vielleicht weil ich bereits etwas von dem in diesem Buch Angebotenen umgesetzt habe?"
„Vielleicht weil ich heute Nacht wunderbar geschlafen habe?"

Sie wissen: es geht hier nicht so sehr um die Antworten selbst als um die Prozesse, die diese Fragen auslösen!

Behaupten Sie nicht: *„Mein Leben ist erfüllt!"*, wenn sich das nicht richtig anfühlt!

Sondern fragen Sie sich lieber:
„Warum ist mein Leben so erfüllt?"

Und erlauben Sie Ihrem Gehirn, `Frantworten´ zu finden wie:
„Vielleicht weil ich es zu schätzen weiß, dass so viele Menschen etwas von mir wollen?"
„Vielleicht weil ich so viele Interessen habe?"
„Vielleicht weil ich so viele Talente habe?"
„Vielleicht weil ich schon mehr als zehn Berufen nachgegangen bin?"
„Vielleicht weil meine Zeit nie reicht? Ist das nicht ein Indiz für Überfülle an zu Erledigendem?"

Ja, Humor ist im Spiel mit `Affragen´ und `Frantworten´ nicht nur erlaubt, sondern hoch willkommen!!!

Behaupten Sie nicht: *„Ich bin reich!"*, wenn das nicht stimmt, weil Sie derzeit vielleicht gerade eine finanzielle Ebbe erleben!

Sondern fragen Sie sich lieber:
„Warum fühle ich mich reich?"

Und erlauben Sie sich Gedanken wie:
"Vielleicht weil ich gerade lerne, mich wertvoll zu fühlen?"
"Vielleicht weil meine Geldblockaden sich langsam zu lösen beginnen?"
"Vielleicht weil ich neuerdings all die Zeichen für meinen Reichtum erkenne und bewusst wahrnehme?"
"Vielleicht weil mein Leben reich an Erfahrungen ist?"
"Vielleicht weil andere sich durch mich bereichert fühlen?"
"Vielleicht weil ich meinen Zwilling wieder gefunden habe, der mein Leben bereichert?"
"Vielleicht weil ich so eine reiche Phantasie habe?"
"Vielleicht weil ich auf einem guten Weg bin, mein mangelndes Selbstwertgefühl zu heilen?"
"Vielleicht weil ich wie eine Kerze bin, die an zwei Enden brennt?"

Behaupten Sie nicht: *"Ich bin liebenswert!"*, wenn Sie sich nicht so fühlen!

Sondern fragen Sie sich lieber:
"Warum fühle ich mich liebenswert?"

Und dann horchen Sie tief in sich hinein…
"Vielleicht weil es Menschen gibt, die mir Liebe schenken?"
"Vielleicht weil mein Zwilling im Jenseits mich liebt?"
"Vielleicht weil mein inneres Kind ein wunderbares Wesen ist?"

Ich hoffe, diese Beispiele inspirieren Sie zu Ihren eigenen `Affragen´ und wünsche Ihnen damit viel Freude und Erfolg!

`Emotional Freedom Technique´ – `EFT´

`EFT´ – auch als `Klopfakupressur´ bezeichnet – ist aus meiner Erfahrung ein großartiges Spiel zur umfassenden Selbstbefreiung; das daher auch in keinem meiner Bücher und Seminare fehlen darf. Und das auch Ihnen in vielen Belangen helfen wird, wenn es gilt, sich aus Ihrer Selbstsabotage zu befreien.

Diese Technik aus der `energetischen Psychologie´ hilft uns sehr wirksam und nachhaltig, emotionale Blockaden zu lösen. Diese seien, so wird angenommen, die Ursache für jegliche Selbsteinschränkung – ein eminent wichtiges Thema bei uns Alleingeborenen!

Als ich vor etwa fünfzehn Jahren erstmals damit konfrontiert wurde, war ich auf Anhieb fasziniert von der raschen und leicht zu erreichenden Wirksamkeit. In einer Sendung des von mir sehr geschätzten Jürgen Fliege wurde eine Frau mit extremer Höhenangst nach zwanzig Minuten Behandlung mit der Klopftechnik lachend in eine Höhe gehievt, die sie zuvor in absolute Panik versetzt hätte.

Ich war fassungslos! Aus meiner Zeit als Ärztin wusste ich um die Hartnäckigkeit von Phobien. So besorgte ich mir alle damals zur Verfügung stehenden Bücher und genoss entsprechende Ausbildungen; seither liebe ich diese Technik und spiele sowohl in der Eigenanwendung als auch in meinen Beratungen regelmäßig damit. Da mich die Akupunktur seit dem letzten Semester meines Studiums begleitet hat, erschienen mir die Erklärungsansätze für die Wirksamkeit des Klopfens von Energiepunkten auf Anhieb plausibel!

Die von Gary Craig entwickelte `EFT´ wird in der professionellen Therapie ebenso eingesetzt wie in der Selbsthilfe. Dabei kombinieren wir das Klopfen einer speziellen Sequenz von Akupunkturpunkten mit gesprochenen Worten und teilweise auch der Visualisierung; um einerseits begrenzende Überzeugungen ebenso zu beseitigen wie unerwünschte Gewohnheiten und Verhaltensmuster; andererseits können wir uns damit auf die Verwirklichung unserer Wünsche, Ziele und Visionen einstimmen und Blockaden lösen, die uns dabei im Weg stehen.

Neuere Forschungen zeigen, dass wir durch die Stimulation bestimmter energetischer Punkte die Hirnaktivität vor allem in den Stresszentren verändern können. Wir deaktivieren Gehirnareale, die an der Angstempfindung beteiligt sind, bewirken die Ausschüttung des Glückshormons Serotonin und unterbrechen so die destruktiven biologische Kettenreaktionen in gestörten emotionalen Reaktionen.

Wenn Sie tiefer in diese Materie einsteigen wollen, empfehle ich Ihnen das Buch „Klopf die Sorgen weg", in dem Gary Craig gemeinsam mit David Feinstein und Donna Eden ausführlich die Technik selbst, aktuelle Forschungsergebnisse sowie viele Erfahrungsberichte präsentiert! Es gibt natürlich auch andere Bücher zur Aktivierung bestimmter Akupunkturpunkte mittels leichtem Klopfen, in die ich auch hinein geschnuppert habe, aber mir persönlich liegen sowohl Gary Craig als Person als auch seine `EFT´ am meisten; daher darf ich sie Ihnen hier ans Herz legen. Von ihm finden sie übrigens auch einige Videos mit sehr guten Erklärungen, sowie mitreißende Seminarmitschnitte im Netz!

Ehe ich Ihnen einige Texte anbiete, mit denen Sie spielen können, wenn diese Sie ansprechen (oder Sie gestalten sich Ihre eigenen), möchte ich Ihnen zuerst in Kurzform die Technik erklären.

Die Punkte, die wir nach Gary Craigs Empfehlung klopfen, sind folgende: die beiden <u>Augenbrauenpunkte</u> jeweils am mittleren Ende der Augenbraue, die <u>seitlichen Augenpunkte</u> jeweils neben den äußeren Augenwinkeln auf dem Knochenrand, die <u>unteren Augenpunkte</u> jeweils unterhalb der Pupille auf dem Jochbein, der Punkt <u>unter der Nase</u> in der Mitte zwischen Nase und Oberlippe, der Punkt <u>unter dem Mund</u> in der Mitte zwischen Kinn und Unterlippe, die Punkte <u>Niere 27</u> in den beiden Grübchen unterhalb der mittleren Enden der Schlüsselbeine, die Punkte <u>unter den Armen</u> in Höhe der männlichen Brustwarze oder des BH, die <u>Karatepunkte</u> in der Mitte der beiden Handkanten und die Punkte um den <u>Scheitel</u>.

Am besten ist es, Sie sehen sich Abbildungen zu den Punkten an, die Sie im Netz finden! Noch besser wäre es, wenn Sie sich von Gary Craig in seinen Videos anleiten lassen!

Viele meinen, es reiche, bei paarig angelegten Punkten einen der beiden zu klopfen. Mein für Alleingeborene typischer Wunsch nach Symmetrie lässt dies nicht zu; daher klopfe ich immer beide gleichzeitig. Wie Sie das halten, ist natürlich Ihre Entscheidung.

Ich persönlich klopfe die Punkte zart mit den zusammen gelegten Fingerspitzen von Zeige- und Mittelfinger. Für die beiden Schlüsselbeinpunkte und die Scheitelpunkte nehme ich jeweils alle 5 zusammen gelegten Fingerspitzen, sodass ich mit Sicherheit die richtigen

Punkte stimuliere. Die Punkte unter den Armen klopfe ich mit den ganzen Handflächen. Für die Aktivierung der Karatepunkte schlage ich die beiden Handkanten leicht zusammen. Jene, die kein Problem mit dem einseitigen Klopfen haben, können diese mit zusammen gelegten Fingerspitzen der anderen Hand klopfen.

Klopfen Sie bitte generell nicht allzu fest – vor allem die Punkte um den Scheitel! Sonst brummt Ihnen nach einer intensiven `EFT`-Sitzung der Schädel – das weiß ich aus Erfahrung, weil ich anfangs vor lauter Begeisterung für dieses Spiel allzu intensiv geklopft habe!

Ehe Sie beginnen, sollten Sie den Stress, den Sie mit dem jeweiligen Thema haben, auf einer Skala von 1 bis 10 einordnen. Ich sage ehrlich, dass mir das nicht besonders liegt – ich es daher allzu leicht `vergesse`. Diese Einordnung ist jedoch tatsächlich sehr motivierend, weil wir damit sehr rasch schon einen positiven Effekt erkennen können! Daher würde ich Ihnen gerade zu Beginn Ihrer Anwendung von `EFT` wirklich empfehlen, die Skala zu nützen, damit Sie gleich nach der Klopfsequenz überprüfen können, was sich geändert hat.

Prinzip dieser Technik ist, dass wir uns so wie wir jetzt sind, annehmen: daher lautet der erste Satz, den wir mit dem Klopfen der Karatepunkte verbinden und dreimal wiederholen:
„*Obwohl ich ... , liebe und akzeptiere ich mich aus tiefstem Herzen!*"

Dabei stehen die drei Punkte für das, was wir nicht mehr wollen, was uns stört, ängstigt, ärgert oder anders stresst. Wir beschreiben das Unerwünschte also genau so, wie wir es erleben und sprechen diesen Einführungssatz laut, deutlich, mit Emotion und Nachdruck! Dabei geht es darum, das Negative anzuerkennen und uns selbst anzunehmen, ja zu lieben, obwohl wir dieses Problem haben!

Dies bringt uns psychisch und energetisch in jene Empfänglichkeit, die Veränderung erlaubt; obwohl sich vermutlich die für die destruktiven Glaubenssätze oder Verhaltensmuster verantwortlichen Teile in uns mit aller Kraft dagegen wehren und unsere Bemühungen hintertreiben werden.

Dann folgt die Klopfsequenz, die einen optimalen Energiefluss entlang der Energiebahnen des Körpers wieder herstellen soll. Da unsere Meridiane untereinander verbunden sind, reicht das Stimulieren einer bestimmten Auswahl an Punkten.

Während wir jeweils einen Punkt oder ein Punktepaar klopfen, sprechen wir laut und deutlich den Erinnerungssatz, also die Kurzfassung unserer ursprünglichen Sentenz. Mit diesem Satz klopfen wir einmal die ganzen Punkte durch, ehe wir überprüfen, ob sich auf der Skala etwas geändert hat.

Eine andere Möglichkeit ist, verschiedene Aspekte unseres Themas mit der Klopfsequenz zu verbinden – in meinen Texten sehen Sie das anhand einiger Beispiele!

Klopfen Sie die Sequenz so lange durch, bis Sie den ganzen Text gesprochen haben. Oder halten Sie zwischendurch inne, um Ihren Wert zu überprüfen. Im Klopfen von komplexeren Sequenzen können Sie während des Klopfens im ersten Teil durchaus auch alle negativen Aspekte ansprechen, gegen Ende sollten Sie jedoch vor allem die verschiedenen Aspekte Ihrer Wunschrealität formulieren!

Der Einstimmungssatz beginnt natürlich nur dann mit „Obwohl ich...", wenn wir eine Blockade lösen wollen. Geht es darum, ein Ziel zu erreichen, einen Wunsch zu erfüllen oder eine Vision zu verwirklichen, reicht natürlich die positive Formulierung – die Versicherung der Selbstliebe würde ich Ihnen jedoch immer empfehlen!

Die Sätze bis zu den drei Sternen klopfen Sie am Karatepunkt; dann geht es weiter mit der ganzen Sequenz (vom Augenbrauenpunkt bis zum Scheitel), wobei Sie die Punkte jeweils mit einer Zeile verbinden können.

Hier nun einige Anregungen – gestalten Sie mit deren Hilfe bitte Ihren ganz persönlichen Text:

Halbzwilling
Obwohl ich meinen Zwilling verloren habe,
liebe und akzeptiere ich mich aus ganzem Herzen.
Obwohl ich allein geboren wurde,
liebe, achte und ehre ich mich aus tiefstem Herzen.
Obwohl ich mich grundlos schuldig fühle,
liebe und akzeptiere ich mich voll und ganz!
***
Ich habe meinen Zwilling verloren,
und ich habe das Gefühl,

*es lag an mir,
dass mein Zwilling gestorben ist;
deshalb fühle ich mich schuldig.
Ich war mein Leben lang auf der Suche,
obwohl ich gar nicht wusste, was ich suche.
Ich habe mein ganzes Leben gewartet
und wusste nicht, worauf!
War es mein verlorener Zwilling,
den ich gesucht und auf den ich gewartet habe?
Warum hat mein Zwilling mich verlassen?
Warum hat er mich allein zurückgelassen?
Bin ich nicht liebenswert?
Lag es an mir?
Was habe ich falsch gemacht?
Aber wer weiß,
vielleicht lag es gar nicht an mir?
Vielleicht war es gar nicht meine Schuld,
dass meine zweite Hälfte gestorben ist?
Vielleicht waren meine Schuldgefühle grundlos?
Vielleicht war es in unserem Seelen-Plan vorgesehen,
dass mein Zwilling mir vorausgegangen ist,
aber dennoch immer bei mir war?
Vielleicht hat mein Zwilling mich gar nicht verlassen?
Vielleicht hat er mich mein ganzes Leben begleitet,
ohne dass mir dies bewusst war?
Vielleicht ist mein Zwilling wirklich für mich da?
Vielleicht wollte mein Zwilling mir immer schon helfen?
Vielleicht hat er mir öfter geholfen, als mir bewusst ist?
Vielleicht hat er mich in meiner Einsamkeit unterstützt,
ohne dass ich das gespürt habe?
Vielleicht wünscht sich mein Zwilling,
dass ich jetzt den Kontakt mit ihm aufnehme?
Vielleicht hat er sich das immer schon gewünscht,
aber ich habe ihn bisher nicht wahrgenommen?
Kann ich meinen Zwilling wahrnehmen,
wenn ich mich für diesen Eindruck öffne?
Kann ich seine Gegenwart spüren,
wenn ich empfänglich werde für seine Energie?
Vielleicht ist es in unserem Seelen-Plan,
dass wir einander heute endlich wieder finden?
Vielleicht ruft mein Zwilling mich schon seit langem?*

> *Vielleicht kann ich mich nun für die Tatsache öffnen,*
> *dass ich ein allein geborener Halbzwilling bin*
> *und vieles in meinem Leben darauf zurückzuführen ist?*
> *Vielleicht macht mich dies empfänglich*
> *für die Liebe meines Zwillings?*
> *Vielleicht hilft mir diese neue Klarheit,*
> *die Liebe meines Zwillings zu fühlen?*
> *Und vielleicht hilft mir mein Zwilling jetzt,*
> *die alte Wunde zu heilen,*
> *die durch den Verlust meines Geliebtesten entstanden ist?*
> *Vielleicht brauche ich nur mein Herz zu öffnen,*
> *um meinen Zwilling wahrzunehmen,*
> *um seine Liebe zu empfangen*
> *und ihm meine Liebe zu schenken?*
> *Ich öffne mein Herz und meine Arme weit*
> *und heiße meinen Zwilling willkommen!*
> *Ich schenke meinem Zwilling all meine Liebe*
> *und liebe und akzeptiere auch mich aus tiefstem Herzen!*

Wenn Sie sich als Dritteldrilling identifiziert haben, passen Sie den Text bitte entsprechend an. Das gilt natürlich generell für alle Texte, in denen der Begriff Halbzwilling vorkommt!

Ein ganz wichtiges Thema sind, wie bereits mehrmals angesprochen, unsere Schuldgefühle! Auch für diese biete ich Ihnen hier einen Text zur Inspiration – gestalten Sie daraus Ihre ganz persönliche Variante!

> *Schuldgefühle*
> *Obwohl ich mich mit meinen Schuldgefühlen quäle,*
> *liebe und akzeptiere ich mich aus ganzem Herzen.*
> *Obwohl ich ständig Schuldgefühle habe,*
> *liebe, achte und ehre ich mich aus tiefstem Herzen.*
> *Obwohl ich sehr unter meinen Schuldgefühlen leide,*
> *liebe und akzeptiere ich mich voll und ganz.*
>
> ***
>
> *Meine Schuldgefühle,*
> *verfolgen mich, seit ich mich erinnern kann.*
> *Meine quälenden Schuldgefühle sind immer da!*

Immer fühle ich mich schuldig;
ich bin an allem schuld!
Wenn irgendwo etwas passiert,
fühle ich mich schuldig.
Meine hartnäckigen Schuldgefühle,
lassen mich nicht in Ruhe,
verfolgen mich Tag und Nacht,
und ich halte das nicht mehr aus!
Warum bestrafe ich mich mit meinen Schuldgefühlen?
Was habe ich getan?
Was habe ich verbrochen,
das ich mir nicht verzeihen kann?
Meine Schuldgefühle sind immer da,
ich leide unter meinen Schuldgefühlen!
Aber das reicht mir jetzt!
Ich erkenne ganz klar,
dass ich nicht schuld bin am Tod meines Zwillings!
Ich erlaube mir, mich zu entspannen
und mir zu vergeben,
dass ich mich ein Leben lang gequält habe!
Ich bin nicht mehr Sklave meiner Schuldgefühle!
Ich höre auf, mich schuldig zu fühlen,
und das fühlt sich sehr gut an!
Nie mehr Schuldgefühle – was für eine Erleichterung!
Und ich liebe und akzeptiere ich mich aus tiefstem Herzen!

Ein weiteres wichtiges Thema sind auch unser Perfektionismus und unsere extrem hohen Erwartungen an uns selbst – auch dazu meine Anregung:

<u>Hart und schwer...</u>
Obwohl ich glaube, dass ich mir alles hart erarbeiten muss,
liebe und akzeptiere ich mich aus ganzem Herzen.
Obwohl ich glaube, dass ich mich erst als wert erweisen muss,
erlaube ich mir, mich aus tiefstem Herzen zu lieben.
Obwohl ich es nicht wert bin, ein leichtes Leben zu haben,
liebe, achte und ehre ich mich voll und ganz!
***
Ich muss so hart arbeiten,

muss so viel leisten,
muss immer mehr als andere leisten,
um lebenswert zu sein.
All die harte Arbeit, die doch nichts bringt!
Ich arbeite ohnehin schon so viel,
leiste immer das doppelte von anderen,
mehr geht einfach nicht mehr!
Aber ich will nicht mehr so hart arbeiten müssen!
Ich möchte nicht mehr kämpfen müssen!
Auch wenn ich das Gefühl habe, dass das notwendig ist,
um mich als wert zu erweisen!
Ich will das jetzt nicht mehr!
Ich möchte, dass es leicht geht!
Ich wünsche mir endlich Leichtigkeit in meinem Leben!
Aber ist das möglich?
Es gibt Menschen, die sich leichter tun in ihrem Leben,
aber geht das auch bei mir?
Darf ich es leicht haben in meinem Leben?
Wie wäre es, wenn das auch für mich möglich wäre?
Vielleicht muss ich nur meine Überzeugung ändern,
dass es schwer gehen, lang dauern und hart sein muss?
Kann ich mich der Überzeugung öffnen,
dass auch ich ein Leben in Leichtigkeit verdient habe?
Ja, ich erlaube mir mehr Leichtigkeit in meinem Leben!
Ich arbeite gern und erbringe gern meine Leistung,
aber ich muss nicht immer das Doppelte von anderen leisten!
Ich darf mich entspannen,
ja, ich habe mehr Leichtigkeit verdient,
und ich liebe und akzeptiere mich aus ganzem Herzen!

Wie Sie sehen, beginnen wir bei der Blockadenlösung mit einigen Negativsätzen, fokussieren uns dann aber mehr und mehr auf die positive Version! Und je intensiver Sie sich in diese einfühlen, umso wirksamer werden auch die begleitenden Worte und die Aktivierung der Energiepunkte sein! Fühlen Sie all das Positive wie zum Beispiel:

<u>Meine wahre Größe</u>
Ich erlaube mir, bereit zu sein für Erfolg,
und ich liebe und akzeptiere mich aus ganzem Herzen!

> *Ich erlaube mir, bereit zu sein für Größe,*
> *und ich liebe, achte und ehre mich aus ganzem Herzen!*
> *Ich erlaube mir, bereit zu sein für Reichtum und Fülle,*
> *und ich liebe und wertschätze mich!*
>
> ***
>
> *Ich erlaube mir Erfolg, Fülle und Wohlstand auf allen Ebenen,*
> *ich erlaube mir erfüllte Beziehungen,*
> *ich erlaube mir Gesundheit,*
> *ich erlaube mir, mich selbst zu lieben,*
> *ich bin bereit, meine wahre Größe einzunehmen,*
> *und mein Potenzial frei zu entfalten!*
> *Bisher habe ich all dem Widerstand geleistet,*
> *es hat sich wohl nicht sicher angefühlt,*
> *all das zu sein und zu haben.*
> *Wenn es darum ging, ein Ziel zu wählen,*
> *und zu entscheiden, wer ich bin,*
> *hatte ich die Tendenz, mich zurückzuhalten und klein zu machen.*
> *Ich habe mich immer kleiner gemacht, als ich in Wahrheit bin.*
> *Ich wollte so sein, dass ich stets die Erwartungen anderer erfülle,*
> *um andere ja nicht zu enttäuschen.*
> *Aber das ist nicht mein Weg!*
> *Nicht der Weg eines hell strahlenden göttlichen Wesens!*
> *Ich verabschiede jetzt all die Ängste und Zweifel,*
> *die es mir nicht erlaubt haben, meine wahre Größe zu leben!*
> *Und ich vergebe mir und allen anderen,*
> *die mir meinen Erfolg vermiest oder nicht gegönnt haben!*
> *Vergebe allen, die meine wahre Größe nicht sehen wollten,*
> *einschließlich mir selbst!*
> *Ich lösche jetzt alle Gründe aus meinem System,*
> *die mich an meiner wahren Größe zweifeln ließen!*
> *Vergebe mir, dass ich mich bisher zurückgenommen habe,*
> *anstatt mein wahres Potenzial zu entfalten!*
> *Ich bin ein großartiges Geschöpf des Universums.*
> *Entfaltung in Fülle ist meine wahre Natur.*
> *Erfolg ist mein wahres Wesen!*
> *Ich liebe mich bedingungslos,*
> *ich achte, ehre und bewundere mich aus tiefstem Herzen!*

An dieser Stelle möchte ich noch einmal betonen, dass ich die als Behauptung formulierten Bestätigungen im Spiel mit `EFT´ ausnahmsweise als wertvoll und hilfreich empfinde, weil wir sie hier mit einer energetischen Aktivierung verbinden! Ansonsten ziehe ich die

Frageform der klassischen Affirmation vor, wie ich Ihnen im Kapitel über die `Affragen´ ausführlich erklärt habe!

Eminent wichtig scheint mir auch – wie ich bereits mehrmals betont habe! – unsere Selbstliebe! Auch da empfehle ich Ihnen, Ihren ganz persönlichen Text zu gestalten!

<u>Selbstliebe</u>
Obwohl ich mich noch nicht so lieben kann, wie ich es verdiene,
liebe und akzeptiere ich mich aus tiefstem Herzen!
Obwohl meine Selbstliebe immer noch zu wünschen übrig lässt,
vielleicht weil ich meinen Zwilling verloren habe
und mich deshalb schuldig fühle,
liebe, achte und ehre ich mich und vergebe mir!
Obwohl meine Selbstliebe durchaus einer Auffrischung bedarf,
liebe und wertschätze ich mich und mein inneres Kind!

***

Ich habe die Absicht, mich zu lieben und zu achten,
ich erlaube mir, mich wert zu schätzen und zu ehren,
ich entscheide, mich so anzunehmen, wie ich bin,
ich erkenne, dass ich es wert bin, aus tiefstem Herzen
geliebt, anerkannt, geachtet und wertgeschätzt zu werden
und ich vergebe mir, dass ich mich bisher zu wenig geliebt habe.
Ich bin bereit, alles an mir zu lieben und zu achten.
Ich akzeptiere meine Gedanken,
auch wenn sie nicht immer konstruktiv und lebensbejahend sind.
Ich akzeptiere meine Gefühle,
auch wenn darin oft Angst, Ärger oder Scham mitschwingen.
Ich akzeptiere meinen Körper,
auch wenn mir nicht alles an ihm gefällt,
und obwohl er sich zuweilen mit Krankheit zu Wort meldet.
Vielleicht gibt es einige Gründe,
warum ich glaube, nicht liebenswert zu sein,
aber ich entscheide mich, diese jetzt aufzulösen!
Vielleicht glaube ich, dass es falsch ist, mich selbst zu lieben,
weil das arrogant, überheblich oder narzisstisch wirkt.
Aber mich selbst zu lieben, heißt nicht, dass ich besser bin!
Ich kann andere umso mehr lieben und wertschätzen,
je mehr ich mich selbst liebe und wertschätze!
Also entscheide ich, mich wirklich zu lieben und wertzuschätzen.

> *Ich löse all das auf, was mich an meiner Selbstliebe hindert,*
> *lösche es aus meinem Zellgedächtnis,*
> *und gehe dabei zurück bis in meine früheste Kindheit,*
> *als die Überzeugung entstand, ich wäre nicht liebenswert.*
> *Und ich liebe, achte und ehre mich aus tiefstem Herzen!*

Am Ende dieses Kapitels verrate ich Ihnen hier noch meinen absoluten Favoriten ☺!

Den folgenden Text würde ich all jenen ans Herz legen, die ihr Licht immer unter den Scheffel stellen, die immer andere vorlassen, die sich viel zu wenig wichtig nehmen und nicht erkennen, was für ein wertvolles Geschenk sie für die Welt sind!

Fügen Sie bitte all Ihre individuellen Charaktermerkmale ein, sodass Ihr Text sehr persönlich und auf Sie zugeschnitten wird! Sehen Sie diese Umformulierung bereits als Zeichen Ihrer Wertschätzung für sich selbst und Ihr wunderbares Wesen! Und dann gönnen Sie sich Ihre Sequenz immer wieder – sie wird Ihnen garantiert wohl tun!

Sie bietet sich übrigens auch als wunderschöner Start in den Tag an oder als ein Ihre Träume versüßendes allabendliches Ritual zur guten Nacht!

> *Ich bin ein Geschenk für diese Welt*
> *Ich bin ein Geschenk für diese Welt!*
> *Ich bin ein Geschenk für meine Familie.*
> *Ich bin ein Geschenk für meine Freunde und Freundinnen.*
> *Ich bin ein Geschenk für meine Kolleginnen und Kollegen.*
> *Ich bin ein Geschenk für meine Kunden und Klienten.*
> *Ich bin ein Geschenk für meine Stadt.*
> *Ich bin ein Geschenk für mein Land.*
> *Ich bin ein Geschenk für diese Welt!*
> *Ich bin ein ganz besonderes Geschenk!*
> *Ich bin ein einzigartiges Geschenk!*
> *Ich bin ein kostbares Geschenk für diese Welt!*
> *Als ich auf die Welt gekommen bin, hat Gott gelächelt!*
> *Ich bin ein Geschenk für mich,*
> *ich bin ein Geschenk für mein inneres Kind,*

und mein inneres Kind ist ein Geschenk für mich.
Wir beide sind ein Geschenk für die Welt
Ich bin ein Geschenk für meinen verlorenen Zwilling,
und mein Zwilling ist ein Geschenk für mich!
Wir beide sind ein Geschenk für die Welt
Ich bin ein Geschenk für diese Welt,
ein kostbares Geschenk!
Ich bin liebevoll!
Ich bin aufmerksam!
Ich bin humorvoll!
Ich bin intuitiv!
Ich bin kreativ!
Ich bin herzlich!
Ich bin einfühlsam!
Ich bin fürsorglich!
Ich bin geistig offen!
Ich bin wertvoll!
Ich bin ... !
Und ich bin stets bereit, mich weiter zu entwickeln
und meinen Horizont zu erweitern!!
Ich bin ein Geschenk für diese Welt,
und ich liebe und akzeptiere mich aus tiefstem Herzen!

Ist es mir gelungen, Sie vom großen Wert dieser Technik zu überzeugen und den Funken meiner Begeisterung auf Sie überspringen zu lassen? `EFT´ ist aus meinem Leben nicht mehr wegzudenken, und alleine beim Schreiben und mehrmaligen Lektorieren dieses Kapitels hat mein Herz voller Freude gelacht!

Spiel mit der Quantenwelle – 2-Punkte-Methode

Last but not least möchte ich Ihnen auch in diesem Buch das Spiel mit der Quantenwelle ans Herz legen. Da ich bisher – unter dem Titel „Quanten-Bewusstheit" – vier Bücher zu diesem Thema geschrieben habe, in denen Sie ausführliche Erklärungen zu diesem Spiel nachlesen können, werde ich es hier nur kurz zusammenfassen. Vielleicht gelingt es mir ja, Ihr Interesse zu wecken. Dann suchen Sie sich bitte anhand der vier Untertitel jenes Thema aus, das Sie am meisten anspricht! Sie finden aber auch im Internet allerlei Videos dazu.

Für mich ist die 2-Punkte-Methode ein in seiner Wirksamkeit und Effizienz faszinierender Weg, Blockaden auf allen Ebenen und in allen Lebensbereichen zu lösen, Ressourcen zu mobilisieren und in Seelenresonanz zu finden. Damit öffnen wir uns für jene Lösungen und Veränderungen, die sich unsere Seele im Hier und Jetzt für und von uns wünscht.

Im Grunde ist diese Technik uralt und wohl auf der ganzen Welt verbreitet. Die Kahunas auf Hawaii nennen sie `Kahi´ – was so viel heißt wie `magische Berührung´, aber auch Aborigines in Australien und Schamanen in Zentralasien wenden sie an.

Ende des letzten Jahrtausends fiel Richard Bartlett auf, dass er seine Patienten sowohl körperlich (etwa im Bereich der Wirbelsäule) als auch mental und emotional (Süchte, Traumata...) wieder in Balance bringen konnte, indem er sie an zwei intuitiv gefundenen Stellen ihres Körpers berührte und dies mit einer bestimmten Absicht verband. Parallel dazu hat Frank Kinslow seine Quantenheilung entwickelt, die im Prinzip ähnlich vorgeht. Ein klassisches Beispiel für ein morphogenetisches Feld, zu dem diese beiden Kollegen wohl in derselben Zeitqualität Zugang fanden; denn sie wussten zu jener Zeit noch nichts von einander.

Die Fähigkeit, diese energetisch sensiblen Punkte, die jeweils mit einem bestimmten Thema und seiner Lösung korrespondieren, zu finden, hat wohl jeder. Im Grunde bestimmen wir selbst, welche Punkte sich im Augenblick stimmig anfühlen; und wenn wir diese Entscheidung treffen, dann sind die entsprechenden Punkt auch genau die Richtigen.

Den ersten – den Referenzpunkt – finden wir meist am Körper, den zweiten – den Lösungspunkt – an einer anderen Stelle des Körpers oder im Energiefeld.

Wenn wir unseren Fokus gleichzeitig auf zwei Punkten halten – sie also gedanklich verbinden –, schaltet sich automatisch unsere rechte Gehirnhälfte ein, weil nur diese zu simultaner Aufmerksamkeit fähig ist (in der Computersprache arbeitet sie wie ein Parallelprozessor); während unsere linke Gehirnhälfte sich immer nur auf einen Punkt oder eine Sache konzentrieren kann.

Am besten finden wir Zugang zu unserer Matrix, wenn wir spielerisch und neugierig agieren, wie wir das als Kind noch konnten. Unsere Matrix ist das persönliche morphogenetische Feld, das uns umgibt und durchdringt. In ihr ist wie in einer Art Blaupause unser gesamtes Potenzial aufgezeichnet: neben Informationen über den physischen Körper ist darin auch unsere Vergangenheit ebenso gespeichert wie alle möglichen Zukünfte.

Darüber hinaus enthält sie all das, was möglich gewesen wäre – also verschiedene andere Ausgänge früherer Erfahrungen. Über das Auslösen der Quantenwelle finden wir Zugang zu diesem Potenzial und erlauben einer neuen Realität, sich zu manifestieren.

Die Absicht, die wir im Spiel mit der Welle setzen, kann der ideale Ausgang einer problematischen Situation, ein zu erreichendes Ziel oder ein zu erfüllender Wunsch ebenso sein wie die Heilung einer Krankheit oder die Umpolung destruktiver Überzeugungen.

Wir können aber auch einfach ganz allgemein die Absicht `zum Wohle aller´ oder `das beste mögliche Resultat´ setzen. Das ist oft sinnvoller als eine bestimmte Absicht, weil wir damit Lösungen zulassen, die oft weit über das Erwartete hinausgehen.

Spürbar wird der durch die 2-Punkte-Methode ausgelöste Informationsfluss zwischen uns und unserer Matrix als Quantenwelle, die sich sehr unterschiedlich anfühlen kann: subtil wie das feine Kräuseln der Wasseroberfläche bei einer sanften Brise, spiralig durch uns hindurch fließend oder über uns hinweg rauschend; einige wirken buchstäblich umwerfend und bringen uns aus dem Stehen ins Sitzen oder Liegen, wenn wir uns diesem Impuls hingeben. Manche Wellen bauen sich langsam auf und zeigen fast so etwas wie einen Sinusrhythmus; andere lassen uns hin und her schwingen wie ein Metronom oder auch in Achterschleifen; es gibt körperlich kaum wahrnehmbare

Wellen, die nur in der vibrierenden Bewegung einer Haarlocke zu erkennen sind. Bei manchen Anwendungen wird uns kühl, so als würde ein Wind uns durchwehen; andere wiederum heizen uns ordentlich ein; oft durchfährt es uns wie ein Schauer oder ein Prickeln wie Champagner, der durch unsere Blutgefässe fließt. Manche Wellen machen uns schwer, andere schenken uns ein herrlich freies Gefühl von schwebender Leichtigkeit; es gibt solche, die uns das Gefühl vermittelt, außer uns zu sein, so als wären wir gar nicht mehr in unserem Körper; andere bringen uns zum Lachen – und das Lachen will gar nicht mehr aufhören... fast so, als hätte sich ein über Jahre hinweg eingesperrtes Lachen nun endlich befreit; aber auch Tränen dürfen fließen – lösend und befreiend...

Das regelmäßige Spiel mit der Quantenwelle schenkt uns wohltuende Leichtigkeit! Blockaden lösen sich scheinbar wie nebenbei und neue Klarheiten kehren in unser Leben ein. Was vor allem für Alleingeborene, die bisher immer dachten, alles müsse lange dauern und schwer gehen, anfangs gar nicht so leicht anzunehmen sein mag.

Erste Voraussetzung, um erfolgreich mit der Quantenwelle zu spielen, ist natürlich, den Alltag möglichst draußen zu lassen und Störungen weitgehend auszuschalten. Je entspannter wir dabei sind, umso besser ist es natürlich!

Dann gilt es, in den geistigen Zustand zu finden, den ich als Quanten-Bewusstheit bezeichne. Dazu gibt es verschiedene Wege:

* über die `Einschaltung´ Ihres Homo Sapiens Sapiens Gehirns (über die bewusste Wahrnehmung von Licht),

* dank der gezielten Integration Ihrer beider Gehirnhälften (in der Wechselatmung aus der Yoga-Tradition),

* in der Beobachterposition im `Abheben und darüber Stehen´ (das ich im entsprechenden Kapitel beschrieben habe),

* über die Vereinigung mit Ihrem höheren Selbst (symbolisiert durch eine goldene Lichtkugel über Ihrem Kopf, mit der Sie sich in Ihrer Vorstellung verbinden),

* über die bewusste Verlangsamung Ihrer Atmung,

* über die liebevolle Herzöffnung.

Gezielte Integration beider Gehirnhälften in der Wechselatmung:

Diese Atemübung aus der Yoga-Tradition ist generell wertvoll für Alleingeborene, weil sie wohltuend Stress löst! Daher erkläre ich sie Ihnen hier auch ausführlich – mit der Empfehlung, sie möglichst zum täglichen Ritual zu machen!

Unser Atemstrom wechselt normalerweise (oder besser gesagt: idealerweise) etwa alle zwei Stunden von einem Nasenloch zum anderen. Dieser Atemzyklus korreliert mit dem Wechsel der Dominanz der Hemisphären im Gehirn:

Atmen wir vorwiegend durch das rechte Nasenloch, zeigt dies Dominanz der linken Gehirnhälfte an, die mit Phasen nach außen gewandter Aufmerksamkeit, sowie mit verstärkter Aktivität und Wachheit einhergeht. Atmen wir vor allem durch das linke Nasenloch, dominiert die rechte Gehirnhälfte, und dies entspricht eher in sich gekehrten, ruhigen und besinnlichen Phasen.

Unter Stress geht dieser ausgleichende Wechsel des Atemstroms verloren, und damit fehlt die Integration von linker und rechter Gehirnhälfte. Nun ist meist nur mehr die dominante linke Gehirnhälfte aktiv und die subdominante rechte ist ausgeschaltet – somit stehen uns deren Funktionen und Fähigkeiten nicht mehr zur Verfügung. Aber gerade die Aktivität der rechten Gehirnhälfte ist für unsere Quanten-Bewusstheit wesentlich.

Abgesehen davon balanciert die <u>Wechselatmung</u> Gehirn und Körper, was uns einerseits hilft, uns leichter zu entspannen; uns andererseits klareres, kreativeres Denken erlaubt. Darüber hinaus wirkt diese wohltuende Atmung durch ihre ausgleichende Wirkung auf wichtige Drüsen im Bereich des Gehirns auch Abwehr stärkend! Sie ist also nicht nur ein höchst wirksames Vehikel auf dem Weg in die Quanten-Bewusstheit, sondern sie wirkt generell förderlich für unsere Gesundheit!

Halten Sie Ihr rechtes Nasenloch zu und atmen Sie durch das linke ein, dann halten Sie Ihr linkes Nasenloch zu und atmen durch das rechte aus; nun bleiben Sie beim rechten Nasenloch und atmen wieder durch dieses ein, um dann neuerlich dieses zuzuhalten und durch das linke auszuatmen...

Das heißt: der Wechsel der Nasenlöcher erfolgt jeweils zwischen der Ein- und der Ausatmung; Aus- und Einatmung erfolgen dann hingegen jeweils durch dasselbe Nasenloch!

Verlangsamung der Atmung

Ein schöner Weg, über den es Ihnen auch mitten im Alltag ganz gut gelingen kann, in die Quanten-Bewusstheit einzutauchen, ist die bewusste Verlangsamung Ihrer Ausatmungsphase; die generell gesund ist, weil sie Ihr vegetatives Nervensystem beruhigt.

Warum Sie sich vor allem auf die Ausatmung konzentrieren und diese möglichst lange ausdehnen sollten, ist leicht erklärt. Aber die eigene Erfahrung ist wohl noch überzeugender!

Atmen Sie einige Augenblicke ruhig und regelmäßig und etwas tiefer als normalerweise... und achten Sie dabei genau darauf, wie sich Ihr Puls während der beiden Atemphasen verändert. Merken Sie, wie Ihr Herzschlag jeweils langsamer wird, während Sie ausatmen? Und wie er bei jeder Einatmung wieder an Tempo zulegt?

Tatsächlich korrelieren Ihre beiden Atemphasen mit den beiden Anteilen Ihres vegetativen Nervensystems:

Das Einatmen steht unter der Kontrolle Ihres Sympathikus – jenes Teils Ihres autonomen Nervensystems, der vor allem für die gesteigerte Wachheit und Mobilisierung von Energien (für Kampf oder Flucht) unter Stress zuständig ist.

Das Ausatmen hingegen ist Ihrem Parasympathikus zugeordnet, der die Kontrolle in Ruhezeiten übernimmt und zuständig ist für Regeneration und Reparation!

Das heißt, alleine schon durch die Verlängerung der Ausatmungsphase verschieben Sie das Gleichgewicht in Richtung Parasympathikus und finden so zu mehr innerer Ruhe und Entspannung!

Atmen Sie also jeweils eher zügig ein, um dann gaaaaanz langsam auszuatmen – finden Sie den für Sie angenehmsten und am leichtesten durchzuhaltenden Rhythmus möglichst spielerisch heraus: beispielsweise 3 zu 5:

3-zu-5-Atmung

__Während ich bequem sitze oder liege, achte ich bei meiner Atmung bewusst darauf, wie die beiden Atemphasen jeweils meinen Herzschlag beeinflussen; ich erkenne, dass mein Puls beim Ausatmen langsamer wird und beim Einatmung rascher.__

__Diese Tatsache nütze ich und lege eine Weile den Fokus vor allem auf die langsame Ausatmung: atme also bewusst fünf Pulsschläge lang aus und nur drei Pulsschläge lang ein.__

Ideal wäre es, wenn Sie dabei nach einer Weile gar nicht mehr das Gefühl haben, Sie selbst würden Ihre Atmung steuern, sondern den Eindruck gewinnen: „Es atmet mich". Das braucht einiges an Übung, ist jedoch durchaus die Mühe wert!

An sich reicht diese Schwerpunktverschiebung in der Atmung oft schon, um in den erwünschten Geisteszustand zu finden; aber Sie können den verstärkten Fokus auf Ihre Ausatmungsphase auch mit der Konzentration auf Ihr `drittes Auge´ in der Mitte Ihrer Stirn verbinden. Und / oder mit der Herzöffnung!

Liebevolle Herzöffnung

Das ist mir persönlich der angenehmste Weg in die Quanten-Bewusstheit und wäre meinem Gefühl nach ohnehin unser Idealzustand. Daher versuche ich, ihn möglichst durchgehend aufrecht zu erhalten, was mir natürlich nicht immer gelingt ☺; aber mehr und mehr scheint sich mein bewusster Fokus auf diesem Ideal doch auch in meinem Alltag zu manifestieren...

Eine Möglichkeit, dies im Alltagsstress zu schaffen, ist über ein geliebtes Wesen, das Ihnen als Kristallisationspunkt für Ihre Liebe dient und dass Ihnen die Herzöffnung erleichtert:

Herzöffnung

Wenn Sie aus irgendeinem Grund im Laufe des Tages `aus Ihrer Liebe gefallen sind´, jedoch mit der Quantenwelle spielen wollen, holen Sie sich ein geliebtes Wesen vor Ihr geistiges Auge: eine Person, die zu lieben Ihnen ganz leicht fällt, angesichts dieser Ihre Liebe also ganz leicht ins Fließen kommt; oder auch ein geliebtes Tier.
Und spüren Sie die Liebe in Ihrem Herzen aufblühen... öffnen Sie Ihr Herz ganz, ganz weit... lassen Sie Ihre Liebe so stark werden, wie es Ihnen im Augenblick möglich ist – hilfreich mag dazu die Vorstellung sein, in der Mitte Ihrer Brust würde eine Blume aufblühen. Ihre Herzblume öffnet sich Blütenblatt für Blütenblatt aus der Knospe zur Blüte... und so wie eine Blume ihren Duft verströmt, so strömt aus Ihrem Herzen Liebe – Liebe zu einer geliebten Person... spüren Sie, wie Ihre Liebe intensiv zu jener Person fließt, die Sie vor Ihrem geistigen Auge sehen... vielleicht können Sie sogar erkennen, dass diese geliebte Person Ihnen entgegen lächelt, weil sie Ihre Liebe wahrnimmt... und möglicherweise können Sie nun auch deren Liebe wahrnehmen... Sie schenken Liebe und empfangen Liebe... die Phase des Ausströmens Ihrer Liebe können Sie mit Ihrer Ausatmung verbinden und das Einströmen der Liebe dieser anderen Person mit Ihrer Einatmung... Sie können auch spüren, wie Ihre eigene Liebe nicht nur zu dieser anderen Person fließt, sondern auch durch Sie hindurch... und Sie nach und nach ganz und gar erfüllt... Ihre Liebe erfüllt Sie bis in die äußersten Winkel Ihres Seins... jede einzelne Zelle Ihres Körpers ist von Ihrer Liebe erfüllt... und diese Liebe dehnt sich nun auch weit über Ihre körperlichen Grenzen hin aus – vielleicht können Sie sogar Ihr Herzfeld wahrnehmen...

Übrigens spricht nichts dagegen, sich selbst als Ihr geliebtes Gegenüber zu visualisieren und diese Herzöffnung mit sich selbst zu spielen!

In diesem Zustand hört alles `Denkeln´ auf, und Sie sind ganz und gar `in Ihrer Liebe´ – oder eigentlich noch richtiger ausgedrückt: `Sie sind Liebe´; und können wundervoll mit der Quantenwelle spielen!

Praktische Umsetzung der Quantenwelle

- *Ehe Sie beginnen, achten Sie darauf, für eine Weile möglichst ungestört zu sein! Wie lange Ihr Spiel dauern wird, ist schwer zu sagen, daher planen Sie vor allem bei den ersten Malen lieber etwas mehr Zeit ein, vor allem auch, weil es angenehm ist, die Quantenwelle in Ihrem System nachwirken zu lassen! Mit etwas Erfahrung können Sie dann besser abschätzen, wie viel Zeit Sie üblicherweise brauchen werden!*

- *Wählen Sie das Thema, mit dem Sie spielen, beziehungsweise die Absicht, die Sie setzen wollen.*

- *Nehmen Sie Ihre Position ein. Da Sie im Stehen umfallen können, empfehle ich Ihnen, sich für den Anfang auf einen stabilen Sessel mit Lehne zu setzen und sich zurück fallen zu lassen.*

- *Finden Sie in Ihre Quanten-Bewusstheit – verlangsamen Sie Ihre Atmung (vielleicht in der Wechselatmung) und öffnen Sie Ihr Herz in Liebe.*

- *Legen Sie eine Hand auf Ihr Herz oder Ihr drittes Auge und halten Sie die andere in Ihrem Energiefeld. Erfühlen Sie die zwei Punkte und verbinden Sie diese über Ihre Bewusstheit.*

- *Nach einigen Augenblicken atmen Sie langsam aus, lösen Ihre Hände und erlauben der Quantenwelle, sich aufzubauen...*

- *... und während sich die Welle ausbreitet, lassen Sie möglichst alle Erwartungen los!*

Das Spiel mit der Quantenwelle ist ein sehr mächtiges, mit dem Sie innerhalb kurzer Zeit Blockaden lösen, für deren Lösung Sie mit den meisten anderen Methoden Wochen bis Monate brauchen! Ich würde mich daher sehr freuen, wenn es mir gelungen ist, Ihnen Appetit darauf zu machen!

Frieden mit dem Körper schließen

Wie bereits erwähnt haben die meisten Alleingeborenen kein besonders gutes Empfinden ihrem Körper gegenüber; er fühlt sich für sie irgendwie fremd an. Nicht selten leiden sie auch unter Taubheitsgefühlen in einer Körperhälfte oder in einer Extremität – die nur zum Teil auf einen organischen Defekt zurückzuführen sind, während die eigentliche Ursache jedoch ganz wo anders liegt.

Für die Heilung all dessen möchte ich Ihnen ein kleines Ritual ans Herz legen, das Ihnen helfen mag, sich mit Ihrem Körper anzufreunden und ihn lieb zu gewinnen! Dazu ist es hilfreich (wenn auch anfangs teils recht anspruchsvoll), sich nackt vor einen Spiegel zu stellen und Ihren Körper mit all seinen Aspekten zu erkunden; also erst einmal optisch in Besitz zu nehmen.

Entdecken Sie Detail für Detail in einer Art Reise durch die Welt Ihres eigenen Körpers! Für viele von Ihnen mag sich das anfangs wie die Begegnung mit einem fremden Wesen anfühlen und wird Ihnen einiges an Geduld abverlangen. Aber diese Geduld lohnt sich!
Dann können Sie Ihre körperlichen Formen auch taktil erkunden, fühlend erfahren und aufmerksam wahrnehmen – gleichermaßen aktiv und passiv! Streicheln Sie Ihren Körper (mit den Handflächen, dem Handrücken, den Fingerspitzen...) und empfinden Sie liebevoll zart seine Konturen nach! Betasten Sie jede zugängliche Stelle Ihres Körpers behutsam und zugleich sehr aufmerksam. Entdecken Sie seine weichen Stellen ebenso wie seine härteren, festeren, vielleicht auch gespannteren.
Und schenken Sie sich dabei jene Zärtlichkeit, die Sie sich von einem geliebten Du wünschen. Schließen Sie zwischendurch auch die Augen, um sich noch aufmerksamer in Ihrer Körperlichkeit wahrnehmen zu können – und damit als wahr anzunehmen!
Und fühlen Sie zugleich im Annehmen Ihrer Zärtlichkeit, wie es sich anfühlt, so liebevoll berührt, gestreichelt und angenommen zu werden! Erleben Sie diese Entdeckungsreise in die Welt Ihres Körpers sehr bewusst nicht nur aktiv im liebevollen Berühren, sondern auch passiv im wohligen berührt Werden!

Berührt Werden übrigens im doppelten Sinn: denn diese liebevolle Erkundung wird Sie unweigerlich auch emotional berühren!

Mit diesem Ritual können Sie auch noch in späteren Jahren all das nachvollziehen, was kleine Kinder ganz intuitiv machen: ihren Körper in Besitz nehmen. Finden Sie heim in Ihre körperliche Hülle!

Das ist nicht nur für Sie und Ihre Erdung im Hier und Jetzt wesentlich und wertvoll, sondern auch für erfüllte Begegnungen mit einem anderen Körper – sei dies in einfachen Umarmungen, Zärtlichkeiten oder in der mehr oder weniger erotischen und leidenschaftlichen sexuellen Begegnung!

Manche Alleingeborene berichten mir, dass ihr Fremdheitsgefühl im eigenen Körper in der körperlichen Begegnung mit einem Du verschwindet. Sie sagen, dass sie sich dabei selbst besser wahrnehmen können, so als würde die Fremdheit sich in der sexuellen Vereinigung auflösen. Da fühlen sie sich für Augenblicke wirklich ganz und gar in sich. Und zuweilen sogar in sich daheim. Umso trauriger ist dann oft das Auseinandergehen...

Das mag daran liegen, dass erotische Begegnungen uralte Erinnerungen an jene Zeit aktivieren, in der wir noch gemeinsam in inniger Nähe mit unserem Zwilling in der Ur-Geborgenheit des Fruchtwassers geschwommen sind. In der Sexualität scheint immer wieder wie ein kleines Fenster aufzugehen, durch das unser Gefühl des Heilseins (und damit das Annehmen der eigenen Körperlichkeit) herein schwingen kann!

Daher ist bei Alleingeborenen der Wunsch nach einer möglichst idealen Partnerschaft auch ganz besonders stark. Nicht zuletzt weil für die meisten von ihnen One-Night-Stands in ihrer Oberflächlichkeit kaum je befriedigend sein können! Mögen bisherige Beziehungen auch noch so wenig beglückend gewesen sein, die Hoffnung auf Erfüllung bleibt tief in ihrem Herzen verwurzelt!

Vergangenheit heilen

Ein ganz wichtiger Punkt in der Heilung unseres Ur-Traumas ist auch die Heilung unserer Vergangenheit – und zwar mit viel Nachsicht und Verständnis! Dieses wird erst dann möglich, wenn jenes Verstehen stattgefunden hat, aus dem heraus aus meiner Sicht erst Verständnis erwachsen kann. All die vielen Aha-Erlebnisse, die uns quasi im Schlepptau des ersten großen Aha zukommen, helfen uns, uns selbst und unsere Reaktionen besser zu verstehen!

Aha, ich wäre eigentlich zu zweit gewesen und habe meinen Zwilling verloren!
Aha, daher kommen meine Schuldgefühle!
Aha, deshalb fühle ich mich so anders!
Aha, deshalb fühle ich mich immer einsam!
Aha, deshalb sind meine Erfolge immer nur vorübergehend!
Aha, daher kommt meine Eifersucht!
Aha, deshalb leide ich unter meinen Depressionen!
Aha, deshalb wäre ich bei meiner Hochzeit fast erstickt!
Aha, deshalb kaufe ich alles doppelt!
Aha, deshalb habe ich nachts so viel Angst!
Aha, deshalb muss ich immer die Kontrolle behalten!
Aha, deshalb kann ich besser geben als annehmen!
Aha, deshalb habe ich Medizin studiert!
Aha, deshalb umgebe ich mich mit Spiegeln!
Aha, deshalb also die vielen Studien und Ausbildungen!
Aha, deshalb gehe ich so vielen Berufen nach!
Aha, daher kommt meine Todessehnsucht!
Und so weiter ...

In dem Augenblick, wo wir die Ursache all unserer Reaktionen verstehen können, fällt es uns um vieles leichter, uns das nötige Verständnis entgegenzubringen, das uns liebevoll in die Heilung begleitet.

Vor allem unser inneres Kind wünscht sich nichts mehr als unser liebevolles Verständnis – noch viel mehr als das Verständnis anderer! Wir selbst sind doch die wichtigsten Heiler unseres inneren Kindes, denn niemand weiß so gut wie wir, was es sich wünscht und was es braucht, um zu heilen. Und niemand anderer als wir selbst kann uns das in so reiner und passender Form geben!

Also nehmen wir die Tatsache, dass wir ursprünglich zu zweit oder zu dritt auf diesem Planeten inkarniert sind, dann aber unser Liebstes scheinbar verloren haben, an. Erlauben wir uns, aufgrund dessen all das an Reaktionen, an Befindlichkeiten, an Einstellungen und Eigenschaften zu verstehen, was uns bisher schleierhaft war. Und dann begleiten wir unser inneres Kind mit verständnisvoller Liebe und liebevollem Verständnis in die Heilung.

Das mag vielleicht nicht ganz so einfach sein, wie es hier klingt, aber es ist möglich; vor allem weil unser Geschwister (oder beide) uns in unserem Heilungsprozess begleitet und unterstützt. Wenn wir uns über die `Liebesbrücke´ mit ihm verbinden, fließt all seine Liebe zu uns und in unseren Heilungsprozess mit ein!

> *Bedienen Sie sich des vorhin unter dem Titel `Abheben und darüber Stehen´ beschriebenen Spiels und überblicken Sie Ihr Leben einmal aus einer etwas anderen Perspektive.*
> *Behalten Sie dabei all die Indizien im Sinn, bei denen Sie spontan Resonanz empfunden haben, und schenken Sie sich aus der neuen Sicht Verständnis, Nachsicht, Geduld und vor allem Liebe!*
> *Parallel dazu achten Sie auch auf all die Gaben, die mit diesem besonderen Start ins Leben verbunden sind; und schenken Sie sich dafür Anerkennung, Wertschätzung, Bewunderung, Lob, Achtung! Erlauben Sie sich – warum nicht? – durchaus auch ein Quäntchen Stolz!*

Sie wissen, ich meine diesen kindlichen Stolz, der nichts von Überheblichkeit oder Anmaßung hat, sondern echt und rein ist!

Vielleicht wollen Sie all das, was Sie in diesem Buch lesen, mehrmals nach seiner Relevanz für Sie persönlich hinterfragen. Ich habe nämlich bei mir selbst beobachtet, dass ich viele auf mich zutreffende Indizien erst beim zweiten oder dritten Hinsehen an mir identifizieren konnte. Vielleicht sind diese Erinnerungen ähnlich wie verschiedene Gesteinsschichten in einem Bergmassiv übereinander gelegt; und daher die tiefer liegenden nicht gleich zu erkennen.

So ist mir zum Beispiel erst vor kurzem klar geworden, dass der bereits erwähnte Erstickungsanfall bei meiner ersten Hochzeit ein solches Indiz war, obwohl ich mich nun seit längerem bereits intensiv mit dieser Thematik befasse. So hat mir die ebenfalls als Halbzwilling zur Welt gekommene Dame in der gestrigen Beratung erzählt, sie wäre während ihrer Hochzeit gar ohnmächtig geworden – welch interessante Synchronizität!

Ich nehme an, dass es bei uns allen noch einiges gibt, das in tiefen Tiefen nach wie vor auf Entdeckung wartet! Allerdings sehe ich diese Entdeckungen heute eher als amüsante Aha-Erlebnisse, weil mein Heilprozess schon recht weit gediehen ist.

Eine interessante Vorgehensweise könnte etwa sein, bei jenen Indizien, die Sie sofort `anspringen´ im Lesen innezuhalten und Ihre eigene Vergangenheit danach `abzuklopfen´.

Was von all dem hier Beschriebenen erweckt spontan in Ihnen Resonanz?
Wo schwingt etwas in Ihnen mit?

Parallel dazu kann es aber auch hilfreich sein, sich vor allem jenen Indizien zu widmen, die Sie spontan bei anderen identifizieren können; bei sich selbst jedoch nicht. Nicht selten sind das nämlich wertvolle Spieglungen, die Sie auf einen Ihrer `blinden Flecke´ hinweisen wollen.

Mir ist beispielsweise meine bisher nicht als solche erkannte Heiratssabotage erst klar geworden, während ich mir (mehr als 40 Jahre später!) Videos mit diversen Hochzeits-Hoppalas angesehen habe. Bis dahin war mir diese Episode `entfallen´ – ich habe sie also offenbar in unbewusste Schichten meiner Erinnerung verbannt. Allerdings gibt es Fotos, die diese Geschichte bezeugen! Und die oben erwähnte Dame meinte auch, sie hätte diese Episode längst vergessen gehabt – bis ich sie darauf aufmerksam gemacht habe.

Also was erzeugt spontan Resonanz in Ihnen zu Ihren eigenen Erinnerungen?
Und was erzeugt spontan Assoziationen zu den Geschichten anderer in Ihrem Umfeld?

All das sind meiner Ansicht nach Themen, bei denen Sie hellhörig werden sollten. Möglicherweise setzt die bewusste Aufmerksamkeit auch in der Tiefe Ihres Unterbewussten etwas in Bewegung, und Sie erinnern sich einige Tage oder Wochen später an das, was hier dazu passt. So ging und geht es mir immer wieder – nicht nur beim Schreiben, sondern auch in meinen Beratungen!

Ein wenig gleicht dieses Vordringen in die Tiefe unseres Unbewussten auch einem archäologischen Prozess, bei dem wir vorsichtig Schicht für Schicht abtragen, um in der Tiefe kostbare Schätze zu entdecken! Aus dieser Sicht könnte Ihr Heilungsprozess Ihnen sogar Freude bereiten – etwa als spannende Schatzsuche!

Nicht zufällig war wohl die Archäologie eines der Studien, die ich in jungen Jahren ins Auge gefasst hatte!

Und wenn Sie schon in Ihrer Vergangenheit spazieren gehen, nehmen Sie auf Ihrem Heilungsweg bitte auch all die bisher übersehenen Siege, Triumphe, Erfolge und Quantensprünge mit! Schauen Sie hin und klopfen Sie Ihrem inneren Kind auf die Schulter, wenn Sie etwas Entsprechendes entdecken!

Was haben Sie in Ihrem Leben alles geschafft?
Was haben Sie alles geschaffen?
Welche Herausforderungen haben Sie gemeistert?
Welche Hürden überwunden?
Welche dunklen Täler tapfer durchschritten?
Welche Prüfungen bestanden?
Welche Talente entfaltet?
Welche Fähigkeiten eingesetzt?
Welche Wege geebnet?
Welche Ideen umgesetzt?
Welche Stärken an den Tag gelegt?
Welche Schwächen überwunden?
Welche Fertigkeiten entwickelt?
Welche Befreiungen geschafft?
Welche Gewohnheiten abgelegt?
Welche Irrtümer revidiert?
Welche Ziele erreicht?
Welche Visionen verwirklicht?
Was noch alles?

All das vor Ihrem geistigen Auge Revue passieren zu lassen und noch einmal mit allen dazu gehörigen positiven Emotionen einfühlend wahrzunehmen – und als wahr anzunehmen! –, tut Ihnen ungemein wohl, glauben Sie mir!

Und es fördert und beschleunigt Ihre Heilung!

Wenn Ihnen zu meinen Anregungen nichts oder kaum etwas einfällt, dann möchte ich Ihnen ans Herz legen, andere zu Rate zu ziehen! Fragen Sie Menschen, die Sie gut kennen, was diese zu all dem denken – Sie werden sehen, da wird einiges zutage kommen. Und dann erlauben Sie es sich (darum bitte ich Sie wirklich!), sich im Licht dieser Erkenntnisse zu sonnen! Sie nehmen damit niemandem etwas weg, im Gegenteil! Wenn Sie Ihr Licht scheinen lassen, dann erhellen Sie diesen Planeten!

Für mich war dieser Rückblick wirklich mehr als erstaunlich, denn praktisch all das, was ich in den Beschreibungen der Talente Alleingeborener nachlesen konnte, kommt in meiner Vita vor! Ich habe als Ärztin gearbeitet und habe verschiedene heilerische Ausbildungen gemacht. Ich bin als bildende Künstlerin tätig, schreibe neben meinen Ratgebern auch Romane und Gedichte. Daneben habe ich immer von einer Gesangskarriere geträumt und würde mir wünschen, zumindest ein Instrument zu beherrschen. Auch die darstellende Kunst ist mir nicht fremd, weil ich in jungen Jahren eine Schauspielschule besucht habe. Heute bin ich in verschiedenen Bereichen beratend, lehrend und therapeutisch tätig.

Diese enorme Vielseitigkeit schien für mich immer völlig normal zu sein, während sich mir die Nackenhaare aufstellen, wenn ich höre, dass jemand ein 35-jähriges Firmen-Jubiläum feiert. Aber das ist typisch für eine Scanner Persönlichkeit! Wenn Sie ähnlich vielseitig sind, könnten Sie diesen Begriff und das, was er beschreibt – und vielleicht auch für Sie bedeutet – recherchieren!

Interessanterweise sind das genau jene Berufe, für die auch Hochsensible und Hochsensitive prädestiniert sind; was ja nicht verwunderlich ist. Meiner Erfahrung nach sind die meisten (wenn nicht alle!) Halbzwillinge und Dritteldrillinge tatsächlich auch HSP.

Was finden Sie an Bestätigungen für das hier Beschriebene in Ihrer Lebensrückschau?
Welche Parallelen fallen Ihnen spontan ein?
Was dämmert Ihnen erst nach und nach?

Sie werden sehen, es wird noch eine ganze Weile dauern, bis Sie alle dunklen Ecken Ihrer Erinnerung durchleuchtet haben. Aber auch darin werden Sie kostbare Schätze finden.

Dankes-Ritual an meinen verlorenen Mehrling

Wie ich an anderer Stelle in diesem Buch bereits erwähnt habe, scheint es mir wesentlich zu sein, die oft geradezu gelübdeartige Bindung an Ihr Geschwister im Jenseits zu lösen und in eine gesunde und damit heilsame Verbindung über die Realitätsgrenze hinweg zu transformieren!

Die Bindung an unseren verlorenen Mehrling ist meiner Ansicht nach vor allem deshalb nicht gesund, weil sie uns nicht wirklich frei sein lässt für die irdische Beziehung, die wir uns doch tief in unserem Herzen alle wünschen. Eine liebevolle Verbindung jedoch kann besonders wertvoll sein, weil unser Zwilling im Jenseits aus seiner weiteren Perspektive als eine Art weiser Berater fungieren kann.

Ich glaube, wir alle sind multidimensionale und auf mehreren parallelen Realitätsebenen aktive Wesen. Daher habe ich den Eindruck, unser Geschwister kann als Begleitengel – oder welches Bild auch immer Ihnen dazu gefällt – an unserer Seite bleiben, ohne dadurch an seiner seelischen Weiterentwicklung gehindert zu werden. So wie wir ja auch keinem anderen etwas wegnehmen, wenn wir einen Engel um Hilfe bitten – so dies für Sie Realitätswert hat.

Diese Verbindung können Sie natürlich auf verschiedene Art und Weise zelebrieren. Entweder in schriftlicher Form, möglichst im `Dialog der Hände´. Dann können Sie, wenn das Schreiben Ihnen liegt, eine lebenslange Brieffreundschaft mit Ihrem nur scheinbar verlorenen und nun wieder gefundenen Pendant im Jenseits pflegen.

Oder Sie bleiben in mündlichem Kontakt – so als würden Sie Selbstgespräche führen, nur eben mit Ihrem Geschwister in Ihrem Herzen oder im Universum – oder wie auch immer Sie sich das vorstellen.

Führen auch Sie gelegentlich Selbstgespräche?

Das ist meiner Erfahrung nach auch ein Charakteristikum Alleingeborener! Ich mache das, seit ich mich erinnern kann. Und es wundert mich oft, woher die Antworten kommen, die mir oft auf meine Fragen an mich selbst in den Sinn kommen.

Kennen Sie dieses Phänomen?

Wenn ja, dann fragen Sie Ihren verlorenen Zwilling oder Drilling, ob das nicht oft seine Impulse sind, die sie mit Ihrem `Dritten Ohr´ wahrnehmen. Dann können Sie in Zukunft diese inneren Dialoge noch viel bewusster und Gewinn bringender führen: als Horizont erweiternden Austausch mit Ihrer zweiten Hälfte! Freuen Sie sich über Ihren neuen Gesprächspartner, der Sie so gut verstehen wird, wie kein anderer Mensch!

Wer weiß, vielleicht werden manche von Ihnen erst durch dieses Buch auf den Wert dieser Leidenschaft hingewiesen, die Ihnen bisher vielleicht sogar merkwürdig bis abartig vorgekommen ist. Ich habe meine – wenn möglich oft auch lauten – Selbstgespräche immer schon angeregt zelebriert, weil ich das Gefühl hatte, in diesem Dialog am meisten Verständnis zu finden.

Damit möchte ich nicht sagen, dass ich immer einig war mit mir ☺, aber meist konnten wir uns doch auf einen gemeinsamen Nenner einigen! Jedenfalls empfand ich diesen internen Austausch immer als bewusstseinserweiternd und wertvoll. Aber erst heute ist mir klar, dass sich hier vor allem mein Bruder inspirierend eingebracht hat.

Um jedoch diese spezielle interdimensionale Freundschaft – auch so könnten wir diese Verbindung sehen – in idealer Weise zu nützen, gilt es meinem Gefühl nach, zuerst einmal die bisherige, meist unbewusste Bindung zu lösen. Wenn die erste Vision im Kapitel zu den frühen Hinweisen Sie anspricht, können Sie sich hinein versetzen und diese nachvollziehen. Das mag Ihnen bei Ihrer Lösung helfen.

Darüber hinaus könnten Sie ein kleines Dankesritual zelebrieren. Fühlen Sie einfach tief in sich hinein und nehmen Sie wahr, ob dies eine Option ist, die Sie anspricht, und die sie gerne umsetzen möchten! Nachdem es Ihnen gelungen ist, sich aus den destruktiven Überzeugungen zu befreien (wie: „ich muss immer perfekt sein ...", „ich bin es nicht wert ...", „ich muss mehr geben als nehmen ...", „ich muss immer die Kontrolle behalten ..." und so fort), die Ihren inneren Saboteur `gefüttert´ und `fett gemacht´ haben, mag dieses Ritual hilfreich sein, um nun tatsächlich frei zu werden für ein glückliches Leben und eine erfüllte Liebesbeziehung mit einem neuen Du.

Schließen Sie die bisherige Bindung an Ihren Mehrling in einer möglichst positiven Sichtweise ab – auch und gerade dann, wenn sich nicht alles, was sich daraus in Ihrem bisherigen Leben ergeben hat, gut angefühlt hat. Erkennen Sie in dem, was Ihnen zuweilen vielleicht als `Sumpf´ erschienen ist, die wertvollen `Perlen´. Im letzten Kapitel habe ich Ihnen einige Empfehlungen dazu gegeben.

Auf diese Weise werden Sie eine Menge Dankbarkeit und Wertschätzung (zwei sehr heilsame Emotionen, die das elektromagnetische Feld um Ihr Herz mit einer sehr hohen Schwingung erfüllen!) empfinden. Und je dankbarer Sie für Ihre Vergangenheit sein können, umso mehr werden Sie auch zukünftig das anziehen, was Sie dankbar macht; nun aber unter ganz neuen Voraussetzungen!

Wenn Sie empfänglich sind dafür, können Sie ein Räucherstäbchen und / oder Kerzen anzünden sowie spezielle Musik auflegen, während Sie sich auf Ihren Zwilling (oder Drilling) einstimmen und sich über Ihre `Liebesbrücke´ mit ihm verbinden.

Sehen Sie die folgenden Sätze als Inspiration und finden Sie dann Ihre eigenen Formulierungen; schreiben Sie diese nieder und adaptieren Sie Ihren Text je nachdem, ob Sie einen Zwilling oder Drilling oder zwei Drillinge verloren haben. Dann lesen Sie diese Worte laut oder bitten Sie jemanden, sie Ihnen vorzulesen, damit Sie ganz in Ihrem Gefühl bleiben können.

Hier ein paar Ideen zur Anregung:

„Mein lieber Bruder, meine liebe Schwester, ich danke dir für all das, was ich aufgrund deiner frühen Heimkehr erlebt habe!
Auch wenn mein Leben als alleingeborener Zwilling nicht einfach war, bin ich dennoch unendlich dankbar dafür!
Ich danke dir für all das, was du mir gegeben hast, auch wenn ich es nicht immer erkannt habe!
Ebenso danke ich dir für all das, was du mir nicht geben konntest – vor allem wohl, weil ich es in meiner Unkenntnis nicht annehmen konnte!
Ich sehe dir nach, dass du mir nicht alles geben konntest, was ich gebraucht oder mir gewünscht hätte!
Und ich sehe mir nach, dass ich nicht all das, was du mir geben wolltest, annehmen konnte!
Du hast getan, was du konntest; und ich habe getan, was ich konnte!
Sieh bitte auch mir mein unbewusstes Verhalten und meine mangelnde Wertschätzung für deine Begleitung nach!
Sieh mir nach, wenn ich dir unbewusst Unrecht getan und dich überfordert habe!

Ich habe getan, was mir auf meinem Entwicklungsstand möglich war!
Auch ich sehe mir all das nach!
Und ich danke mir, dass ich jetzt bereit bin für diese Offenbarung!
Ich freue mich, dich in Zukunft als meinen Bruder, meine Schwester im Jenseits wahrnehmen zu können und zu wissen, dass du mir von nun an als der weise Begleiter, die weise Begleiterin zur Seite stehst, den, die ich mir immer gewünscht habe!
Und ich danke dir jetzt schon, dass du weiterhin gut auf mich aufpassen wirst!"

Gehen Sie sehr bewusst und liebevoll durch dieses Ritual – möglichst mit Ihren eigenen Worten! Nachdem Sie diese gesprochen und gehört und nachempfunden haben, gönnen Sie sich eine Weile der Stille. Und fühlen Sie, was dieses Ritual in Ihnen bewirkt!

Lassen Sie es wohltuend in sich nachklingen…

Lösung eventueller Gelübde

Haben Sie den Eindruck, Sie wären tatsächlich mit einer Art Gelübde an Ihren Zwilling im Jenseits gebunden?
Vielleicht weil Ihr Herz Ihnen dies im `Dialog der Hände´ vermittelt hat?
Oder aus einem anderen Grund?
Etwa weil all die Spiele zur Selbstbefreiung bei Ihnen noch nicht wirklich die erwünschten Effekte gebracht haben?

Dann empfehle ich Ihnen, dieses zu lösen.

Formulieren Sie auch dazu Ihren sehr persönlichen Text; vielleicht mithilfe dieser Anregung:

*Hiermit befreie ich mich von allen Gelübden und Eiden,
die mich noch an meinen verlorenen Zwilling binden!
Ich löse alle Gelübde der Armut, der Keuschheit,
der Selbstkasteiung, der Reue und der ewigen Bindung an ihn!
Ich befreie mich aus dieser unbewussten Bindung
an jenen Menschen, den ich als meine zweite Hälfte empfinde,
sowie aus allen damit verbundenen
Schuldprogrammierungen und Verpflichtungen!
Ich segne ihn und mich!
Und ich bin jetzt frei für Glückseligkeit, Fülle, Gesundheit
und Erfolg in der freudvollen Entfaltung meines Potenzials!
Frei von Schuld und Schuldgefühlen öffne ich mich jetzt
der reinen Liebeskraft meiner Seele!
So sei es, so sei es, so sei es!
Danke!*

Der Heilungsweg

Ihr Heilungsprozess mag sich wie ein Wechselbad der Gefühle anfühlen, bei dem die eine oder andere Unsicherheit, Schwankung, Turbulenz und so manches emotionales Auf und Ab entsteht. Auf all das sollten Sie gefasst sein, damit Sie nicht von der damit verbundenen Symptomatik überrascht werden!

Die gute Nachricht bei all den Anforderungen an Ihre Geduld, Ihr Durchhaltevermögen, Ihren Mut, Ihr Vertrauen ist jedoch: Auch wenn dieser Weg in die Heilung nicht immer einfach sein mag, so ist er durchaus den Aufwand wert!

Sehr bald schon werden Sie vieles in einem neuen Licht sehen! Nicht zuletzt auch sich selbst; denn es wird Ihnen wie in einer Art Neugeburt eine neue Identität erwachsen! Ein neues Ich, das Sie besser verstehen können, als es Ihnen je zuvor möglich war! Und dem Sie mehr Verständnis als je zuvor entgegenbringen werden!

Sie werden – das wage ich zu prophezeien! – Frieden finden mit sich selbst, mit anderen und mit Ihrem Leben; dem bisherigen, dem gegenwärtigen in all seinen Facetten und dem auf einer neuen Ebene der Authentizität zu lebenden zukünftigen!

Neben all dem hier Geschilderten mag noch die eine oder andere weitere Herausforderung auf Sie zukommen, die mir weder bei mir selbst noch bei jenen, die ich durch diesen Heilungsprozess begleiten durfte, aufgefallen ist. Dieses Buch erhebt keinen Anspruch auf Vollständigkeit und ist nicht der Weisheit letzter Schluss! Ich möchte einfach mein Wissen, meine Erfahrungen und Einsichten mit Ihnen teilen!

Es kann sein, dass Sie in Ihrer Heilungsphase eine Periode finanzieller Enge durchmachen. Diese scheint vor allem auf der intensiven Wandlung zu beruhen, in der Sie sich gerade befinden. Eine so tief greifende Transformation braucht und verbraucht eine Menge Energie. Daher wird Ihr Energieniveau in dieser Zeit wahrscheinlich nicht besonders hoch sein.

Und da der Energiefluss im Außen nicht nur Ihr Selbstwertgefühl, sondern auch Ihr inneres Energielevel spiegelt, leben Sie während der Zeit dieses großen Wandels vermutlich nicht in finanzieller Fülle – das wäre einfach nicht stimmig!

Aber erfahrungsgemäß ändert sich das, sobald Sie nach all den Turbulenzen, die von dieser Offenbarung ausgelöst werden, wieder in Ihre Mitte heimgefunden haben!

Ebenso kann es diverse körperliche Symptome geben – seien es alte Krankheiten, die sich wieder melden, oder auch neue Probleme. Es scheint, als würde mancher Körper sich schwer tun mit der Integration dieser großen Wandlung. Allerdings glaube ich, dass Sie sich umso leichter tun werden, je mehr Aufmerksamkeit und Fürsorge Sie sich zukommen lassen. Gönnen Sie sich daher in dieser Heilungsphase immer wieder Pausen zur Regeneration und gehen Sie sehr liebevoll um mit sich und Ihrem inneren Kind!

Wenn Meditation für Sie eine Option ist, kann ich sie Ihnen nur wärmstens ans Herz legen – mittlerweile gibt es weltweit unzählige Studien, die den umfassenden Wert der verschiedenen Meditationstechniken (je nach persönlicher Vorliebe) belegen. Sogar unser Gehirn verändert sich nach einer Weile regelmäßigen Meditierens zum Positiven! Das ist heute in unzähligen Studien wissenschaftlich nachgewiesen

In seltenen Fällen kann ein eingewachsener Zwilling in dieser Zeit ´rebellisch werden´ – sich entzünden und eitern – und eine operative Entfernung verlangen. Wenn Sie also am Steißbein Schmerzen bekommen und sich ein Abszess entwickelt, dann holen Sie ärztlichen Rat ein!

Wie bereits erwähnt, ist meist ein Verlust oder eine Kette von Verlusten und Abschieden der auslösende Faktor, der Sie überhaupt für diese Offenbarung empfänglich macht. Anfangs werden Sie höchstwahrscheinlich an dieser Erklärung für so vieles in Ihrem Leben zweifeln; wie um sich vor dem Hinschauen zu schützen, weil all das natürlich große Angst auslöst. Sie ahnen wohl, dass das, was da in der Tiefe rumort, keine Kleinigkeit ist; denn Ihr Leben hat mit einer massiven Krise begonnen.

Erlauben Sie sich den damit verbundenen Schmerz und schauen Sie hin. Erkennen Sie, was alles an Ihrem Verhalten, Ihren Reaktionen, Ihren Entscheidungen und Ihrer Einstellung zum Leben, zu anderen und vor allem zu sich selbst von diesem Ur-Trauma geprägt wurde. Geben Sie all den ´negativen´ Gefühlen Raum und lassen Sie sie dann ganz sanft von Ihrer Selbstliebe heilen!

Liebe ist aus meiner Sicht immer das Heilmittel der Wahl, und auch wenn das jetzt merkwürdig klingen mag: Selbstliebe ist am praktischsten, denn wir haben uns selbst jederzeit zugänglich ☺! Also warum sollten wir sie nicht öfter nützen!

Mit ist schon klar, dass das – gerade für uns Alleingeborene! – nicht so einfach ist, wie es klingen mag. Aber glauben Sie mir: wir können lernen, uns selbst zu lieben und diese Liebe auch anzunehmen! Und sei es zu Beginn auch, indem wir uns in unseren jenseitigen Zwilling hinein versetzen, der sich leicht tut, uns Liebe zu schenken!

Vielleicht gefällt Ihnen auch das folgende Bild:

Heilung in Selbstliebe

Finden Sie ein Symbol für all die hochkommenden `negativen Gefühle´ und dann stellen Sie sich vor, wie aus Ihrem Herzen eine Blume aufblüht: Ihre Herzblume. Blütenblatt für Blütenblatt öffnet sie sich ganz weit.
Wenn diese Knospe voll erblüht ist, erlauben Sie ihr (ähnlich wie eine liebevolle Mutter ihr Kind in die Arme nimmt) Ihre Trauer, Ihren Hass, Ihr Bedauern, Ihren Groll, Ihre Angst und was auch immer an Emotionen in Ihnen hoch branden möchte, liebevoll in sich einzuschließen.
Öffnen Sie Ihr Herz für Ihre Reaktion auf diese Offenbarung, wie auch immer diese ausfällt. Schließen Sie sich selbst mit all Ihren belastenden Emotionen liebevoll ins Herz. Lassen Sie Ihre Selbstliebe vor allem Ihr inneres Kind heilen!

Wenn Ihnen dies gelungen ist, erlauben Sie sich, das tief empfundene „Jaaahhh" in sich wahrzunehmen und Sie ganz und gar zu erfüllen!

Wenn Sie sich in der Zeit Ihrer Heilung immer wieder wie auf einer Hochschaubahn der Gefühle fühlen, dann sehen Sie diese Schwankungen Ihrer Stimmung als emotionale Felder; die wie Wolken kommen und gehen!

Das vorhin beschriebene `Abheben und darüber Stehen´ mag Ihnen dabei helfen! Sie können aber auch einen speziell auf Sie zugeschnittenen Text gestalten und dann mit den hier angegebenen oder anderen ʻEFTʻ-Punkten klopfen. Auch die Quantenwelle mag Ihnen Erleichterung bringen. Wenn Sie sich selbst noch nicht zutrauen, eigenständig damit zu spielen, dann finden Sie garantiert eine Person, die Sie mit der Welle begleitet! Das funktioniert sogar über Skype, wenn Sie niemand passenden in Ihrer Nähe finden.

Das Auf und Ab, das Sie vermutlich durchleben werden, basiert auf einer komplexen Verflechtung von aus der Tiefe hochsteigendem, uraltem Schmerz mit momentan aktuellen Emotionen, die teilweise auf Ihrer derzeitigen Lebenssituation beruhen. Hinzu kommen aber oft noch Energien, die Sie in Ihrer augenblicklichen Resonanz und Empathie von anderen übernommen haben. Vergessen Sie nicht, dass Sie meist ganz automatisch die Emotionen anderer wie ein Schwamm aufnehmen! Das ist in Ordnung, aber Sie müssen diese übernommenen Energien nicht behalten, sondern Sie können (und sollen) das, was sich nicht gut anfühlt, an die Erde ableiten!

Wie angekündigt, werden Ihnen vor allem in der ersten Zeit nach der großen Offenbarung viele andere Alleingeborene auffallen – einfach weil Sie in Ihrer Resonanz dafür empfänglich sind, und das Gesetz der Anziehung wirkt!

Über diese zufälligen Begegnungen hinaus empfehle ich Ihnen jedoch, sich vor allem in dieser Zeit der langsamen Heilung sehr bewusst mit möglichst vielen Menschen zu umgeben, die ebenfalls von diesem Phänomen betroffen sind; sie werden Ihnen am ehesten Verständnis entgegenbringen für Ihr tiefes Ur-Trauma.

Tauschen Sie sich möglichst oft und ausführlich über Ihre Erfahrungen aus – die gegenseitige Empathie wird Ihnen ebenso wohl tun wie die Gewissheit, dass Sie mit ihrer Anlage und dem nötigen Heilungsprozess nicht alleine sind. Und wenn es in Ihrer Nähe noch keine entsprechende Gruppe gibt, dann gründen Sie eine! Solche gibt es sicher auch in den sozialen Netzwerken.

Gehen Sie behutsam, fürsorglich und liebevoll nachsichtig mit sich um, während Sie sich nach und nach der weit reichenden Auswirkungen Ihres Verlassenheitstraumas auf Ihre gesamte Lebensgeschichte klar werden. Schenken Sie sich all Ihre Liebe, während Sie Ihre Schuldgefühle als Irrtum erkennen, der aus einer falschen Interpretation des Verlustes Ihres Geschwisters entstanden ist. Geben Sie Ihrer Trauer Raum und erlauben Sie sich mit aller nötigen Nachsicht all die Emotionen, die diese tief greifende

Offenbarung auslöst. Sehen Sie Ihr Leben mit all seinen Hochs und Tiefs in einem neuen, positiven Licht!

Erkennen Sie vor allem, dass Sie als allein geborener Mehrling für dieses Leben bestimmt sind und niemandem damit gedient ist, wenn Sie sich selbst in Ihrer Potenzialentfaltung sabotieren! Sie sind ein Geschenk an diese Welt – erinnern Sie sich immer wieder daran! Und l(i)eben Sie sich! Setzen Sie Ihre wundervollen Anlagen um und schenken Sie sich der Welt! Erkennen Sie, dass Ihr verlorener Zwilling oder Drilling Ihnen einige große Geschenke gemacht hat: Wir sind bereits darauf eingegangen!

Wenn Sie derzeit noch alleine und auf der Suche sind, machen Sie sich all das in diesem Buch Beschriebene und all das, was Sie selbst darüber hinaus entdeckt und erkannt haben, bewusst, ehe Sie sich für eine neue Beziehung öffnen. Nun können und sollen Sie sich nur mehr in authentischer Form einbringen!

Sprechen Sie mit Ihrem neuen Du offen über die Tatsache, dass Sie Ihren Zwilling verloren haben. Ihr Gegenüber muss wissen, dass Sie eine tiefe Wunde in sich tragen – auch wenn Sie sich bereits auf Ihrem Heilungsweg befinden! Und dass Sie sich Intimität, Hingabe und innige Verschmelzung nicht nur in der ersten Verliebtheit wünschen, sondern all das auf Dauer brauchen! Das ist, wie ich bereits erwähnt habe, keine Marotte, die wir überwinden oder hinweg therapieren können, sondern das ist und bleibt unser grundlegendes Bedürfnis.

Ihr Du muss wissen, dass Sie nach Ihrer Heilung zwar keine Symbiose mehr, wohl aber viel Nähe brauchen – körperliche, emotionale und geistige! Und dass Sie allzu leicht Angst bekommen könnten, es wieder zu verlieren. Erzählen Sie ihm auch von Ihrer Tendenz zu Eifersucht; auch wenn Sie diese zukünftig vielleicht gar nicht mehr nötig haben. Erwähnen Sie auch Ihre Tendenz, alles und noch mehr zu tun, um Ihr Gegenüber zu halten. Und dass Sie, auch wenn Sie sich noch so sehr bemühen, den anderen loszulassen und ihm Freiraum zu gewähren, dies nicht wirklich können! Ihr Du sollte das wissen und genau wie Sie bereit sein zu echtem Commitment.

Sehen Sie mir nach, wenn ich diesen Begriff wähle statt der deutschen Synonyme! All die Übersetzungen befriedigen mich nicht wirklich: Verbindlichkeit, Bindung, Selbstverpflichtung, Bekenntnis, Überantwortung, Einatz-Bereitschaft, Versprechen, Festlegung, Hingabe, Zusage ... all das scheint mir in dem, was ich als

Commitment bezeichne, zwar mitzuschwingen; aber meinem Gefühl nach ist es jeweils nur ein Teil davon.

Wie ich bereits erwähnt habe, hoffe ich sehr, Sie mit meiner Wortwahl nicht zu irritieren, aber für mich ist das Wortgefühl immer Ausschlag gebend, und ich möchte gerade auch im Schreiben meiner Bücher authentisch bleiben! Dafür ist mir sowohl der Begriff Commitment, als auch das, was er für mich bedeutet, wesentlich!

Wenn Sie gegenwärtig in einer Partnerschaft leben, dann weihen Sie Ihr Du unbedingt in Ihre neue Entdeckung ein. Wenn auch Ihr Gegenüber ein Alleingeborener ist, dann fände ich es schön, wenn Sie den Heilungsprozess gemeinsam durchlaufen. Das kann für Ihre Beziehung eine wundervolle Erfahrung sein! Machen Sie einander gegenseitig auf die uralten Verhaltensmuster aufmerksam – möglichst liebevoll! – und gehen Sie Hand in Hand in die Selbstbefriedung! Gemeinsam sind Sie noch um vieles stärker; besonders wenn Sie wirklich beide von diesem Phänomen betroffen sind.

Wenn Ihr aktueller Partner jedoch als Einling zur Welt gekommen ist, dann trachten Sie danach, ihm all das, was Sie hier gelesen haben, möglichst so verständlich zu machen, dass er es annehmen kann. Wenn die Liebe stark genug ist, mag auch er Verständnis für Sie aufbringen.

Dennoch ist zu erwarten, dass er sich vor allem während Ihres anspruchsvollen Heilungsweges leicht von Ihrem emotionalen Aufruhr überfordert fühlt. All das, was Sie so sehr bewegt, dürfte für ihn nur schwer nachvollziehbar sein; auch wenn er nun die Hintergründe kennt.

Wenn er das Gefühl hat, ohnehin alles zu geben, ohne Ihren starken Wunsch nach Nähe und Innigkeit und Intimität wirklich befriedigen zu können, besteht die Gefahr, dass er sich resigniert zurückzieht.

Das könnte Ihr Verlassenheits-Trauma – gerade in der besonders sensiblen Phase der Heilung – neuerlich triggern. Beugen Sie dem vor, indem Sie in möglichst offener Kommunikation all das teilen, was Sie bewegt; und beobachten Sie, wie Ihr Gegenüber damit umgeht! Gegebenenfalls könnten Sie auch eine Beziehungspause in Erwägung ziehen.

Ähnlich mag es sein, wenn Ihr Du ein Fluchtzwilling ist. Die Beziehung zwischen einem Schmelzzwilling im Prozess der Heilung und einem Fluchtzwilling ist eine spezielle Herausforderung – für beide! So wie manche Frauen den großen Wunsch haben, einmal einen homosexuellen Mann vom Wert heterosexueller Beziehungen zu überzeugen, scheint ein besonderer Reiz darin zu liegen, `einen Fluchtzwilling in die Heilung lieben zu wollen´. Das mag in seltenen Fällen mit viel Geduld funktionieren, ist aber sicher kein einfaches Unterfangen!

Wenn Ihr Gegenüber (ob Einling oder Alleingeborener ist in diesem Fall gleichgültig) jedoch nicht bereit (oder imstande) ist, diesen Heilungsweg gemeinsam mit Ihnen zu gehen, dann können Sie ihn fürs Erste allein beschreiben; wenn Sie sich dafür stark genug fühlen. Mag sein, dass Ihr Du durch Ihron Sog doch noch in die Heilung der Beziehung mitgezogen wird.

Ist dies jedoch nicht der Fall, so wäre es wohl an der Zeit, sich behutsam und in gegenseitiger Achtung aus dieser Beziehung zu lösen. Diese ist dann wohl nicht so gesund und glücklich, wie ich Ihnen das von Herzen wünsche. Und wie Sie es natürlich verdient haben! Und auch Ihr Du tut sich dann offenbar leichter mit einem zweiten Einling oder (noch) nicht zur Heilung bereiten Halbzwilling oder Dritteldrilling.

Das Erkennen und Anerkennen dieser Thematik kann in gemischten Beziehungen durchaus eine gewisse Erleichterung bringen, weil der Alleingeborene im bewussten Kontakt mit seinem verlorenen Geschwister nun keinen Ersatz im Außen mehr braucht – und daher den Einling nicht mehr so überfordert.

Dennoch ist die Verbindung mit einem anderen (möglichst geheilten oder zur Heilung bereiten) Alleingeborenen aus meiner Sicht die bessere Variante; einfach weil ein solcher die verschmelzenden Nähewünsche nicht als Bedrohung empfinden, sondern ganz im Gegenteil willkommen heißen wird. Auch wird er imstande und bereit sein, dieses liebevolle Einheitsgefühl in der Verschmelzung zu bieten, das für einen Menschen, der so früh im Leben schon sein Liebstes verloren hat, lebensnotwendig ist.

Meiner Erfahrung nach reicht es jedoch nicht, bloß theoretisch zu wissen, dass man einen Zwilling oder Drilling verloren hat. Es gilt, die Verbindung zu diesem auch wirklich zu spüren! Erst dann werden ja die umfassenden Folgen für das eigene Leben auch wahrnehmbar; sobald die Zeit dafür reif ist.

Wenn Ihre Seele meint, es sei nun an der Zeit, kann Heilung stattfinden! Dann öffnet sich für den Alleingeborenen ein auf allen Ebenen authentisches, zufriedenes, glückliches, lebendiges und erfülltes Leben, in dem er nun endlich sein umfassendes Potenzial freisetzen kann.

Und der früh heimgekehrte Mehrling ist froh über diese Entwicklung und wünscht sich, dass es seinem überlebenden Geschwister gut geht und es ein glückliches Leben führt! Er ist bereit, den zur Welt gekommenen Bruder, die geborene Schwester aus der jenseitigen Welt in der Erfüllung des eigenen Lebensplanes zu begleiten, während er (so sehe ich das) parallel dazu seine eigene Weiterentwicklung auf irgendeiner parallelen Realitätsebene fortführt.

Nach der Heilung

Ich weiß nicht, ob Sie den Sieg der außergewöhnlichen österreichischen Sängerin beim Song Contest 2014 mitbekommen haben. Mich hat neben ihrer faszinierenden Schönheit, Klugheit und Menschlichkeit vor allem der Text ihres Liedes „Rise like a Phoenix" sehr angesprochen! Und wenn Sie hier meinen ʼPhoenixʼ lesen, wird Sie das nicht weiter wundern. Auch dieser Text, der vor vielen Jahren entstanden ist, kann die Alleingeborene nicht verleugnen!

Wie auch immer Ihr Heilungsweg sich gestaltet – ob Sie sich damit leicht tun oder schwer, ob er sich als anspruchsvoller erweist, als Sie erwartet hätten; oder ob er sich ganz im Gegenteil ganz leicht und entspannt entfaltet –, eines Tages werden Sie wie Phoenix auferstehen!

Und dann werden sich viele von Ihnen – das glaube ich ganz fest – auf die Suche nach einem neuen Du begeben!

Phoenix

Es regt sich etwas ganz zaghaft
die silbrige Asche lebt
die letzten züngelnden Flammen
sind nach und nach verlöscht
es ist wieder kühl geworden
nach der alles versengenden Glut
und um diesen Scheiterhaufen
breitet tiefe Stille sich aus ...

In der Ferne rauscht das Meer
die Sonne hoch am Zenith
und in der Asche regt sich Verborgenes
tritt ans Licht ...

Und ein wankendes Vogelskelett
wie eine Marionette
geführt von nicht sichtbaren Fäden
tanzt eckig und wie in Trance
seinen Überlebenstanz ...

Viel Mut ist in seinem Streben

*sich endlich zu befreien
immer weicher wird sein Schritt
die Bewegungen runden sich ...*

*Und ein lebhafter Wind kommt auf
bläst all die Asche davon
so tanzt er auf schwarzer Fläche
die sein Bild ihm von unten zeigt ...*

*Doch die Fäden die ihn gehalten
lösen sich nach und nach
er tanzt den Befreiungstanz ...*

*Immer wilder wird sein Schritt
immer übermütiger
und es löst sich aus seiner Kehle
ein entfesselter Jubelschrei
erfüllt von ekstatischer Freude
über das was unmöglich schien
berauscht sich an seiner Freiheit
und fühlt sich so jung wie nie ...*

*So vieles liegt noch vor ihm
und er tanzt seinen Zukunftstanz
in trunkener Euphorie ...*

*Aber tief in seinem Innern
ist eine Sehnsucht erwacht
in der Ferne rauscht das Meer
die Sonne hoch am Zenith ...*

*Und langsam beginnt er zu ahnen
was ihm in Wahrheit fehlt
er will seine Freiheit teilen
mit dem ebenso freien Du ...*

*So löst er sich von seinem Spiegel
hebt ab und schwingt sich davon
in kraftvoll sicherem Flug
und macht sich voller Erwartung
auf die Suche nach ihr
die ihn ruft
die irgendwo auf ihn wartet
auf weißem Spiegelbild ...*

Kleiner Exkurs in meine Lebens-Philosophie

Ehe ich mich im nächsten Kapitel den geheilten Beziehungen widme, möchte ich Ihnen hier meine sehr persönliche Sichtweise (bestätigt durch meinen Bruder Jascha jenseits der Schwelle) schildern. Entscheiden Sie selbst, ob Sie sie nachvollziehen und teilen können. Wenn nicht, dann gelingt es mir damit vielleicht, Ihre eigenen Denkprozesse so weit anzuregen, dass Sie sich Ihre eigene Philosophie kreieren oder weiter verfeinern.

Die Seelenaspekte (unser göttlicher Anteil), aus denen die verschiedenen Seelenfunken (die sich als Mensch mit einem Ego inkarnieren) entspringen, sind in Wahrheit natürlich eins. Jedoch teilt sich die Ursprungsenergie (Gott oder die Quelle) in Hinblick auf die Sammlung vielfältiger, möglichst unterschiedlicher und oft auch widersprüchlicher Erfahrungen (zur vielseitigen Selbsterfahrung also) in einer Art großem Ausatmen auf. Um eines Tages im großen Einatmen all die Wesenheiten, die sie in die Inkarnation geschickt hat, wieder heimzuholen! Wobei die zeitgebundenen Begriffe wohl irreführend sind, aber wir haben nur diese verbale Sprache!

Unsere Seelenaspekte schicken also in einer Art Fleischwerdung Seelenfunken auf die Erde. Und zwar immer parallel mehrere zugleich in diesem ewigen Jetzt – analog zu einem Baum, der seine Äste der Sonne entgegen wachsen lässt. Aber anders als die Äste eines Baumes, deren Erfahrungen nicht allzu unterschiedlich sein werden, ist das Erleben verschiedener inkarnierter Seelenfunken (also Menschen) in ihren diversen Lebenssituationen natürlich sehr breit gefächert, sehr vielseitig, sehr reich!

Und genau das ist aus meiner Sicht der Sinn der Sache!

Als ehemaliger Medizinerin fallen mir oft Metaphern aus der Heilkunde ein, wie beispielsweise die Oberflächenvergrößerung der Darmschleimhaut durch die Falten und Zotten. Bis zu einem gewissen Grad scheint mir das ein guter Vergleich zu sein. Auch da geht es ja um eine Erweiterung der Aufnahmefähigkeit! Beim Darm im Sinne besserer Verdauung; in der vielfältigen Menschwerdung geht es hingegen um ein breiteres Erfahrungsspektrum!

Die Seelenfunken auf der irdischmateriellen Realität speisen alle ihre Erfahrungen die `Akasha-Chronik´ des Alles-was-Ist ein; damit stehen diese auch wieder allen Wesenheiten zur Verfügung –

natürlich entsprechend ihrer Resonanz. Daher spreche ich in Analogie zu Bibliotheken auch gern von einer Art `Erfahrothek´.

Seelenfunken, die aus einem Seelenaspekt entspringen, sind einander teils sehr ähnlich und in ihrer Lebensart verwandt – etwa wenn sie als eineiige Zwillinge (oder seltener Drillinge) geboren werden. Dann schwingen sie in intensiver Resonanz. Teils öffnet sich der Fächer jedoch ziemlich weit in sehr unterschiedliche Ausdrucksformen, die dann natürlich eine jeweils ganz andere Einstellung zum Leben haben und daraus resultierend ganz verschiedene Erfahrungen sammeln.

Und auch das hat seinen Sinn. Sehr verschiedene Erfahrungen von Seelenfunken aus einem Seelenaspekt unterscheiden sich anders von einander als jene aus den Seelenfunken verschiedener Seelenaspekte; somit ist noch mehr Diversität gegeben!

Vielleicht wollen Sie, geschätzte Leserinnen und Leser, sich in Ihrer Vorstellung ein Bild zu dieser Beschreibung machen. Bei vielem, was ich Ihnen hier darlege, werden Sie sich leichter tun, wenn Sie das in Worten Geschilderte in Bilder übersetzen, die dann vor Ihrem geistigen Auge entstehen!

Und ich glaube, die Tatsache, dass das Phänomen der verlorenen Mehrlinge nun immer häufiger stattfindet, liegt daran, dass es in dieser entwicklungsintensiven Phase des Planeten Erde besonders viel, ja weit mehr als bisher, Liebe braucht! Wir können Liebe als jene Art von Treibstoff sehen, die es braucht, um diesen enormen Entwicklungsschritt, der jetzt für die Menschheit ansteht, zu schaffen. Liebe ist nun einmal die stärkste Energie im Universum!

Geheilte Beziehungen

Partnerschaften zwischen zwei Halbzwillingen sind eigentlich Beziehungen von vier Seelenfunken, wovon zwei inkarniert geblieben sind und – idealerweise bewusst – jeweils von ihrer zweiten Hälfte aus dem Jenseits begleitet werden. In voller Bewusstheit beider Beteiligten ist dies eine höchst erfüllende Beziehungsform, die vor allem ein Ausmaß an Liebe erreicht, das sonst kaum je zu finden ist!

Wie bereits mehrfach erwähnt (weil ich es so wichtig finde!), lieben Halbzwillinge tiefer, inniger, intensiver und sind bereit und fähig zu weit mehr Bedingungslosigkeit. Und wenn sie sich ihrer Anlage auch noch voll bewusst sind und mit ihrem jenseitigen Pendant in intensiver Verbindung schwingen, speisen diese ja auch noch ihre Liebe in die irdische Beziehung mit ein!

Dies mit Liebe mal vier zu deuten, wäre viel zu linear und eindimensional! Das Ausmaß an Liebe, das in solchen geheilten Beziehungen zu erleben ist, ist mit Worten kaum zu beschreiben. Allerdings ist es genau das, wonach Halbzwillinge sich ein Leben lang sehnen!

Wenn solche Menschen ihre heile (weil geheilte – dann könnten wir sogar von einer heiligen Beziehung sprechen!) Beziehung leben, dann haben sie nicht mehr dieses Gefühl, etwas oder jemand würde ihnen fehlen, um sich vollständig zu fühlen. Dann fühlen sie sich auch nicht mehr einsam und nicht dazugehörig inmitten von lieben Menschen! Gemeinsam fühlen sie sich wieder ganz – auch wenn das Gegenüber im Augenblick gar nicht anwesend ist.

Und wenn dann auch noch das Loch in der Aura energetisch geschlossen ist, dann fühlen sie sich auch nicht mehr so nackt und ausgeliefert, wenn sie in der Gesellschaft Fremder sind. Das Schlagwort ´gemeinsam sind wir stark´ bekommt dann eine ganz eigene Bedeutung!

An dieser Stelle fällt mir das Gleichnis von Plato ein, das ich auch im Vorwort eines meiner anderen Bücher zum Thema Liebe zitiert habe, weil es mich so stark angesprochen hat – dies übrigens zu einer Zeit, in der ich noch keine Ahnung hatte, dass ich eine Alleingeborene bin!

Wie viele andere Denker vor und nach ihm hat sich auch dieser griechische Philosoph Gedanken zum Thema Liebe gemacht. Und was er in seinem „Symposion" den Aristophanes darüber erzählen lässt, möchte ich Ihnen hier nicht vorenthalten – es hat in seiner augenscheinlichen Drastik spontan ein starkes Echo in mir erweckt!

Und vielleicht können auch Sie sich in irgendeiner Form damit identifizieren?

„Ursprünglich war die Gestalt eines jeden Menschen rund, und jeder hatte vier Hände und Schenkel und zwei einander gegenüberstehende Angesichter auf einem gemeinschaftlichen Kopf und vier Ohren ... er war mannweiblich, aus dem Männlichen und Weiblichen zusammengesetzt und hatte auch zweifache Schamteile und alles übrige, wie es sich hieraus ein jeder weiter ausdenken kann ... an Kraft und Stärke war er gewaltig, hatte große Gedanken und wollte sich einen Zugang zum Himmel bahnen, um die Götter anzugreifen ... Zeus und die anderen Götter ratschlagten, was gegen diesen Übermut zu tun sei ... da kam Zeus auf die Idee, jeden von ihnen in zwei Hälften zu zerschneiden ... sobald er aber einen zerschnitten hatte, befahl er dem Apollon, ihm das Gesicht nach dem Schnitte hin herumzudrehen, damit der Mensch, seine Zerschnittenheit vor Augen habend, sittsamer würde ... dieser also drehte ihm das Gesicht herum, zog ihm die Haut von allen Seiten über das, was wir jetzt den Bauch nennen, herüber, und wie wenn man einen Beutel zusammenzieht, fasste er sie zusammen und band sie mitten auf dem Bauche ab, was wir jetzt den Nabel nennen; die übrigen Runzeln glättete er meistenteils aus, nur wenige ließ er zum Denkzeichen des alten Unfalls stehen ...
Nachdem nun die Gestalt entzweigeschnitten war, sehnte sich jedes nach seiner anderen Hälfte, und so kamen sie zusammen, umfassten sich mit den Armen und schlangen sich ineinander ... und über dem Begehren, zusammen zu wachsen, starben sie aus Hunger und sonstiger Fahrlässigkeit, weil sie nichts getrennt voneinander tun wollten ... da erbarmte sich Zeus und verlegte ihnen die Schamteile nach vorne - denn zuvor trugen sie auch diese nach außen und erzeugten nicht eines in dem anderen, sondern in die Erde wie Zikaden ...
Von so langem her also ist die Liebe zueinander den Menschen angeboren, um die ursprüngliche Natur wieder herzustellen, und versucht, aus zweien eins zu machen und die menschliche Natur zu heilen!"

Diese Erzählung wird natürlich vor allem Halbzwillinge berühren (mich berührt sie jedes Mal wieder aufs Neue!) und damit zugleich auch ihr Pendant jenseits des Schleiers! Denn das sei an dieser Stelle erwähnt: Ich glaube, dass all das, was uns berührt, auch unsere früh verstorbenen Zwillinge mit berührt!

Versetzen Sie sich einfach in Ihre zweite Hälfte hinein, die eine Weile in inniger Nähe mit Ihnen im Leib Ihrer Mutter Einheit gelebt hat und dann über die Regenbogenbrücke gegangen ist. Glauben Sie nicht auch, dass sie mit Ihnen verbunden bleibt und sich nichts mehr wünscht, als Sie glücklich zu wissen?

Und dass sie an all Ihren Emotionen ´mitnascht´?

Ich glaube das – und mein Bruder Jascha hat es mir bestätigt, obwohl wir ja gar nicht aus derselben befruchteten Eizelle stammen.

Vielleicht bekommen auch Sie die entsprechende Bestätigung Ihrer zweiten Hälfte, wenn Sie Ihre Kommunikation aufnehmen?

Was jeden von Ihnen berührt, berührt ebenso auch Ihre zweite Hälfte jenseits des Schleiers! Nicht im Sinne eines Mitleidens, aber durchaus im Sinne eines etwas abgehobenen Mitempfindens! Ich glaube, unsere scheinbar verlorenen Geschwister leiden nicht unter unseren Schmerzen, aber sie können sie wahrnehmen. Und ich stelle mir vor, dass das nicht gerade genussvoll ist!

Das wäre übrigens auch ein guter Grund, danach zu trachten, uns nun endlich in die heilsame Klarheit zu bringen! Und warum sich Ihr jenseitiges Geschwister vermutlich dringend wünscht, Sie mögen sich dieser Offenbarung öffnen und Ihre uralte Wunde heilen!

Die Vereinigung zweier geheilter Halbzwillinge setzt eine enorme, eine unermessliche Liebesenergie frei, die auf diesem Planeten im großen Wandel ausgestrahlt und verankert wird.

Die Frage ist dabei allerdings, wann eine solche Begegnung sinnvollerweise stattfinden soll: In welchem Alter und in welchem Entwicklungsstand beider Partner? Vieles in unserer Entwicklung ist, so scheint es mir, leichter im Alleingang zu meistern. Einfach weil wir da unabhängig sind und unser eigenes Tempo alleine entscheidend ist. So wie im Sport der Sparringpartner bremsend wirken kann, wenn er nur gleich oder weniger gut ist.

Auch in diesem Zusammenhang gibt es die verschiedensten Möglichkeiten; und alle sind wertvoll und haben ihre Berechtigung! Aber relativ viele Alleingeborene entscheiden sich trotz ihrer Sehnsucht (ja oft sogar Sucht) nach einem Du für die Variante der langen Beziehungspausen, in denen sie sich im Alleingang weiter entwickeln können. In diesen Phasen integrieren sie all das mithilfe ihrer bisherigen Beziehungen Eingesehene, Wahrgenommene, Geleistete, Erfahrene, Gelernte, Erarbeitete, Erkannte, Geschaffte in ihrer Persönlichkeit. Daher verordnen sich viele von uns auch immer wieder längere Zeiten des allein Lebens – nicht immer bewusst auf der Ebene unseres Ego, dennoch sehr bewusst aus der Perspektive unserer Seele.

Kennen Sie das auch aus Ihrem Leben?
Hatten auch Sie längere Phasen des alleine Seins, obwohl Sie sich im Grunde Ihres Herzens eine Beziehung gewünscht haben?

Anders ausgedrückt wünscht sich unser Ego nach einer Trennung sehr wohl wieder rasch eine Partnerschaft, dennoch `versäumen´ wir in diesen Phasen – primär unbewusst – oft die Gelegenheiten zu neuen Begegnungen. Vielleicht weil diese aus Sicht unserer Seele für die Integration der `Ernte´ aus der vorhergehenden Beziehung eher hinderlich wären.

Ich selbst habe mich in meinen langen Phasen als Single oft sehr einsam gefühlt und hatte große Sehnsucht nach einem Partner. Aber kaum war ich dann in einer Beziehung, war binnen kurzem das Gefühl der Einsamkeit wieder da. Wahrscheinlich weil ich am falschen Ort nach dem falschen Du (meinem verlorenen Bruder) gesucht habe; dann aber nur einen meist enttäuschenden Ersatz an meiner Seite hatte. Und das ist natürlich nicht wertend gemeint, denn niemand kann mehr geben, als er hat! Und niemand kann und soll unseren verlorenen Zwilling ersetzen!

Allerdings weiß ich heute, dass vor allem unser jeweiliges Entwicklungsstadium nicht passend war! Und das ist ein sehr weit verbreitetes Phänomen auf diesem Planeten; das ich auch bei vielen anderen wieder finden konnte, die sich mit diesem Thema befassen! Um eine heile Beziehung zu leben, braucht es zwei Menschen auf einem zueinander passenden Entwicklungsstand!

Der muss übrigens gar nicht unbedingt extrem hoch sein! Denn das, was wir als `gute Ehen´ empfinden – wenn etwa ein Paar von sehr jungen Jahren an bis ins hohe Alter beisammen bleibt und dabei glücklich ist –, können wir ebenso als `heile Beziehung´ bezeichnen wie die Partnerschaft zweier `erleuchteter Wesen´. Einfach weil diese beiden jeweils so sehr in Resonanz schwingen, dass sie in ihrer Persönlichkeitsentwicklung ideal aufeinander eingestimmt sind und schön parallel laufen!

Eine solche `vom Kindergarten bis dass der Tod uns scheidet´ Beziehung kann eine sehr erfreuliche Variante sein, die allerdings für jene, die in ihrer Entwicklung eher rasch sind, selten in Frage kommt.

Diese lebenslangen Partnerschaften funktionieren meiner Erfahrung nach vor allem dann, wenn beide Teile sich eher gemächlich entwickeln – jeder für sich und gemeinsam in einem Tempo, bei dem beide gut mitkommen. Solche Beziehungen funktionieren kaum bei Menschen, die sich sehr schnell, sehr wach und rege, sehr wandlungsfreudig und flexibel verändern und entwickeln – und das ist natürlich keine Wertung! Denn beide Arten von Erfahrung braucht es wohl in der `Akasha-Chronik´!

Ist es nicht so, dass es leichter ist, auf einen langsam fahrenden Zug aufzuspringen? So ist natürlich auch die auseinander driftende Entwicklung bei höherem Tempo spürbarer; störend also vor allem in jenen Phasen, in denen einer der beiden sich besonders rasch transformiert, während der andere gerade eine Entwicklungspause einlegt.

Und generell scheint es mir so zu sein, dass raschlebige, entwicklungsfreudige Menschen nicht so leicht ein Pendant finden, das tatsächlich mit ihnen Schritt halten kann. Daher funktioniert bei ihnen der gegenseitige Schrittmachereffekt meist nur über einen gewissen Zeitraum – es sei denn, die beiden wären tatsächlich ideal aufeinander eingestimmt!

Die Schrittmacheranalogie finde ich übrigens sehr passend, denn idealerweise fördern wir einander in unseren Beziehungen ja gegenseitig. Meist indem wir einander fordern und damit zu weiterem Wachstum auffordern. So kann Entwicklung innerhalb einer Beziehung schon sehr beschleunigt werden. Aber eben nur dann förderlich, wenn beide Partner sehr stark miteinander in Resonanz schwingen und in etwa das gleiche Tempo haben – und das ist gerade bei entwicklungsfreudigen Menschen meist nicht auf Dauer möglich.

So möchte ich auch Sie dazu anregen, sich zu fragen, welchem Typ Sie angehören.

Empfinden Sie sich eher als entwicklungsfreudig?
Sind Sie eher raschlebig und flexibel?
Erleben Sie mehr Entwicklungsschritte in einem bestimmten Zeitraum als andere in Ihrer Umgebung?

Ich nehme an, dass der überwiegende Anteil meiner Leserschaft eher raschlebig und entwicklungsaktiv ist und daher ähnliche Erfahrungen gemacht hat wie ich. Dann hatten Sie wohl immer wieder intensive Begegnungen und starke Beziehungen, die jedoch meist nicht besonders lange gehalten haben – nicht halten konnten!

Da Sie, wenn Sie dieses Buch lesen, größtteils bewusst leben, hat zumindest einer von Ihnen jeweils die Gefahr der Stagnation erkannt; manchmal auch beide. Das funktioniert manchmal auf Ego-Ebene; in vielen Fällen jedoch muss die Seele dem Ego die entsprechenden Signale geben, damit dieses erkennt, dass nun die Zeit für Wandel und Erneuerung gekommen ist! Und wenn Sie und Ihr Du jeweils synchron die Impulse Ihrer Seele aufgreifen und umsetzen konnten, dann hat gemeinsam Entwicklung stattgefunden und die Beziehung war weiterhin fruchtbar. Wenn nicht, dann war wohl eine Trennung die sinnvollere Variante, um Sie für neue Resonanzen zu öffnen.

Es scheint übrigens, als würde die derzeit herrschende Energie auf unserem Planeten es immer schwieriger machen, Beziehungen aufrecht zu erhalten, die nicht mehr authentisch sind, weil die Entwicklung eines der beiden Partner oder beider stagniert.

Ist Ihnen in letzter Zeit aufgefallen, wie viele auch langjährige Beziehungen mehr oder weniger unerwartet auseinander gingen? Sei es, dass einer der beiden Partner einen Strich zieht; sei es, dass die überholte Beziehung durch irgendeinen von außen induzierten Umstand getrennt wird.

Das bringt mit sich, dass jene Alleingeborenen, die wieder frei sind, nun offen sind für eine neue Beziehung. Eine hoffentlich, die für das jeweilige Entwicklungsstadium beider stimmiger ist! Ich glaube nämlich, dass es in den allermeisten Seelenplänen nicht nur eine einzige ideale Beziehung gibt – wir bekommen immer mehrere Möglichkeiten geboten, die jeweils in Resonanz zu unserer aktuellen Schwingung sind.

Ich möchte jedenfalls keine einzige meiner Begegnungen und Beziehungen missen, auch wenn sich nicht immer alles angenehm angefühlt hat!

Und wie Sie sehen, gibt es auch Herzerfrischendes in meinem Fundus!

Neuer Geliebter

*Du, ganz neuer Geliebter du,
der in manchem mir noch so fremd
und doch schon tief vertraut,
wer bist du?
Und wo kommst du her?
Wann hab ich dich gekannt?*

*Du, ganz neuer Geliebter du
mit diesem Blick,
der tief in mir
etwas zum Klingen bringt,
der mich lockt und mahnt zugleich,
der ein Geheimnis birgt ...*

*Du, ganz neuer Geliebter du,
dessen Stimme mit ihrem Klang
so viel an Erinnerung weckt,
die ich nicht fassen kann.
Es ist da etwas von Angst
und so viel Innigkeit auch ...*

*Du, ganz neuer Geliebter du,
ich habe dich wiedergefunden,
nehm´ dich in meinem Leben auf,
du sollst mir willkommen sein!
Wir heilen die alten Wunden
mit dieser jungen Liebe!
Du, uralter Geliebter du,
ich liebe dich!*

Wir könnten übrigens die bewusste Auseinandersetzung mit dem Thema der verlorenen Mehrlinge als kollektiven Befreiungsprozess bezeichnen. Und ich hoffe sehr, dass in absehbarer Zeit mehr und mehr Menschen – vor allem auch in therapeutischen Berufen! – sich dafür öffnen!

Dieser Prozess der umfassenden Befreiung bezieht sich (und das möchte ich hier wirklich betonen!) nicht nur auf unsere zwischenmenschlichen Beziehungen, sondern vor allem auch auf die Befreiung aus unserer Bindung an unsere verlorenen Zwillinge!

Denn erst dann, wenn wir unser Ur-Trauma erkannt und anerkannt haben und dann auch die Konsequenzen daraus gezogen haben – nämlich uns aus dieser unseligen, gelübdeartigen Bindung in die beglückende Entfaltung unseres Potenzials zu befreien –, sind wir wirklich frei und offen für das, was ich als `gesunde´ Beziehung bezeichne: eine auf möglichst allen Ebenen erfüllende und erfüllte Partnerschaft!

Und ich wünsche mir, dieses Buch möge dazu beitragen, dass möglichst viele Alleingeborene sich nun frei spielen aus ihrer alten, bis dahin wahrscheinlich unbewussten Bindung an ihr Du im Jenseits, um endlich frei und ganz und gar bereit zu sein für ein neues Du im Hier und Jetzt!

In diesem Sinn darf ich Sie mit meinem Liebes-Duett mitschwingen lassen. Als ich es geschrieben habe, ahnte ich noch nichts von meiner Anlage. Heute hingegen kann ich in diesem Text eindeutig die Alleingeborene erkennen!

Liebes-Duett

Ein Traum hat mir
vor langer, langer Zeit
von dir erzählt
ein Samenkorn
das tief in mir
auf sein Erwachen wartet ...

                                    Heut Nacht hab ich geträumt
                                    von einem neuen Du
                                    ich habe dieses Mädchen
                                    noch nie zuvor geseh´n ...

Ich kenne dein Geheimnis

*weiß längst von deinem Blick
hab deine Haut gespürt
und deine Stimme klingt
in meiner Stille nach ...*

*Und doch ich weiß nicht wie
war sie mir gleich vertraut
ein längst bekanntes Lächeln
hat mich so tief berührt ...*

*Sanftlächelndes Vergessen
hat sich über dein Bild gelegt
hat diese Gewissheit
dass du irgendwann vor mir stehst
in meiner Tiefe vergraben ...*

*Sie kam ganz ohne Zögern
und strahlend auf mich zu
der Klang in ihrer Stimme
die ich noch nie gehört
erschien mir wohlbekannt
und das Lachen in ihren Augen
hat mich dann aufgeweckt ...*

*Doch in letzter Zeit
bist du dann immer wieder
aus der Dunkelheit getaucht
hast mein Verlangen geweckt
dich endlich wieder zu finden ...*

*Wo kann ich sie wieder finden
gibt´s dieses Mädchen wirklich
und wird sie mich erkennen
wie wird sie zu mir steh´n ...*

*Und wenn ich dir dann begegne
wirst du wissen, wer ich bin
wirst du mich wieder erkennen
nimmst du mich in dein Leben auf ...*

*Du   Du
wirklich du   wirklich du
du bist du der   du bist du die
den ich so lang ersehnt*

der längst schon tief in mir
so sehr verwurzelt ist

hab ich dich endlich gefunden

Ja
du bist der
mein Du
sei mir willkommen

Geliebter

ich liebe dich
ich liebe dich

die ich im Traum geseh´n

die schon seit eh und je
so sehr zu mir gehört

hast du mich endlich gefunden ...

Ja
du bist die
mein Du

Geliebte du

ich liebe dich

ich liebe dich ...

Frühe Hinweise

Wie es Ihnen bei Ihrem Lebensrückblick gegangen ist, geht oder gehen wird, weiß ich natürlich nicht. Es würde mich allerdings nicht wundern, wenn Ihnen dabei ebenso wie mir der eine oder andere eklatante frühe Hinweis auf Ihren besonderen Start ins Leben ins Auge fällt!

Vor allem während des Schreibens an diesem Buch sind mir immer wieder neue Indizien bewusst geworden, die ich damals – wäre ich zu dieser Zeit schon im Besitz der entsprechenden Informationen gewesen – mit Leichtigkeit als deutliche Zeichen für mein ursprüngliches `zu mehrt Sein´ erkennen hätte können. Allerdings hat mir damals der Zugang gefehlt, der sich mir nun nach und nach eröffnet hat. Und ich bin überzeugt, dass mir noch so mancher frühe Hinweis auffallen wird – und bin gespannt ...

Vor allem meine Gedichte sprechen ja eine deutliche Sprache – eine, die für einen Einling höchst kitschig klingen mag. Die Ihnen als Halbzwilling oder Dritteldrilling aber vielleicht Freude bereiten. Daher habe ich einige dieser Texte, die aus meinem Buch „Bewusstseinserweiterung – DIE LIEBE IN MIR..." stammen, auch hier aufgenommen.

Diese Texte habe ich Mitte der achtziger Jahre nach Trancevisionen geschrieben. Und wenn ich sie heute in der neuen Klarheit lese, bekomme ich teilweise Gänsehaut!

Vor allem der `Regenbogen aus Funken´ im folgenden Gedicht ist für mich wie das frühe Vorausahnen der `Liebesbrücke´ zu meinem verlorenen Zwilling, die mein Vater mir ja erst vor kurzem empfohlen hat!

Lichtei

weit so weit ist dieses Land
in der Ferne einzelne Hügel
weich ins Halbdunkel geschmiegt

und mein Blick schlendert gelassen
er streichelt den Horizont
verliert sich nicht ohne Neugier

in der Grenzenlosigkeit

nimmt mich mit in diese Ferne
die mich wie zu rufen scheint
eindringlich aber ganz leise

und ich folge diesem Sog
hin zu dem silbernen Streifen
der Himmel und Erde trennt
dem Riss in der Realität

ein kühler Lufthauch empfängt mich
und im Durchtritt löst sich mein Körper
zu weißlichen Wolken auf

verliert langsam seine Formen
und als strahlendes Lichtoval
schweb ich durch diese Kühle
die den Eindruck der Reinheit gibt

sanftschöne und milde Klarheit
die keine Frage mehr kennt
und keine Antworten sucht

kein Zweifel verwirrt mehr den Sinn
bin aufgegangen im Sein
und tief in mir ein Beben
kündet wie ein Echo das Du

vor mir dieses zweite Lichtei
bewegt sich leicht auf mich zu
sanft wogende Lichtgestalt
die mich tief so tief berührt

und ein Regenbogen aus Funken
hat eine Brücke gebaut
und die Zweiheit wiedervereint

Ist das nicht eine verblüffende Vorwegnahme?

Neben den Visionen, die ich zu Gedichten und Chansons verarbeitet habe, gibt es auch noch einige in der Originalfassung – die mich ob ihrer deutlichen Hinweise auf meine verlorenen Brüder im Nachhinein auch noch in Erstaunen versetzen.

Vor allem die folgende Vision ist mir beim neuerlichen Lesen nach vielen Jahren fast unheimlich – die Erstfassung des erst im Herbst 2016 herausgegebenen Buches „DIE LIEBE IN MIR", aus dem alle diese Texte stammen, habe ich in den neunziger Jahren geschrieben. Aber erst im Jahr 2008 habe ich erstmals von meinem Dasein als Alleingeborene gehört; wobei mir damals die Tragweite dieser Offenbarung noch lange nicht klar war.

Wenn Sie diese Visionen lesen, dann werden – so nehme ich an – automatisch entsprechende Bilder vor Ihrem geistigen Auge entstehen. Spielen Sie bewusst mit diesen Visionen! Auch wenn es meine sind, glaube ich, dass ich sie aus einem kollektiven Feld geschöpft habe; sie daher auch viele andere Alleingeborene berühren mögen.

Und vielleicht zu deren Heilung beitragen...

So können Sie diese Vision (so Sie sich davon angesprochen fühlen) nachvollziehen, um sich die Lösung aus der Bindung an Ihren Zwilling zu erleichtern! Anschließend könnten Sie das in einem früheren Kapitel angebotene Dankesritual zelebrieren. Und die Gelübdelösung, wenn Sie sie noch nicht vollzogen haben.

... ich liege eng umschlungen mit meinem GELIEBTEN auf dem warmen Steintisch in meiner weißen Kuppel ... aber das ist keine wirklich liebevolle Umschlungenheit, sondern eine eher verkrampfte und schmerzhafte ... und das ist es wohl auch, was er spürt ... deshalb möchte er sich von mir trennen ... und nun kommt ERZENGEL MICHAEL näher zu mir, von meiner rechten Seite her und stellt sich neben mich ... ich sehe sein blaues Lichtschwert aufleuchten ... sieht fast so aus, als würde dieses Schwert sich auf seine Aufgabe freuen ... aber ehe MICHAEL mir hier hilft, diese verkrampfte Verbindung zu lösen, weist er mich an, mich aus mir selbst herauszuholen und mich und meinen Geliebten in dieser merkwürdigen Umarmung von oben her anzusehen ... da ist wirklich viel Spannung darin, so wie ein verzweifelter Zwang ... vielleicht ein Gelübde, das uns beide so bindet ... ich bekomme kein genaues Bild, nur ein Gefühl ... aber die Details scheinen nicht so wichtig zu

> sein ... ich geh einfach ganz tief in dieses Gefühl des verzweifelt den anderen Festhaltens, das ihn genau dadurch verliert ... dann hebt MICHAEL sein Schwert und lässt es nicht, wie ich eigentlich erwartet hatte, auf uns beide herunter sausen, sondern beginnt, sehr behutsam uns beide auseinander zu sezieren ... scheint fast wie die chirurgische Trennung zweier siamesischer Zwillinge ... sehr vorsichtig und behutsam macht er das ... und in der Trennung kommt es auch zur Lösung in der gespannten Haltung beider Körper ... die vorhin so sehr verkrampfte Haltung wird locker ... weich ... und hingegeben ... aber das ist jetzt eine Hingabe, die sich freiwillig gibt, nicht aus einem gebrochenen und zwanghaft eingehaltenen Gelübde ... gleich nach dieser Trennung umarmen wir einander ganz weich und liebevoll, jetzt nicht mehr im Gefühl des Müssens, sondern in wunderschöner Freiwilligkeit ehrlichen Wollens ... ja ... wir halten uns zärtlich umschlungen, liebevoll und hell strahlend in dieser nunmehr reinen, frei fließenden Liebe ...

Und genau darum wird es in unserer Heilung gehen! Es gilt, uns aus einer krampfhaften Gebundenheit, die uns nicht gut tut (uns die längste Zeit aber gar nicht bewusst war), zu lösen; um endlich frei zu werden für eine neue Bindung mit einem menschlichen Pendant im Hier und Jetzt!

Wenn aus der gelübdeartigen Gebundenheit an unser Geschwister im Jenseits eine liebevolle Verbundenheit wird, dann – und erst dann – sind wir frei, unser Potenzial in allen Bereichen unseres Lebens zu entfalten und den Sinn unseres Lebens zu erfüllen! Und dazu gehört, so glaube ich, auch eine auf allen Ebenen erfüllende und erfüllte Liebesbeziehung; für die es nun gilt, frei und bereit zu werden!

Auch die folgende Vision scheint mir einen interessanten Aspekt im Leben Alleingeborener anzusprechen: die Spiegelung. Eine solche finden wir im Prinzip in jeder wesentlichen Beziehung, wenn wir dafür offen sind. Aber niemand wird uns so exakt spiegeln wie ein anderer Zwilling! Nicht umsonst verbinden sich auch zu zweit geborene Zwillinge gerne mit ebensolchen.

Und wie bereits erwähnt, umgeben sich Alleingeborene gerne mit Spiegeln; offenbar auf der unbewussten Suche nach ihrem Mehrling.

Vielleicht möchten Sie auch die folgende Vision nachvollziehen – ich könnte mir vorstellen, dass sie einiges in Ihnen in Bewegung setzt.

> ... ich bewege mich über ein weites Feuerfeld, einer Art Steppenbrand ... der ganze Boden scheint zu brennen, und ich tanze barfuss durch dieses Feuer ... bin riesengroß und sehr dünn, wie eine Heuschrecke in Menschengestalt ... tanze in skurrilen Bewegungen durch die lebhaft tänzelnden Flammen ... versonnen... ganz in mir verloren... doch auf einmal kommt mir mein Spiegelbild entgegen ... merkwürdig... es ist kein Spiegel da, und dennoch kommt mir aus der Ferne mein Spiegelbild entgegen ... eigenartige Erfahrung, mich zugleich zu spüren und zu sehen... jede meiner Bewegungen wird augenblicklich von diesem Spiegelbild beantwortet ... wilde Sprünge und Drehungen, in denen der Sand zwischen dem brennenden Steppengras in weitem Bogen aufgewirbelt wird ... sehr dynamisch, sehr wild und unbändig ... aber merkwürdig kontrolliert unbändig ... immer wieder dieses spannende aufeinander zu Tanzen und dann wieder sich von einander Entfernen ... faszinierendes Doppelspiel von Spüren und Sehen ... wenn ich mit dem Rücken zu meinem Spiegelbild gewandt bin, ist es bloß ein Fühlen ... ein Fühlen, dass sich hinter mir dasselbe abspielt, wie in mir ... jede Bewegung haargenau übernommen wird ... und wenn wir einander zugewandt sind, kommt zum Spüren das Sehen hinzu ... ich denke nun erstmals daran, über diesen Spiegel hinauszugehen ... und erkenne deutlich im Gesicht meines Gegenübers die Spannung, die neugierige Spannung auf das, was passieren wird, wenn ich diese Schranke durchstoße ... die Schranke der Aufspaltung, des erkennbar Werdens ... des hinaus Werfens einer Projektion, um mich selbst besser kennen zu lernen ... all das in wilden Sprüngen über diesen feurigen Boden ... wobei ich nicht hoch springe, um dem Feuer auszuweichen, im Gegenteil, das ist ein lustvoll freudiger Tanz mit dem Feuer, das hier wie ein Katalysator wirkt ... der Erkennungs-Tanz ... nun tanze ich seitlich auf dieses Spiegelbild zu, gebannt meinen Blick hingewandt ... dynamisch exzessiv, ja fast ekstatisch ... ich merke, wie ich schwitze ... merke es an mir selbst und kann an meinem Spiegelbild das Glitzern der Schweißperlen erkennen ... aber immer kurz, bevor ich diese Schranke durchbreche, halte ich inne und weiche dann doch zurück ... irgendetwas hält mich noch ab ... Angst vielleicht ... Zweifel ... aber dann kommt der Augenblick, wo ich weiß: ich werde springen ... in mich hineinspringen ... in mich selbst eintauchen ... mich selbst erfüllen ... ja ... mich selbst erfüllen

und erfühlen... so nehme ich eine lauernde Haltung ein ... wie ein Raubtier ehe es losspringt ... mit einer Spannung, die sich mehr und mehr steigert ... und dann, so als würde sich ein Abzug gelöst haben, explodiere ich in mein Spiegelbild hinein ... dieses auf mich selbst Zufliegen wird wie in Zeitlupe gedehnt ... und ich erlebe intensiv das stark Strebende, dieses so sehr bereit und offen Sein... diese unendliche Sehnsucht nach Heimkehr ... aber auch die bange Frage, was dann sein wird ... und dann tauche ich in mich ein ... seliges Eindringen in mich selbst ... und da ist sofort dieses wundervolle Gefühl des Heimkommens ... endlich an meinem Ziel angelangt zu sein ... Selbst-Findung ... ja, diese Persönlichkeit ist mein Betätigungsfeld ... und es ist gut, in ihr inkarniert zu sein ... fest verwurzelt ein Leben lang ... ich seh mein Wesen wie eine riesige Papyrus-Rolle aufgebreitet ... seh alle meine Schwächen und Stärken, meine noch in der Potentialität ruhenden Anlagen, wie auch die bereits gelebten Persönlichkeitsanteile ... all die Zweifel und den Mut, seh die Einsamkeit und doch auch viel Zuneigung ... ich seh das Vertrauen in mir und in mich ... seh den Glauben in mir und in mich ... seh die Liebe in mir und zu mir ... und geh nun sehr bewusst wieder aus mir heraus ... und umfange mich selbst liebevoll mit beiden Armen ... zärtlich und in inniger Liebe ... Wange an Wange in seliger Umarmung ... zwei ineinander verschlungene Wesenheiten, die in Wahrheit eins sind ... und ich stimme mich sehr bewusst auf dieses Ich-Selbst ein ... ein Vorgang des Werdens ... des heiler Werdens ... Bewusstsein erweiternde Zwischenstation am Heilsweg ... und als solche nehme ich mich in mich auf ... ich bin die ich bin ...

Die nächste Vision thematisiert den aus meiner Sicht auch sehr interessanten Aspekt der Doppelgeschlechtlichkeit, in die uns der Verlust eines Zwillings oder Drillings katapultiert hat, wenn er vom anderen Geschlecht gewesen wäre.

Wie oft habe ich meine Weiblichkeit angezweifelt und mich nicht als ´richtige Frau´ gefühlt! Und dies dann auch von anderen immer wieder gehört: „Du hast einen Gang wie ein Dragoner!", hieß es da immer wieder. Daher sollte ich wohl auch eine Mannequinschule besuchen. „Du bist ein verpatzter Mann; ein Mann-Weib!"...

Während der Zeit meines Medizin-Studiums war ich für meine Kollegen `der Michl´ – und ich kenne viele Frauen, denen es ähnlich geht – jene, die vor allem im Beruf (in der Wirtschaft oder in der

Politik) taff und, meist nur bis zum `gläsernen Plafond´ aufsteigend, `ihren Mann stehen´. Das kann so weit gehen, dass sie zwar eine Menge Röcke in ihrem Kleiderschrank haben, im Zweifel aber immer zu Jeans oder zum Hosenanzug greifen!

Umgekehrt gibt es Männer, die ihre Zwillingsschwester mit leben – ein typisches Beispiel dafür scheint mir der bereits erwähnte Sänger Thomas Neuwirth, der sich als die Sängerin Conchita Wurst darstellt. Aber die Auswirkung muss nicht so spektakulär sein. Viele betroffene Männer werden homosexuell (wie mein bereits erwähnter Assistent und zahlreiche Klienten) oder leben einfach ein stark yin betontes Leben.

Das sind dann besonders aufmerksame und fürsorgliche Männer, die sich als Pfleger oder in anderen helfenden, heilenden Berufen verwirklichen. Wir finden sie aber auch oft in künstlerischen Berufen oder solchen, die der Verschönerung dienen: Friseure, Visagisten, Modedesigner...

Nach der Doppelgeschlechtlichkeit spricht diese Vision auch den großen Wunsch nach dem `richtigen Partner´ an, den ich mir damals in meiner Vorstellung aus Lehm kreiert habe und mit dem ich mich in (für Alleingeborene klassischer) inniger Verschmelzung vereine.

Auch in meiner Funktion als Künstlerin habe ich sehr früh schon begonnen, meine Liebesbilder zu gestalten; interessanterweise auch in Ton, genau so wie in der folgenden Vision! Heute kann ich mir auch die Wahl meines Lieblingssujets besser erklären!

... ich tanze versonnen in einer Drehbewegung im Uhrzeigersinn mit weit ausgebreiteten Armen ... beginne zuerst ganz langsam, tanze dann aber immer wilder und energetischer, die Drehung wird schneller und schneller ... der ganze Körper ist vollkommen wach ... dann kommt der Augenblick, da scheinbar die Rechts-Drehung in eine Links-Drehung überspringt ... aber in Wahrheit ist es zu einer Dissoziation gekommen ... ein Teil von mir dreht sich nach links, ein anderer nach rechts, aber beide ineinander verwoben, am selben Ort ... und die Summe des Ganzen ist scheinbar Stillstand, tiefe Ruhe... ich fühle stark die Teilung in die beiden Richtungen ... eigenartige Vortex-Bewegung zweier ineinander geschichteter, gegeneinander laufender Wirbel ... wieder yin und yang ... ja, ich trage beide Pole in

mir ... dann gleiten die beiden Drehungen auseinander ... die beiden Wirbel sind nun nicht mehr ineinander verwoben, sondern stehen einander gegenüber ... und aus dieser gegenläufigen Bewegung entsteht eine sehr starke Anziehung ... plötzlich öffnet sich die Erde unter mir, und all das Drehen und Wirbeln, das zweigeteilt und doch Einheit Sein stürzt ab in die Tiefe ... ich lande in einem wundervollen Schlammloch ... herrlicher Lehm, in den ich eintauche... willkommenes Medium für hungrige Gestaltungskräfte ... bin ganz in diesem Lehm eingehüllt wie in einem Schlammbad, mein ganzer Körper hat damit Kontakt ... ein herrliches Gefühl ... meine Hände, wie süchtig nach diesem Medium, spielen damit ... es gibt auch festere Teile, die ich formen kann ... und wie trunken beginne ich nun, meinen Gefährten zu formen ... ein wunderschöner Körper entsteht ... eine Schönheit, die anders ist ... bin sehr konzentriert, fast besessen ... es ist ein sehr aufregender Gestaltungsakt, weil das Leben, das diesem Erden-Mann eingehaucht werden soll, bereits da ist, bereit, die neue Gestalt in Besitz zu nehmen und zu beleben... ich arbeite wie im Fieber, lass mich ganz in dieses Form Gestalten hineinfallen und beginne jetzt schon, diesen Körper, der unter meinen Händen entsteht, zu lieben ... streichle versonnen die weichen und doch kraftvollen Formen ... und dann kommt die Nacht ... mein Erden-Mann ist fertig geformt, erscheint aber noch leblos ... und doch scheint dieses Leben wie am Sprung, bereit, in diese Gestalt einzutreten ... es ist dunkel geworden ... so lege ich mich neben mein Geschöpf aus Erde und halte mit meiner Hand die Erden-Hand, die ich selbst geformt habe ... eine wunderschöne Hand ... ich spür so stark schon diese Wesenheit um mich, so präsent ... so bereit... und auf dem Rücken liegend, Hand in Hand mit ihm, nehme ich nun den Sternenhimmel in mich auf ... warte geduldig und doch gespannt auf die Stern-Schnuppe, die das Eintreten seines Wesens in den Erdenkörper anzeigen wird ... ich versuche, den ganzen Himmel in meinem Gesichtsfeld aufzunehmen, werde ganz weit und offen ... in seliger Sehnsucht ... und dann ist die Schnuppe da ... das Leuchten, das in weitem Bogen heruntersaust und verglüht ... ein Jauchzen erfüllt mein ganzes Wesen ... und in diesem Augenblick spür ich die Hand in meiner Hand sich regen ... ganz leicht meine Hand drücken ... nun schließe ich überwältigt die Augen ... liege voll inniger Erregung in diesem herrlich weichen Schlamm, der so wohltuend ist, so angenehm kühl ... neben mir die Gestalt, die ich selbst für mich geschaffen habe, die zärtlich und doch leidenschaftlich meine Hand hält ... ein starker

> *Energiefluss entsteht zwischen unseren Körpern ... verbindet uns zu einer Wesenheit ... ein Strömen und Rauschen ... und dann der Kuss ... ein Augenblick, der wie ein Glühen ist ... seliges Verglühen ... das die beiden Körper in einander überfließen lässt ... Liebe...*

Merkwürdig, diese Vision bewegt mich auch im neuerlichen Redigieren tief!

Wie geht es Ihnen damit?
Spüren Sie Resonanz?
Erwacht in Ihnen Sehnsucht nach einem solchen Du?
Wie wäre es, wenn Sie – wenn auch nur in Ihrer Vorstellung? –
Ihr Pendant gestalten?

Für mich ist Hingabe in diesem starken Miteinander die normalste Sache der Welt. Aber offenbar ist das für Menschen, die ursprünglich nicht zu zweit in diese Inkarnation gekommen sind, ganz und gar nicht normal, geschweige denn ideal.

Allerdings meine ich, ist es auch wesentlich, Einlinge in ihrem So-Sein zu verstehen und Verständnis zu haben für ihren vollkommen anderen Zugang zum Leben – und vor allem zu Beziehungen! Womit sich ein Alleingeborener leichter tun wird als ein Einling, der kaum je den Grad an Empathie erreichen wird und sich daher auch mit Verständnis oft nicht allzu leicht tut.

Diese Menschen erleben ihre ersten neun Monate (oder weniger, wenn sie als Frühgeburt zur Welt kommen) in vollkommener Einheit mit sich selbst. Da gibt es kein Du, sondern nur ein Ich; zufrieden in seiner Einheit mit sich selbst. Irgendwo in der Ferne ist eine Mutter, deren schlagendes Herz sie zwar wahrnehmen, das ihnen aber lange nicht so nahe ist wie das Herz eines Zwillings es wäre!

Sie sind im reinsten Sinne des Wortes ego-zentrisch – ohne jegliche Bewertung! Solche Menschen haben daher auch meist mit sich selbst genug. Sie fühlen sich ganz, komplett, in und mit sich gut aufgehoben. Dies übrigens auch im Zusammensein mit anderen; das für sie niemals ein so enges sein darf, dass sich die Grenzen auflösen. Grenzen und Abgrenzung sind ihnen wichtig!

Und wenn diese Menschen dann einem Alleingeborenen begegnen, dann fühlen sie sich von dessen Wunsch nach intimer Nähe und inniger Verschmelzung höchst irritiert und sehr bald schon – meist nach der Phase der ersten Verliebtheit – in die Enge getrieben. Dieses Verschmelzen, das für uns das Höchste ist, brauchen sie nicht! Im Gegenteil: Es ist ihnen fremd und nicht nachvollziehbar, weil sie es in ihren ersten Wochen nicht erlebt haben; also nicht von vorneherein darauf geprägt sind!

Für uns Alleingeborene mag sich eine aus unserer Sicht so distanzierte Beziehung schrecklich anfühlen, einsam und kalt! Aber natürlich ist das ein subjektiver Eindruck. Für einen Einling fühlt sich das nicht so an! Daher kann er auch nie so mit all den Romanzen, Lovesongs und Liebesromanen mitschwingen, die unser Herz erwärmen – wenn wir es uns erlauben.

Für Einlinge fühlt sich all das kitschig an – ebenso wie für viele Fluchtzwillinge, die ja aufgrund ihrer Blockade oft noch abwehrender reagieren! Allerdings können diese, wenn sie sich der Heilung öffnen, durchaus wieder Freude finden an solchen Endorphin-Ausschüttern, wie ich das nenne!

Es sind einfach zwei verschiedene Arten, Erfahrungen in dieser irdischmateriellen Realität zu sammeln. Keine ist besser als die andere, daher sollten sie einander Verständnis entgegenbringen. Alleingeborene sind prinzipiell sehr verständnisvoll, aber für die Abwehr gegen allzu viel Nähe und Intimität haben sie wenig Verständnis, weil das für sie das größte Glück bedeutet! Wie können andere das nicht so empfinden?

Interessant in diesem Zusammenhang ist auch folgende Frage, die dann aktuell wird, wenn wir uns intensiver mit diesem Thema befassen:
„Wer von den bisherigen Partnern und Partnerinnen ist allein zur Welt gekommen, weil der Zwilling früh heimgekehrt ist oder zwei Drillinge verloren gegangen sind?"

In meiner Lebensrückschau konnte ich vor allem Alleingeborene identifizieren, allerdings waren auch einige Fluchtzwillinge darunter!

Wie sieht das bei Ihnen aus?
Können Sie, wenn Sie mehrere Beziehungen hatten, eher einen Hang zu Einlingen erkennen?
Oder gibt es darunter mehr Alleingeborene?
Und waren das eher Schmelz- oder Fluchtzwillinge?

Die folgende Vision scheint mir sehr stimmig zu sein für die große Aufgabe der mehr und mehr gemeinsam Inkarnierenden. Wie ich bereits erwähnt habe, geht es – laut meinem Bruder im Jenseits – bei diesem speziellen Start ins Leben vor allem darum, viel Liebe auf die Erde zu bringen; also eine sehr hoch schwingende Liebesenergie auf diesem Planeten zu verankern! Das wird aber erst dann so richtig funktionieren, wenn wir uns unserer Anlage bewusst sind und die alte Wunde geheilt haben.

Wenn ich heute die folgende Vision aus meiner neuen Perspektive lese, wird mir klar, dass ich bereits vor vielen Jahren, als ich diese Bilder empfangen habe, das Thema dieses Buches vorweg genommen habe!

... Sanftes orangerotes Leuchten, das sich ganz langsam auszudehnen scheint ... ich bewege mich mit weit ausgebreiteten Armen und hoch erhobenem Kopf durch eine Atmosphäre der Freude ... nun kommen aus allen Richtungen Pferde auf mich zu galoppiert, schwarze Hengste in wildem Ungestüm ... die Gegend ist sandig, und so wird viel Sand aufgewirbelt durch diese rasenden Hufe ... glühend heißer gelber Sand liegt in der Luft ... die Sonne brennt herunter ... und von rundherum stürmen diese prachtvollen rabenschwarzen Wildpferde mit wehenden Mähnen auf mich zu ... werden dann langsamer und halten vor mir an ... ich stehe im langen weißen Kleid mit weit ausgebreiteten Armen regungslos in der Mittagssonne, und rund um mich steht nun mir zugewandt der Kreis der zwölf Rappen ... scheinbar ruhig, aber ihre prachtvollen Körper fiebern in der Erwartung ... unbändige Erwartungsfreude hüllt mich ein ... und nun vervielfältige ich mich in ebenso viele Teile, wie Pferde um mich sind, und jeder dieser zwölf Teile steigt auf einen dieser Rappen ... weiß gekleidete Frau auf einem schwarzen Pferd ... und dann, wie auf ein Zeichen, wenden die Hengste mit ihren Reiterinnen ruhig und harmonisch synchron ... und als alle ihre Köpfe wie die Strahlen einer gezeichneten Sonne aus dem Kreis heraus weisen, rasen sie plötzlich in alle Himmelsrichtungen davon ... und immer dann, wenn sich diese schwarz-weißen Paare so weit von ihrem Ausgangskreis entfernt haben, dass ihre Abstände voneinander zu weit geworden sind, teilt sich jede dieser schwarz-weißen Dyaden auf ... immer wieder teilen sich diese Yin-Yang-

> Einheiten, und der Kreis wird immer weiter und weiter ... und sie tragen ihre Botschaft in die Welt hinaus ... COVER EARTH WITH UNDERSTANDING ... dann sehe ich, wie ein solcher Kreis auf einen ebensolchen ihm entgegen kommenden trifft ... wie die Wellen-Kreise um zwei ins Wasser geworfene Steine, die einander begegnen und überlagern ... und dort, wo die beiden Kreise aufeinander treffen, gehen die Paare aus Pferd und Reiterin etwas langsamer aneinander vorbei, begrüßen einander liebevoll mit Freude, Innigkeit und Verstehen ... sie haben alle dasselbe Ziel ... COVER EARTH WITH LOVE ...

Mein Bruder hat mir übrigens versichert, dass die Vereinigung zweier geheilter Halbzwillinge oder Drittteldrillinge in einer heilen Beziehung auch andere Paare inspiriert. Das wohltuende Mit-Erleben der tiefen, innigen und weithin ausstrahlenden Liebe eines solchen Paares wird in vielen, die sich davon berührt fühlen, die Sehnsucht erwecken, sich auch für eine solche Liebe zu öffnen.

Vor allem natürlich in geheilten Alleingeborenen oder solchen, die sich auf dem Weg in die Heilung befinden!

Darüber hinaus wird in der Konfrontation mit einem solchen glücklichen Paar in derzeit noch unbewussten Alleingeborenen ihr Ur-Trauma getriggert; sodass sie meist gar nicht anders können, als sich dieser Wunde anzunehmen und sie zu heilen. Und damit auch bereit zu werden für eine ebenso erfüllende Beziehung in tiefer Liebe! Die dann wiederum andere anregen wird.

Daraus ergibt sich eine ganz starke Katalysatorwirkung in einem Dominoeffekt mit großer Breite und Nachhaltigkeit – ähnlich wie es in dieser Vision geschildert wird.

Es gibt derzeit mehr Suchende denn je auf diesem Planeten – nicht zuletzt weil in Wahrheit die Mehrzahl der Menschen (erinnern Sie sich: manche meinen, heute würden die Alleingeborenen 80% ausmachen) ihre zweite Hälfte suchen! Und sie tun dies mehr oder weniger bewusst – was natürlich verschiedene Auswirkungen hat!

Einerseits gibt es jene – und das sind vor allem Frauen –, die bewusst ihren idealen Partner suchen, weil sie tief in sich diese Sehnsucht nach der verlorenen zweiten Hälfte wahrnehmen können!

Davon zeugen gängige Ausdrücke wie `Zwillings-Flammen´, `Dual-Seelen´ oder `Seelen-Gefährten´, die auch im Internet mehr und mehr an Aktualität gewinnen; und über die allerorts Bücher geschrieben, Vorträge und Seminare gehalten werden.

Das sind Menschen, die das Thema der verlorenen Zwillinge sehr bereitwillig aufnehmen und umsetzen werden. Für diese vor allem mag dieses Buch wertvoll sein, weil sie viele Identifikationsmomente darin finden werden!

Andererseits gibt es jene, die zwar tief in sich diesen Verlustschmerz wahrnehmen können – wenn sie bereit sind, sich dieser Erfahrung zu öffnen. Dennoch wehren sie sich dagegen und reagieren abwehrend, wenn man sie mit dieser Thematik konfrontiert. Sie zweifeln und wollen all die Hinweise ihrer Seele nicht wahrhaben – so lange, bis ein schwerer Verlust, ein schmerzhafter Abschied oder eine Lebenskrise weitere Bestätigung liefert, die sie nicht weiter in ihrer Abwehr ruhen lässt.

Auch für solche Menschen kann dieses Buch der letzte Anstoß sein, damit sie sich für all das öffnen, was sich durch dieses große Aha-Erlebnis in ihrem Leben verändern wird!

Und dann gibt es noch jene, die im Augenblick auch mit noch so vielen Hinweisen nicht in Bewegung zu bringen sind – und auch das ist in Ordnung! Für manche ist es eben noch nicht an der Zeit. Dennoch kann dieses Buch auch für solche Menschen sinnvoll sein – als erster Hinweis etwa, dem nach einer Weile weitere folgen mögen.

Zum Abschluss dieses Kapitels teile ich noch eine Vision mit Ihnen, die vielen von Ihnen das Herz erwärmen mag – schwingen Sie einfach mit!

... vor mir eine fast endlose Sandbucht ... ich gehe barfuss durch den Sand ... gerade dort, wo er immer wieder leicht von den rhythmisch kommenden und gehenden Wellen benetzt wird ... links von mir das Meer, rechts der weite Sandstrand, der in der Ferne in saftiges Grün übergeht ... alles menschenleer ... ich trage ein langes weißes Gewand, das leicht im Wind weht ... es riecht nach Meer, nach Wind,

nach Salz ... das Wasser ist ruhig, die Oberfläche glitzert in der Sonne, die gerade aufgeht ... es ist früh am Morgen, die Luft prickelt frisch, aber die Sonne saugt die letzte Kühle der Nacht auf ... ich geh entlang dieser Grenzfläche zwischen Land und Meer ... spür das leichte Einsinken meiner nackten Füße im feuchten Sand, der in seiner Wasser-Getränktheit etwas an Widerstand bietet ... weit und breit vor mir ist nichts zu sehen als Wasser und Himmel und Sand, und doch gehe ich zielstrebig auf etwas zu ... an meiner linken Seite die Sonne steigt immer höher, wird immer heißer und durchglüht mich wild und immer wilder ... das Meer rauscht in seinem vertrauten Rhythmus ... wunderschöne ruhig harmonische Szene, die mich aber doch mit einer im Augenblick noch unerklärlichen Spannung erfüllt ... einer Erwartung dessen, was dort vorne auf mich zu warten scheint ... das, was mein Kopf noch nicht kennt, das in meinem Herzen aber längst Wurzeln geschlagen hat ... mein Gang ist auch in seiner sicheren Zielstrebigkeit leichtfüßig ... es ist mein Weg, den ich gerne gehe ... vor mir ist nun in der Ferne eine leichte Biegung in dieser Bucht zu erkennen ... und etwas wie ein Felsen scheint dort im Sand zu liegen ... in der Annäherung erkenne ich sehr helle, fast weich wirkende, von Wind und Meer geglättete flache Felsen, die sich Raubtieren gleich in den glitzernden Sand schmiegen ... auch der Sand ist hier sehr hell, hebt sich wunderschön vom Azur des Himmels ab, der sich ins tiefblaue Meer zu ergießen scheint ... erhebendes Bild, in dem ich mich wunderbar geborgen fühle ... ich gehe weiter meinen Weg in geduldiger Erwartung ... und kann nun in der Ferne IHN erahnen ... so wie ich bewegt er sich auf diesen Felsen zu ... noch kann ich ihn nicht sehen, aber etwas in meinem Herzen ahnt ihn voraus ... wir sind beide bereit für die Begegnung mit dem DU ... und in der Annäherung verdichtet sich die Sehnsucht, die uns zusammenführt ... schon können wir einander erkennen ... wieder erkennen ... aus vielen, vielen Begegnungen einander längst vertraut ... in tiefer LIEBE seit Äonen schon verbunden ... die Sonne, fast schon am Zenith, brennt intensiv auf uns herunter ... es scheint, als würde sie diese erregende Szene in uns einbrennen ... das Meer und der Wind sprechen unsere Worte ... Worte der Liebe ... so vieles haben wir einander zu sagen, und doch verharren wir in seliger Stille, die nur das uralte, endlich wieder gefundene DU mit allen Sinnen in sich aufnehmen möchte ... lange stehen wir einander gegenüber, in dem wachen einander Erspüren ... in diesem tief beglückenden Zueinander-Finden, das die zwei Hälften wieder zu einem Ganzen werden lässt ... es ist Musik in dieser Begegnung ...

> tiefe Harmonie ... und unendlich viel Zärtlichkeit ... Sehnsucht ...
> Leidenschaft und Verlangen auch ... Verlangen nach dieser Eins-
> Werdung, die Ergänzung im DU finden möchte ... und in der
> Verschmelzung lösen sich unsere Körper in LICHT auf ... das Meer
> rauscht, immer noch weht eine sanfte Brise, und die Sonne hoch im
> Zenith hüllt diese Erfüllung in ihre glühend heißen Strahlen und prägt
> diese LIEBE unvergesslich in unser beider Wesen ein ... wie
> sonnentrunken glüht mein ganzes Wesen ...

Folgendes Chanson entstand damals aus dieser Vision:

Sonnentrunken

Wie sonnentrunken
glüht mein ganzes Wesen
kommst du mir in den Sinn ...

Ich kenn dich nicht,
hab dich noch nie gesehen,
weiß nichts von dir,
nicht wer du bist,
woher du kommst,
und wann;
und doch Geliebter
ist dein Platz an meiner Seite,
und ich gehör zu dir,
bin deine Frau,
dein Du ...

Wie sonnentrunken
glüht mein ganzes Wesen
kommst du mir in den Sinn ...

Noch bist du fremd und fern,
das Echo einer Ahnung,
beflügelst meine Sehnsucht,
nährst mein Hoffen,
weckst geheimes Drängen
hin zu dir;
längst spür ich deine Nähe,
weiß, du bist am Weg

zu mir,
und ich komm dir entgegen,
bereit mich deiner Liebe hinzugeben ...

Wie sonnentrunken
glüht mein ganzes Wesen
kommst du mir in den Sinn ...

Auch darin ist die Alleingeborene – in ihrer brennenden Sehnsucht nach ihrem Du – kaum zu verleugnen.

Wobei ich das damals durchaus als die Vorherahnung meines neuen, idealen Partners interpretiert habe ... wofür es allerdings erst noch der Heilung meines Ur-Traumas bedurft hat!

Meine persönliche Reise in die Heilung

Ich weiß nicht, wie Sie geartet sind, geschätzte Leserinnen und Leser? Ich liebe es, die persönlichen Geschichten hinter den Büchern zu lesen, die ich mir zu Gemüte führe. Damit wird für mich alles plastischer und damit zugleich nachvollziehbarer. Wenn dies auch für Sie gilt, dann begleiten Sie mich hier auf meinem Heilungsweg!

Mit diesem Buch wollte ich Ihnen einerseits Mut machen, andererseits Identifikationsmomente anbieten. Wenn Sie selbst Alleingeborener sind, haben Sie sich wohl in vielem wieder gefunden – genauso ging es mir, als mir – nach dem intensiven und höchst erhellenden Dialog mit meinem jenseitigen Bruder – Schilderungen anderer Betroffener in die Hände gefallen sind. Offenbar genau zum richtigen Zeitpunkt meines Lebens, weil ich da wohl die nötige Reife hatte, um in die Tiefe zu tauchen und mich der intensiven Transformation zu stellen, die diese neue Klarheit bei mir in Gang gesetzt hat.

Und wohl auch bei Ihnen in Gang setzen wird – würden Sie sonst dieses Buch gelesen haben?

Erstmals habe ich Ende fünfzig vom frühen Verlust meiner beiden Brüder erfahren – und da gleich dreimal innerhalb weniger Monate und von verschiedenen Seiten. Damals hab ich das zwar als interessantes Aha-Erlebnis im Kopf angenommen; aber wirklich bei mir anzukommen schien diese Einsicht nicht. Vor allem als jene Aura-Therapeutin auch bei meiner Tochter und drei Freundinnen verlorene Geschwister identifiziert hat, schien mir das eher merkwürdig. Ich fragte mich: „Sind denn jetzt auf einmal alle Alleingeborene?".

Und habe das Thema dann als graue Theorie abgelegt. Heute sehe ich es so, dass dem Gesetz der Resonanz folgend betroffene Menschen genau zu solchen Heilerinnen und Heilern finden, die ihnen bei ihren speziellen Themen helfen können. Genauso finden derzeit viele Betroffene auch mich und meine Bücher im weltweiten Netz…

Als kurz darauf eine Chiromantin während der Betrachtung meiner Handfläche die Frage äußerte, ob mir bekannt sei, dass ich nicht alleine in dieses Leben gekommen wäre, bejahte ich. Diese Begegnung fand ja nach meinen auratherapeutischen Sitzungen statt, von denen ich ja annahm, dass sie dieses Thema – wenn es denn tatsächlich für mich relevant wäre –, geheilt hätten. So blieb es immer noch graue Theorie, von der ich dachte, mich nicht weiter damit befassen zu müssen.

Ähnlich dachte ich bei jener Energetikerin, die wenige Monate danach meine verlorenen Brüder in meinem Energiefeld erkennen konnte. Was ich heute als deutliche Hinweise meiner Seele, doch bitte genauer hinzusehen, erkenne, habe ich damals offenbar noch abgeblockt. Mit der Begründung, all das sei ohnehin schon geheilt und daher nicht mehr relevant.

Also hat es noch weiterer Jahre gebraucht, um mich 'weich zu klopfen' – so würde ich das heute interpretieren. Offenbar war der Tod einiger mir sehr nahe stehender Menschen 'nötig', um mich endlich bereit zu machen, in die Tiefe vorzudringen und mich diesem uralten Trauma zu stellen.

Zuerst ist mein erster Mann freiwillig über die Regenbogenbrücke gegangen – was ich angesichts seiner lebenslangen depressiven Grundstimmung und seiner schweren Erkrankung eigentlich eher als Erleichterung für ihn empfand. Aber natürlich hat mich die Tatsache berührt, dass ein Mensch, der mir in jungen Jahren doch sehr nahe gestanden war, für sich keinen anderen Ausweg gesehen hat, als bei einem Fenster hinaus zu springen.

Interessanterweise war dies eine Option, die auch mir in meinen suizidalen Phasen immer wieder im Hinterkopf herumgegeistert war – nahe liegend vielleicht wenn man im obersten Stockwerk wohnt. Erst Jahre später sollte mir klar werden, dass auch er ein Alleingeborener war, und viele Probleme in unserer immerhin neun Jahre dauernden und in vielem durchaus guten Beziehung auf unser beider speziellen Start ins Leben zurückzuführen waren.

Ein Jahr später starb dann mein mir außergewöhnlich nahe stehender Vater – eine Nähe, für deren Erklärung mein früher Verlust übrigens auch wesentlich war! Dieser Tod hat mir – wiewohl seit vielen Jahren erwartet und in manchen Augenblicken fast herbeigesehnt (weil es meinem Vater am Ende ganz und gar nicht mehr gut ging) – komplett den Boden unter den Füßen weggerissen.

Eine Reaktion, die ich in ihrer Heftigkeit erst nachvollziehen konnte, als mir klar wurde, dass auch mein Vater seine Schwester verloren hatte und wir unser Geschwister jeweils aufeinander projiziert haben. Wie Sie gelesen haben, nehmen unsere verlorenen Zwillinge meist jenen Platz ein, den eigentlich der ideale Mann oder die ideale Frau einnehmen sollte. Dadurch tun wir Alleingeborenen uns sehr, sehr schwer, eine gesunde Beziehung aufzubauen. Auch darauf bin ich in diesem Buch näher eingegangen. Der Platz für unseren `guten Mann´ oder unsere `gute Frau´, wie meine Energetikerin so nett formuliert hat, ist einfach `besetzt´.

Mit anderen Worten hat mein Vater neben dieser natürlichen Rolle auch die des verlorenen Bruders und die des idealen Mannes eingenommen. Umgekehrt habe wohl auch ich diese dreifache Rolle für ihn erfüllt. Daher war sein Verlust natürlich weit mehr als bloß der an sich normale Verlust eines fast neunzigjährigen Vaters! Er hat den lange vergessenen, aber in jeder Zelle meines Körpers gespeicherten Verlust meines Bruders getriggert.

Als dann sechs Wochen danach auch noch ein mir sehr nahe stehender Freund (den ich als meinen etwa gleichaltrigen Seelen-Bruder empfand – auch dies wohl eine Ersatzfunktion!), völlig unerwartet starb, hat dies die Mauern um meine alte Wunde schon ziemlich ins Wanken gebracht. Auch dieser Tod war ein starker Trigger für mein Ur-Trauma.

Aber es hat noch einen weiteren Tod gebraucht, um mich tatsächlich für dieses Hinschauen zu öffnen: Ein halbes Jahr später ging auch meine um einiges jüngere Cousine völlig unerwartet über die Regenbogenbrücke.

Eine solche Aneinanderreihung von Todesfällen muss nicht unbedingt der Auslöser sein; aber erfahrungsgemäß braucht es oft eher schwerwiegende Verluste, die uns mürbe machen und helfen, unsere Abwehr gegen das Hinschauen zu lösen.

Neben all diesen menschlichen Verlusten `durfte´ ich in dieser Zeit übrigens noch vieles anderes `loslassen´ – nicht zuletzt auch Erwartungen, deren eine mir dann in ihrer großen Ent-Täuschung zum endgültigen Durchbruch in die Tiefe verholfen hat. Die Situation selbst ist hier nicht so wichtig, ich erwähne sie nur, um Sie darauf hinzuweisen, dass zuweilen ein scheinbar ganz kleiner Anlass reichen kann, Sie in die Tiefe zu katapultieren. Ähnlich wie ein einziger Tropfen ein ganzes Fass zum Überlaufen bringen kann.

Wenn die Blockaden, die Sie aufgebaut haben, um sich vor allzu großem Schmerz zu schützen, erst einmal durch verschiedene Verluste aufgeweicht sind, dann kann eine scheinbar unbedeutende `Kleinigkeit´ der entscheidende Auslöser sein. In meinem Fall hat es mehrere aufeinander folgende Ereignisse (also Reize) gebraucht, um mir die alte Wunde endgültig ins Bewusstsein zu bringen.

Was mir am meisten geholfen hat in dieser Zeit des höchst empfindlichen Gleichgewichtes, war mein `Dialog der Hände´. Dieser ungemein wertvollen Technik zur Bewusstseinserweiterung (zu deren Erklärung es die „Körperbriefe" und den Band 5 aus der Reihe „Hochsensibel das Leben meistern" gibt), habe ich auch in diesem Buch ein Kapitel gewidmet. Nicht nur weil der direkte Dialog mit meinem verlorenen Bruder mir riesige Schritte in Richtung Befriedung erlaubt hat (und das auch für Sie tun kann), sondern weil letztlich er dieses Buch durch mich geschrieben hat! Meine Aufgabe habe ich vor allem darin gesehen, seine Durchgaben in einen alltagstauglichen und leicht umsetzbaren Ratgeber umzuwandeln.

Da ich diese Art des Dialoges mit (wann auch immer) Verstorbenen bereits mehrfach erfolgreich angewandt hatte, lag es nahe, nach dieser Offenbarung nun auch den Kontakt zu meinem Bruder zu suchen. Und diesen habe ich augenblicklich gefunden, nachdem ich dafür offen war. Das war ein großes Glück, denn dieser Dialog war Labsal in einer Zeit, in der meine Nerven blank lagen und ich das Gefühl hatte, nur mehr aus einer einzigen, riesigen Wunde zu bestehen; die tagtäglich weitere Bestätigungen fand.

Wenn ich das jetzt so schreibe, klingt das ziemlich dramatisch. Aber es hat sich tatsächlich so angefühlt, und ich sehe keinen Grund, meinen Heilungsweg hier zu beschönigen. Es hat sich angefühlt, als würde mein großer Bruder mich an der Hand nehmen und mich durch eine intensive und schmerzhafte Lebensrückschau begleiten, angesichts derer mir all das klar wurde, was alles aus meinem Dasein als Alleingeborene resultiert ist – an Schwerem, Schmerzhaftem, Schwierigen, Belastendem, Herausforderndem, teils auch Überforderndem; aber auch an allerlei Kostbarkeiten und wundervollen Schätzen!

Und schon bald wurde klar, dass dieser bidimensionale Dialog nicht nur für mich gedacht war, sondern zu einem Buch werden sollte. Einem Ratgeber, der auch andere von diesem Phänomen betroffene Menschen auf ihrem Heilungsweg begleiten würde!

Und dann folgten – wie zur Bestätigung – die erstaunlichsten Begegnungen, Hinweise, Ereignisse, Wendungen. Offenbar war ich nun tatsächlich bereit, hinzusehen. So kam vieles auf mich zu, was mir bei der Klärung meines Ur-Traumas half, vor allem aber mein

Vertrauen in die Angaben meines Bruders stärkte. Und mein Vertrauen auch in mich als Medium. Die Bücher und die Videos, die mir in die Hände fielen, bestätigten all das, was mein Bruder über meine linke Hand geschrieben hatte!

Parallel dazu schien es, als wäre ich in ein `Nest von Alleingeborenen´ geraten. All das, was mir als meine eigenen Indizien und eindeutigen Zeichen und Hinweise für mein Dasein als Halbzwilling (das dachte ich damals noch) zukam, konnte ich auch an anderen wieder erkennen – wie um es für mich in der Spiegelung zu verdeutlichen! Und um mich in meiner neuen Identität zu bestätigen wohl auch.

Das erinnerte mich auch an meine Aura-Therapeutin, die als selbst auch Betroffene natürlich vor allem Klienten angezogen hat, für die die Heilung dieses Themas wesentlich war. Man könnte das als selektive Anziehung bezeichnen; die Ihnen in der neuen selektiven Wahrnehmung auf diese Anlage garantiert auch auffallen wird! Je bewusster Sie hinsehen, umso öfter werden Sie dieses Phänomen auch bei anderen erkennen.

Und Sie werden sehen: Alleine das bewusste Annehmen dieser Tatsache ist bereits bis zu einem gewissen Grad heilsam. Denn eines der ganz typischen Charakteristika für uns ist unser Mangel an Selbstannahme. Die Fähigkeit, uns so zu akzeptieren, wie wir sind, müssen wir uns erst erwerben. Fast hätte ich gesagt: in harter Arbeit; aber wir haben uns ja darauf geeinigt, diesen Heilungsprozess als Spiel zu bezeichnen, um unser inneres Kind nicht abzuschrecken ☺.

Die Tatsache, dass ich meinen Bruder Jascha in einem frühen Stadium der Schwangerschaft verloren habe, schien mehr und mehr Erklärung zu werden für so vieles, was in meiner Entwicklung oft sehr destruktiv gewirkt und mich in so vielen Bereichen meines Lebens in meiner Entfaltung beeinträchtigt hat. Aber die Mosaiksteine mussten sich erst langsam zu einem Gesamtbild und vor allem einer Gesamterfahrung und Gesamtwahrnehmung zusammen fügen ...

Wie zur Bestätigung meinte meine Mutter, als ich sie eines Tages auf dieses Thema ansprach, sie hätte in dieser Schwangerschaft immer wieder den Eindruck gehabt, Zwillinge zu bekommen.

Diesen Eindruck hatte ich in der Schwangerschaft mit meiner Tochter zwar nicht. Aber ich lag im dritten Monat wegen einer Blutung im Krankenhaus und habe in dieser Zeit offenbar eine Frucht verloren; ohne mir dessen allerdings klar zu werden. Daher ist tatsächlich auch meine Tochter eine Alleingebotene – genau wie unsere Aura-Therapeutin es diagnostiziert hatte. Und auch jene Freundinnen, denen ich damals den Besuch dieser weisen Frau empfohlen hatte, und die auch alle mit dieser Diagnose heimgegangen waren, sind aus heutiger Sicht eindeutig Halbzwillinge und Dritteldrillinge!

Die Einsicht, dass neben meinem Vater auch meine Tochter eine Alleingeborene ist, bestätigt übrigens auch die Tatsache, dass meist mehrere Personen innerhalb einer Familie von diesem Phänomen betroffen sind. Wie ja auch tatsächliche Mehrlingsgeburten in einigen Familien gehäuft vorkommen. So hat mittlerweile auch meine Schwester über den `Dialog der Hände´ Kontakt mit ihren beiden Geschwistern aufgenommen und höchst interessante und zugleich tröstliche Informationen bekommen!

Auch auf die sehr wertvollen Geschenke aus unserem speziellen Lebensbeginn schien es mir wesentlich, in diesem Buch näher einzugehen; denn derer gibt es tatsächlich eine ganze Menge! Ich wollte nicht, dass all der Heilungsschmerz das Positive, Bereichernde, Wundervolle, Freudvolle, Dankenswerte, Beglückende überdeckt!

Diese Gefahr besteht vor allem am Beginn unserer Reise in die Heilung – einfach weil der Schmerz im ersten bewussten Hinsehen zuweilen überwältigend sein kann! Aber ich kann Ihnen aus eigener Erfahrung (und vielen miterlebten) versichern: Er geht vorüber!

Und dann ist es wichtig, unseren Fokus bewusst auf all die neu sich eröffnenden Perspektiven zu richten, und uns mit Mut und Ambition den auf Verwirklichung wartenden Potenzialen zu widmen! Und je früher wir hinsehen, umso eher lassen sie sich nützen und verwirklichen!

Ein schönes Abschiedsritual ist es auch, ein Symbol für unser verlorenes Geschwister in Ton zu modellieren – entweder als Embryo, als das es uns ja verloren gegangen ist; oder in irgendeiner anderen Metapher. Sie können auch sich selbst und ihr Geschwister in jener engen Verbundenheit darstellen, aus der es Ihnen verloren gegangen ist – und diesen Verlust in der symbolischen Trennung der Tonform dann rituell nachvollziehen. Vielleicht hilft Ihnen das?

Wenn Sie das Gefühl haben, es würde Ihnen Frieden bringen, können Sie das Symbol für ihr verlorenes Geschwister auch bestatten (wie auch immer Sie das tun). Für mich war dies keine Option, denn ich habe (als ehemalige Assistentin am anatomischen Institut wohl nachvollziehbar) meinen Körper dem anatomischen Institut für Forschungszwecke gewidmet; also käme es mir merkwürdig vor, meinen Bruder zu begraben.

Dennoch sprach mich die Idee, ein Symbol für meinen Zwilling (ja, damals wusste ich nur von einem Bruder, fühlte mich also als Halbzwilling) zu gestalten, sehr an. Und da ich für die Gestaltung meiner Reliefbilder Ton brauche, habe ich immer solchen daheim. Also setzte ich mich eines Tages hin und begann zu modellieren...

Anfangs sah es tatsächlich so aus, als käme da ein Embryo zum Vorschein... dann schien sich die Form in einen Delphin umzuwandeln... um am Ende ein Drei-Auge zu werden... nicht mein erstes Drei-Auge übrigens, denn ein solches Bild gibt es seit langem schon in meinem Archiv!

Aber erst in dem Augenblick, als diese drei Ton-Augen mich ansahen, wurde mir klar, dass ich nicht bloß ein Halbzwilling bin, sondern ein Dritteldrilling. Eine spezielle Ausprägung, die gar nicht so selten sein dürfte! Allerdings gibt es dazu noch kaum Literatur – daher schien es mir, ich sollte in meinen diesbezüglichen Kapiteln als Pionier neue Wege eröffnen.

Und ich hoffe sehr, dass auch andere Betroffene sich von meinen Gedanken anregen lassen und diese spezielle Variante bei Alleingeborenen nun intensiver untersuchen. Sie scheint mir jedenfalls noch etwas komplexer und wohl auch anspruchsvoller zu sein; je nach Ein- oder Mehr-Eiigkeit!

Besonders interessant waren in diesen Tagen diverse Synchronizitäten: ich beriet innerhalb weniger Tage zwei Klientinnen, die jeweils gemeinsam mit einer Zwillingsschwester geboren wurden; davor aber offenbar ihren Drillingsbruder verloren hatten. Und erinnerte mich dabei an ein drittes Zwillingspärchen, deren eine Schwester ich früher schon einmal in Beratung hatte. Und ich hörte von einigen Alleingeborenen, bei deren Familienaufstellung sich zwei weitere Geschwister zeigten.

Da erinnerte ich mich an frühere Beobachtungen bei Menschen, die sich mir in Seminaren als geborene Zwillinge vorgestellt hatten, deren Verhalten aber bereits damals den Dritteldrilling ahnen ließen. Allerdings fehlte mir damals noch das nötige Hintergrundwissen!

Abgesehen davon wurde mir auch aus meinem eigenen Leben vieles noch klarer, das mir bloß aus der Erklärung als Halbzwilling nicht ganz plausibel erschienen war! Ich war nie gerne zu dritt! Ich wurde mehrmals aus Dreier-Konstellationen ausgeschlossen, ja sogar gemobbt! Der Spruch `aller guten Dinge sind drei´ hat sich für mich nie stimmig angefühlt! Im Gegenteil, die Zahl 3 mochte ich nie!

Allerdings fand ich mich immer wieder in Situationen mit zwei Männern wieder – nicht in Dreiecksbeziehungen, sondern in der kreativen Zusammenarbeit! Woraus sich immer wieder Spannungen ergaben. All das wurde mir nach und nach klar, nachdem dieses (zweite) Drei-Auge Gestalt genommen hatte.

Und auf einmal erinnerte ich mich auch an meine Sitzungen bei meiner Aura-Therapeutin – auch sie hatte neben meinem Zwilling noch `etwas Kleines´ erwähnt. Also rief ich sie an, um sie zu fragen, ob sie sich noch erinnern konnte. Ja, meinte sie, da wäre tatsächlich noch `ein Kleiner´ gewesen. Und als ich tief in mich hinein fühlte, wurde mir klar, dass auch mein zweites Geschwister ein Bruder sei.

So nahm ich auch mit ihm über den `Dialog der Hände´ Kontakt auf und war nicht wenig erstaunt, als meine linke Hand plötzlich zwei völlig verschiedene Schriftzüge zeigte. Zuerst meldete sich nämlich Jascha, der mir ob des intensiven Kontaktes im Schreiben dieses Buches bereits sehr vertraut war; dann reichte er meine linke Hand an seinen Zwilling weiter. Und dieser schrieb in einer völlig anderen Schrift!

Wiewohl ich bereits seit vielen Jahren mit dieser Technik gespielt hatte, war mir dies noch nie zuvor passiert – bisher war es immer die Schrift meiner linken Hand: nicht besonders ebenmäßig, aber halbwegs leserlich und relativ einheitlich. Nun hatte ich also erstmals zwei völlig unterschiedliche Schriftzüge vor mir – und eine interessante und aufschlussreiche Erklärung, welche Mechanismen hier am Wirken waren.

Ramon, so sein Name, inkarnierte als eineiiger Zwilling mit Jascha und ging binnen weniger Tage verloren. Ich stamme aus einer anderen, etwa zur gleichen Zeit befruchteten Eizelle. Diese Variante ist bei Drillingen die häufigere, denn eineiige Drillinge sind noch seltener als eineiige Zwillinge (Sie erinnern sich vielleicht: nur 1/3 der Zwillinge sind eineiig). Es gibt allerdings auch Drillinge aus drei in etwa gleichzeitig befruchteten Eizellen. Bei promisk lebenden Frauen sogar von verschiedenen Vätern.

Alle diese Varianten führen bei einer gewissen Grundähnlichkeit doch auch zu unterschiedlichen Dynamiken; wie ich versucht habe, in meinem diesbezüglichen Kapitel darzulegen.

So rundete sich mein Bild nach und nach ab. In meinem Versuch, Jascha über den Verlust seiner zweiten Hälfte zu `trösten´, diese quasi `zu ersetzen´, fixierte ich mich wohl ganz besonders stark auf ihn. So empfand ich seinen Verlust nach einigen Wochen des innigen Zusammenseins als ebenso katastrophal, als wenn wir tatsächlich als eineiige Zwillinge inkarniert wären. Und ähnlich schmerzhaft wie zig Jahre später den Verlust unseres Vaters, auf den ich ihn ja projiziert hatte!

Dieses Muster wiederholte sich in diversen Varianten immer wieder in meinem Leben, aber erst jetzt ist mir der Mechanismus dahinter klar! Vor allem meine Tendenz zu übertriebener Fürsorge ist sehr typisch für mich – und sicher auch für andere Alleingeborene mit ähnlichen Voraussetzungen. Ebenso der besonders ambivalente Umgang mit Beziehungen und das besonders schwache Selbstwertgefühl. Dennoch glaube ich an meine Heilung und kann bereits die ersten positiven Effekte erkennen!

Wenn ich auch überzeugt bin, dass dieser Heilprozess noch nicht ganz abgeschlossen ist, so fühle ich mich nun doch um vieles heiler, vollständiger, richtiger, authentischer und weit mehr in Ordnung als noch vor wenigen Monaten! Vor allem durch die Identifikation als Dritteldrilling sind nun auch die letzten Unklarheiten beseitigt!

Nun kann ich mich noch besser in meinem So-Sein annehmen und habe aus der neuen Ebene des Verstehens noch mehr Verständnis mit mir selbst! Und darüber hinaus auch für andere Dritteldrillinge in all ihren Varianten, die tatsächlich in erstaunlich hoher Zahl zu mir finden – das Gesetz der Resonanz wirkt!

Eben fällt mir ein Buch ein, das ich in jungen Jahren gelesen habe, damals jedoch trotz ehrlichen Bemühens nicht umsetzen konnte. „Ich bin O.K. – du bist O.K." von Thomas Harris. Aus heutiger Sicht nehme ich an, dass auch dieser Autor ein Alleingeborener ist, der sein scheinbares Manko psychologisch bearbeitet und dies in einem Buch auch für andere zugänglich gemacht hat.

Wie übrigens auch Rainer Maria Rilke in seinem wunderschönen, vor allem betroffene Menschen so berührenden Gedicht:

Ich ließ meinen Engel lange nicht los,
und er verarmte in meinen Armen
und wurde klein und ich wurde groß:
und auf einmal war ich das Erbarmen,
und er eine zitternde Bitte bloß.

Da hab ich ihm seinen Himmel gegeben,
Und er ließ mir das Nahe, daraus er entschwand;
Er lernte das Schweben, ich lernte das Leben,
und wir haben langsam einander erkannt ...

Seit mich mein Engel nicht mehr bewacht,
kann er frei seine Flügel entfalten
und die Stille der Sterne durchspalten, -
denn er muss meiner einsamen Nacht
nicht mehr die ängstlichen Hände halten –
seit mich mein Engel nicht mehr bewacht.

Wobei mein Bruder Jascha hier eingewandt hat, dass unsere früh heimgekehrten Brüder und Schwestern sich durch die Begleitung ihrer inkarniert bleibenden Geschwister keineswegs belastet oder eingeschränkt fühlen! Dennoch wird auch ihnen – so hat er mir glaubhaft versichert – mit der Heilung unserer Wunde leichter.

Ähnlich finden wir dieses Thema bei vielen anderen Autoren, Dichtern und Sängern wieder!

Ein wunderschönes, vor allem Alleingeborene tief berührendes Zwillingslied ist beispielsweise „Tu Es Mon Autre", das Lara Fabian und Maurane singen – Sie finden es im Netz.

Aber nun möchte es Ihrer detektivischen Ader überlassen, solche alleingeborenen Künstler zu identifizieren!

„Das Ich löst sich auf im Wir, das auch kein Du mehr kennt ...".
Das ist ein Auszug aus einem meiner Texte, den ich bereits erwähnt habe – so etwas würde ein Einling nicht einmal in wildesten Fieberträumen formulieren! Alleingeborene hingegen, vor allem die bewussten unter ihnen, wird dieser Satz stark ansprechen. Unbewusste mögen sich dieses Mitschwingen nicht erlauben, vor allem wenn es sich um Fluchtzwillinge handelt!

Beziehung – unser Hauptthema – ist ja immer eine brisante Sache, die uns besonders beschäftigt. Eben weil wir zum Glücklichsein eine Beziehung brauchen. Die Frage ist nur, wie bewusst wir uns dessen sind.

Wenn ich Sie auf Ihrem Heilungsweg begleiten durfte, macht mich das sehr dankbar, denn es kristallisiert sich heraus, dass dies eine meiner Hauptaufgaben in diesem Leben ist. Und nicht nur meine! Wir Alleingeborenen sind als 'natürliche Heiler' angetreten – ob wir nun tatsächlich in einem heilenden Beruf tätig sind oder nicht. Dieses Potenzial verwirklichen wir in einer psychologischen oder medizinischen Profession ebenso wie als energetische oder andere komplementär-medizinische Heiler oder in anderer Form heilsam beratend. Aber auch in unseren Freundschaften!

Und natürlich können wir auch als Künstler heilend wirken für diese Welt. Ja, ich glaube tatsächlich, dass Kunst – welcher Art auch immer – heilsam wirken kann! Sowohl für den Künstler selbst als auch für den Betrachter, Zuhörer oder anders Mitschwingenden.

Natürlich empfehle ich Ihnen bei einem drohenden Blinddarmdurchbruch nicht, einfach ein Violinkonzert von Mozart oder Bach anzuhören oder es selbst zu spielen; ein Bild von Marc Chagall oder Juan Miró zu betrachten oder auch selbst eines zu malen; sich ein Ballett anzusehen oder selbst eine Runde Walzer oder Tango zu tanzen!

Aber all diese Optionen werden Ihr Leben heilsam beeinflussen – davon bin ich überzeugt! Ganz besonders dann, wenn Sie als Alleingeborener auf die Welt gekommen sind.

Und ich glaube, dass viele Kunstwerke den Halbzwilling oder Drittel-drilling ahnen lassen – und somit auch anderen als Katalysator dienen können, um die erste Offenbarung zu vermitteln!

Wenn ich meine eigenen Reliefbilder aus dieser neuen Perspektive betrachte, dann ist in den allermeisten davon eindeutig die Alleingeborene erkennbar! Beispiele davon finden Sie übrigens auf meiner Homepage!

Dialoge mit Jascha

Da ich Ihnen den `Dialog der Hände´ mit Ihrem verlorenen Geschwister so ans Herz gelegt habe, und Sie sich anfangs vielleicht nicht allzu viel darunter vorstellen können, möchte ich jenen unter Ihnen, die daran interessiert sind, einige Einblicke in meine Korrespondenz mit meinem Bruder im Jenseits bieten – damit hat alles begonnen! Ohne diesen bidimensionalen Dialog gäbe es dieses Buch nicht!

Auch mit meinem zweiten Bruder habe ich korrespondiert – ich habe es bereits erwähnt und meine spannende Erfahrung der zwei komplett verschiedenen Schriftbilder mit Ihnen geteilt. Inhaltlich ergab dieser Dialog jedoch nichts neues, daher werde ich hier nicht weiter darauf eingehen.

In meiner ersten Kontaktaufnahme mit Jascha habe ich meinen großen Bruder mit Fragen überschüttet, daraufhin kam von ihm über meine linke Hand:

„Oh, mein kleines Schwesterlein, so viele Fragen, die du in wenigen Absätzen aufwirfst ...

Aber lass mich dich zuerst einmal nur mit all meiner Liebe in die Arme nehmen und einige Augenblicke lang in aller Stille liebevoll und innig festhalten!

Wir werden noch so viel miteinander kommunizieren, lass uns diese Wiederbegegnung erst einmal mit einer langen und innigen Umarmung zelebrieren ... sieh mich vor dir und nimm wahr, wie ich dir die Arme weit ausbreite ... fühle, wie ich dich zärtlich in die Arme nehme und ganz fest umarme ... dich eine Weile nur halte und wortlos an mich drücke – spüre mich! Nimm meine Energie wahr ... fühle meine Gegenwart, die dich zwar dein ganzes Leben als Michelle begleitet hat, dir nun aber erstmals so richtig bewusst wird!

Eine tatsächlich körperliche Umarmung durften wir in diesem Leben nicht erfahren, aber du kannst sie in deiner Vorstellung erleben!

Spüre mich! Spür meine Liebe, meinen Rückhalt und meinen Schutz, meine Bestätigung und meine Wertschätzung, meine Bewunderung und meine Hochachtung, meinen Trost und meine Fürsorge, mein dich Aufrichten und dir den Rücken Stärken... all das hättest du dir so von mir, deinem großen Bruder, gewünscht, nicht wahr?

Und weil du es scheinbar von mir nicht bekommen konntest, hast du es in jedem deiner Männer gesucht – aber natürlich nie gefunden, weil niemand in diesem Leben dir das geben kann, was ich, dein verlorener Bruder, dir geben hätte können.

So ist das – und so ist das nicht nur bei uns beiden!"

Sie können sich vorstellen, wie mich diese Zeilen berührt, bewegt, ja überwältigt haben. Tränen sind geströmt und da war kein Raum mehr für Zweifel!

Ganz besonders bewegt hat mich Jaschas Erwähnung der `Liebesbrücke´, die unser Vater mir vor einiger Zeit in dem Buch, das er durch mich geschrieben hat, ans Herz gelegt hatte!

Wie anfangs erwähnt hat mich der Tod meines Vaters völlig aus der Fassung gebracht. So hat es eine ganze Weile gedauert, ehe ich auch mit ihm brieflich in Kontakt treten und mich für das Schreiben seines Buches öffnen konnte. Es ist unter dem Titel „Seelen jenseits der Regenbogenbrücke – Sterben ins Glück aus der Demenz in das Leben nach dem Tod" im April 2016 in diesem Verlag erschienen. Ab diesem Zeitpunkt begann diese Wunde langsam zu heilen. Und eines der von ihm angeregten Spiele, die mir dabei so sehr geholfen haben, dass ich es hier auch mit Ihnen geteilt habe, war eben die `Liebesbrücke´.

Mein Bruder schrieb:

„Spüre jetzt meine ganze Aufmerksamkeit, die dich nicht nur liebevoll einhüllt, sondern energetisch auflädt – ähnlich wie die `Liebesbrücke´ zu unserem Vater und anderen dir Vorausgegangenen. Ja, auch ich gehöre dazu; bin dir nur sehr, sehr früh schon vorausgegangen und seither hier auf dieser Bewusstseinsebene mit all jenen, die dich im Laufe deines bewussten Lebens auf der irdischmateriellen Realitätsebene zurückgelassen haben, verbunden – ja ich würde sogar sagen: vereint.

Mein Vorausgehen hat bereits in einer Phase deines Lebens stattgefunden, in der du es zwar mit großer Nachwirkung schmerzlich wahrgenommen hast; aber diese Wahrnehmung blieb quasi vorbe-

wusst. Jedenfalls aber deiner Bewusstheit die längste Zeit nicht zugänglich – gespeichert bloß in deinem Körperbewusstsein, deinem Zellgedächtnis!

Nun hast du viele Schichten abgetragen, die diesen uralten Schmerz verdeckt und verborgen haben; und nun darf all das endlich in die Heilung gehen!

Bisher hast du diese Information bloß in dein Denken aufgenommen, als ein weiteres Aha in deiner Wissenssammlung. Aber dein Gefühl ist richtig: so ganz angekommen ist dieses Wissen bisher noch nicht bei und in dir. Einfach weil du es noch nicht vollständig integriert hast: als Information vielleicht in dein Denken, aber nicht als Wahrnehmung mit entsprechendem Wahrfühlen in deinem Herzen! Und in einem weiteren Schritt in jeder Faser deines Seins.

Und genau das braucht es noch, um nun endlich Frieden zu finden mit diesem Teil deiner Lebensaufgabe, die zugleich auch unsere ist – genau das steht jetzt an!

Aber bitte glaube nicht, dass du bisher etwas versäumt hast! Zuvor hättest du diese Tatsache in all ihrer Tragweite nicht so verdauen und damit voll und ganz in deinem Sein integrieren können, wie es dir jetzt möglich sein wird – ganz leicht, du wirst sehen! Und ja, ich verspreche dir: Ich werde dir dabei helfen! Zumindest das möchte ich für dich tun, wenn ich schon (zumindest deinem Gefühl nach) sonst ausgefallen bin als dein großer Bruder und Beschützer – weil unser Seelenaspekt das so entschieden hat!

Ja, du ahnst richtig, dass ich immer wieder versucht habe, Kontakt mit dir aufzunehmen – ich war natürlich auch am Zeitlinien-Buch deines verlorenen Sohnes beteiligt, ich durfte mich in deine Romane einbringen und habe dich zu vielen Bildern inspiriert. Ich begleite dich seit unserer gemeinsamen Inkarnation im Hier und Jetzt, nur eben nicht in körperlicher Form. Ich bin seit Urzeiten dein Begleiter und Beschützer, dein Motivator und Mentor.

Aber offenbar hat es wirklich genau diese Trigger und die derzeit herrschende Zeitenergie gebraucht, um unsere Kommunikation jetzt so klar und deutlich in Gang zu setzen!"

Eine der ersten und wichtigsten Fragen, die ich an meinen jenseitigen Bruder hatte, war die nach dem Warum: Warum er gemeinsam mit mir inkarniert war, nur um dann so bald wieder heimzukehren. Und wie so oft in unseren Dialogen hat er mit einer Gegenfrage geantwortet, wie um mich selbst die Antwort finden zu lassen.

Wenn Sie, liebe Leserin, lieber Leser, sich fragen, warum dieses Phänomen doch relativ häufig vorkommt – was wäre Ihre Idee dazu?

Mir kam damals in den Sinn: Vielleicht begleitet ein Zwilling den anderen in die Inkarnation, so wie wir manchmal einen Menschen, den wir mögen, zum Bahnhof begleiten. Der Grund, so schien mir, könnte aber auch gewesen sein, dass ich vielleicht gar nicht so gerne inkarnieren wollte, weil ich auf Seelen-Ebene voraussehen konnte, dass mein Leben kein leichtes sein würde.

Aber das hat mein Bruder verneint: Der Grund sei einfach Liebe! Eine Seele, die sich bereit macht, in ein menschliches Leben zu inkarnieren, brauche keine Begleitung, Überredung oder Ermutigung, weil sie diese Entscheidung in voller Bewusstheit treffen würde. Dieses 'in die Inkarnation Begleiten' habe keine Motivations- oder Schrittmacher-Funktion, sondern sei einfach Ausdruck von Liebe und mache Freude – beiden! Also einzig Liebe sei der Grund für dieses Phänomen: Es gehe darum, besonders in dieser anspruchsvollen Phase des Planeten mehr Liebe auf der Erde zu verankern, so versicherte er mir.

Und da Mehrlinge intensiver, tiefer, inniger lieben würden als Einlinge – und darin läge keine Wertung, sondern es sei bloß eine Feststellung – seien sie geradezu dazu prädestiniert!

Mein Bruder führte weiter aus:

„Mehrlinge stammen fast immer aus einem Seelenaspekt; ob sie nun ein-eiig sind oder nicht, ist dabei nicht relevant. Wenn sie auch gemeinsam geboren werden und ihr Leben auf der Erde beginnen, dann geben sie der sie aussendenden Seele die Möglichkeit, mit ähnlichen Voraussetzungen mehr oder weniger unterschiedliche Erfahrungen zu machen, je nachdem ob sie ähnliche oder sehr verschiedene Lebensbedingungen erfahren. Du könntest das auch als Feinabstimmung bezeichnen, weil hier eben sehr viel Ähnlichkeit vorausgesetzt ist, aus der sich dann die zwei oder mehr Erfahrungswege aufteilen.

Jeder Seelenaspekt öffnet sich prinzipiell auch für sehr abweichende Erfahrungen – deckt also beispielsweise den liebevollen Pol ebenso ab wie den lieblosen, den sanften ebenso wie den brutalen, den wissensdurstigen ebenso wie den naiven, den aktiven ebenso wie den passiven und so fort. Das heißt, es wird ein möglichst umfassendes und teils sehr polares Spektrum abgedeckt, um einen möglichst reichen Erfahrungsschatz in die Akasha-Chronik einzubringen. Das könntest du auch als `in die Breite Gehen´ bezeichnen.

Daneben besteht aber auch bei den meisten Seelen der Wunsch, sehr ähnliche Erfahrungen möglichst ausführlich im Detail zu erkunden. Und dazu ist es wertvoll, Persönlichkeiten mit sehr ähnlichen, ja fast identischen Voraussetzungen in die Inkarnation zu entsenden – also Zwillinge oder Mehrlinge, bei denen die ähnlichen bis identischen Anlagen verschiedene Varianten leben und erfahren; und in die Akasha-Chronik einspeisen! Daraus würde dann eine Art `in die Tiefe Gehen´ resultieren.

Das Bild der verschiedenen Pinsel, das dir eben in den Sinn kommt, kann dir als gute Metapher dienen: Mit einem sehr groben Pinsel wirst du andere, großflächigere Bilder malen als mit einem sehr feinen, der es dir auch erlaubt, sehr feine Linien zu ziehen. Aber du kannst auch sehr verschiedene Bilder gestalten, wenn du nur einen groben Pinsel zur Verfügung hast; ebenso wie mit einem sehr feinen! Also hast du einerseits die Unterschiede, die sich aus der Grobheit oder der Feinheit deines Gestaltungsgerätes ergeben; auf der anderen Seite hast du jene Unterschiede, die primär auf deiner Gestaltungskraft, also deiner Kreativität beruhen.

Wir beide hätten ähnliche Anlagen gehabt und teilweise sehr ähnliche Erfahrungen gemacht; teilweise aber auch sehr unterschiedliche – nicht nur weil wir ein anderes Geschlecht gehabt hätten. Und natürlich wären deine Erfahrungen vollkommen andere gewesen, wenn wir gemeinsam auf die Welt gekommen wären. Dann wäre vieles anders gewesen – vergiss nicht, ich wäre ein Mann gewesen!

Aber lass mich noch einmal kurz auf das Phänomen der Begleitung aus Liebe zurückkommen. Du hast mich nach dem Sinn gefragt, nach der Funktion wohl auch – eine solche könnte darin liegen, dem tatsächlich zur Geburt kommenden Zwilling (oder Mehrling – denn ich möchte hier ein für allemal betonen, dass auch diese Variante viel öfter vorkommt, als ihr annehmt!) mit dieser Liebesenergie eine

Art Starthilfe zu geben. Dein Vergleich mit dem Joker beim Start eures Autos im Winter ist ganz passend! Er ist nicht ganz korrekt, aber aus irdischer Sicht könntest du es so deuten.

Du erinnerst dich an den Gedanken, dass all die unzähligen nicht zur Keimung kommenden Samen jenen wenigen, die auskeimen, als Nahrung dienen. Analog dazu könntest du es so sehen, dass die begleitenden Geschwister die zur Geburt kommenden Kinder mit ihrer innigen Liebe energetisch nähren.

Wie gesagt, das ist nicht ganz exakt aber am ehesten für euch verständlich und nachvollziehbar! Und glaube mir: Die Liebe von Mehrlingen ist inniger und tiefer als jede andere – daher sehnen sich Alloingeborene ja auch so sehr danach! Und werden sie nicht so leicht wieder finden – zumindest so lange ihr Ur-Trauma nicht geheilt ist und sie ein ebensolches geheiltes Du finden!

Die erste große Entscheidung zur Inkarnation von einem, zwei oder mehreren Menschen trifft die Seeleninstanz, bevor die Funken in die Verbindung aus Ei- und Samenzelle eintreten. Aber auch während der Reifung der Früchte gibt es noch viele Möglichkeiten der Feinjustierung. Teil dieser ist eben auch die letzte Entscheidung, welche von den befruchteten Eizellen nun tatsächlich bis zur Geburt ausreift. Das hängt von verschiedenen Faktoren ab: So ist es beispielsweise auch eine Frage, an welcher Stelle sich die befruchtete Eizelle einnistet und wie gut sie daraus folgend während der Schwangerschaft ernährt wird; wie also ihre Versorgung mit Blutgefäßen ist. Und natürlich liegt es auch daran, wie es der Mutter in diesen neun Monaten geht.

Du solltest im Hinterkopf behalten, dass im Augenblick der Befruchtung bereits der Seelenfunke in die erste Zelle mit einem kompletten Chromosomensatz eintritt. Die befruchtete Eizelle ist also bereits beseelt – manchmal mit einem Seelenfunken, manchmal auch mit zwei oder seltener mit noch mehr Funken aus demselben Seelenaspekt, die sich dann in ein-eiige Zwillinge oder Mehrlinge teilen. Parallel dazu gibt es natürlich auch die Möglichkeit, dass mehrere Eizellen in etwa zur gleichen Zeit befruchtet werden. Und die Seelenfunken, die hier eintreten, stammen in den allermeisten Fällen auch aus demselben Seelenaspekt. Das heißt, Mehrlinge sind einander immer sehr nahe, ob sie nun ein-eiig sind oder mehr-eiig – und dies nicht nur, weil sie einander in der ersten Phase ihrer Inkarnation körperlich so nahe sind!

Es gibt auch Fälle, in denen verschiedene Seelenaspekte sich entscheiden, parallel ihre Funken in eine Frau zu schicken, die bereit ist, schwanger zu werden; und dabei können sogar zwei Väter mitspielen. Das ist eher selten; aber wenn dies vorkommt, dann sind das wieder Seelen, die einander besonders nahe sind und stark in Resonanz miteinander schwingen.

Natürlich sind alle Seelenaspekte auf einer sehr tiefen Ebene miteinander verbunden – so wie ein in der Tiefe kommunizierendes Gefäß. Dennoch gibt es innerhalb der großen Gemeinschaft der Seelen einander in ihrer Ausprägung verwandtere, einander nähere, miteinander resonantere! Und wenn es darum geht, Zwillinge (oder auch Mehrlinge) in die Inkarnation zu schicken, dann kommen diese entweder aus ein und derselben Seele oder aber aus sehr ähnlich schwingenden Seelenaspekten – ihr sprecht dann gerne von Seelenfamilien.

Also Liebe ist die Motivation für die früh heimkehrenden Sternenkinder, ihre Geschwister (wie lange auch immer) auf ihrem Weg in die Menschwerdung zu begleiten. Diese Liebe hat allerdings viele Aspekte – du kannst es auch Funktionen nennen –, die ich dir nur zum Teil klarmachen kann. Ein Aspekt ist der eben besprochene energetische: der nährende. Ein weiterer Aspekt ist der, ganz generell mehr Liebe auf die Erde zu bringen! Jeder neue Seelenfunke, der in die Inkarnation kommt – und sei dies auch bloß für wenige Tage oder Wochen – bringt seine Liebe ein, erhellt also quasi diesen Planeten mit seiner Liebe und hebt das Schwingungsniveau. Und dieser Effekt kommt bei Mehrlingen noch stärker zum Tragen.

Natürlich kann eine Seele auch ohne einen ihrer Funken in die Inkarnation zu schicken, ihre Liebe auf die Erde strahlen – und im Prinzip passiert das ja auch ständig. Aber du weißt, dass alles umso wirksamer wird, je bewusster es geschieht. Etwa wenn wir unsere Liebe als Antwort auf euren `Liebesbogen´ einbringen, den ihr uns entgegen schickt und den wir mit unserem `Liebesbogen´ beantworten! Wann immer wir unsere `Liebesbrücke´ schließen – und dazu sind immer zwei Seiten nötig – erhellt dies den Planeten in besonderem Maß. Und das ist ein ganz wesentlicher Beitrag für den Aufstieg der Erde! Darüber hinaus wirkt ganz besonders die `Liebesbrücke´ mit euren Sternenkindern jenseits des Schleiers für euch in menschlicher Form Inkarnierte nährend, heilsam und euer Liebeslicht verstärkend!

Und ähnlich wie bei der `Liebesbrücke´ ist das in der Inkarnationsbegleitung!

Dennoch möchte ich wiederholen, dass es nicht so sehr um die Funktionalität geht, als um das Fließen-Wollen der Liebe! Liebe ist a priori fließend, sie möchte sich ergießen, möchte stets in Bewegung und Ausbreitung sein. Liebe kann nicht stagnieren wie ein stehendes Gewässer, das ist nicht möglich! Liebe IST Bewegung, Leben, Öffnung, Erblühen, Lebendigkeit, Expansion...

Und weil Liebe so bewegungs- und expansionsfreudig ist, erweckt jeder Entschluss zur Inkarnation immer auch zugleich die Liebe zum Mitgehen-Wollen ... du könntest das auch als eine Art Sogwirkung bezeichnen, ein Mitnehmen.

Wann immer also eine Seele die Absicht gebiert, einen Funken in die irdischmaterielle Realität auszusenden, aktiviert dies den Wunsch bei allen anderen Funken dieser Seele, ihre Liebe mitzuschicken oder auch in Liebe mitzugehen – das ist wie ein Automatismus! Und wenn ein Seelenaspekt sich entschließt, einen Menschen zur Geburt zu bringen, erweckt dies darüber hinaus den Wunsch vieler anderer für die Menschwerdung bereiter Funken aus anderen Seele sich zu inkarnieren – für wie lange auch immer. Das ist so wie eine Schwungmasse, die in Bewegung kommt. Daher werden Mehrlingsschwangerschaften immer häufiger; und daher sind es mehr und mehr auch Drillinge und seltener Vierlinge, deren einer oder zwei meist nur ganz kurz in der Materie verweilen. Und nachdem sie ihre Liebe hier verankert haben – ihre Mission also quasi erfüllt haben –, kehren diese Sternenkinder wieder heim.

Daher hast du übrigens auch oft mehrere Schwangere zeitgleich in einer Gruppe von Menschen wie Kolleginnen, Freundinnen, Familien – ist dir das schon aufgefallen?"

Auf meine Frage nach seiner Aufgabe für mich, meinte er:

„Eine meiner Aufgaben sehe ich darin, dir jeweils jene Synchronizitäten zu schicken, die du brauchst – als Bestätigung, als Kurskorrektur, als Hinweis, als Motivator, als Richtungsgeber, als Trost, als Aha-Erlebnis ... das ist generell eine unserer Aufgaben als frühe Heimkehrer. Du kannst dir sicher vorstellen, dass jene Seelenfunken, die ihre Geschwister in die Inkarnation begleiten und dann lange vor ihnen wieder heimkehren, besonders stark mit ihnen

verbunden sind und bleiben! Also ist es nur logisch, dass wir wie eine Art Begleitengel euer ganzes Leben lang an eurer Seite sind!"

„Das heißt, du warst mein ganzes Leben lang bei mir?"

„Was hast du gedacht? Natürlich war ich das!"

„Warum habe ich dich dann nicht gespürt? Warum hat es so viele Jahrzehnte gedauert, ehe ich diesen Kontakt nun auch von meiner Seite aus bewusst aufnehmen kann?"

„Nun, du sagst richtig `bewusst´. Wir waren immer in Verbindung – so wie es alle geteilten Mehrlinge sind! –, in einer konstanten energetischen Kommunikation. Durch ein ganz starkes Band in Liebe verbunden! Nur ist dir dies erst jetzt bewusst geworden! Aber ich habe dich in so vielem begleitet, dir so oft geholfen, dir so oft das Leben leichter gemacht, dich so oft getröstet, aufgerichtet, bestätigt, ermutigt! So wie unser Vater es seit seinem Übergang auch ständig macht, auch wenn du dir dessen meist nicht bewusst bist. In deinen Träumen jedoch hast du vieles davon auch wahrgenommen. Nur dein Wachbewusstsein hinkt etwas nach. Aber nun bist du dir unserer Interaktion gewahr – und das ist schön!

Dieses bisherige `nicht gewahr Sein´ deiner geistigen Begleiter hatte übrigens auch seinen Sinn.

Und auch hier möchte ich betonen, dass dies generell für geteilte Mehrlinge gilt: Jener Funke, der noch innerhalb der Schwangerschaft heimkehrt, übernimmt die Aufgabe, seinen geschwisterlichen Funken wie eine Art Schutzengel zu begleiten – aber diese Begleitung hat noch viel mehr Funktionen als die des Beschützens! Lass mich dir das an unserem Beispiel erklären, aber hinzufügen, dass dies ein recht allgemeingültiges Konzept ist und daher auch für unsere empfängliche Leserschaft gilt!

Wir sind also gemeinsam in zwei etwa zeitgleich befruchtete Eizellen eingetreten, haben uns gemeinsam eingenistet und uns eine Weile Seite an Seite entwickelt. So haben wir auch in liebevoller Gemeinsamkeit all die Zweifel unserer Mutter mitbekommen, ob sie in ihrer finanziellen Enge ein Kind würde erhalten können. Und uns war klar, dass für unseren Vater die Perspektive eines Kindes nicht besonders erbaulich war. Er war so von seinen Kriegserlebnissen traumatisiert, dass er sich dem Sterben näher gefühlt hat als dem Leben – und gar dem `neues Leben Gebären´. Unsere Mutter hat –

wie sie dir ja auch versichert hat – immer wieder für Augenblicke unsere Zweisamkeit wahrgenommen und dies als ihren Wunsch nach Zwillingen gedeutet. Ein Wunsch, der ihr in ihrer Situation geradezu absurd vorgekommen sein muss: Denn wie kann eine Mutter, die nicht weiß, wie sie ein Kind durchbringen soll, zwei Kinder ernähren?

Ich erwähne das als ein Beispiel, in dem ich sehr wohl für euch wahrnehmbar war: sowohl für unsere Eltern als auch für dich! Du hast mich natürlich in den ersten Wochen unserer gemeinsamen Entwicklung wahrgenommen und später als deinen `Bazillus´ personifiziert. Unsere Mutter hat diese Wahrnehmung in einen eigenen Wunsch umgedeutet. Unser Vater hat sich intensiv mit dem für ihn nicht allzu verlockenden Gedanken an einen Sohn (weil unsere Mutter ja überzeugt war, einen Sohn zu bekommen – offenbar war da der Wunsch Vater des Glaubens!) auseinander gesetzt; wofür es einen ganz besonderen Grund gab!

Unser Vater hat, wie du ja mittlerweile weißt, seine Schwester verloren. Und so wie du mich als deinen verlorenen Bruder mit gelebt und zu anderen Frauen eine teilweise recht ablehnende Haltung an den Tag gelegt hast, so hatte auch unser Vater im intensiven Mitleben seiner Schwester (vor allem als hochsensibler Yin-Mann!) immer ein Grundmisstrauen Männern gegenüber – anderen, im Grunde aber auch sich selbst gegenüber. Daher wäre ich als sein Sohn auch eine ziemliche Herausforderung für ihn gewesen. Natürlich hätte er mich in Liebe angenommen, aber zugleich hätte in unserer Beziehung immer eine starke Ambivalenz mitgeschwungen; die einfältige Menschen wahrscheinlich als Eifersucht fehl interpretiert hätten! Und da er seine verlorene Schwester auch dann auf dich projiziert hätte, wenn wir beide zur Welt gekommen wären, wäre dies nicht gerade eine leichte Situation für uns alle gewesen.

Hinzu kommt, dass unsere Mutter, die ihrem Vater als Mädchen ja ganz und gar nicht willkommen war, mich dir genauso vorgezogen hätte, wie ihr Vater ihrem Bruder immer mehr Wertschätzung entgegengebracht hat als ihr. Das heißt, weder du noch ich hätten einen guten Stand bei diesem Elternpaar gehabt. Das ist absolut nicht wertend gemeint, das möchte ich sehr bewusst betonen – es gibt auf Seelenebene keine Wertung!

Im Grunde hast du einiges von all dem ja erfahren. Unser Vater hat – in der Projektion seiner verlorenen Schwester auf dich – all seine *verwaiste Liebe immer wieder in Schüben dir geschenkt. Denn auch er hat immer wieder vergeblich versucht, in seinen Frauen sein verloren gegangenes Liebstes wiederzufinden. Da warst du noch die adäquateste Projektionsfläche. Aber eben `nur Ersatz´ – und diese Anführungszeichen sind wichtig!*

Diese Mechanismen gelten übrigens nicht nur für unsere Familie, sondern sind sehr, sehr weit verbreitet – eben weil das Phänomen der verlorenen Zwillinge um so vieles häufiger ist, als die meisten von euch ahnen! Ich bin ja froh, dass du die Zahl (die 80%), die ich an früherer Stelle erwähnt habe, in zwei Büchern zu diesem Thema wieder gefunden hast – so wirst du dir leichter tun, mir zu glauben!"

„Ja, das war tatsächlich sehr beruhigend!"

„Wobei mir ja klar ist, dass du nicht an mir zweifelst, sondern an dir und deiner reinen Empfänglichkeit!"

„Ja, auch damit hast du Recht."

„Eine schöne Gelegenheit, deine Selbstzweifel zu entsorgen!

Du wirst dich übrigens erinnern, dass du selbst sehr froh warst, ein Mädchen bekommen zu haben und nicht einen Buben! Da hast du wohl intuitiv erkannt, dass du dasselbe Spiel mit deinem Sohn gespielt hättest wie unser Vater mit dir. Was wiederum nicht wertend gemeint ist, sondern als bloße Feststellung! Du hättest mich als deinen verlorenen Bruder auf deinen Sohn projiziert und hättest dir daher bei Mehrlingen schwer getan, deiner Tochter all die Liebe zukommen zu lassen; die du ihr als Einzelkind ohne Abstriche schenken konntest!

Und diese Tatsache ist zuweilen der Grund für die frühe Heimkehr eines Zwillings im ersten Anlauf oder auch in weiteren Inkarnationen! Sebastian wäre tatsächlich auch Emanuel, der verloren gegangene – oder besser gesagt früher heimgekehrte – Bruder deiner Tochter gewesen. Er hätte Jahre darauf in einem zweiten Anlauf als dein Sohn mit Down Syndrom quasi wiederkommen können. Aber alle Beteiligten – vor allem du und er – haben auf Seelen-Ebene die nicht gar so fordernde Light-Version seiner frühen Heimkehr gewählt! Aus der du dennoch vor allem in der Arbeit an eurem Zeitlinien-Buch eine Menge Gewinn ziehen konntest!

Auch dieses Phänomen ist übrigens viel weiter verbreitet, als du ahnst! Genau wie ich ja schon zuvor bei unserer Mutter inkarniert war, aber heimgeschickt wurde, kommt es nicht selten vor, dass Seelen ihre Funken von Neuem zu ein und derselben Mutter schicken, wenn diese zuvor verloren gegangen oder abgetrieben wurden. Und auch da kommt keine Wertung von mir, denn jede Frau muss das mit sich selbst ausmachen und klärt das prinzipiell auch mit der Seele des Kindes! Diese kurzen Schwangerschaften haben oft eine ganz spezielle Funktion – und das gilt sowohl für jene, die von selbst enden, aber auch für jene, die bewusst abgebrochen werden. Meist sind da Seelen-Verträge im Spiel, jedenfalls aber eine Art Abmachung auf Seelen-Ebene. Das beruht immer auf einer Einigung aller Beteiligten!

Dein Sternenkind Sebastian hat dir das in seinem Buch ja klargemacht – und auch das ist nicht ein individuelles Thema, das nur dich betrifft! Ich betone das so, weil ich damit all jene Frauen, die dies lesen und sich davon angesprochen fühlen, dazu anregen möchte, ihre diesbezüglichen Schuldgefühle loszulassen! Erstens dienen Schuldgefühle keinem, zweitens sind sie fatale Energieräuber und drittens sind sie in den allermeisten Fällen unbegründet!

Also haben wir uns in deinem Hier und Jetzt gemeinsam für diese Variante entschieden. Wobei alle anderen möglichen Optionen quasi als Potenzial entfaltbar wären, wenn du das als Gedanken-Experiment in deiner Vorstellung durchspielen möchtest! Was nichts anderes bedeutet, als einen Blick auf parallele Realitätsebenen zu werfen, denn all das gibt es tatsächlich! So wie ein Buffet in seiner Fülle ja auch nicht erst existent wird, wenn sich jemand davon bedient!"

Ich wollte auch wissen, warum das Phänomen der verlorenen Zwillinge häufiger wird.

„Einen Zwilling zu verlieren ist gewissermaßen die Meisterversion. Jedenfalls ist dieses immer wieder wiederholte Spiel des miteinander Inkarnierens, um dann die Verbindung in die Transpersonalität überzuführen, dazu da, dieses Verbunden-Bleiben immer deutlicher und sicherer wahrnehmen zu lernen! Du wolltest ja noch weitere Erklärungen für dieses immer häufiger werdende Phänomen! Zum freudigen in Liebe Begleiten und energetischen Nähren kommt hinzu, dass wir als die Inkarnierenden lernen wollen, die Verbindung auch dann wahrzunehmen, wenn sie nicht mehr körperlich spürbar

ist, sondern nun über die Grenzen hinweg wirkt. Dann erübrigt sich natürlich das Trauma der verlorenen Zwillinge. Wenn wir eines Tages bewusst die bleibende Kontinuität in der Verbindung mit unseren heimgekehrten Sternenkindern wahrnehmen können, obwohl es auf körperlicher Ebene eine Trennung gibt, empfinden wir natürlich keinen Lösungsschmerz mehr.

Der Zusammenhang mit der Antibaby-Pille mag übrigens durchaus eine gewisse logische Berechtigung haben: Tatsächlich wird es umso mehr Mehrlinge geben, je mehr Frauen künstliche Hormone nehmen. Aber das ist nicht die Ursache, sondern eher eine Koinzidenz! In Wahrheit geht es eher darum, in dieser spannenden Phase des Lebens auf der Erde möglichst vielen Menschen die Möglichkeit zu geben, ihre Wahrnehmung zu erweitern! Daher auch die zunehmende Häufigkeit der scheinbar verloren gehenden Zwillinge! Genauso wie ja auch das Phänomen der Hochsensibilität und Hochsensitivität im Zunehmen begriffen ist – was natürlich keine zufällige Koinzidenz ist! – weil diese Anlagen euch eher die Möglichkeit geben, die Kontinuität der Verbindung auch tatsächlich wahrzunehmen!

Und natürlich geht es auch darum, diesen Planeten generell mit mehr Liebe aufzuladen, mehr Liebe hier einfließen zu lassen und zu verankern! Zwillinge lieben, wie du weißt, a priori tiefer, inniger, intensiver; und vor allem die extreme Innigkeit in der ersten Phase der Inkarnation prägt die ganze Persönlichkeit! Daher ist es ja auch so wichtig, sich dieser Anlage möglichst bald klar zu werden, um all die Enttäuschungen zu vermeiden, die sich daraus ergeben, dass ein Halbzwilling von einem Einling etwas erwartet, was dieser ihm nicht geben kann!

Enttäuschungen sind, lass mich das hier betonen, niemals in einem Seelen-Plan festgeschrieben! Die Anlage, als Zwilling (oder generell als Mehrling) zu inkarnieren, ist natürlich Teil des Seelen-Planes. Aber du wirst bald erkennen, dass vieles, unter dem du in diesem Leben gelitten hast, dich nicht so verletzt hätte, wenn du dir zu jener Zeit bereits klar gewesen wärst, warum diese Dinge passiert sind!

Wir nehmen uns immer die Werkzeuge, die wir zur Meisterung unserer Anlagen brauchen, mit in die jeweilige Inkarnation. Das Problem ergibt sich nur oft aus der Illusion der linearen Zeit, in der so etwas wie Ent-Wicklung möglich wird. Ent-Wicklung kannst du so ähnlich sehen wie das Lesen eines Buches: Das Buch mit seinem gesamten Inhalt ist bereits da, noch ehe du es in die Hand nimmst *und öffnest, um es zu lesen! Aber erst im `Seite für Seite Lesen´ erschließt sich dir der Inhalt, ent-wickelt sich also die Handlung.*

Du erinnerst dich sicher an jene ganz besonders begabten Kinder in China, die sich ein zusammengelegtes Blatt unter die Achsel klemmen und in dem Moment, wo sie sich darauf einstimmen, augenblicklich den gesamten Inhalt dessen erkennen, was auf diesem Blatt geschrieben steht; wohlgemerkt ohne auch nur einen Blick darauf geworfen zu haben. Diese Kinder scheinen also der Linearität der Zeit zu spotten, weil sie einen Prozess, der normalerweise Zeit braucht, im Nu schaffen. Ganz abgesehen davon, dass sie nicht ihre Augen brauchen, um lesen zu können!

Und Ähnliches gilt für Alleingeborene: Du hast – genau wie die meisten anderen derzeit inkarnierten Halbzwillinge und Dritteldrillinge – viele Jahre der Ent-Wicklung gebraucht, um nun diese Anlage zu erkennen und jetzt in die Heilung gehen zu können. Wobei dir unsere transpersonale Liebe – etwa im Spiel mit der `Liebesbrücke´ – eine große Hilfe ist. Aber stell dir jene Kristall- und Regenbogen-Zwillinge vor, die sich heutzutage aufteilen. Sie nehmen dieses Wissen gleich mit in die Inkarnation; sie müssen nicht Jahrzehnte leiden, ehe sie sich aus diesem Trauma befreien können, weil es gar keinen Verlust und damit auch kein Trauma gibt!

Viele der heutigen Kinder nehmen sich bereits all das quasi als Starthilfe mit in ihre Inkarnation, was ihr älteren Alleingeborenen euch teilweise recht mühsam erarbeiten müsst! Und das ist eine der ganz wesentlichen Funktionen dieses in seiner Häufigkeit von Tag zu Tag zunehmenden Phänomens! Jeder geborene Halbzwilling ist und bleibt geborgen in der tiefen, innigen, bedingungslosen Liebe seiner nach einer Weile wieder heimgekehrten zweiten Hälfte (oder bei Mehrlingen der entsprechenden Variante) – und heute sind sich mehr und mehr dessen ihr ganzes Leben lang voll bewusst!

Und genau darum geht es, wenn nun mehr und mehr Seelenfunken gemeinsam inkarnieren, um sich dann wieder aufzuteilen – nein, verzweigen wäre vielleicht der schönere Ausdruck ... wobei auch dieser nicht ganz die Tatsache trifft.

Um es noch einmal zu rekapitulieren, geht es um mehr und mehr Liebe, die auf diesen Planeten fließen darf. Und um die immer bewusster wahrnehmbar bleibende Verbindung zwischen jenen Seelenfunken, die inkarniert bleiben und ihren Sternenkinder-Geschwistern, die sie nur ein Stück des Weges in die Inkarnation begleiten; verbunden wie durch eine Art Nabelschnur aus Licht, die die Verbindung auch über die Grenzen hinweg hält und immer öfter für beide wahrnehmbar bleibt!

Allerdings ist das Bild um vieles komplexer, als du es dir im Augenblick vorstellen kannst! Denn dieser Lichtfäden gibt es ja unzählige – und sie alle spielen miteinander und treten auch untereinander in Verbindung! Das ergibt ein wunderschönes, sehr dichtes und hell leuchtendes Lichtnetz, das diesen Planeten wie ein Lichtkokon umspannt.

Wir sprechen hier von etwas, das du aus deiner Sicht als Zukunftsmusik bezeichnen könntest, denn es gibt zwar bereits in transpersonaler Verbindung spielende Zwillingspaare, aber die Mehrheit findet doch eher – ähnlich wie du – erst in einer späteren Lebensphase in die Klarheit. Und weil du unser Buch vor allem für diese Menschen schreibst, war dir wesentlich, deine Leserschaft auf all die Phänomene und Faktoren aufmerksam zu machen, an denen sie klar erkennen kann, dass sie diese Aufgabe mit in ihre Inkarnation genommen hat: die Aufgabe, sich dieser in Wahrheit nie unterbrochenen Verbindung mit ihrem Zwillingsfunken wieder voll bewusst zu werden, um die alte Wunde, die bloß aus ihrer Unbewusstheit entstanden ist, zu heilen!

Mögen alle Menschen, die dieses Buch lesen, all die wertvollen Anregungen aufnehmen und sie tief in sich Wurzeln fassen lassen. Dann wird nach und nach das, was ihnen jetzt ganz und gar unvorstellbar erscheint, zur selbstverständlichen Wahrheit!

Auf geistig-emotionaler Ebene gibt es in Wahrheit also keine Trennung – und das wird von heutigen Zwillingen mit diesem Seelen-Plan auch nicht als Verlust empfunden! Für dich jedoch hat sich mein Heimgang noch als Verlust angefühlt, wiewohl ich ebenso präsent war und bin wie andere Mehrlinge, die gemeinsam inkarniert bleiben!

Daraus ergibt sich eine unserer gemeinsamen Aufgaben: In der Heilung deines Traumas durch die Erweiterung deines Bewusstseins – denn genau das ist es ja! – öffnet sich deine Wahrnehmung nicht nur für mich und unsere enge Verbundenheit, sondern auch für all die anderen transpersonalen Verbindungen, in die du eingewoben bist wie in ein kosmosweites multidimensionales Netzwerk!"

Das erinnerte mich an die Geschichte mit den Fußspuren, in der ein Verstorbener Gott bei seinem Lebensrückblick fragt, warum er ihn gerade in den schweren Zeiten alleine gelassen hätte – weil es da immer nur eine Spur im Sand gibt. Da meint Gott, das läge daran, dass er ihn in diesen Zeiten getragen hätte. Daher wäre zeitweilig nur eine Spur zu sehen.

Und Jascha bestätigte:

„*Genau so ist es, Schwesterlein! Ihr seid niemals alleine!*"

Kontakt zur Autorin

Dr. Michelle HAINTZ

dr.michelle.haintz@aon.at

www.michellehaintz.at

Als ursprünglich ausgebildete Ärztin ist die Autorin heute vorwiegend als Schriftstellerin und bildende Künstlerin tätig: sie schreibt Romane, Sachbücher und Gedichte; im Frühjahr 2014 erschien ihr erstes Kartendeck. Darüber hinaus kreiert sie Reliefbilder und Wandobjekte in der neuen und von ihr selbst entwickelten Laminage-Technik.
Weiters ist sie Trainerin in der Persönlichkeits-Bildung: in Seminaren, Gruppen und in der Einzelberatung. Schwerpunkt in ihrer Arbeit ist für sie immer die freudige und lustvolle Entfaltung des in uns allen angelegten menschlichen Potenzials auf allen Ebenen unseres Seins!
Wichtigstes Credo ist ihr: „Wir brauchen nicht über uns selbst hinaus zu wachsen, wir sind groß genug – wenn wir damit aufhören, uns selbst kleiner zu machen, als wir sind; aber auch Anderen nicht mehr erlauben, uns klein zu machen! Es gilt also letztlich, unsere wahre Größe einzunehmen, indem wir in uns selbst hineinwachsen!"

Weitere Produkte der Autorin:

Bücher als Ratgeber

Alleingeborener Zwilling
Hochsensibilität im neuen Licht – Selbstheilung in Liebe dank der Sternenkinder jenseits der Regenbogenbrücke

IN LIEBE SEIN
Die LIEBE in mir als Heilmittel, Lösung, Antwort und Weg

Hochsensibel das Leben meistern Band 1
Alleingeborener Zwilling in Liebe und Partnerschaft

Hochsensibel das Leben meistern Band 2
Alleingeborener Zwilling in Fülle und Wohlstand

Hochsensibel das Leben meistern Band 3
Alleingeborener Zwilling in Glück und Freude

Hochsensibel das Leben meistern Band 4
Alleingeborener Zwilling frei von Stress

Hochsensibel das Leben meistern Band 5
Alleingeborener Zwilling – Heilung im „Dialog der Hände"

HSP – bin ich hochsensibel?
Hochsensibilität im neuen Licht

Hochsensibel das Leben meistern und authentisch „nein" sagen lernen Band 1: Als HSP leben und sich selbst akzeptieren und das Selbstbewusstsein stärken

Hochsensibel das Leben meistern und sicher Entscheidungen treffen Band 2: Als HSP leben und statt ich kann mich nicht entscheiden, endlich authentisch in Entscheidungen

Hochsensibel das Leben meistern und Mutter Tochter / Mutter Sohn Beziehung heilen
Band 3: als HSP leben und der Aufbau einer gesunden, nährenden und heilsamen Beziehung zur Mutter

Seelen jenseits der Regenbogenbrücke
Sterben ins Glück – aus der Demenz in das Leben nach dem Tod

Selbstwertgefühl heilen
für alleingeborene Zwillinge und Hochsensible
Wohlstand und Wohlbefinden mit der Kraft der Quanten-Welle

Die Seele und ihre Botschaften verstehen
Erfülltes Leben in Seelen-Resonanz

Selbstsabotage adieu! Emotionale Intelligenz in Seelen-Resonanz

Müdigkeit? Erschöpfung? Burnout? Nein danke!
Selbstheilung in Seelen-Resonanz

Lebensfreude und Glückseligkeit Selbstheilung in Seelen-Resonanz

Körper-Briefe – Dialog mit unserem Körper im Links-Schreiben

Wach-Laufen – Bewusstes Laufen für Körper, Geist und Seele

Quanten-Bewusstheit / Selbst-Befreiung durch die Kraft der Welle: Lösung aus der Selbstsabotage

Masken – unsere wahren Gesichter?
Masken-Spiele zur Persönlichkeits-Entwicklung

E-Books von allen Büchern und:

Das AFFRAGEN ORAKEL - Buch:
Prozessorientierte Fragen als Lebensbegleiter

TERESA
Gemeinsam wachsen in Licht und Liebe: Band 1 und 2

Romane als Ratgeber

JA zur LIEBE, JA zum HIER und JETZT
Blockaden lösen dank der Inneren Stimme

Auf Zeitlinien surfen ... um die ideale Zukunft zu finden